江苏高校优势学科建设工程资助项目（PAPD）
国家社会科学基金一般项目（19BJY066）
全国统计科学研究重点项目（2021LZ26）

共同资助

区域中心城市
创新生态圈研究

建构、演进及评价

徐君　贾倩　著

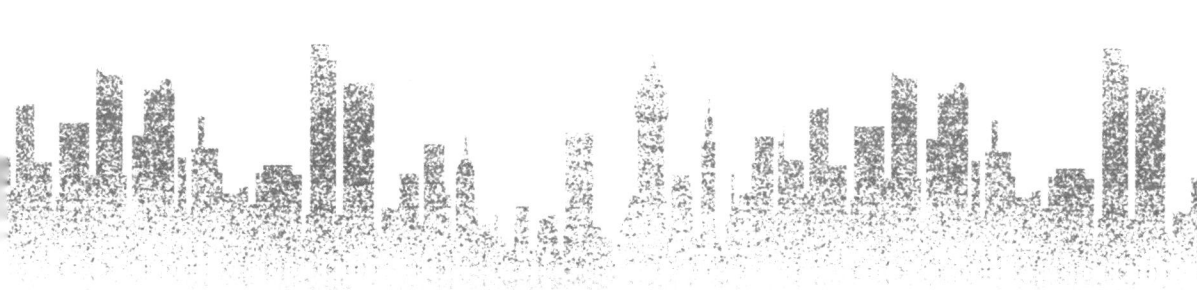

中国社会科学出版社

图书在版编目（CIP）数据

区域中心城市创新生态圈研究：建构、演进及评价/徐君，贾倩著．—北京：中国社会科学出版社，2023.5
ISBN 978-7-5227-1966-5

Ⅰ.①区… Ⅱ.①徐… ②贾… Ⅲ.①城市建设—研究—中国 Ⅳ.①F299.27

中国国家版本馆 CIP 数据核字（2023）第 097392 号

出 版 人	赵剑英
责任编辑	戴玉龙
责任校对	周晓东
责任印制	王 超
出 版	中国社会科学出版社
社 址	北京鼓楼西大街甲 158 号
邮 编	100720
网 址	http://www.csspw.cn
发 行 部	010-84083685
门 市 部	010-84029450
经 销	新华书店及其他书店
印 刷	北京明恒达印务有限公司
装 订	廊坊市广阳区广增装订厂
版 次	2023 年 5 月第 1 版
印 次	2023 年 5 月第 1 次印刷
开 本	710×1000 1/16
印 张	21.25
插 页	2
字 数	352 千字
定 价	158.00 元

凡购买中国社会科学出版社图书，如有质量问题请与本社营销中心联系调换
电话：010-84083683
版权所有 侵权必究

前　言

党的十九大报告明确提出"要实施区域协调发展战略，要以城市群为主体构建大中小城市和小城镇协调发展的城镇格局"；国家"十四五"规划指出，"发挥中心城市和城市群带动作用，建设现代化都市圈"；党的二十大报告明确指出"促进区域协调发展，深入实施区域协调发展战略、区域重大战略、主体功能区战略、新型城镇化战略，优化重大生产力布局，构建优势互补、高质量发展的区域经济布局和国土空间体系"。可见，区域中心城市的建设和发展始终是国家区域发展战略的基本需求。近年来，我国城镇化水平不断提高，城市规模不断扩张，区域中心城市的集聚和扩散作用逐步增强。区域中心城市具有引领、集聚、辐射、控制、影响和带动的作用，对国家政治、经济、文化、社会等产生重要影响。然而，我国区域中心城市普遍存在创新能力不足、城市管理水平不高、环境保护力度不够、科技创新水平不高、产业结构不合理等问题，尤其是创新能力不足成为区域中心城市发展的最大障碍。自创新、协调、绿色、开放、共享五大发展理念被提出以来，创新驱动经济发展的地位被进一步凸显，逐渐成为保持国家核心竞争力的关键因素。我国经济增长方式开始向创新驱动转变，企业、高校、科研机构等创新主体为了寻求突破性发展，开始建立创新生态圈。创新生态圈的建构和演进力量来自创新要素的共生竞合，不同创新要素既相互竞争又协同演进，推动静态、线性、机械式的创新系统向动态、非线性、有机式的创新生态圈转变，能够解决区域中心城市目前的发展窘境，推进其高质量发展。鉴于此，在新时代背景下，研究区域中心城市创新生态圈问题，既符合国家的战略发展需要，又具有理论与现实意义。

本书以增长极理论、生态学理论、协同共生理论、创新管理理论及三螺旋与四螺旋理论等为指导，紧紧围绕区域中心城市创新生态圈这一主线，立足于生态圈生产者、消费者、分解者、创新环境的基本判断，探究了区域中心城市创新生态圈的内涵、构成要素、特征与功能；分析了区域中心城市创新生态圈的演进机制；剖析了区域中心城市创新生态圈的驱动因素，构建了驱动因素的矩阵型灰色关联度识别模型和驱动要素对创新绩效影响的面板模型，分析了创新生态圈要素对创新绩效的影响；在此基础上，基于生态位理论构建了区域中心城市创新生态圈集聚能力评价模型，并对我国38个区域中心城市的综合生态位、生态位宽度、生态位扩充度进行了实证分析；基于断裂点模型及威尔逊模型，构建了区域中心城市创新生态圈的辐射能力模型，并以第一梯队中的上海市、第二梯队中的武汉市、第三梯队中的重庆市和第四梯队中的徐州市为例进行了实证研究；最后以评价结果为依据，提出了区域中心城市创新生态圈的战略框架和优化路径。

本书主要研究内容如下。

（1）界定区域中心城市创新生态圈的内涵。区域中心城市创新生态圈的形成过程经历了创新物种、种群、群落到创新生态圈四个主要阶段，在此过程中，以企业、高校、科研院所为主导的生产者，以政府、金融机构、中介服务机构为主导的分解者，以用户为主导的消费者，在政策、文化、金融等创新环境的作用下，相互依赖、相互制约、自组织动态演化，不断进行着圈内圈外的物质循环、能量流动、信息传递、风险规避。它呈现出开放式协同、动态自调节、多样性共生、自组织演化的特征，具有汇集创新要素、提供数字化智能服务、建构创新网络、实现集聚效应和扩散效应的功能。

（2）探究区域中心城市创新生态圈的演进机制。区域中心城市创新生态圈的形成是动态发展的，存在发展机制、动力机制、集聚机制、辐射机制、共享机制、激励约束机制、协调保障机制等内在的演进机制，其中发展机制揭示内在机理，动力机制提供驱动力，集聚机制提供推动力，辐射机制提供持续动力，共享机制提供活力源泉，激励约束机制提供支持和调控，协调保障机制提供引导和保障。

（3）识别区域中心城市创新生态圈的驱动因素并进行实证分析。

从生产者、分解者、消费者、创新环境四个维度建立了区域中心城市创新生态圈驱动因素指标体系，包括 4 个准则 30 个具体指标。构建了区域中心城市创新生态圈驱动因素的灰色关联度识别模型，并基于 2004—2019 年的面板数据，以我国 38 个典型区域中心城市为例进行了实证分析。通过对区域中心城市创新生态圈驱动因素的面板数据时序灰色关联度、截面灰色关联度、矩阵灰色关联度的计算，显示区域中心城市创新生态圈中各要素创新驱动力大小排名为生产者 0.9143>创新环境 0.9037>消费者 0.8813>分解者 0.8856，这说明区域中心城市创新生态圈各要素中生产者对其创新最重要，影响最大，创新环境的影响较大，消费者的影响次之，分解者的影响最小。

（4）探究区域中心城市创新生态圈要素对其创新绩效的影响。首先基于熵权 TOPSIS 模型测算了区域中心城市创新生态圈要素发展指数，其次构建了区域中心城市创新生态圈诸要素对创新绩效影响的面板模型，最后以 2004—2019 年 38 个区域中心城市创新生态圈要素为样本，对其创新绩效进行了分析。结果表明：生产者、消费者、分解者和创新环境对创新绩效的影响指数为生产者 0.587>创新环境 0.471>消费者 0.212>分解者 0.207，且都通过了 1% 或 5% 的显著性检验，说明在区域中心城市创新生态圈演化的过程中，对其创新绩效的作用最大的是生产者，其次是创新环境，再次是消费者，最后是分解者。

（5）评价区域中心城市创新生态圈集聚能力。基于对区域中心城市创新生态圈逻辑基础、驱动因素识别的分析，从生产者、消费者、分解者、创新环境以及创新内聚性五大方面设计共包含 5 个准则、35 个具体指标的区域中心城市创新生态圈集聚能力评价体系，构建了基于生态位理论的区域中心城市创新生态圈集聚能力评价模型，并以 2004—2019 年 38 个典型区域中心城市的面板数据为依据，对区域中心城市创新生态圈集聚能力的综合生态位、生态位宽度、生态位补充度进行了分析。

从区域中心城市创新生态圈集聚能力的综合生态位来看，把 38 个样本区域中心城市创新生态圈划分为 4 个梯队，第一梯队包括北京和上海 2 个区域中心城市创新生态圈；第二梯队包括广州、深圳、苏州、杭州、南京、成都和武汉 7 个区域中心城市创新生态圈；第三梯队包括合肥、宁波、西安、天津和重庆5个区域中心城市创新生态圈；第四梯队包括石家庄、徐州、珠海、济南、青岛、福州、厦门、南宁、桂林、海口、太原、呼和浩特、贵阳、昆明、兰州、西宁、银川、郑州、乌鲁木齐、南昌、长沙、沈阳、哈尔滨和长春24个区域中心城市创新生态圈。

从区域中心城市创新生态圈集聚能力的生态位宽度来看，2004—2019年始终排在前十名的城市包括北京、上海、天津和深圳，表明这四个城市可利用的创新资源丰富，创新要素在空间上布局合理，空间流动效率高，集聚了大量的创新元素，创新的集聚效应强。在时间维度上，2004—2019年这四个城市的创新生态位宽度值一直很大，在发展的过程中不断向高级阶段演化，可利用的创新资源分布范围广，元素种类多，有很好的创新发展潜力。2004—2019年排在后五名的城市始终包括银川和西宁。创新生态位宽度排名始终位于最后的几个城市分布于我国的中西部内陆边缘地区，由于受到自然环境、社会环境等因素的制约，可供使用的创新资源十分有限，创新能力较弱。

从区域中心城市创新生态圈创新生态位扩充度计算结果来看，2005—2019年排在前十名的城市和排在后五名的城市变化较大，说明在不同年份各城市对创新的政策有所不同，创新的潜力以及发展速度变化不同。总体来看，创新综合生态位排名靠前的城市创新生态位扩充度排名较靠后；相反，创新综合生态位排名靠后的城市创新生态位扩充度排名较靠前，这表明我国各区域中心城市创新生态圈创新能力的发展呈收敛状态，各个城市群之间创新能力的差距在逐渐缩小。

（6）评价区域中心城市创新生态圈辐射能力。基于断裂点模型及威尔逊模型，构建了区域中心城市创新生态圈的辐射能力模型，并以第一梯队中的上海市、第二梯队中的武汉市、第三梯队中的重庆市和第四梯队中的徐州市为例进行了实证研究。上海创新生态圈2004—2019年的辐射半径最大是391.32千米，最小是310.38千米，总体呈现先变小后变大的趋势，说明在上海市创新生态圈形成初期，不断集聚周围城市的科技、人才、资金等创新资源和创新要素，对周围城市的创新集聚效应大于辐射带动效应，但随着创新生态圈发展到一定阶段，饱和状态开始出现，创新成果开始外溢，此时区域中心城市创新生态圈对周围城市的辐射效应大于集聚效应。武汉创新生态圈2004—2019年辐射半径最大是 435.49 千米，最小是 2019 年的 337.05 千米，辐射半径持续减小，辐射范围不断缩小。主要因为近年来武汉创新生态圈发展趋于饱和状态，辐射效应大于集聚效应，创新要素不断向周边城市外溢，周围城市发展速度较快，在一定程度上减弱了武汉的首位度。重庆创新生态圈 2004—2019 年辐射半径最大是 506.15 千米，最小是 403.50 千米，总体呈现高位稳定状态，辐射范围较广，远远超出了自身行政管辖范围，其辐射范围不仅覆盖成渝都市圈，而且辐射了云、贵、川西南大部分地区。重庆作为西部重要的城市，城市首位度十分明显，有效辐射带动了西南地区的创新发展，为周边城市创新生态圈不断输入人才、资金、技术等创新资源和要素。徐州创新生态圈 2004—2019 年辐射半径最大是 2019 年的 229.20 千米，最小是 2006 年的 181.17 千米，总体呈现逐年上升的态势，表明徐州创新生态圈的辐射能力越来越大，其辐射范围覆盖淮北、宿州、枣庄、宿迁，其辐射范围集中于苏北、皖北、鲁南片区，徐州市这一区域中心城市创新生态圈的核心地位在淮海经济区核心区中确立，但从整个淮海经济区来看，徐州市这一区域中心城市创新生态圈的腹地范围还较小，下一步应继续致力于打造淮海经济区的中心城市创新生态圈。

（7）设计区域中心城市创新生态圈的战略框架和优化路径。立足于参与主体、支撑体系、支撑机制、重点布局等方面，设计了区域中心城市创新生态圈的战略框架。从企业创新、知识创新、金融创新、政府创新、用户创新等方面提出了区域中心城市创新生态圈的优化路径。

本书的创新之处主要体现在研究视角、研究内容和研究方法三个方面：

（1）研究视角的创新：国内学术界关于中心城市的研究较多，但从生态学的视角对区域中心城市的研究较少。本书以区域中心城市创新生态圈这个新的研究视角为切入点，系统分析区域中心城市创新生态圈的形成过程、要素构成、主要特征、驱动因素、集聚效应和辐射效应，构建一个区域中心城市创新生态圈的理论体系和研究框架，为研究区域中心城市创新生态圈开辟了一条新的研究视角和思路。

（2）研究内容的创新：第一，构建一个区域中心城市创新生态圈的理论研究框架。按照"提出问题—分析问题—解决问题"基本逻辑脉络，阐释区域中心城市创新生态圈的形成过程，分析数字区域中心城市创新生态圈的要素构成和主要特征，探究影响因素和演进机制，建立评价指标体系，构建集聚效应和辐射效应评价模型，进行实证研究，提出优化路径，形成完整的"形成过程—要素构成—主要特征—演进机制—影响因素—集聚效应—辐射效应—优化路径"的理论框架，为研究区域中心城市创新生态圈提供了一条新的研究思路。

第二，阐释区域中心城市创新生态圈的形成过程。在企业层面随着创新型企业个数逐渐增多，个体的创新力量薄弱，无法形成可持续创新，企业为了谋求长期可持续发展，开始主动向下一阶段进化。在产业层面，产学研联盟创新网络依然存在一定的窘境。由于企业、高校、科研院所等创新主体的"创新势能"存在差异，迫切需要有专门的机构来协调各创新主体的工作。在多元创新主体层面，创新群落内种群的协调性极大增加，种群的数量也在不断增多，进一步提升了创新效率，但更高的协调性和创新效率要求各创新主体之间实现利益共享，形成良好的创新氛围，以维持创新群落的可持续发展，并增强创新群落的应变能力。在创新生态圈层面，创新生态圈的根本目标是基于可持续发展的理念，以创新环境为承载平台，将创新思维、创新资源投入与创新管理行为有机结合，进而促进城市经济向高水平、高质量、高层次发展。区域中心城市创新生态圈形成过程的阐释，为该领域研究奠定了学理基础。

第三，揭示一个区域中心城市创新生态圈的综合演进机制。一个完善创新生态圈的形成是动态发展的，其存在内在的演化机理，在这个动态发展的过程中，要具备以下条件：一是具备能够优势互补、互惠共生的创新主体圈层；二是具备能够顺利实现各个创新主体之间物质、能量和信息传递与互换的价值体系；三是具备对创新主体开展创新活动的激励约束体系；四是具备应对环境变迁和维持创新生态圈动态平衡的调节体系。区域中心城市创新生态圈如何向更高级演进，迫切需要揭示区域中心城市创新生态圈的深层次逻辑和内在机制，本书系统揭示了区域中心城市创新生态圈的演化机制、动力机制、集聚机制、辐射机制、共享机制、激励约束机制、协调保障机制，找到了破解区域中心城市创新生态圈演进的"密码"。

第四，设计一个区域中心城市创新生态圈的定量分析框架。本书构建了包含生产者、分解者、消费者、创新环境、创新内聚性5个准则层指标和35个具体指标的区域中心城市创新生态圈评价体系，设计了包含灰色关联度模型、熵权TOPSIS模型、生态位适宜度模型、断裂点模型和威尔逊模型的定量分析框架，并以我国38个区域中心城市创新生态圈为例进行实证研究，弥补了学术界关于区域中心城市创新生态圈定量研究的不足，初步构建了区域中心城市创新生态圈的定量分析框架。

第五，提出一个区域中心城市创新生态圈优化的战略框架。立足区域中心城市创新生态圈的要素构成、演进机制和实证分析结果，构建了"一个目标、三个支撑、多个层面"的区域中心城市创新生态圈发展战略框架。并从企业创新、知识创新、金融创新、政府创新和用户创新等五个方面提出区域中心城市创新生态圈的优化路径。

（3）研究方法的创新：基于区域中心城市创新生态圈指标体系和研究框架，本书将灰色关联度模型、熵权TOPSIS模型、生态位适宜度模型、断裂点模型和威尔逊模型等有机结合，构建一套区域中心城市创新生态圈定量分析框架，对区域中心城市创新生态圈不同要素的重要性进行了对比分析，不同梯队区域中心城市创新生态圈的集聚效应和辐射效应进行时序和面板对比，弥补了传统评价方法的单一化、静态化，彰显出研究方法的科学性和创新性。

本书系统构建了区域中心城市创新生态圈的理论研究框架，拓展了区域中心城市创新生态圈的研究思路，丰富了区域中心城市创新生态圈的研究内容，为实现区域中心城市创新再造和高质量发展提供了理论和实践指导。由于资料和学识所限，本书的一些观点和论证可能存在一些不足之处，敬请读者批评指正！

作　者
2022年10月于江苏师范大学

目　　录

第一章　绪论 ………………………………………………………… 1
　　第一节　区域中心城市创新生态圈研究背景与意义 …………… 1
　　第二节　区域中心城市创新生态圈的国内外研究现状 ………… 5
　　第三节　区域中心城市创新生态圈研究内容和研究方法 ……… 16

第二章　区域中心城市创新生态圈的相关概念及理论基础 ………… 20
　　第一节　区域中心城市创新生态圈的相关概念 ………………… 20
　　第二节　区域中心城市创新生态圈的理论基础 ………………… 31

第三章　区域中心城市创新生态圈建构 ……………………………… 40
　　第一节　区域中心城市创新生态圈的形成过程 ………………… 40
　　第二节　区域中心城市创新生态圈的要素构成 ………………… 45
　　第三节　区域中心城市创新生态圈的特征 ……………………… 49
　　第四节　区域中心城市创新生态圈的功能 ……………………… 52

第四章　区域中心城市创新生态圈的演进机制 ……………………… 58
　　第一节　区域中心城市创新生态圈的发展机制 ………………… 59
　　第二节　区域中心城市创新生态圈的动力机制 ………………… 62
　　第三节　区域中心城市创新生态圈的集聚机制 ………………… 73
　　第四节　区域中心城市创新生态圈的辐射机制 ………………… 83
　　第五节　区域中心城市创新生态圈的共享机制 ………………… 92

第六节 区域中心城市创新生态圈的激励约束机制 …………… 99
第七节 区域中心城市创新生态圈的协调保障机制 …………… 104

第五章 区域中心城市创新生态圈的驱动因素 ………………… 109

第一节 区域中心城市创新生态圈的创新驱动因素识别 ……… 109
第二节 区域中心城市创新生态圈要素对其创新
绩效的影响 ……………………………………………… 169

第六章 区域中心城市创新生态圈集聚能力评价 ……………… 182

第一节 区域中心城市创新生态圈集聚能力评价
指标体系构建 …………………………………………… 182
第二节 区域中心城市创新生态圈集聚能力评价的
生态位模型 ……………………………………………… 188
第三节 区域中心城市创新生态圈集聚能力评价实证研究 …… 190

第七章 区域中心城市创新生态圈辐射能力评价 ……………… 248

第一节 区域中心城市创新生态圈辐射能力模型 ……………… 248
第二节 样本选择及数据来源 …………………………………… 251
第三节 区域中心城市创新生态圈辐射能力实证研究 ………… 253

第八章 区域中心城市创新生态圈的战略框架和优化路径 …… 275

第一节 区域中心城市创新生态圈优化的战略框架 …………… 275
第二节 区域中心城市创新生态圈的优化路径 ………………… 282

参考文献 …………………………………………………………… 310

后　记 ……………………………………………………………… 328

第一章 绪论

第一节 区域中心城市创新生态圈研究背景与意义

一 区域中心城市创新生态圈的研究背景

国家"十三五"规划指出,"要发展一批中心城市,强化区域服务功能"。2016年,国家发改委印发《贯彻落实区域发展战略促进区域协调发展的指导意见的通知》中明确指出"为加快城市群建设发展,应依托省会城市、重要节点城市等区域性中心城市,加强区域协作对接,加快产业转型升级,实现集约发展、联动发展、互补发展,形成辐射带动区域整体发展的城市群"。党的十九大报告明确提出,"要实施区域协调发展战略,以城市群为主体构建大中小城市和小城镇协调发展的城镇格局"。党的十九届五中全会强调"推进区域协调发展,健全区域协调发展体制机制"。国家"十四五"规划及2035年远景目标纲要指出,"布局建设区域性创新高地,支持形成科技创新中心、发挥中心城市和城市群带动作用,建设现代化都市圈",党的二十大报告明确指出"促进区域协调发展,深入实施区域协调发展战略、区域重大战略、主体功能区战略、新型城镇化战略,优化重大生产力布局,构建优势互补、高质量发展的区域经济布局和国土空间体系"。可见,区域中心城市的建设和发展始终是国家区域发展战略的基本需求。

区域中心城市是以城市体系为依托,经济发达、功能完善、具有较强的集聚力、辐射力和综合服务能力,以市场对资源的合理配置为基础,通过支撑、示范、关联和磁场作用,能够主导和带动区域经济快速发展的城市，同时也是区域经济的增长中心、控制中心和文明辐射中心。我国主要的区域中心城市有：全国性经济中心城市（北京等）、东北地区中心城市（沈阳等）、东部地区中心城市（南京等）、中部地区中心城市（武汉、郑州等）、西部地区中心城市（西安等）。区域中心城市对于国家的政治、经济、文化、科教、金融等方面都具备引领、辐射、集散功能。

在知识经济条件下，创新作为驱动经济发展的根本动力，逐渐成为保持国家核心竞争力的关键因素。提高城市创新能力是实现经济高质量发展的主旋律，是率先形成新发展格局的有力保障。2019年政府工作报告指出：深入实施创新驱动发展战略，创新能力和效率进一步提升，大力优化创新生态，调动各类创新主体的积极性，将提高研发费用加计扣除比例政策扩大至所有企业。技术合同成交额增长30%以上，科技进步贡献率提高到58.5%。2020年政府工作报告指出：引导企业增加研发投入，促进产学研融通创新，营造鼓励创新、宽容失败的科研环境，激发社会创造力。2021年政府工作报告指出：强化企业创新主体地位，健全科技成果产权激励机制。由此可见，政府致力于鼓励和支撑创新活动，然而，我国区域中心城市普遍存在创新能力不足、城市管理水平不高、环境保护力度不够、产业结构不合理、科技创新水平不高等问题，尤其是创新能力不足成为区域中心城市高质量发展的最大障碍。创新、协调、绿色、开放、共享五大理念被提出以来，创新驱动经济发展的地位被进一步凸显，我国经济增长方式开始向创新驱动转变。在大数据、人工智能、区块链等新技术的带动下，创新步伐明显加快，故步自封者逐渐被激烈的市场竞争所淘汰，企业、高校、科研机构等创新主体为了寻求突破性发展，开始建立创新生态圈。创新生态圈是站在生态学的视角，借鉴自然生态圈的概念演化而来的，把创新活动与自然生态圈的进化类比，探索其形成与演化机理，创新生态圈的演进力量来自创新要素的共生竞合，不同创新要素既相互竞争又协同演进，推动静态、线性、机械式的创新系统向动态、非线性、有机式的创新生态圈转变。区域中心城市科技力量雄厚，人口素质高，综合服务能力强，具备打造创新生态圈的先决条件。

借鉴自然生态圈的进化过程，把创新活动与自然生态圈的进化类比，探索创新生态圈的形成与演化机理。区域中心城市创新资源集中、综合实力强、龙头效应显著，能够率先打造创新生态圈，发挥示范带头作用。鉴于此，在新时代背景下，研究区域中心城市创新生态圈，以区域中心城市为载体，把内部的企业、高校、科研院所看作自然生态圈中的生产者；政府、金融机构、中介服务机构看作分解者；用户看作消费者；政策、文化、金融等环境看作提供所需能量的无机环境。因此，区域中心城市创新生态圈可以看作多样物种相互依赖、战略协同、共生共荣的有机体。从生产者、消费者、分解者等创新主体与政策、文化、金融等创新环境的视角出发，深入剖析其影响因素，评价区域中心城市创新生态圈的集聚效应与辐射效应，有助于提升区域中心城市创新水平和整体竞争力，既符合国家的战略发展需要，又具有重大的理论意义和现实意义。

二 区域中心城市创新生态圈的研究意义

目前，国内外面临着错综复杂的竞争环境，只有解决好区域中心城市普遍存在的创新能力不足、科技水平不高、产业结构不合理等问题，才能提升区域中心城市的创新实力和国际影响力。因此，对区域中心城市创新生态圈的研究具有一定的理论意义和现实意义。

（一）理论意义

1. 丰富了创新生态的相关理论，为政府相关政策的制定提供理论依据

打造区域中心城市创新生态圈可以为经济高质量增长提供新动能，推动区域中心城市创新生态圈的发展是新发展格局下经济转型升级的重要趋势。虽然区域中心城市创新问题在一定程度上得到了重视，但是相关研究相对较少，缺乏系统全面的分析。自然生态圈的变迁适用于创新生态圈的演化，从生态学的视角研究区域中心城市的创新问题，有利于学科间的相互影响、相互促进，本书将丰富创新生态的相关理论，通过对具体的区域中心城市创新生态圈进行分析，构建区域中心城市创新生态圈的理论体系框架，探讨区域中心城市创新生态圈中核心创新主体与其他创新主体之间的关系，强调经济效益与生态效益协调发展，为政府相关政策的制定提供理论依据，具有一定的理论意义。

2. 拓展了区域中心城市创新生态圈的研究思路，丰富区域中心城市创新生态圈的研究内容

以增长极理论、生态学理论、协同共生等理论为基础，以区域中心城市为载体，类比自然生态圈，提出创新生态圈的概念，深入剖析区域中心城市创新生态圈的形成过程、要素架构、驱动因素，分析驱动因素间的相互作用关系，构建区域中心城市创新生态圈评价模型，重点评价区域中心城市创新生态圈的集聚效应与辐射效应，并以区域中心城市创新生态圈的优化路径为最终落脚点。本书将拓展区域中心城市创新生态圈的研究思路，丰富区域中心城市创新生态圈的研究内容。

（二）现实意义

1. 对区域中心城市高质量发展具有一定的指导意义

在国际、国内经济发展面临重大考验的情况下，区域中心城市的科技创新水平显得尤为重要。然而，我国区域中心城市普遍存在创新能力不足、科技水平不高、产业结构不合理等亟待解决的问题。如何有效清除区域中心城市创新生态圈发展过程中的障碍，不断提升区域中心城市创新生态圈的创新能力，保障区域中心城市创新生态圈的健康可持续成长是当前需要研究和解决的问题。本书从生产者、分解者、消费者、创新环境四个维度建立了一套区域中心城市创新生态圈驱动因素指标体系，对相关政策制定者了解区域中心城市创新生态圈现状，制定相关政策具有一定的指导作用。本书从企业创新、知识创新、金融创新、政府创新、用户创新等方面提出了区域中心城市创新生态圈的优化路径，对加快区域中心城市的创新建设，实现高质量发展有积极的指导意义和应用价值。

2. 构建一套具有一定普遍意义的创新生态圈研究框架和范式

区域中心城市创新生态圈的构建是一个系统工程，其进化、发展离不开所依赖的社会大环境。本书将借助增长极理论、生态学理论、协同共生理论等，从实证角度出发，探究区域中心城市创新生态圈的评价指标体系，构建综合评价模型，选取38个典型区域中心城市创新生态圈为例，进行系统全面的评价研究，检验区域中心城市创新生态圈的发展水平，提出区域中心城市创新生态圈的优化路径，为提升我国区域中心城市的经济增长与可持续发展提供新思路。本书的研究思路和方法具有

普遍适用性，可以扩展应用到其他领域创新生态圈的评价与对策研究中，为其发展实践提供参考，因此具有一定的现实意义。

第二节　区域中心城市创新生态圈的国内外研究现状

一　区域中心城市国内外研究现状

（一）国外研究现状

国外对于区域中心城市的研究是从世界城市演变而来的，Goethe（1889）用世界城市来描述当时的巴黎和罗马，Patrick Geddes（1915）在其《演化中的城市》中给出了世界城市的定义：世界上一些最重要商务活动的发生地。最先提出中心性概念的是德国经济地理学家克里斯塔勒（1933），在其出版的《德国南部的中心地》一书中阐明，一定区域内中心地的数量、规模和分布上具有一定规律性，中心地空间分布形态主要受市场、交通及行政三个原则的影响，从而形成不同的空间系统。他认为中心地不仅是为自身的经济发展服务，而且是为周边其他地区提供产品和服务等职能的居民点。法国经济学家 Peroux（1955）提出了"增长极"的概念，这一术语告诉我们经济增长并非同时出现在所有地方，它以不同的强度首先出现于一些增长点或增长极上，然后通过不同的渠道向外扩散，这一概念成为区域发展理论的基础。鉴于世界城市、中心地和增长极的概念带来的启示，学者们开始探讨区域中心城市。国外学者对于区域中心城市的研究主要集中在以下三个方面：

1. 区域中心城市的形成。20 世纪 90 年代，国外学者对中心城市的研究主要集中在中心城市的形成方面，一些学者开始从制度和政府政策角度来研究城市的形成。Elizondo 等（1992）研究了政府政策对第三世界在城市形成方面的影响，指出第三世界大都市是进口替代政策的副产品。Krugman（1995）探讨了创新和集聚与城市分布的关系，他们主要从规模经济和纯市场的角度来解释城市的内生形成。Mori（1997）提出在空间经济中，受生产和消费规模经济制约的货物运输成本较低，它们可能导致巨型城市的形成，该巨型城市由大的核心城市组成。Page（1998）集中研究了中心城市的出现问题，并建立了城市的形成模型。

Konishi（1999）认为位于河流或沿海地区的城市为运输提供了便利的通道，这类城市可以发展成为区域中心贸易的运输枢纽，并研究了交通成本优势和人口集聚对枢纽城市形成的影响。Henderson 等（2000）从地方政治、城市阶层以及国家土地市场的限制视角，研究其对城市规模和形成的影响。Meiling 等（2013）认为金融中心和管理中心是世界城市最为重要的经济功能，同时还承担着全球政治、文化、信息、门户职能。

2. 区域中心城市与产业集聚。21 世纪以来，国外学者对区域中心城市的研究主要集中在中心城市与产业集聚等方面。Justman（2005）对比分析财税竞争与区域发展差异，认为区域可以通过提供差异化的基础架构服务而受益。Bettencourt 等（2007）的研究结果表明创意行业的研发机构和就业遵循大城市人口规模的超线性比例关系。Braid（2009）提出中心城市工资税对就业的影响，研究结果表明税收通常会减少中心城市的就业，并增加郊区的就业。Rafael（2018）通过城市间的双边距离分布情况，分析了城市的空间分布，结果支持了美国城市的等级系统，其中每个子系统的中心城市彼此之间相距较远。Russell 等（2018）提出有关中心城市快递路线的优化路径。

3. 区域协同发展研究。区域协同发展是近年来各国关注的热点话题，Scott（2003）提出城市协同发展过程中的空间集聚与空间分散理论。Alessandro 等（2016）分析城市多中心主义如何成为大都市的典范，认为由不同参与者共享和共同创造。Turok 等（2019）以南非的四个主要中心城市为例，认为中心城市是经济和社会进步的相对开放的孵化器，需要协调的注意力来实现区域中心城市的潜力。Tian 等（2019）利用共生理论，研究城市之间相互关系对区域社会经济发展失衡的影响，结果表明城市间的共生关系与其协调发展呈正相关，互助关系对均衡发展具有积极作用。Guk-Bin 等（2019）以五大都市区为研究对象，研究中心城市与郊区城市之间的相互作用对郊区城市增长或衰退的影响，结果表明郊区城市与中心城市的相互作用以及它们与中心城市的邻近性可能对它们的发展或衰退产生重大影响。

（二）国内研究现状

重视和发挥中心城市的作用，是汲取马克思主义城市经济学思想精华的体现，也是我国社会主义建设理论的重要内容之一，国内学者对于区域中心城市的研究始于 20 世纪 80 年代，他们的研究主要集中在以下五个方面。

1. 区域中心城市的内涵与特征方面。区域中心城市的内涵是从中心城市的内涵延伸而来的。王茂林（1983）在论述发挥太原市中心城市作用的问题中提到，中心城市是从经济方面来说的，它是一定范围的社会经济活动或社会再生产活动的中心，是商品经济发展到一定阶段的产物。程红（1994）在探讨中心城市内涵时指出"中心城市的本质内涵明确地体现在其作为区域经济组织中心、集聚中心和辐射中心的功能中"。汪前元（1998）指出中心城市即自然经济区域中经济发达、功能完善、能够渗透和带动周边区域经济发展的行政社会组织和经济组织的统一体。冯德显等（2006）指出，区域性中心城市是指在一个较大区域范围内人口相对集中，综合实力相对强大，在政治、经济、文化等方面具有较强的吸引能力、辐射能力和综合服务能力，其经济发达、功能完善、能够辐射带动周边区域经济发展、城镇体系建设、文化进步和社会事业繁荣，其影响力可以覆盖区域内其他城市的中心城市。向勇等（2007）在《区域文化产业》一书中指出：区域中心城市的国民生产总值在所属区域的比重较大，人均生产总值高于区域平均水平，城市居民的人均可支配收入高，消费能力强且消费层次较高，是一定区域的消费中心。张宁（2021）指出国际科创中心是国际创新网络节点城市，通过其自身资源或制度优势吸引创新要素不断集聚，并在创新网络中产生辐射效应。国际科创中心表现出服务创新、创新辐射、资源优化、创新交流四大战略功能。

2. 区域中心城市功能方面。马洪（1986）探讨了中心城市的重要地位和功能作用。1983 年由蒋一苇、林凌牵头开展了对中心城市体制改革的系统调查研究，明确指出：城市经济本质上就是商品经济，中心城市的首要功能是市场流通功能。充分论述了中心城市在发展社会主义商品经济中的地位和作用。国家计委国土开发与地区经济研究所课题组（2002）认为中心城市具备集聚和扩散两大功能。在社会经济生活中，主要表现为经济功能、基础设施功能、社会文化功能、行政管理功能等。吴顺发等（2007）认为区域中心城市具有强大的集聚功能、扩散功能和创新功能，是区域经济发展的龙头和窗口。何龙斌（2013）研究了陕南地区五大中心城市对其周边经济辐射强度问题。全少莉等（2016）运用主成分分析法、加权 Voronoi 图评价中原经济区城市中心性和城市空间影响力。张虹冕等（2017）基于合芜蚌自主创新试验区，对区域中心城市的辐射带动能力进行了研究。阳国亮等（2018）研究表明国家中心城市建设对区域协同增长具有显著的促进作用。林细细等（2018）认为实现中心城市对外围城市的"外溢"作用大于"虹吸"作用，需要最大化发挥经济圈的产业集聚效应和互补效应。方进平等（2019）以粤港澳大湾区城市为例，研究发现中心城市与外围城市发展不均衡，表现为中心城市制造业职能地位下降，生产性服务业职能增长较快，专业化水平较高。

3. 区域中心城市的划分方面。不同学者对区域中心城市划分采用的研究方法不同。顾朝林（1991）对 434 个城市进行排序，运用因子分析法得出各个城市的综合实力指数，并用此来衡量城市的重要性。雷菁等（2006）通过计算城市流强度的方法来划分江西省中心城市规模等级体系，得出江西省中心城市规模等级体系中四个层次的城市。孙久文等（2016）运用中心职能强度模型对京津冀地区进行中心城市等级划分，将京津冀地区的 13 个中心城市划分为三个等级。刘书瀚（2017）基于生产性服务业集聚水平对中心城市等级进行划分。李玏等（2018）以长江三角洲 52 个城市为研究对象，通过中心城市指数表征城市的等级中心性，企业网络联系测度城市的网络中心性，结合城市的等级中心性和网络中心性特征进行中心城市划分。

表 1-1　　　　　　　　　　区域中心城市测度的比较

研究对象	研究视角	研究方法	作者
鲁苏豫皖交界区域的城市中心性	交通中心性 产业中心性 吸引力中心性	社会网络分析方法	孟延春等（2013）
广州与深圳双中心	现代服务业 先进制造业 城市子系统	非线性系统协同度模型	徐浩鸣（2014）

续表

研究对象	研究视角	研究方法	作者
豫皖省际边缘区域城市中心性	城市规模 商业服务 公共服务 交通通信	场强模型与GIS技术划分城市腹地	韩玉刚等（2016）
青海省四市	城市中心性 规模分布 区域差异	熵值法 城市首位度法	高晓辉等（2016）
北上广三大都市圈	经济实力 经济结构 人力资本 科技创新	分形模型	栾强等（2016）
国家级中心城市	综合经济 科技创新 网络枢纽 文化交流 社会服务	网络数据挖掘法	顾朝林等（2017）
中西部地区5个国家中心城市（郑州、武汉、重庆、成都和西安）	综合经济能力 科技创新能力 国际竞争能力 辐射带动能力 交通通达能力 信息交流能力 可持续发展能力	熵值TOPSIS模型	胡星等（2019）

4. 区域中心城市的测度方面。学者们对不同的地区选取不同的指标体系和评价方法进行测算，具体见表1-1。孟延春等（2013）选取鲁苏豫皖交界区域的11个地级市作为研究对象，从交通中心性、产业中心性、吸引力中心性三个角度，运用社会网络分析方法，研究鲁苏豫皖交界区域的城市中心性问题。徐浩鸣（2014）在构造包含现代服务业、先进制造业与城市三个子系统的区域中心城市非线性经济系统的基础上，运用非线性系统协同度模型对珠三角双中心城市各自的协同发展问题进行了定量比较分析。韩玉刚等（2016）以豫皖省际边缘区为例，从城市规模、商业服务、公共服务、交通通信四个维度构建城市中心性评价模型，测度豫皖省际边缘区城市中心性，利用场强模型和GIS技术划分城市腹地。高晓辉等（2016）把青海省的四个城市作为研究对象，

用熵值法和城市首位度方法，对城市的中心性、规模分布和区域差异进行定量分析，总结出四个城市的发展水平和发展差距。栾强等（2016）以北上广三大都市圈为例，建立分形模型，从经济实力、经济结构、人力资本、科技创新四大一级指标对中心城市经济辐射力的分形测度进行研究。顾朝林等（2017）通过网络数据挖掘方法采集多源数据，采取定性与定量分析相结合的方法，进行国家地级市以上城市的中心性指数评价。胡星等（2019）运用熵权 TOPSIS 模型，对我国中西部地区五个国家中心城市（郑州、武汉、重庆、成都和西安）的城市功能发展水平进行综合了综合评价。

5. 区域中心城市的发展路径方面。学者们以各城市为例，探讨区域中心城市的提升路径。王丽（2013）从增长极理论、城市体系理论、城市与区域关系出发提出攀枝花构建区域中心城市的对策。顾晓波等（2017）对徐州区域性中心城市建设的问题进行了研究，并从推进经济转型升级，实现外向经济新跨越，推动城乡发展一体化和构建生态宜居城市等方面提出促进徐州区域性中心城市建设的对策。张瑞瑞（2017）以江门市中心城区为例，从产业转型、科技投入和基础交通网络建设等方面提出提升中心城区经济辐射效应的对策。王俊奇（2018）以宿州市为例，对其区域中心城市的构建进行了 SWOT 分析。翟炜（2018）在大产业体系、对外开放和城市文化精神建设三大领域谋划长春东北亚区域中心城市的发展之道，从产业空间、文化空间和绿色空间入手为东北亚区域中心城市建设与总体规划的编制提供桥梁。邢馨等（2020）分析了区域中心城市复杂性演化机制，认为徐州作为淮海经济区中心城市，应抓住中心区域城市规模扩大带来的产业形态提升的机遇，通过复杂性管理促进创新功能的实现。邓玲等（2021）指出区域中心城市在成渝地区双城经济圈建设中发挥重要作用，从优化产业结构配置、加强区域合作和基础设施建设、大力发展县域经济等方面提出了区域中心城市融入成渝地区双城经济圈的对策建议。蔡天抒等（2021）针对濮阳的城市特性，提出濮阳建设省际区域中心城市两大发展路径：一是连接区域职能分工与对外通道建设，拓展市场腹地；二是引导人口集聚方向与战略平台培育，优化空间秩序。

二 创新生态圈国内外研究现状

(一) 国外研究现状

国外对于创新生态圈的研究起源于 20 世纪初,Schumpeter (1912) 在其著作《经济发展理论》中首次提出"创新概念",后在《经济周期》中系统提出创新理论以来,其研究范围及深度不断拓展,国外对创新生态圈的研究主要集中在企业、产业和区域三个层面上(见表 1-2)。

表 1-2　国外关于创新生态圈的研究视角

研究视角	关注点	作者
企业层面	人类活动规律与自然生态系统规律	Arora (1995)
	Business Ecosphere 内部的能量流动、物质循环与技术变革	Moore (1993)
	创新生态系统的创新能力与企业市场开发和创新发展绩效的关系	Ron Adner (2006)
	企业是创新生态圈中的核心创新主体	Rohrbeck (2009)
产业层面	产业生态系统类似于自然生态系统	Frosch 等 (1989)
	产业生态系统中成员互动的协同进化与自然生态系统中竞争、合作、寄生和捕食与被捕食的关系	Jouni 等 (2004)
	产业发展与自然生态系统的运行机制	Paul Hawken (2007)
	新兴产业的发展与创新生态系统中的资源量	Wei Zhang (2014)
	制造业创新生态圈参与者间的创新知识流动	Reynolds 等 (2018)
区域层面	国家创新生态系统的主要特征	Fukudaa 等 (2008)
	国家层面的创新生态圈中创新要素的整体溢出效应	Zahra (2012)
	区域性创新的结构性危机对区域创新生态系统的影响	Kaisa Oksanen (2014)
	用"开放式创新"战略探究区域经济增长的核心动力	Chesbrough 等 (2014)
	多层次的商业模式与生态系统有效连接	Radziwon (2017)

1. 企业层面上。随着生态学被广泛应用于社会领域,Arora (1995) 指出人类活动规律与自然生态系统规律具有内在一致性。Moore (1993) 类比自然生态系统首次正式提出了 Business Ecosphere 的概念,认为企业与其他组织为实现价值创造,共同结成松散网络。商业生态系统内部的创新活动加速了能量流动和物质循环,提高了技术变革的广度和深度。美国总统科技顾问委员会(PCAST)于 2003 年初,正

式提出了"创新生态系统"（Innovation Ecosphere）的概念。21 世纪初，"创新生态系统"的概念开始引起国内外学者的广泛重视和研究。Ron Adner（2006）认为创新生态系统是一种协同整合机制，是企业把研发创新成果转化为针对市场客户的解决方案的过程，创新生态系统的整体创新能力是影响企业市场开发和创新发展绩效的关键要素。Rohrbeck（2009）指出微观视角的创新生态系统研究侧重于企业这一核心创新主体的个体行为分析，注重企业行为与松散网络创新活动的逻辑关系分析，在以企业为核心的创新生态系统中，大部分资源被研究和开发阶段的创新活动利用。

2. 产业层面上。创新生态圈是不同创新组织构成的创新系统的集合，更多的是强调产业创新生态圈的构建和自组织演化。Frosch 等（1989）认为产业系统应向自然生态系统学习，并可以建立类似于自然生态系统的产业生态系统。Jouni 等（2004）根据产业系统与生态系统之间的相似性，提出区域产业生态系统中成员互动的协同进化表现为区域内企业之间的竞争、合作、寄生和捕食与被捕食等模式。Paul Hawken（2007）指出产业发展类似于自然生态系统运行机制，创新要素集聚优化了产业影响因素，生态化的产业运作方式成为主流，类似于自然生态系统的新陈代谢机制被建立并逐步完善，产业主体与产业生态环境的依存关系更加紧密。Wei Zhang（2014）认为需要为新兴产业的创新发展建立新兴产业平台创新生态系统，实现与合作伙伴在建设新兴产业创新生态系统中的资源互补，通过平衡输入与输出资源量，营造一个良性发展的创新生态环境。Reynolds 等（2018）通过分析中小型制造商创新能力培育途径，探究了制造业创新生态圈参与者间的创新知识流动。

3. 区域层面上。21 世纪以来，创新生态圈往往以国家或更高层次为研究切入点，忽略研究对象的结构性问题。Fukudaa 等（2008）提出国家创新生态系统的主要特征包括开放性、复杂性、包容性等。Zahra（2012）指出在国家层面的创新生态圈的研究中，更要关注创新要素的整体溢出效应。Kaisa Oksanen（2014）认为区域性创新的结构性危机影响区域创新生态系统，通过案例研究，阐明区域创新生态系统各主体的位置和角色，强调地方、区域和国家创新行为之间的深度合作、相互促进的创新生态系统。Chesbrough 等（2014）使用"开放式创新"战略进行案例研究，通过建立基于共享知识、个体成长、主体互信的商业生态系统探究区域经济增长的核心动力。开放式创新框架下的商业生态系统类似于区域创新生态系统，不同类型的企业共生竞合，推动经济结构优化升级。Radziwon（2017）指出创新生态系统为了适应多层次的商业模式，构建传导反馈机制促使管理知识自由流动，实现商业模式与生态系统有效连接。

（二）国内研究现状

国内对于创新生态圈的研究，主要集中在近五年，聚焦创新生态圈的内涵、特征、实现路径以及创新生态圈在商业平台、商务模式、创新创业等方面的研究。

1. 在创新生态圈的内涵方面。孙金云（2016）提出了创业生态圈的概念，并基于共演理论和组织生态理论汇总提炼了创业生态圈的四大特征以及六大构成要素。刘曦子等（2017）阐释了互联网金融生态圈的内涵，提出金融生态圈具有多样性、进化性等特征，并把生态圈的构成要素界定为非生物成分和生物成分。湛泳（2018）指出创新生态圈理论更加注重企业、高校、科研机构等创新主体的作用，更加重视价值增值、信息传递和知识流动，是创新生态系统理论发展到新阶段的产物。徐君等（2019）认为创新生态圈是以技术、人才、资金、土地等创新要素为依托，生产者、消费者、分解者等相互依赖、共生共赢，进而形成具有一定边界且稳定持续的经济社会体系。张丽琼等（2020）认为创新生态圈由知识场域、商业场域与环境场域构成，其中知识场域是中心，三大圈层基于共同的利益目标会出现深度交互融合现象。汪传雷等（2021）将物流产业与创新生态圈相结合，从主体要素、功能要素、环境要素3个维度分析了物流产业创新生态圈的影响因素。

2. 在创新生态圈的特征方面。创新生态圈与创新生态系统理论是一体两面的关系，两者概念相近，但侧重点有所不同，国内学者常常从理论视角概括创新生态系统的总体特征和体系分类。赵志耘（2015）认为共生创新具有自组织、整合、共担、反馈等特点。潘松挺（2017）认为生态圈属于生物学范畴的概念，具有生物物种多样性、多样化物种互相依赖、生态会自我繁衍三个特征。贾天明（2017）认为，区域创新生态圈与商业模型相互作用，企业在创新生态圈特点的引导下逐渐产生竞争优势，实现区域价值创造。周全（2019）基于生态位理论，探讨企业创新生态圈的形成机理，解析创新生态圈具有创新主体聚合、要素流动、战略协同的特征。徐君等（2022）认为，创新生态圈是创新生态系统的升华，更加注重生产者的主导地位以及创新主体与创新环境的协同演化和动态性弥合。按照研究范围，创新生态圈可分为区域创新生态圈、产业创新生态圈以及企业创新生态圈。

3. 在创新生态圈的实现路径方面。袁磊等（2016）通过沙特达兰技术谷的案例分析，提出我国油气行业形成创新生态圈的路径。王洪波（2018）以安徽省为例，提出了加快建设创新生态圈的建议。季成等（2019）以开放银行生态圈为研究对象，从顶层设计、组织能力、外部治理等方面提出了对策建议。庞燕（2019）认为，未来行业的竞争将是生态圈与生态圈之间实力的较量，提出构建开放共享生态圈的策略。李占强（2020）认为，科技金融创新，需从核心圈层、辅助圈层、支撑圈层三个层面出台加快构建创新生态圈的扶持政策。

4. 在商业平台、商务模式、创新创业等方面。生态圈理论被广泛应用，学者们多从理论视角探究生态圈的内涵、要素与机理。王昀（2017）通过案例分析探讨了产学研协同创新生态圈的构建效果。闫二旺（2017）以苏州工业园区的创新实践为借鉴，构建动态、循环、可持续发展的创新生态圈。于超（2018）基于东阿阿胶集团企业发展历程分析，探讨企业主导逻辑下创新能力培养和创新生态圈的成长路径及背后发展机理。项国鹏等（2019）以腾讯众创空间为例，研究核心企业主导型的创业生态圈。陶小龙等（2019）基于扎根理论多案例研究，将创新生态圈成长与企业转型升级相联系，厘清了两者的跃进过程及耦合机理。朱国军等（2020）提出将创新生态圈与互联网融合，会产生交互赋能、双元嵌入、虚拟集聚三大驱动效应。

三 区域中心城市创新生态圈国内外研究述评

对于区域中心城市的研究，国外学者立足于经济学视角，从区域经济循环和经济增长的视角出发，研究中心城市的形成，又将中心城市与产业相关联进行研究。国内学者主要在内涵与特征、功能与效应评价、城市划分、测度、构建路径等方面研究了区域中心城市的发展状况。总体来说，国内外学者对区域中心城市的研究都较为宏观，与国家重视创新驱动发展和生态文明建设的时代背景结合不足，在研究对象、研究方法、指标体系的选取方面仍然存在一定的不足，还需要进一步的修正和完善。首先，在研究方法上，国内学者对区域中心城市的研究大都运用了基本常规的方法，虽然能够从一定程度上分析出研究的结果，但这些研究方法并不是很全面，具有一定的局限性。因此，在研究方法上还需要不断改进，以便提供更加综合准确的信息。其次，在指标体系的选取上也存在一定的问题，大部分学者都是从固有的指标体系出发对区域中心城市进行研究，这些指标体系虽然较好地代表了某个区域各个方面的发展情况，但是并不能很全面地反映一个区域的综合发展，应根据区域的实际情况选取相应的指标体系。最后，关于区域中心城市的大部分研究都是以某个城市作为案例，单视角研究区域中心城市的经济、科技、文化、交通等问题，很少有学者从全域空间的视角来研究区域中心城市构成要素之间的关系。在我国经济增长方式从投资驱动、要素驱动向创新驱动转变，创新地位日益凸显的时代背景下，有必要系统地研究区域中心城市的创新生态问题。

从生态学的视角，借鉴自然生态圈的内涵，提出区域中心城市创新生态圈的概念，区域中心城市创新生态圈将用户等消费者纳入创新主体，更加强调区域中心城市内企业、高校、科研院所等生产者；政府、金融机构、中介服务机构等分解者；用户等消费者的主导地位。从宏观角度来看，国外学者从原因、过程、影响、应对措施等方面剖析创新生态圈，涉及因素识别、概念分析、理论溯源等领域，取得了积极的研究进展。国内学者更重视对创新生态圈的理论研究，从内涵、现实意义、理论逻辑、机制优化、实现路径等方面剖析创新生态圈的理论框架。但是，国内对创新生态圈的应用成果相对不足，关于创新生态圈全面评价研究很少，大多是单纯针对创新生态圈中的某一方面进行评价，或是评价创新型企业种群或某一产业的创新能力，未综合考虑区域中心城市创新生态圈所处的各种内外部环境因素，缺乏结合统计学、生态学、管理学、经济学等的复合性研究。从微观角度来看，对创新生态圈的研究多从定性的角度说明产业特点、企业规模、主体关系，但强调创新生态圈自身特点的定量研究较少，缺乏实证研究与定量评价，与区域中心城市相结合的定量研究成果更是缺乏。

鉴于此，本书在充分研究区域中心城市发展特点的基础上，以生物学为隐喻，从定量角度进一步研究区域中心城市创新生态圈的形成过程、要素架构、生态功能及驱动因素，并对区域中心城市创新生态圈的集聚能力及辐射能力进行评价，明确区域中心城市创新生态圈发展过程中存在的短板，进而提出区域中心城市创新生态圈的优化路径，将开拓区域中心城市创新生态圈的研究思路，丰富区域中心城市创新生态圈的研究内容。

第三节　区域中心城市创新生态圈研究内容和研究方法

一　区域中心城市创新生态圈的研究内容

本书以区域中心城市创新生态圈为主要研究对象，重点在于探讨区域中心城市创新生态圈的驱动因素，以 38 个典型区域中心城市创新生态圈为例，对区域中心城市创新生态圈进行集聚能力评价和辐射能力评价，以此提出区域中心城市创新生态圈的优化路径。全文分为八章，具体如下。

第一章，绪论。该部分首先从理论和现实两方面对选题背景、选题意义进行叙述；其次，分别对国内外区域中心城市和创新生态圈的相关文献进行综述，并对研究现状进行述评；最后，结合国内外研究现状，对研究内容和研究方法进行说明，设计出研究技术路线图。

第二章，区域中心城市创新生态圈的相关概念及理论基础。一方面，对区域中心城市、创新生态圈、区域中心城市创新生态圈等内涵特征进行说明；另一方面，对增长极理论、生态学理论、协同共生理论、创新管理理论、三螺旋与四螺旋理论等理论的产生、形成过程、适用范围等进行阐释，为后续行文提供重要理论支撑。

第三章，区域中心城市创新生态圈的构建。类比物种、种群、群落的生态学原理，分析区域中心城市创新生态圈的形成过程，明确区域中心城市创新生态圈的总体框架，探索区域中心城市创新生态圈中核心创新主体与其他创新主体之间的联结关系，以及创新主体与环境的相互作用，阐释区域中心城市创新生态圈的要素构成、特点及功能，由此说明建构区域中心城市创新生态圈的重要性。

第四章，区域中心城市创新生态圈的演进机制。区域中心城市创新生态圈的形成是动态发展的，存在发展机制、动力机制、集聚机制、辐射机制、共享机制、激励约束机制、协调保障机制等内在的演进机制，其中发展机制揭示内在机理，动力机制提供驱动力，集聚机制提供推动力，辐射机制提供持续动力，共享机制提供活力源泉，激励约束机制提供支持和调控，协调保障机制提供引导和保障。

第五章，区域中心城市创新生态圈的驱动因素。首先从生产者、分解者、消费者、创新环境四个维度建立了区域中心城市创新生态圈驱动因素指标体系，包括4个准则30个具体指标；其次构建了区域中心城市创新生态圈驱动因素的灰色关联度识别模型，并基于2004—2019年的面板数据，以我国38个典型区域中心城市为例进行了实证分析；最后构建了区域中心城市创新生态圈诸要素对创新绩效影响的面板模型，并以2004—2019年38个区域中心城市创新生态圈要素为样本，对其创新绩效进行了分析。

第六章，区域中心城市创新生态圈集聚能力评价。首先，基于对区域中心城市创新生态圈逻辑基础、驱动因素识别的分析，从生产者、消费者、分解者、创新环境以及创新内聚性五大方面设计共包含5个准则、35个具体指标的区域中心城市创新生态圈集聚能力评价体系；其次，构建了基于生态位理论的区域中心城市创新生态圈集聚能力评价模型；最后，以2004—2019年38个典型区域中心城市的面板数据为依据，对区域中心城市创新生态圈集聚能力的综合生态位、生态位宽度、生态位补充度进行了分析。

第七章，区域中心城市创新生态圈辐射能力评价。基于断裂点模型及威尔逊模型，构建了区域中心城市创新生态圈的辐射能力模型，并以四个梯队中的典型代表城市上海市、武汉市、重庆市以及徐州市为例进行了实证研究。

第八章，区域中心城市创新生态圈的战略框架和优化路径。首先，从参与主体、支撑体系、支撑机制、重点布局等方面，设计了区域中心城市创新生态圈的战略框架；其次，从企业创新、知识创新、金融创新、政府创新、用户创新等方面提出了区域中心城市创新生态圈的优化路径。

本书按照"提出问题—分析问题—解决问题"的思路进行研究，

其详细技术路线如图 1-1 所示。

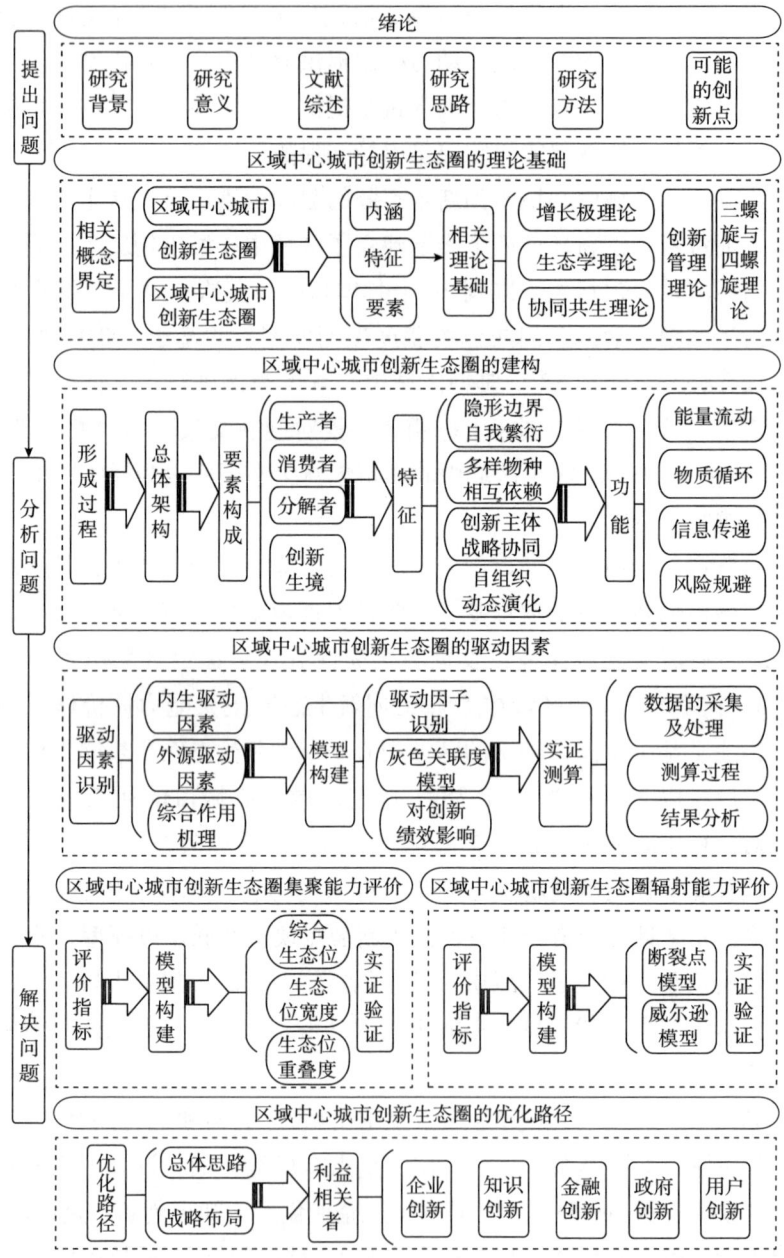

图 1-1　技术路线

二 区域中心城市创新生态圈的研究方法

（一）文献分析法

在文献综述部分，通过梳理国内外学者对区域中心城市、创新生态圈的相关研究，对相关的文献进行归纳、总结。了解区域中心城市和创新生态圈的相关概念、发展进程、研究现状以及相关理论，为本书的研究奠定理论基础。对区域中心城市创新生态圈的起源及演进过程进行梳理，对影响创新生态圈的因素进行识别，为本书的研究提供有力借鉴和支持，从而为全面、科学地研究该类问题提供参考。

（二）理论分析法

本书基于增长极理论、生态学理论、协同共生理论、创新管理理论及三螺旋与四螺旋等理论，从相关概念及内涵出发，探讨区域中心城市创新生态圈的形成过程、要素架构、生态功能及驱动因素，力图揭示区域中心城市创新生态圈发展的内在机理，并构建区域中心城市创新生态圈的评价指标体系。

（三）数理模型法

首先，构建区域中心城市创新生态圈驱动因素的灰色关联度识别模型，并基于2004—2019年的面板数据，以我国38个典型区域中心城市创新生态圈为例进行驱动因素识别及驱动力测度；其次，构建区域中心城市创新生态圈诸要素对创新绩效影响的面板模型，并以2004—2019年38个区域中心城市创新生态圈要素为样本，对其创新绩效进行分析；再次，构建基于生态位理论的区域中心城市创新生态圈集聚能力评价模型，对区域中心城市创新生态圈集聚能力的综合生态位、生态位宽度、生态位补充度进行分析；最后，基于断裂点模型及威尔逊模型，构建区域中心城市创新生态圈的辐射能力模型，并以四个梯队中的典型代表城市上海市、武汉市、重庆市以及徐州市为例进行实证研究。

第二章 区域中心城市创新生态圈的相关概念及理论基础

第一节 区域中心城市创新生态圈的相关概念

一 区域中心城市

(一) 区域中心城市的内涵

我国对于区域中心城市的内涵界定,主要是基于区域的实际发展状况划分的,不同的学者有不同的理解,目前没有统一的定义。综合以往的研究发现,区域中心城市被认为是区域政治中心、区域经济中心、区域文化中心、区域科技中心、区域交通中心等。本书主要从三个层次划分中心城市:一是全国性质的区域中心城市,目前,国家批准的有5个,分别是北京、上海、广州、天津、重庆。二是跨省范围的中心城市,如武汉、南京、徐州等。三是省域层面中心城市,如哈尔滨、青岛等。由此,可将我国主要的区域中心城市划分成如表2-1所示。本书从经济发展水平角度出发,认为区域中心城市是:在一定的区域范围内,城市规模大、基础设施完善、市场范围广阔、综合实力雄厚、地处重要节点,能够带动周边城市发展且经济发展水平高于周边其他地区的城市。

表 2-1　　　　　我国区域中心城市划分情况

等级	城市
全国性区域中心城市 (5个)	北京、上海、广州、天津、重庆

续表

等级	城市
跨省范围区域中心城市（13个）	成都、杭州、武汉、西安、苏州、南京、深圳、长沙、郑州、沈阳、宁波、昆明、徐州
省域层面区域中心城市（26个）	佛山、合肥、大连、福州、厦门、哈尔滨、济南、青岛、温州、南宁、长春、泉州、石家庄、贵阳、南昌、金华、太原、珠海、烟台、兰州、绍兴、海口、乌鲁木齐、拉萨、呼和浩特、银川

（二）区域中心城市的特征

区域中心城市作为国民经济的主要增长点，第一，经济的区域性表现得十分明显，区域经济要素与外来的经济要素相互融通、相互组合，区域经济成为全国经济的重要组成部分。区域中心城市的政府是促进区域中心城市发展的主体，中央为了调动地方政府的积极性，会授予地方政府管理和调节区域经济活动的职能，并使其拥有相对独立的利益。第二，生产要素流动的区域性。区域中心城市会不断扩大资源配置的范围，生产要素在从收益率低的区域向收益率高的区域流动中，能够自发地调节社会生产的比例关系。但在一定时期内，生产要素的自由流动对收益率低的区域是不利的，它会使收益率低的区域内人才、资金和物资等流失，影响区域各项计划目标的实现。经济发达的中心城市为了保证既得利益，在鼓励要素流入的同时也会限制生产要素的流出。第三，产业结构的区位化。区域中心城市的产业在发育和形成过程中要依托区位条件，其构造具有明显的区位特征。在我国社会主义市场经济条件下，区域产业结构的形成由传统的政府主导型逐渐转变为市场主导型，政府和市场分别从不同的方面引导着产业结构的成长。第四，完善的城市基础设施，基础设施是城市经济增长的必要条件，工业和第三产业的发展对基础设施有很大的依赖性。完善的基础设施保障了中心城市高效、畅通、有序地运转，并为居民生产、生活提供了良好的条件。便捷的交通运输系统、先进的通信网络和优良的人居环境不仅可以满足居民生活和城市经济发展的需要，还提供了与周边地区高效率联系的通畅渠道，为中心城市功能的发挥创造了条件。

（三）区域中心城市的功能

区域中心城市的形成与发展对一个区域来说是至关重要的，区域中心城市具有多种功能，主要具备集聚和辐射两大功能：

第一，集聚功能。集聚是区域中心城市的一个核心功能。集聚不仅可以使区域中心城市本身成为资源要素的集聚地和区域经济活动的中心，而且可以带动整个区域的发展，实现程度更高、规模更大的集聚，形成区域中心城市的集聚效应。区域中心城市作为集聚的中心，拥有更多的资金、人才、技术、信息等创新资源，能够提供更多的就业机会、更高的收入水平，吸引更多外来人口，而劳动力的增加会进一步扩大消费市场，从而形成一个良性循环，比周边卫星城市拥有更多的优势。各种生产要素和生产活动不断向区域中心城市流动，使得区域中心城市集聚了较多的优势企业、高校及科研院所，它们是先进技术和创新思维的发源地，而技术进步和创新能力是提高区域竞争力的核心因素。如我国的长三角、珠三角及粤港澳地区的中心城市，不仅产业集聚和要素集聚程度高，经济增长速度快、潜力大，能够为流动人口提供较多的就业岗位，而且辐射能力强，对周边地区的带动作用大，在实现城乡互动和融合发展方面发挥了重要作用。现实证明，发达地区的中心城市成为拉动区域经济强劲发展的重要力量，在国内区域间竞争中也处于强势地位。

第二，辐射功能。辐射功能是区域中心城市的另一个显著特性。区域中心城市作为一个确定的利益主体，它总会不断地以自己所具有的实力拓展自己的腹地空间，为自己的产品、服务寻求足够大的市场；然而，规模效益并不是要求城市经济规模无限扩大。过分的城市集聚往往会导致集聚不经济，如资源短缺、环境恶化和诸多的社会政治问题。辐射功能在本质上具有相互渗透、融合的趋势。另外，辐射是为了进一步增强集聚的能力。区域中心城市的产品与服务最终必须在市场上才能实现，但区域中心城市本身的市场是有限的，因此，区域中心城市必须向周边区域扩散。通过这个扩散过程，区域中心城市的实力进一步增强，集聚功能进一步增加。区域中心城市的辐射功能主要源于自身结构的优化和科技进步的推动，也由于规模效益的消失，土地价格上涨，生活费用攀升。当经济发展到一定阶段，区域中心城市的辐射功能是不以人的意志为转移的客观规律。辐射功能在形成合理的经济布局、促进区域经济增长中发挥着极其重要的作用。因此，区域中心城市不仅自身综合实力强大，而且能够辐射带动周边城市发展，对我国城市发展具有重要意义。

二 创新生态圈

(一) 创新生态圈的内涵

伴随着市场对创新驱动的深刻呼唤,创新生态圈从生态学隐喻的角度出发来研究创新范式和创新价值实现的全新研究方法和全新视角。创新生态圈与自然生态圈具有相似的特征,自然生态圈是指在一定时间和空间内,生物与生物之间及生物与生存环境之间相互作用,由太阳提供源源不断的能量,使得各生物体与生存环境之间形成不可分割的自然群体(陈大鹏,2015)。根据地理空间的不同,自然生态圈还可进一步细分,如海洋自然生态圈、森林自然生态圈等(蔡德奇等,2003)。创新生态圈的核心是创新,是一个涵盖范围庞大的圈层,学者们结合具体的研究对象,对其概念进行界定。

Moore(1993)首次将生态圈的概念引入技术创新领域,并将创新生态圈定义为由一系列围绕共享的技术、知识、技能以及产品和服务的企业和其他实体组成的共同发展的松散耦合网络。随着学者们研究的不断深入,创新生态圈被赋予了新的内涵,闫二旺等(2017)站在产业的视角,认为创新生态圈是政、产、学、研之间协同创新的开放式合作平台和创新网络,并通过各主体之间的互补、互动和合作,形成强大的创新能力。于超等(2018)站在企业的角度,认为创新生态圈不局限于固定时间和空间,通过整合各创新主体和创新要素,打破企业传统资源观视域下的被动发展,实现主体间多元合作与创新网络的协同耦合,并为新价值创造提供现实路径。如阿里巴巴、京东、海尔等企业都在建立自己的创新生态圈,未来企业间的竞争是生态圈与生态圈之间的竞争。周全(2019)认为企业创新生态圈更注重创新要素资源的集成利用,拥有不同创新要素且占据着不同生态位的主体融入同一个圈层当中,通过合作来获得"1+1+1+…,+1(N 个 1)>N"的资源协同效应,实现最大化的价值共创。

目前,创新生态圈尚未形成统一的界定,本书参考以往学者的研究成果,站在区域中心城市的角度来探讨创新生态圈,认为创新生态圈是通过整合企业、高校、科研院所等生产者;政府、金融机构、中介服务机构等分解者;用户等消费者;优化配置创新资源,实现区域中心城市的技术创新和知识创新的有效生产、流动、转化、更新,从而提高创新效率及经济发展水平的复杂创新网络。如表2-2所示，列出了创新生态圈与其他相关概念的联系与区别。

表2-2　　　　　　　　创新生态圈与其他相关概念的异同

相关概念	异同
产学研联盟	两者都强调创新主体的互动与合作，产学研联盟只强调企业、大学与科研机构的三螺旋范式，而创新生态圈扩充了创新主体
产业集群	产业集群重视地理位置的集聚性，侧重于生产方之间的竞争作用，彼此间的相互依赖程度较低。而创新生态圈超越了产业的界限，同时涵盖生产方、需求方和分解方，产业集群可看成创新生态圈内的一个子圈层
创新系统	两者都具备创新的特征，但创新系统是静态的概念，强调的是创新的功能；创新生态圈具有动态性，更加强调自组织性
创新网络	创新生态圈本质上是一种网络组织，由许多子网络构成，因此，其是更大范围的网络组织，而只有具备生态特征的创新网络才能称为创新生态圈
创新生态系统	两者都是由创新群落与创新环境共同构成，创新生态系统是从系统论的角度进行研究，而创新生态圈是借鉴自然生态圈的概念，从生态学的视角进行研究
商业生态系统	商业生态系统主要强调商业运作，可以看成创新生态圈运行过程中的一个环节，建立良好的商业生态系统是创新生态圈正常运作的基础

（二）创新生态圈的特征

1. 开放式协同。创新生态圈与创新生态环境、外部环境间存在广泛的联系。一方面，"外来物种"进入创新生态圈的"门槛"较低，活力强的外来物种更容易扎根存活。当创新生态圈内部出现"集聚不经济"时，部分企业、金融机构、中介服务机构被淘汰，创新生态圈的不健康肌体被切除，以保证其健康发展。另一方面，创新生态圈内各圈层之间交叉重叠、联系紧密。不同核心企业、不同产业周围形成"创新生态子圈层"，子圈层信息交流、能量传递十分频繁，彼此交叉重叠，以命运共同体形态协同演进，体现了创新生态圈内部开放式协同。

2. 动态自调节。创新本质上是一个动态调节、推陈出新的过程。整体而言，创新生态圈均具有萌芽、产生、发展、成熟、分化等生命周期特征，创新生态圈内创新活动过程和目标是动态的，随着创新环境的改善及创新要素的优化，创新活动经历了由低级向高级、由幼稚向成熟的转变过程，创新结果更加贴近创新目标。与此同时，需根据市场需求变化动态调整创新目标。此外，创新生态圈具有恢复能力、抵御能力、自我净化能力等自调节能力。创新生态圈内部紊乱或被外力破坏后，创新要素、核心主体等自动补位，生态圈逐渐恢复原有功能和结构。不同结构、规模、发展阶段的创新生态圈具有不同的抵御能力，结构复杂、规模大、发展成熟的创新生态圈更能抵御外在风险。与自然生态圈一样，创新生态圈通过扩散机制及时淘汰不适应城市发展的企业，达到自我净化的目的。

3. 多样性共生。自然界中生物多样性是自然生态圈可持续发展的基础，创新生态圈的多样性具有多层含义。首先，创新生态圈具有多样性特征。创新生态圈内部存在无数个"子生态圈"，存在形式方面具有多样性，既可以是虚拟生态体，也可以是战略联盟共同体。一个企业可能同时扮演两个创新子生态圈的核心主体和次核心主体角色，两个子生态圈又分属于不同的结构类型。其次，创新要素具有多样性特征。极具活力的创新生态圈既包括企业、高校、科研机构等核心创新主体，还包括政府、金融机构、中介服务机构等服务型组织。最后，创新活动、组织结构、创新方式等具有多样性特征。企业、高校、科研机构等创新主体在发展阶段、研究重点、内外环境等方面各不相同，组织结构存在显著差异，创新资源禀赋各有特点，创新活动、创新方式及创新结果多种多样。

4. 自组织演化。创新生态圈是一个开放的自组织系统。首先，创新生态圈通过与外界交换物质、能量和信息，推动系统由低级向高级演进。在市场需求引导下，创新生态圈内生力量驱使创新主体开展研发活动，淘汰落后技术及产能，更新产业组织，提升创新能力。其次，创新要素相互配合产生协同作用和合作效应。产学研机制下企业、高校、科研机构相互协作，既能为企业输送对口人才、提供创新思维，又能帮助高校和科研机构开展实用性研究。最后，遗传、变异、选择作为创新活动的3个阶段贯穿于创新生态圈演进全过程，变异机制触发的创新活动近似于原始性创新，其潜在价值最大。创新生态圈中的变异机制最具颠覆性和充满活力，区别于常规创新创造过程，因而需要鼓励创新要素自由流动及相互作用。

(三) 创新生态圈的功能

1. 汇集创新要素。创新生态圈围绕创新研发、小规模生产、成果转化、产业服务、综合配套等创新链环节，加大力度吸引和汇聚领先技术、高端人才、产业资本、支撑平台等核心创新要素，构建开放、合作的创新网络。企业、高校、科研院所等是技术创新的核心主体，是技术创新思想的源头。创新生态圈会积极引进和建设高水平的企业、高校和研究机构，并以此来吸引世界顶尖的专业技术人才，使创新生态圈具有强大的人才虹吸能力，成为智力资源和创新思路的富集区域。

2. 提供数字化智能服务。在大数据时代，信息成为生产和生活不可缺少的基本条件，各种数据中心和服务平台已经成为科学研究和技术创新的必备条件。为此，创新生态圈会推进互联网、物联网的发展，加快智慧园区的建设，实现"互联网+园区""互联网+政务""互联网+企业""互联网+人"四位一体，为创新生态圈技术研发、生产和生活以及政务管理提供智能服务体系。以苏州工业园区为例，2013年以来，以"智融服务、慧聚创新"为主线，园区完成了智慧城市顶层架构设计，建成全国首个电子政务专有云，实现电子政务向云模式转换；建设国科数据中心，为高科技中小企业、政府机构、新兴互联网服务企业、现代服务企业提供国际一流的 IDC 基础服务和云计算专业服务。

3. 建构创新网络。创新生态圈是人才、技术、资本等创新要素与企业、高校、科研院所等创新主体动态组合和系统集成，是各类创新要素在政府和市场驱动下形成的知识交流、技术合作的区域创新网络。创新生态圈最明显的功能是有效降低科技与资本的对接成本。一旦创新项目出现，各类相关的专业服务就能够及时跟进，从而实现专业化的技术团队与专业化的服务团队有机结合，形成快速、高效的创新网络。

4. 实现规模效应。创新生态圈发展的最终目标是促进生态圈内各创新主体不断向前发展，实现规模效应。生态圈内各创新主体通过信息交流与资源共享来促成规模效应的形成。随着创新生态圈内创新主体规模的不断扩大，企业、高校、科研院所等数量的不断增多，核心创新主体将会充分利用政府主体、中介机构等主体资源，逐步提高资源利用效率，实现规模效应。

三 区域中心城市创新生态圈

在一定的时空范围内,自然界中生物成分(生产者、消费者和分解者)与非生物成分(水、土壤、大气等)在长期的不断进化过程中、在"物竞天择、适者生存"的作用下形成了相对稳定的自然生态圈。本书对区域中心城市创新生态圈概念的界定借鉴了自然生态圈的概念,在自然生态圈中,生产者是指绿色植物、蓝藻、光合细菌等生物,它们制造有机物,为消费者提供食物和栖息场所。消费者是指各种动物、寄生生物、寄生细菌等,对生产者的传粉受精、种子传播等发挥重要作用。分解者是指各种腐生生物,主要作用为分解有机物,促进生态圈的物质循环。无机环境包括阳光、空气、水等非生物成分,为生态圈提供物质和能量。

在区域中心城市创新生态圈中,将区域中心城市作为演化的载体(非生物成分),区域中心城市内部的企业、高校、科研院所是创新思维、创新成果产生的内核动力,可以视为生产者。用户是创新成果的使用者,可以视为消费者。政府、金融机构、中介服务机构为创新循环提供政策、资金支持,可以视为分解者。创新活动中所面临的政策、技术、文化、资源等创新环境,可以视为无机环境。在技术革命的驱动下,生产者、消费者、分解者与创新环境逐渐演化形成具有凝聚力和稳定边界的创新生态圈。因此,类比自然生态圈,可将区域中心城市创新生态圈内部的生物成分和非生物成分进行划分归类,具体如表2-3所示。

表2-3　　　　区域中心城市创新生态圈的生态学比喻

区域中心城市创新生态圈	自然生态圈	内涵
企业、高校、科研机构	生产者	区域中心创新生态圈的核心创新主体,创造新思维、产生新成果
用户	消费者	创新成果的使用者
政府、金融机构、中介服务机构	分解者	为创新成果的产生提供政策、资金等服务
创新环境	无机环境	创新活动中所面临的政策、技术、文化、资源等环境
信息、知识、价值传递	物质循环、能量流动	创新主体与创新环境之间相互作用的体现

续表

区域中心城市创新生态圈	自然生态圈	内涵
新的创意、技术、模式	变异	能够改变原有模式的独创性的发明、创造
模仿、跟进	繁殖	创新行为、模式、成果的复制
市场竞争	自然选择	4P 竞争，抢占市场资源

自然生态圈中多种物种在一定空间内的集合构成群落，群落之间紧密相连，彼此间存在捕食与被捕食、竞争与合作的关系，并与无机环境相互适应，每时每刻进行着物质循环与能量流动。借鉴自然生态圈的概念，将区域中心城市创新生态圈的定义如下：以区域中心城市为载体，区域中心城市内的企业、高校、科研机构等生产者，用户等消费者，政府、金融机构、中介服务机构等分解者，共生竞合，与创新环境之间进行物质、信息、价值传递，相互之间密切联系、不可分割，进而形成具有隐形边界且稳定持续的结构圈。具体如图 2-1 所示。

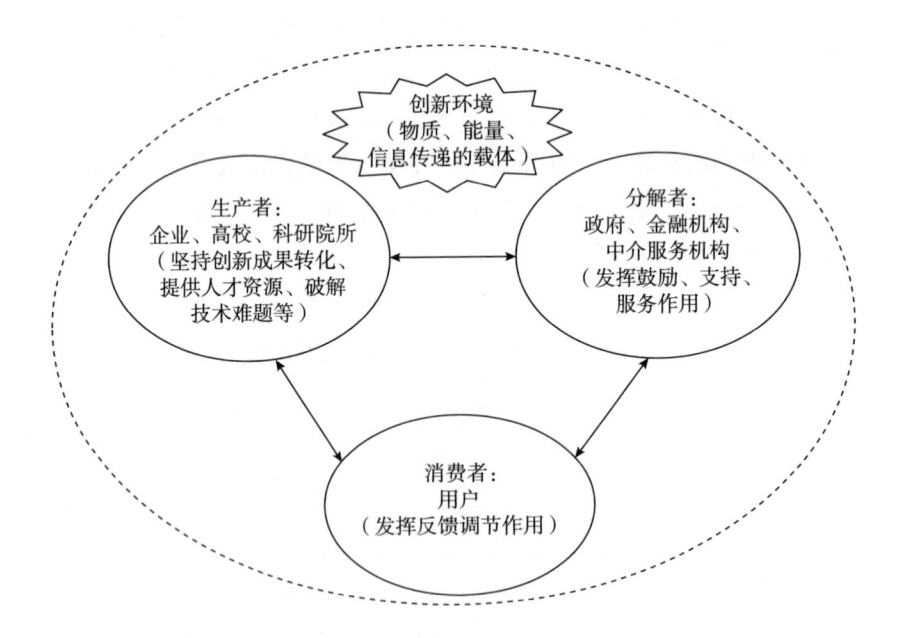

图 2-1 区域中心城市创新生态圈概念模型

四 集聚效应与辐射效应

从经济学和管理学的角度出发，为了实现社会效益最大化和未来长远发展，产品或服务在市场的盈利不是我们所关注的终极目标，终极目标是社会资源优化配置问题，集聚辐射效应正是资源优化配置的过程。在经济新常态下，区域中心城市创新生态圈的集聚辐射效应越来越成为城市竞争力的重要标志。集聚效应是指经济行为在地域上的集中，本书所研究的区域中心城市创新生态圈的集聚效应是指创新行为在区域中心城市进行集聚并推动创新能力的提高。集聚效应发生的过程促使区域中心城市内生产者、消费者、分解者等创新主体与该区域政策、文化、技术等创新环境，通过市场与非市场的相互联结、相互竞争、相互融合，必然会形成创新物种、种群、群落进而形成创新生态圈。区域中心城市创新生态圈的集聚效应具有地域性、复合性和动态性三大特征。地域性是指集聚效应的发生必须依托区域中心城市这一地域空间来吸引创新主体，体现了集聚在空间上的位置确定性。复合性是指集聚生成的动因具有多样性，集聚本身是多层次、多类型的集合，并非创新主体的单独聚合。动态性是指集聚过程是一个动态发展的过程，是双向成长的过程。

辐射效应是集聚效应发展到一定阶段的产物，当大量的创新主体集聚，创新成果涌现，由于相互竞争及利益驱动，区域中心城市创新生态圈的创新成果开始向外扩散，因而形成辐射效应，能够带动周边小城市创新生态圈的发展，此时，区域中心城市创新生态圈的创新成果流向周边腹地，致使周边腹地创新资源增加，这一过程最终会达到动态平衡状态，在动态平衡阶段，既有区域中心城市创新生态圈内的创新要素流向周边腹地，也有周边腹地的创新要素流向区域中心城市创新生态圈，此时区域中心城市创新生态圈处于稳定发展阶段，如图 2-2 所示。集聚效应与辐射效应具有其内在的合理性与科学性，如图 2-3 所示，这既有助于避免单一大城市创新生态圈无序扩张和摊大饼式发展，又有助于把城市群中基础好的区域中心城市创新生态圈做强，使之成为城市群发展的示范区，从而支持和引领更大范围内的一体化发展。

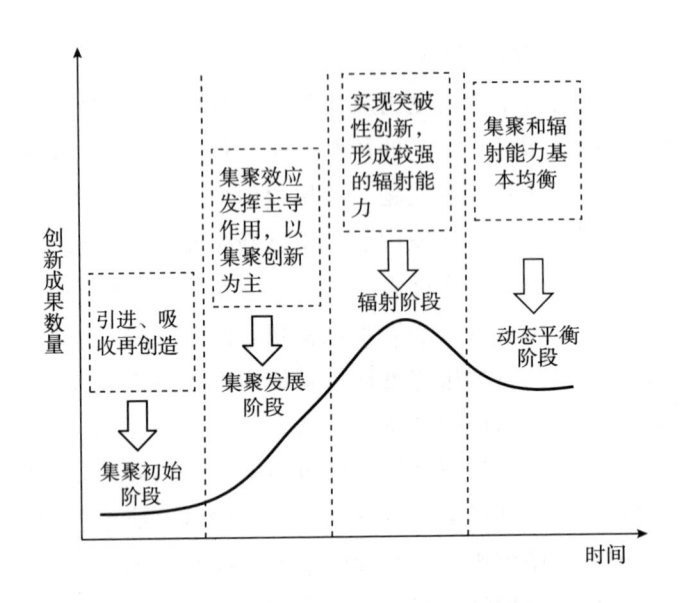

图 2-2　区域中心城市创新生态圈集聚效应与辐射效应的演化阶段

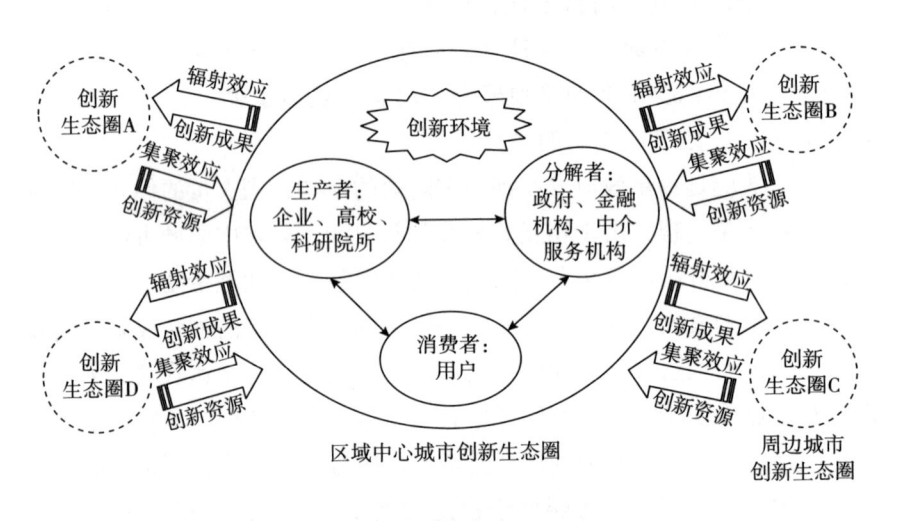

图 2-3　区域中心城市创新生态圈的集聚效应与辐射效应

第二节　区域中心城市创新生态圈的理论基础

一　增长极理论

弗朗索瓦·佩鲁（Perroux）1955年最先提出"增长极"理论，该理论表明：经济增长在时间和空间上都不是均衡分布的，不会同时出现在所有区域，而是首先出现在一个焦点或极点，这一点如同物理学中磁场的一个"磁极"，对周围区域具有较强的吸收、集聚与辐射效应。"增长极"在发展的过程中逐渐成为区域的经济中心，不仅能够通过各种途径向周围输送生产要素和资源，形成扩散效应，推动周围其他地区的发展，同时也能够把周围的生产要素和资源集聚起来，获得规模经济效益，产生极化效应，通过扩散效应和极化效应，不断地进行"物质循环与能量流动"，最终在区域中心城市和非区域中心城市之间实现动态平衡。

在佩鲁（Perroux）提出增长极理论后，其他经济学家开始密切关注该理论的进展，瑞典经济学家缪尔达尔（Gunnar Myrdal）、美国经济学家弗里德曼（John Friedmann）、赫希曼（A. O. Hirschman）等不断对该理论进行丰富和完善，形成了完整的增长极理论。缪尔达尔（Gunnar Myrdal）认为落后地区与发达地区之间存在极化效应，即落后地区的生产要素会向发达地区流动，从而导致两地之间的差距进一步扩大，并形成累积性的循环效应，最终形成二元空间结构。弗里德曼（John Friedmann）在佩鲁"增长极"理论的基础上，提出了"中心—边缘"理论，他认为区域中心城市通过涓流与回波效应，自身经济实力不断增强并获得对边缘区域的主导地位，最终形成"中心—边缘"相互依存的发展机制。赫希曼（A. O. Hirschman）认为在经济发展初期阶段，区域差异逐渐增大是由于极化效应占据主导地位，从长期来看，区域中心城市发展到一定程度后，由于人口激增、资源不足等问题会使生产成本上升，出现要素反向流动，涓流效应将缩小区域差异。

探讨区域中心城市创新生态圈问题不能忽略"增长极"理论。"增长极"理论告诉我们经济增长主要源自区域中心城市的带领作用,为了保持"增长极"的可持续发展,需要依靠一定的驱动力,而创新能力是"增长极"可持续发展的本源驱动力。依靠创新能力形成的"增长极"比依靠自然资源形成的"增长极"拥有更强更持久的增长能力。因此,想要实现持久稳定的增长趋势,必须以培育区域中心城市的创新能力为战略重点,打造区域中心城市创新生态圈。区域中心城市的"极化效应"为创新生态圈提供必要的人、财、力等要素,从而形成良好的创新环境。同时,区域中心城市的"扩散效应"又能够将创新生态圈的创新成果扩散到周围地区来巩固自身的核心地位。

二 生态学理论

生态学是研究生物体在自然界中如何适应生存环境的一门科学,研究内容涉及物种、种群、群落以及生态系统等内容,研究方法多以定性分析为主,也有部分的定量研究。由于生态学关注的是研究主体不同层次之间的运动变化,进而使得生态学方法得到了广泛使用,是解决复杂问题较为常用的方法。生态学最早是由德国生物学家 Haeckel 在 1866 年提出,是研究自然界中生物体与其生存环境之间作用规律的科学,特别是动物与其他生物之间的有益和有害关系,自此掀开了生态学发展的序幕。Lindeman 在对 Mondota 湖生态详细考察之后提出了生态金字塔能量转换的"十分之一定律"。由此,生态学成为一门有自己的研究对象、任务和方法的比较完整和独立的学科。英国生态学家坦斯利(A. G. Tansly)认为应系统地去研究生物与自然界的关系。即从生物个体与环境直接影响的小环境到生态圈不同层级的有机体与环境关系的理论。生态学不仅研究自然生态系统的产生、发展和演变规律,还探索社会生态系统的结构、功能与演化,以及社会生态系统内部及外部能流、物流、价值流、信息流等的相互转换及其规律,国内外学者不断将生态学与其他学科结合,将生态学深入自然科学和社会科学中,形成不同分支学科。自然生态圈主要包括生物成分和非生物成分。具体如图 2-4 所示,生物成分是由生产者、消费者、分解者等构成,非生物成分主要指由水、土壤、营养成分等构成的无机环境,是生物得以生存的源泉。生态圈中生物成分及非生物成分的具体组成及作用如表 2-4 所示。

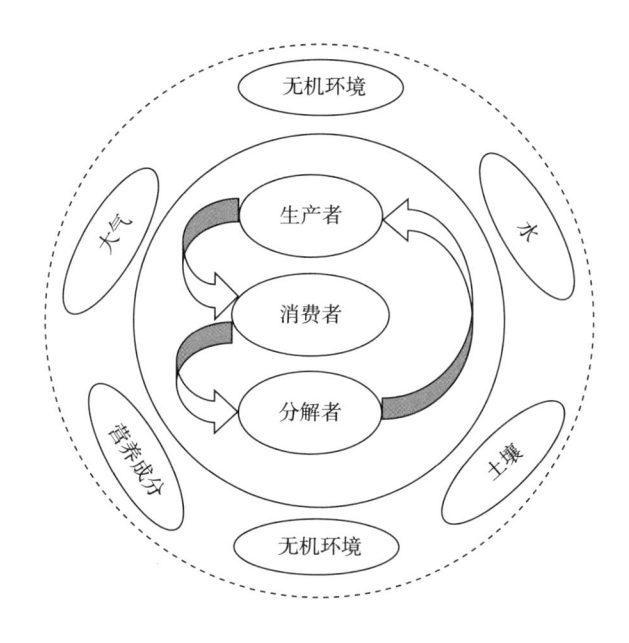

图 2-4 自然生态圈的构成

表 2-4 自然生态圈的成分、组成及作用

成分	组成	作用
生产者	绿色植物、蓝藻、光合细菌等	制造有机物，为消费者提供食物和栖息场所
消费者	各种动物、寄生生物、寄生细菌等	对于植物的传粉受精、种子传播等方面有重要作用
分解者	各种腐生生物	分解有机物，促进生态圈的物质循环
非生物物质和能量	阳光、空气、水等	为生态圈提供物质和能量

随着现代生态学与社会科学越来越紧密的联系，生态学的理论逐渐延伸至经济学的研究中，成为热点话题。大卫·布林尼（2003）指出无论在自然界还是在经济社会中，主体为了获得某些利益而展开竞争的本质是相同的，区别只在于成本的表现形式不同。自然界中付出的是能量和资源，经济系统付出的是智慧与金钱。从生态学的视角来看，区域中心城市创新生态圈与自然生态圈类似，可以将区域中心城市创新生态

圈内部的企业、高校、科研院所等创新主体视为自然生态圈中的生产者；将创新成果的享用者视为消费者；将政府、金融机构、中介服务机构等视为分解者。同一物种的生产者、消费者、分解者构成自然生态圈中的"种群"，不同"种群"生活在一起构成"群落"。创新生态圈中的政策环境、文化环境、技术环境、资源环境等可视为自然生态圈中的无机环境。创新生态圈内部的技术变革、模仿创新、信息传递等活动分别对应生态系统中的变异、繁殖、能量流动等环节。生产者、消费者、分解者在无机环境中遵循"物竞天择、适者生存"的法则，并每时每刻与环境之间进行着物质、能量与信息的交换，促进创新生态圈的动态演化。生物和环境之间的相互协调适应使创新生态圈在动态演化的过程中逐渐趋于平衡稳定。

三 协同共生理论

1879 年，"共生"的概念由德国真菌学家德贝里（Antonde Bary）首先提出。Bary 认为两种或两种以上共同生活的生物存在共同依存、互利互惠的现象。1971 年，德国物理学家哈肯（Haken）首次提出"协同"的概念，1976 年完整地阐释了协同理论。Haken 认为人类社会及自然界中的各种事物极为普遍地存在两种现象：无序和有序，并且这两种现象在一定的条件下可以相互转化。Ansoff（1965）在他的著作《企业战略》里这样强调，两个企业或多个企业，特别是子公司之间要想有效地实现资源共享，共同协作可以增强整体性的业务表现，并将其应用于企业管理方面。进入 21 世纪以后，协同论逐渐发展成为一种普适性研究方法，在社会科学研究，尤其是创新管理的研究中被普遍使用，研究的广度不断扩充，研究的深度逐渐加深。协同共生理论是协同学和生态学相结合的理论。在一个包含多个个体或资源的大系统中，协同共生即协调两个及以上的不同个体或资源，相互依存，共同完成预期目标，从而达到"1+1>2"的效果。如果不同个体或不同资源之间不能很好地相互协调，则会导致整体系统处于无序状态，不能发挥最大功效。反之，如果不同个体或不同资源之间能够友好合作，相互协调，整体系统功能将会远远超过各子系统功能之和。各要素间的协同共生效果可以用协同度的大小来反映，两者之间的关系可以用式（2-1）表示：

$$y=f(x) \tag{2-1}$$

其中，x 表示协同度，y 表示协同共生效果，x、y 之间存在复杂的非线性正相关关系，x 越大，表明各要素间的协同效果越好，整体系统功能越强；x 越小，则表示各要素间的协同共生效果越弱，整体系统功能越小。此外，协同理论还包括支配原理和自组织理论，支配原理是指系统内部的慢变量对整个系统起到支配作用，与"木桶效应"类似。自组织理论是指系统与外界进行物质、能量和信息交换具有自发效应。

近年来，协同共生理论被引入城市发展研究中，主要应用于两个方面的研究：一是城市内部各要素之间的协同共生，即协调城市内部经济、科技、文化、生态等子系统的发展，抑或城市内部企业或产业间的协同共生，促进城市整体水平提高。二是不同城市之间的协同发展，通过不同城市间要素循环流通、优化配置，促使区域整体发展水平的提高。协同发展具有整体性和过程性特征，即强调城市内部及区域间的全面协调发展，加强城市内部各要素的均衡稳定和区域间要素的循环流通，逐渐缩小差距，并产生整体功能大于各要素累加的效果。协同发展是一个循序渐进的过程，没有终极目标，只有理想状态。

协同共生的战略目标是实现协同效应，即多元主体间形成彼此竞争、制衡，同时也相互协同、共赢，通过复杂非线性作用而实现自己无法独立达成的整体协同创新效应。协同共生的组织目标是实现组织边界重构，即多元主体原有边界逐步模糊重叠，在创新要素流动的平台上形成了新的边界，融合一些专有性和优势性资源，提供更多的创新资源选择。协同共生的管理目标是形成创新的新制度与规则，在合作模式、激励制度、惩罚制度、绩效管理、产权管理、收益分配和风险控制上建立一整套完整的制度与规则。

四 创新管理理论

1912 年，约瑟夫·熊彼特首次提出了"创新"的概念。随后学者们对创新的研究不断深入，创新管理理论主要经历了三个阶段的发展：封闭式创新、开放式创新和共生式创新。自"创新"的概念被提出，直到 20 世纪 70 年代，创新活动被严格控制在企业内部进行，重点关注内向型创新，重视社会契约的作用，以帮助企业获得市场垄断地位，这时的创新投入和产出是简单的线性关系，主要是依靠需求和科研双螺旋驱动，这种创新管理形式被称为封闭式创新。20 世纪 70 年代后，学者们开始关注到创新主体的多样性，创新管理进入开放式阶段。弗里德曼、库克等学者开始研究国家层面、区域层面、产业层面的创新系统，开放式创新的主要特征表现为多主体合作，创新投入和产出为非线性的复杂关系，由需求、研发、竞争三螺旋驱动，创新边界具有可渗透性。随着创新生态系统的提出，20世纪90年代，创新管理的范式也开始过渡到共生式阶段，共生式创新是在多变的环境下对开放式创新范式的新发展，在共生式创新模式下，创新行为更注重资源的整合和共生发展，从以往注重创新的要素构成和资源配置演变为注重创新主体之间及创新主体与环境之间的相互作用机制。创新边界是开放的，多个创新主体从更长远的角度出发，由需求、科研、竞争、共生四螺旋驱动，在创新环境的相互作用下进行创新活动，达到持续性的创新和多主体共生的状态。创新的演进历程如图2-5所示。三种创新模式的主要特征对比如表2-5所示。

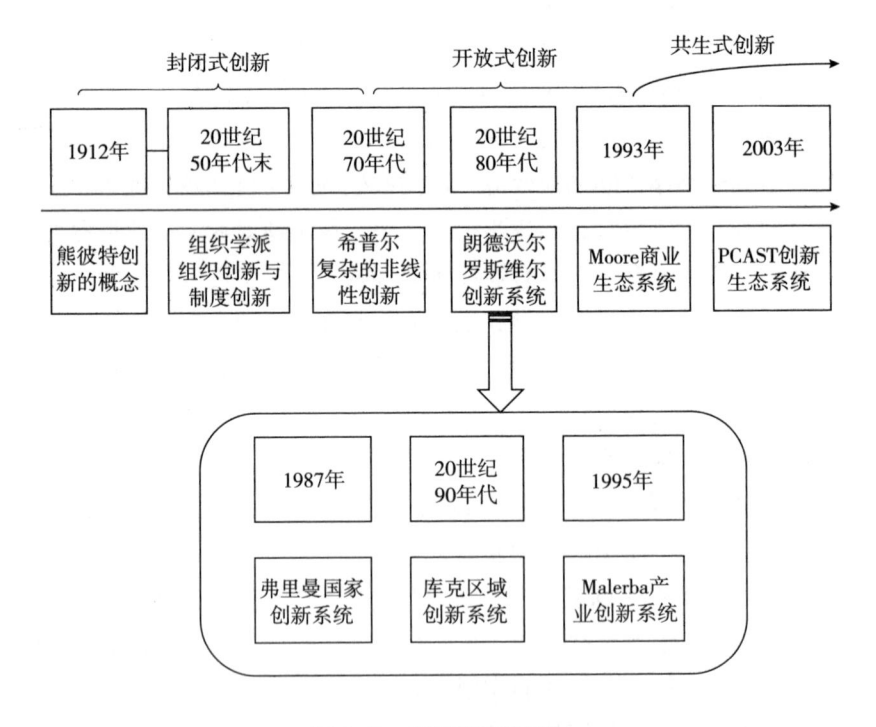

图2-5 创新的演进历程

表 2-5　封闭式创新、开放式创新与共生式创新主要特征对比

创新管理模式	封闭式创新	开放式创新	共生式创新
创新来源	企业内部研发	多主体合作研发	多创新主体共生
主体与要素	单个主体	多个主体	多样化主体与环境
创新边界	封闭边界	可渗透边界	开放边界
创新投入与产出关系	线性	非线性	非线性
运行模式	企业	产学研合作	创新生态系统
创新驱动模式	需求、科研双螺旋	需求、科研、竞争三螺旋	需求、科研、竞争、共生四螺旋

五　三螺旋与四螺旋理论

20 世纪 50 年代初，三螺旋概念最早诞生于生物学领域。90 年代中期，Etzkowitz 和 Leydesdorff 在三螺旋概念基础上提出了著名的政府、产业、大学三螺旋理论，来分析在知识经济时代三者之间的新型互动关系。其与国家创新系统中将产业作为创新主体的思路不同，而是更加强调在知识创造和共享中政府、产业、高校三者发挥协同作用，通过协同效应大幅提升协同创新广度和深度（Etzkowitz，1995）。

三螺旋理论强调政府、产业和高校通过开放组织边界和机构重组，实现创新资源的优化配置和集聚效应，是一种典型的协同创新（邹波，2013）。首先，三螺旋理论强调的是官、产、学三个创新主体的非线性关系，在三螺旋网络结构中，任一环节均可作为创新的起点。其次，三螺旋理论体现开放性，产业、高校、政府组织边界充分开放，相互渗透，出现组织边界模糊、重叠的现象，从而形成孵化器、产学研联盟等实体协同创新组织。在协同创新组织中，包含技术、知识、信息等创新要素的有效流动与共享，从而达到协同创新效果。最后，三螺旋模式可以实现自组织演化，产业、高校、政府可以根据创新环境的变化，主动变化以适应和稳固自己在三螺旋模式中的地位，并不断优化三螺旋内部结构。三螺旋结构在不同国家、不同区域的制度背景和发展状况下，存在一定的差异性，通过分析国内外学者对三螺旋结构的经典研究发现，主要有以下三个模式：

（1）极限钳制模式。如图 2-6 所示，这是一种典型的自上而下的

模式，政府的组织边界无限延伸，涵盖产业和高校的组织边界，表现出强大的钳制力。这种模式必须以政府强制性规划领导为基础，以便控制学界和产界。但此种模式缺乏内部激励，容易出现官僚主义倾向，在新时代背景下，发展"瓶颈"日益凸显。

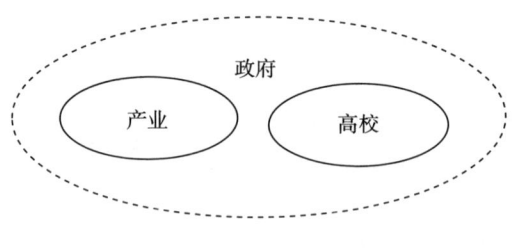

图 2-6　极限钳制模式

（2）自由放任模式。如图 2-7 所示，此种模式是三大创新主体彼此分离，并各自拥有明确的组织边界。在自由放任模式中，高校和产业拥有研发自主性，政府不干预产业和高校发展，只负责在市场失灵时发挥调控作用，充分体现了三者的独立性。但由于边界严格明确，彼此间交流不畅，此模式长期维持也存在障碍。

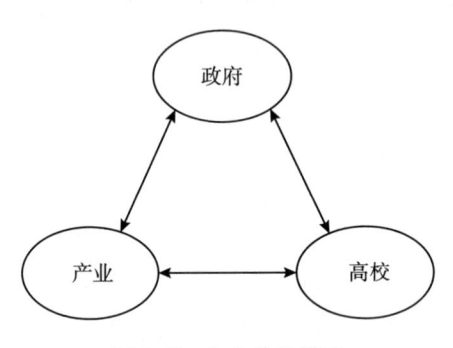

图 2-7　自由放任模式

（3）重叠模式。如图 2-8 所示，这是国内外普遍认可的三螺旋结构典型模式，政府、产业、高校三者存在双重重叠或三重重叠，三者组织边界交织形成共生网络，彼此分担其他创新主体的创新任务、发挥其他创新主体的功能。重叠模式可充分发挥创新主体在协同创新中的积极性和主动性。

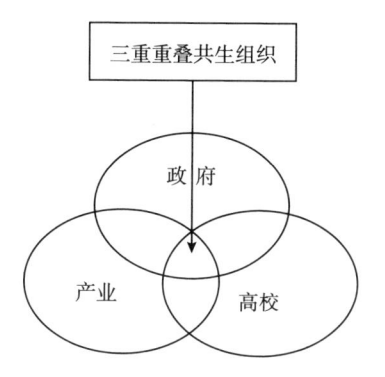

图 2-8　重叠模式

伴随着协同创新实践的不断深化,三螺旋创新主体也在不断扩充。考虑到科研机构的作用是对高校在协同创新中功能的有效补充,中介机构能以其拥有的资金、信息、平台等资源为协同创新提供催化、辅助作用,因此在三螺旋结构中加入科研机构和中介机构,形成四螺旋结构模型。如图 2-9 所示。

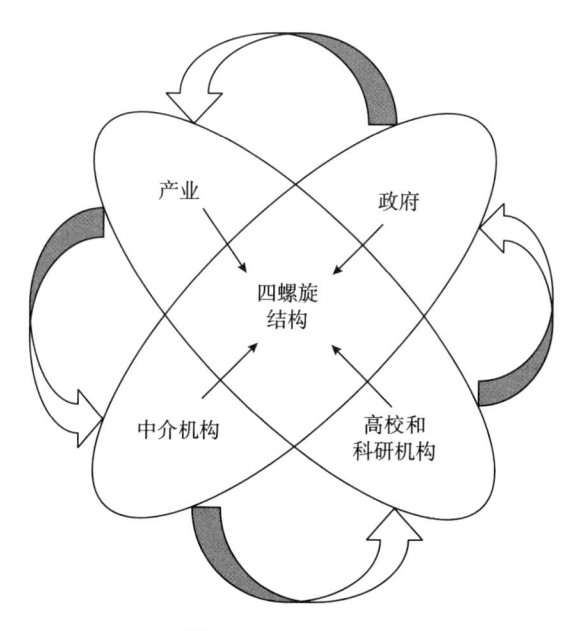

图 2-9　四螺旋结构

第三章　区域中心城市创新生态圈建构

第一节　区域中心城市创新生态圈的形成过程

区域中心城市创新生态圈的形成过程与自然生态圈的形成过程类似，可以用自组织理论进行分析。自组织理论是指自然生态圈可以在自身形成的特定规则和机制下，自行完成从低级到高级、从简单到复杂、从粗放到精致的进化。那么区域中心城市创新生态圈的形成过程也是在特定的空间下，由特定的路径决定其形成方向与速度，在创新主体与创新环境的共同作用下，其形成主要经历了创新物种、创新种群、创新群落和创新生态圈4个阶段，具体形成过程如图3-1所示。

一　以企业为主导的创新物种

独立的创新个体，可被看成创新物种，如单个的企业、高校或科研单位等。以企业创新物种为例，在城市建立初期，城市人口、市场结构、基础设施等因素处于不断调整变动阶段，企业为了生存和发展，开始结合消费者的需求和市场特点，成立创新型企业（物种）。企业在自己内部构建创新网络，设立自己的研发部门和研发机构开展创新活动，在创新的过程中，企业通过市场调研发现市场需求，并及时调整创新方向，形成满足市场需求的创新研发项目，交给自己的研发部门和研发机构，企业内部研发人员按照研发项目要求启动生产，生产的创新成果将在企业生产部门接受检验后由销售部门直接投放市场供消费者使用。创新企业创新网络的建立有利于企业独享创新成果，增强企业综合实力。但由于创新主体的单一性，难免会在创新决策过程中出现差错，使创新

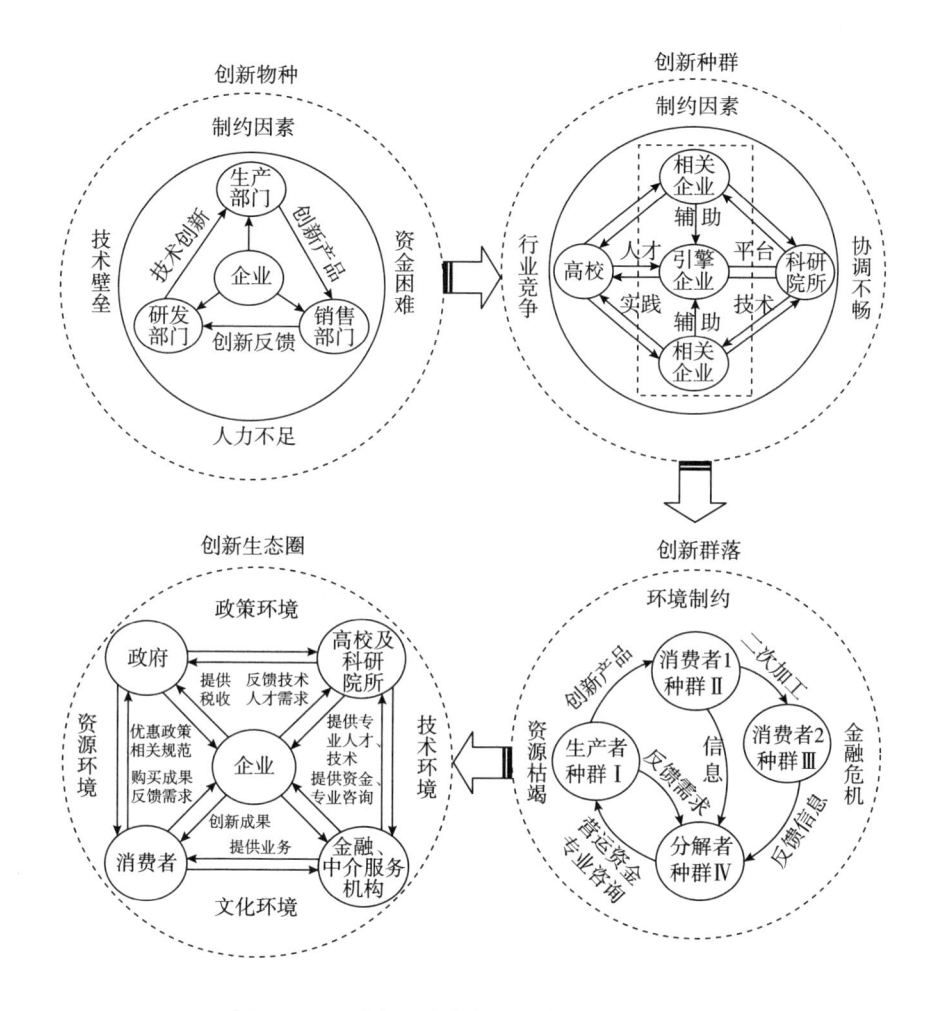

图 3-1　区域中心城市创新生态圈的形成过程

活动受到极大的限制。企业只能依靠自己内部员工的力量完成市场信息的收集、核心技术的突破、创新成果的生产及销售等一系列活动，在企业内部形成了封闭的环路。此种模式需要企业投入大量的资金和劳动力，此外，创新活动反馈周期相对较长、研发人员专业性较弱、内部各部门协调性较差等问题也是封闭环路的弊端，任何一个环节出现不良状况都会对整个企业造成极大的损害，导致企业面临巨大的创新风险。随着创新型企业个数逐渐增多，个体的创新力量薄弱，无法形成可持续创新，企业为了谋求长期可持续发展，开始主动向下一阶段进化。

二 以产业链为主导的创新种群

随着创新型企业的发展，不同企业间的竞争日益激烈，企业为了抢占市场份额，开始主动向创新型企业转变。在规模经济的驱动下，同类型的企业或有业务关联的企业开始向特定区域集聚，企业数量不断增加，模仿企业的数量也在不断增加，逐步形成创新种群。种群中最先获得成功的企业往往会成为一个创新引擎企业（优势物种），引擎企业具有辐射带动作用，会吸引越来越多的企业参与到创新活动中来，此时，种群间会出现两种情况：一是处于相似生态位的企业为了争夺市场，展开激烈的竞争，生存能力强的企业将会被留下，部分能力弱的企业将会被淘汰；二是处于相似生态位的企业结成战略联盟，如零部件企业生产的核心零部件能够对引擎企业创新成果的产生发挥明显作用。以引擎企业为核心形成的创新网络可以充分发挥各企业的优势，迅速抢占市场份额（李媛媛，2022）。但引擎企业的创新能力可能会受制于零部件企业，而出现技术"瓶颈"，此时，各企业在市场竞争的压力下，开始联合高校、科研院所等创新主体，形成产学研联盟创新网络，高校、科研院所与企业具有互补性，能够为企业提供多样的创新思维、创新技术等资源，更好地发挥创新网络中各创新主体的优势，不仅可以突破核心技术"瓶颈"，还能够达到人才共享，使得整体创新水平远高于单个引擎企业，并提升了创新成果产生的速度。同时，创新环节被企业、高校、科研院所进行细化分解后，各创新主体各司其职，承担相应创新任务，创新风险也被不同创新主体分担，显著降低了单个创新主体所承担的风险。但产学研联盟创新网络（种群），依然也存在一定的窘境。由于企业、高校、科研院所等创新主体的"创新势能"存在差异，迫切需要有专门的机构来协调各创新主体的工作。

三 以多元创新主体为主导的创新群落

在创新种群内市场竞争从未间断，创新种群内的物种为稳固自身的地位，会追求利益最大化，在此过程中，与自身相关联的主体间竞争愈演愈烈。由于资源的稀缺，开始出现一个物种入侵另一个物种的"生态位"，导致部分物种"生态位"改变，种群间开始呈现无规则起伏，在客观上迫切需要运用有效方式将创新种群进行整合，此时，创新群落应运而生（解学梅，2022）。基于共同的社会和经济目标，政府、中介机构、消费者等多样化辅助创新"种群"纳入创新群落。在创新群落阶段，开展创新活动不再单纯依靠创新物种或者创新种群的优势资源，而是通过多样化的创新主体相互协同合作，共同提高创新转化率。政府、中介机构等分解者不再袖手旁观，开始为创新提供重要"养分"，有效链接到企业、高校、科研院所等核心创新主体开展创新活动的全过程中，强调各创新主体之间要齐心合力，不仅可以提升核心创新主体的创新能力，还能够优化管理、服务等创新要素。创新成果由市场上初级消费者和次级消费者进行检验，消费者再将使用产品或享受服务后的信息反馈给生产者，促使生产者不断调整不适应市场需求的产品或服务，帮助淘汰落后的生产者。在这一演化阶段，创新群落内种群的协调性极大增加，种群的数量也在不断增多，进一步提升了创新效率，但更高的协调性和创新效率要求各创新主体之间实现利益共享，形成良好的创新氛围，以维持创新群落的可持续发展，并增强创新群落的应变能力。

四 以可持续发展为导向的创新生态圈

由于创新群落内部结构和外部环境都在不断变化，群落的发展会受到外部环境的干扰，为适应外部环境的变化，创新群落仍然在向更高层次进化，在与外部环境不断碰撞、选择、调试的过程中，逐渐形成与外部环境协调发展的状态（柳卸林，2022）。创新生态圈强调政策环境、金融环境、资源环境等创新环境对创新主体的重要影响。其中，创新制度对创新生态圈的进化能够起到有效的推动或抑制作用，如在国家提出"双创"以来，全国各地城市的创新活动在短期内迅速达到前所未有的活跃程度，高校开展创业教育、开设创业课程、培养创业师资，企业、科研院所加大创新投入力度，金融机构的风险资本得到政策扶持，并为风险资本的退出打开了空间。再如资源环境，当创新生态圈内的创新企业开展创新活动所需的创新资源面临衰竭时，企业为了谋求生存和发展，会尝试进行转型升级，如同自然生态圈中的变异。转型成功者可为社会提供原创性创新成果，转型失败者将会被淘汰。由此可见，创新生态圈的根本目标是基于可持续发展的理念，以创新环境为承载平台，将创新思维、创新资源投入与创新管理行为有机结合，进而促进城市经济向高水平、高质量、高层次发展。

区域中心城市创新生态圈在形成的过程中和特定区域内自然生态圈

的生物一样，存在互利共生、自组织与动态演化等特征。通过对区域中心城市创新生态圈的形成过程进行分析，本书将区域中心城市创新生态圈内部的企业、高校、科研院所看作自然生态圈中的生产者；政府、金融机构、中介服务机构看作分解者；用户看作消费者；在政策、金融、文化等创新环境中，展开着竞争与合作，彼此间相互调节、相互促进，使得创新生态圈不断进行物质、能量、信息的转移与交换，从而逐步向高级阶段演进。区域中心城市创新生态圈的总体框架如图3-2所示。

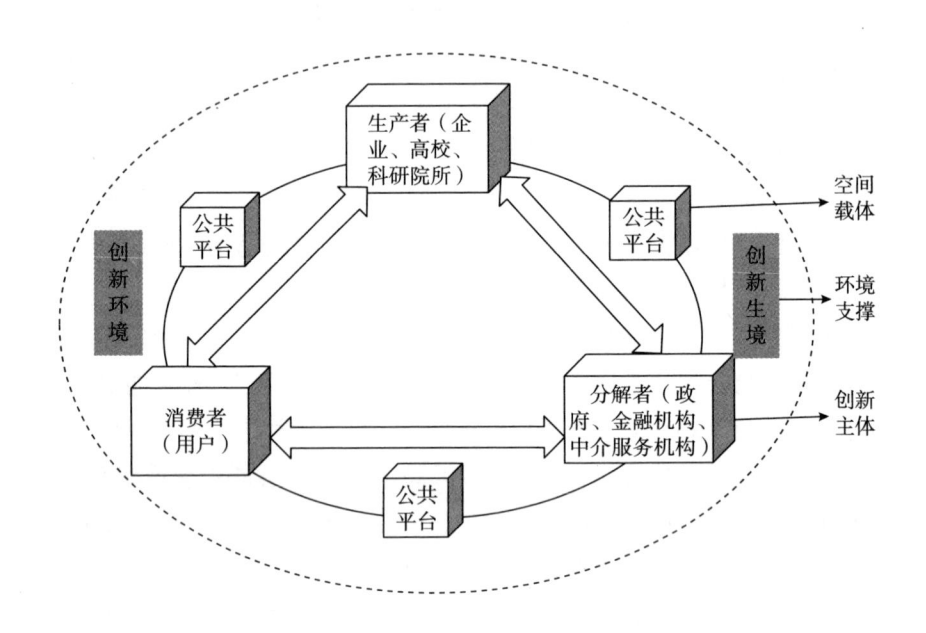

图 3-2 区域中心城市创新生态圈

尽管区域中心城市创新生态圈与自然生态圈有着异曲同工之妙，但依然有自己的独特之处，主要表现为：（1）在自然生态圈中，生产者、消费者、分解者的身份界限明确，没有交互和重叠的现象，而区域中心城市创新生态圈中三者关系相对复杂，会出现身份相互转变的情况。如创新产品从产出到流向消费者环节的过程中，不仅需要核心创新企业，还有其他中间商的参与，中间环节的企业可能将信息反馈给核心企业，这时其他参与的企业不仅是生产者也是消费者。而本书将创新生态圈看成一个整体，明确三者的身份并不会影响推理结果。（2）区域中心城市创新生态圈更加强调创新主体的主导地位，创新生态圈内生产者、消费者、分解者等创新主体不仅体现在地理位置集中，更表现为信息、技术、人才的密切合作与交流。（3）区域中心城市创新生态圈内生产者、消费者、分解者之间更加强调合作共赢。虽然三者之间有竞争，但创新生态圈的演进超越了市场竞争关系，逐步演化成长期合作关系。（4）区域中心城市创新生态圈具有显著的经济倍增效应。不同类型的生产者、消费者、分解者相互间逐渐演化形成不同规模的创新生态子圈层，经由创新环境的驱动，不同规模的创新生态子圈层交互重叠，从而实现经济效益倍增。

第二节　区域中心城市创新生态圈的要素构成

只有首先明确了区域中心城市创新生态圈的内部要素构成，才能更好地对区域中心城市创新生态圈的驱动因素进行剖析，对集聚、辐射效应进行评价。借鉴前人的研究成果，类比自然生态圈的要素构成，本书将区域中心城市创新生态圈构成要素分为创新主体和创新环境，创新主体是指创新生态圈内具有创新能力，并且为创新活动做出贡献的主要参与者。创新主体又可细分为生产者、消费者和分解者。创新环境是培育创新主体的土壤和孵化器，创新主体开展创新活动离不开创新环境的支撑和辅助，创新环境主要包括：政策环境、金融环境、文化环境、资源环境等。创新主体和创新环境共同构成区域中心城市创新生态圈。

一　生产者

区域中心城市内的企业、高校、科研院所等核心创新主体是一切创新活动的出发点（那慕晗，2022），因此，本书将企业、高校、科研院所等看作创新生态圈的生产者。区域中心城市作为经济发展的"增长极"，无论在资本、土地、劳动力还是技术方面都占有绝对优势，具备打造创新生态圈的先决条件，为创新生态圈的形成提供"硬件"和"软件"支持。此外，区域中心城市密集的人口使得市场需求旺盛，强大的市场需求会反过来促进企业、高校、科研院所等生产者集聚，推动它们开展创新，实现价值最大化。

企业是创新活动的主体。企业又分为生产、加工、流通、销售类企业，如图 3-3 所示，核心企业通过引进高校的创新思维、联合高校的高端人才，借助科研机构的先进技术，实现企业创新价值增值；通过对接外延企业，推动创新产品或服务投放市场，如阿里巴巴，其建立的电商生态圈正是通过相关部门，向下对接市场用户，向上建立配套科研单位，构建起企业创新生态圈。

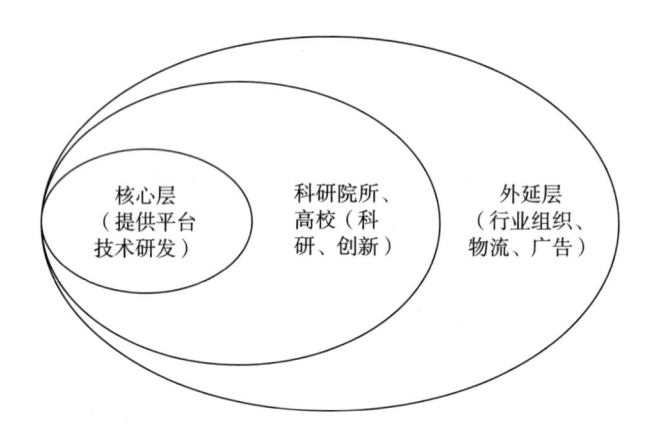

图 3-3　区域中心城市创新生态圈生产者子圈层构成

高校作为非营利性组织，是创新知识的传播者，是培养人才的动力源，是一些技术获取的直接渠道（王宇，2021），为企业提供创新活动的"原料"，输送高端人才。高校通过做实验、发表学术论文为企业创新活动提供创意和思路，在区域中心城市创新生态圈中担任着至关重要的角色。

科研院所与高校类似，是从事研究工作的重要力量，但在具体的职能上存在一定的差异，科研院所是把创新思维转化为创新成果的重要实践者，其主要的职能是破解技术难题，开展科学研究。在国家实施知识创新工程前，科研院所与企业的联系不够密切，在此之后，越来越多的企业开始建立自己专门的技术研发部门，科研院所与企业的联系不断加强，并进行企业化改革，大量科研人员开始从创新者向创业者转变。

二　消费者

自然生态圈中的消费者是指直接或间接利用生产者所制造的现成有

机物为生的生物，它们属于异养型生物。区域中心城市创新生态圈中的消费者是指以消费生产者生产的创新产品为生的用户群体。

区域中心城市人口密集，是用户群体的主要阵营。用户群体是创新活动的落脚点，创新成果最终由用户检验，用户创新是区域中心城市创新生态圈演化的重要组成部分，其与消费市场直接相连，创新成果价值的大小由用户的接受程度所决定。用户受自身需求的驱使，为了使创新产品更贴切地满足自身需求，从而积极主动发挥自身创新能力。创新能力即用户创造力，是激励创新的内在动力。用户的创新主要体现在创新活动反馈调节的过程。如图3-4所示，用户的反馈信息可以直接反馈给生产者，也可以通过中间商向生产者反馈信息，生产者在接收到反馈信息后会主动调整不适应用户需求的产品或服务，此反馈调节路径能够及时淘汰落后生产者，维持创新生态圈健康可持续发展。

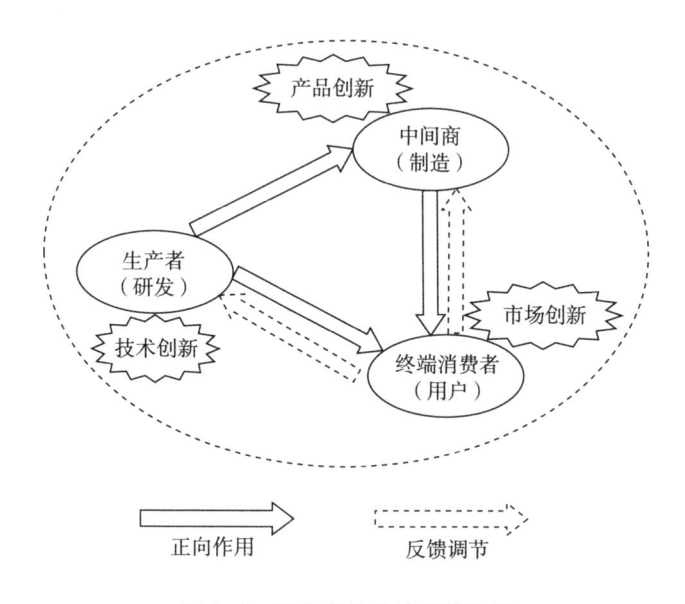

图 3-4 消费者的反馈调节作用

类比自然生态圈可将创新生态圈中的消费者分为初级消费者和次级消费者两种。其中，初级消费者指中间消费者，他们往往不是为了直接获取产品的效用，而是将购买到的产品进行精加工，二次出售给次级消费者，获得差额利润，此时的消费者一般为组织。而次级消费者的消费目的是为了直接获取产品效用,并将使用产品或享受服务后的感受反馈给生产者。次级消费者既可以是组织,也可以是个人。

三 分解者

自然生态圈中分解者具有加速物质循环和能量流动的作用,区域中心城市创新生态圈内的分解者是为生产者的创新活动提供"养分",加速创新成果的产生,主要包括政府、金融机构、中介服务机构等。

政府是区域中心城市创新生态圈的主要分解者,是创新活动得以运转的有效保障,其作用体现在两个方面:一是发挥市场干预,当创新主体过度追求经济利益导致市场风险增大时,政府会通过法律、行政、出台保护性文件等手段进行市场干预,为创新活动营造优良的环境,同时还能够改善创新活动的硬件条件。二是为创新发展提供宏观导向,政府可通过财政补贴、减免税收、拨付科研经费等措施减轻企业、高校、科研机构等创新主体的压力,提高创新成果的转化率(辛冲,2022)。

金融机构是创新活动持续进行的资金保障,为创新主体提供资金周转,是贯穿创新活动的"生命线"。在创新活动启动阶段,所需部分资金可能会通过股票、债券、贷款等方式向金融机构获取。在创新活动进行的过程中,需要消耗大量资金,证券公司、基金公司、保险公司等金融机构会以更便利的融资和担保方式为创新活动提供服务。在创新成果推向市场后,仍需一定的广告宣传和产品推广费用。创新活动整个过程所需的人才、技术、知识等要素都离不开资金支持,离不开金融机构为其提供服务。

中介服务机构主要包括会计师事务所、律师事务所、评估机构等,这些机构为创新活动提供评估、审计、咨询等业务服务,解决创新生态圈内不同创新主体间的沟通障碍,推动创新要素的流动、加速创新信息的传递、促成创新成果的产生。

四 创新环境

创新环境是类比自然生态圈的无机环境提出的,它是创新生态圈内创新主体的活动载体,其主要包括政策环境、文化环境、金融环境、资源环境、市场环境等,是创新生态圈运行的基础(Prashantham,2020)。

政策环境是政府以推动创新成果转化为目的制定法律法规、出台相关措施。政策环境明确了创新生态圈中创新主体的活动界限，规范了创新活动的开展，在创新产出整个过程中起到引领、协调、保障等重要作用，引导生产者、消费者、分解者等创新主体在动态变化的创新环境中有序推进创新活动。文化环境是指创新主体内部的创新文化是否一致或相抵触，它是创新生态圈内部创新氛围与创新精神的体现。创新活动需要营造包容、鼓励、勇于尝试的文化氛围，良好、活跃的文化氛围会促进各个创新主体内部形成独特的创新价值观与行为准则，不断巩固创新活动的地位，催生创新成果的涌现。金融环境主要通过金融投资可参与度的高低、利率波动的大小等问题影响创新活动。金融环境的动荡往往会引发价格战，导致供给与需求不平衡，挤压企业利润，对创新活动造成干扰。这就要求金融机构要有充分的调节手段，保证资本配置的有效率，同时企业要时刻关注市场供需情况，做好技术创新，根据消费者的需求提升产品性能。资源环境为创新活动提供场地、平台、管理、技术等方面的支撑，将分散的各个创新个体汇聚形成创新网络。很多创新得益于区块链、云计算等新一代技术的激发，技术为创新开拓空间，同时也能为创新提供高强度的保护。市场环境包括竞争对手的强弱、市场需求的大小，它是决定创新产品销售状况的决定性因素，良好的市场环境能够快速、高效地传递市场信息，从而提高创新产品与市场的契合度，避免创新主体之间展开恶性竞争。消费者通过市场向生产者反馈创新产品信息，市场是打通消费者与生产者之间信息壁垒的桥梁。创新产品市场化的过程不仅依靠各创新主体自身的实力，良好的市场环境同样发挥着不可或缺的作用。

这些环境因素都对区域中心城市创新生态圈的进化产生直接或间接的影响，它们之间同样会相互作用、相互影响，创新环境的适应、选择与改变对区域中心城市创新生态圈的进化至关重要。

第三节　区域中心城市创新生态圈的特征

区域中心城市创新生态圈是各创新主体及创新环境长期在正式或非正式的相互沟通交流中形成的复杂网络。与自然生态圈的特征进行类比，并借鉴前人的研究成果，本书认为区域中心城市创新生态圈具有隐形边界自我繁衍、多样物种相互依赖、创新主体战略协同、自组织动态演化四大特征。

一 隐形边界自我繁衍

区域中心城市创新生态圈是由生产者、消费者、分解者与创新环境共同构成的具有隐形边界的整体，它不是一个封闭孤立的系统。创新生态圈的功能并非单个创新主体功能的简单累加，单个创新主体无法完成创新项目从启动、运作、完工到再创新的循环过程，而是与其他创新主体和创新环境相互作用形成的有机整体，且创新生态圈的整体功能大于圈内各要素功能的总和。

互联网+背景下，创新生态圈与外界创新环境存在广泛的联系，地域距离被缩小甚至消除，区域中心城市创新生态圈易受到外界环境和要素的影响，且区域中心城市在经济、科技、基础设施等方面都拥有雄厚的实力，对周边城市产生巨大的辐射带动效应，根据"增长极"理论可知，区域中心城市的"极化效应"会自动吸引周边城市的创新要素向创新生态圈流动，同时"扩散效应"又能够将创新生态圈的创新成果输入到周边城市。此外，活力强的"外来物种"进入创新生态圈后容易"繁衍存活"。因此可以说，区域中心城市创新生态圈具有隐形边界自我繁衍的特征，每时每刻与外界进行交流互换，以获得持久的创新能力，巩固创新生态圈的地位。

二 多样物种相互依赖

自然生态圈中多样物种相互依赖根源于生态圈内生物群落的多样性及生态环境的复杂性。区域中心城市创新生态圈的多样物种相互依赖主要体现在以下三个方面：

一是指区域中心城市中创新生态圈的圈层具有多样性，区域中心城市创新生态圈由若干个不同的"子创新生态圈"构成，如企业等生产者构成的创新生态核心圈、消费者构成的创新生态辅助圈、分解者组成的创新生态催化圈。一个企业可以同时在两个甚至多个"创新生态子圈层"中发挥作用。

二是指创新生态圈构成要素的多样性，创新生态圈内包括企业、高校、科研院所等生产者；用户等消费者；政府、金融机构、中介服务机构等分解者，还包括政策、文化、科技等创新环境，创新要素本身就具有多样性，创新要素越多，创新活力就会越强。

三是指创新生态圈的组织结构、运作模式、创新成果具有多样性，银行、证券公司、保险公司等金融机构作为创新生态圈的分解者，其组织结构及运作模式存在显著的差异。中介服务机构提供咨询、行业指导等服务既可以在线下进行，也可以在线上进行。企业、高校、科研院所等生产者可以产出多种多样的创新成果。区域中心城市创新生态圈的创新主体与创新环境之间存在非线性的复杂关系，政策环境、文化环境、资源环境等多种创新环境共同作用于创新主体，同时创新主体在创新发展阶段又会造成创新环境的变动，多样的创新物种在整个创新活动进行中始终存在多维的相互依赖关系。

三　创新主体战略协同

自然生态圈中，生物个体会处在激烈的竞争中，物竞天择是生物进化的根本逻辑，但不同生物在同一生态圈中都存在直接或间接的联系，物种的进化又是相互作用、相互依赖、协同演进的，必然需要各创新主体间具备战略协同关系。

同自然生态圈类似，一方面，区域中心城市创新生态圈的发展遵循"物竞天择、适者生存"的根本逻辑，创新生态圈中每个个体都与其他个体存在竞争关系，在发展的过程中不适应竞争环境的落后者会自动被淘汰。当区域中心城市内部出现变故时，如经济危机等突发事件，竞争会变得更加激烈，创新生态圈内部分中小企业、金融机构、中介服务机构都将会面临淘汰。不能适应创新环境变动的主体被切除，从而使得创新生态圈继续进入正常运作模式。另一方面，区域中心城市创新生态圈的生产者、消费者、分解者等创新主体不是孤立存在的，彼此间交叉重叠、联系紧密，形成"创新生态子圈层"，子圈层之间能量流动、信息传递更加频繁，构成了创新命运共同体，任何一方发生变化，都会使整个生态圈产生适应性变化。同时，"创新生态子圈层"与创新政策、创新技术、创新文化等环境密切相关，"物种"为了生存和繁衍，都会充分吸收周围环境的"养分"又不断作用于周围环境，体现了创新主体战略协同的特征。

四　自组织动态演化

创新生态圈具有自动完善、自动恢复、自我净化的能力，可以通过特定的反馈机制进行自我调节，能动地适应环境，从而保证创新生态圈的平衡与稳定。区域中心城市创新生态圈在内在机制驱动下，逐步推动创新活动走向有序化、精细化。

首先，区域中心城市创新生态圈会与外界进行信息、物质、知识的交换，当外界政策环境或市场环境发生变化时，可能会对企业等创新主体的核心地位带来威胁，削弱其竞争实力，创新主体能够敏锐地对外部环境变化做出反应，如企业为了谋求长久发展，会根据市场环境的变化重构创新网络，结合消费者的新需求，推出新产品。同时，创新生态圈内生力量会淘汰不适应外界环境变化的落后企业，依据市场需求更新组织结构、突破技术"瓶颈"、提升创新能力。

其次，区域中心城市创新生态圈内创新要素会自发地相互配合，高校、科研院所等生产者可以为企业输送创新人才、提供创新思维，而企业又能为高校、科研院所提供实践研究机会，将创新思维更好地转化为创新成果。政府、金融机构、中介服务机构等分解者可以为企业创新活动提供良好的政策、充足的资金、先进的服务等支持性要素，辅助企业开展创新。

最后，区域中心城市创新生态圈本身具备变异机制，变异对于创新生态圈的演进过程具有颠覆性，导致创新生态圈发生不可逆转的改变，进入新一轮的发展更加需要创新要素的自由流动。创新生态圈内各要素共生竞合、不断适应外界变化，促使创新生态圈逐步地由简单到复杂、由幼稚向成熟、由低级向高级演化。

第四节　区域中心城市创新生态圈的功能

自然生态圈之所以能够长期处于动态平衡中，在于其自身的强大功能，通过借鉴自然生态圈的主要功能，本书将区域中心城市创新生态圈的功能定义为创新生态圈在创新主体（生产者、消费者、分解者）与创新环境（经济、文化、政策等环境）的相互联系中所表现出来的作用。伴随创新人才、知识、信息、管理、数据等要素的传递，区域中心城市创新生态圈会不断地发生变化，与自然生态圈的功能原理基本吻合，如图3-5所示。因此，本书将区域中心城市创新生态圈的功能划分为创新物质循环、能量流动、信息传递及风险规避。

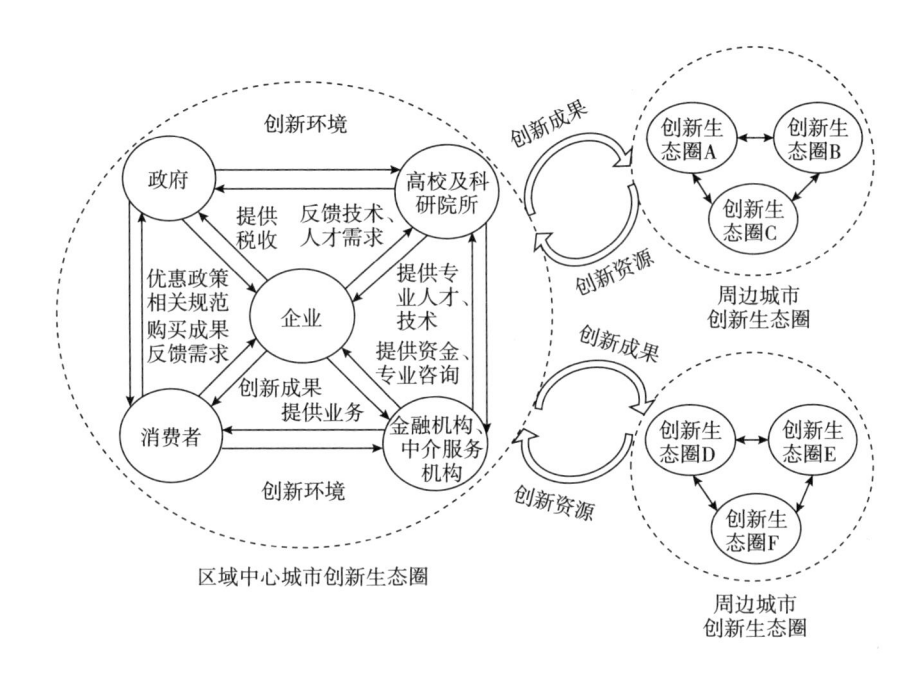

图 3-5 区域中心城市创新生态圈的功能

一 物质循环

自然生态圈的进化离不开物质的供应，且物质能够被循环利用。区域中心城市创新生态圈的物质循环则是指资金、知识、技术、土地等物质的循环运动，物质循环可以用"账户"和"转移"的概念进行阐释，物质在创新生态圈中的循环，实质就是在账户与账户间的转移，如资金在金融机构的一个账户，在企业中又是另一个账户，资金在账户与账户之间的转移即构成了区域中心城市创新生态圈的物质循环，转移的多少就称为转移量，为了表示转移过程的重要性，可以用周转率和周转时间来表示。

周转率是指在特定的时间内，账户中某物质周转的量与账户中物质总量的比值，公式表示如下：

$$周转率 = \frac{周转量}{账户中物质总量} \quad (3-1)$$

周转周期是指在特定的时间内，账户中某物质总量与周转量的比值，公式表示如下：

$$周转周期 = \frac{账户中某物质总量}{周转量} \tag{3-2}$$

在区域中心城市创新生态圈中，物质周转周期越短、周转率越大，说明创新成果转化就越快，创新生态圈就具有更强的活力。

整体来看，区域中心城市创新生态圈的循环可以分为内部循环和外部循环，内部循环是指区域中心城市创新生态圈内部的知识、资金、技术等创新物质的循环流动，从创新启动阶段，无论是内部管理、技术研发还是创新成果市场化，都离不开资金、知识、基础设备等创新物质的投入，还包括技术的更迭与转化，创新主体之间不断发生着物质交换，且这些创新物质在创新生态圈中可以被循环利用。外部循环是指区域中心城市创新生态圈与周边地区创新生态圈之间创新物质的交互，不断吸引周边地区的人才、资金、设施设备等创新物质涌来，为创新活动带来新的资源、管理理念，创新体通过运用这些创新物质产出更多的创新成果，再流向周边地区，如此循环往复。

二　能量流动

自然生态圈所需能量的源头来自绿色植物光合作用产生，能量沿着食物链单向传递、逐级递减、不断转化，自然生态圈的有序状态依赖于能量的转化和流动。区域中心城市创新生态圈的能量是企业、高校等生产者产生的，再由政府等分解者加以调控与配置，也会有消费者产生少部分能量。它是创新文化、创新动力、创造意识等要素的总和，是保证圈内各创新主体正常开展创新活动所需的能量，也是关乎各创新主体生存与否的关键能量。需要特别注意的是，能量在创新生态圈中不断产生并不停流动，在流动的过程中除了被有效利用的部分，也存在无法利用而被损失的部分。创新生态圈所产生的总能量（GP）、被消耗的能量（R）、被利用的能量（NP）、消费者产生的少部分能量（Q）存在以下等量关系：

$$GP = R + NP + Q \tag{3-3}$$

对区域中心城市创新生态圈来说，产生的总能量并不能被全部消耗掉，部分能量也可能会由于某企业被"捕食"而减少，因此：

$$\frac{\mathrm{d}b}{\mathrm{d}t} = GP - R' - D \tag{3-4}$$

其中，$\frac{\mathrm{d}b}{\mathrm{d}t}$ 表示某一特定时间内能量的变化，R' 表示创新生态圈呼吸消耗的能量，D 表示因某一创新单元被"捕食"而损失的能量。

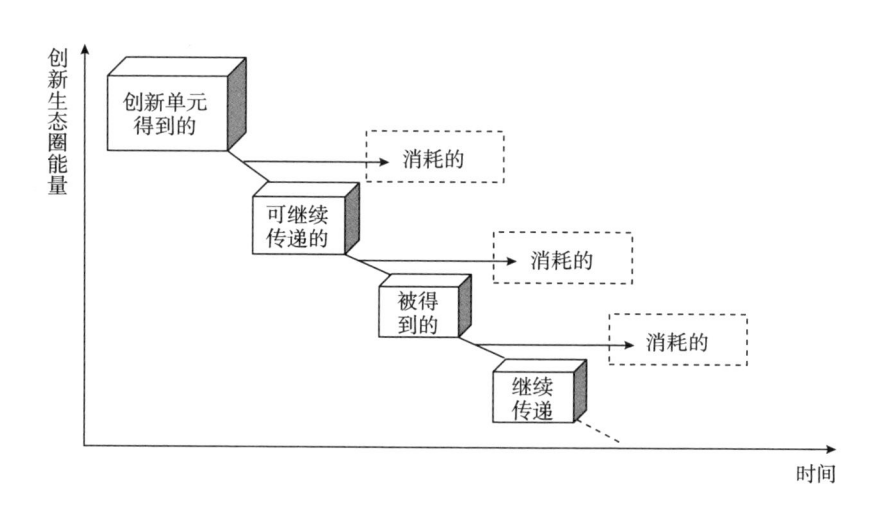

图 3-6　区域中心城市创新生态圈能量流动普适图

图 3-6 的能量流动普适图，它可以适用于任何一个创新单元，对任一创新单元，其能量流动过程中的情况，可以表示为以下公式：

$$C = W + E + N \tag{3-5}$$

其中，C 表示某一创新单元得到的能量，W 表示未被消耗的能量，E 表示自身消耗的能量，N 表示可继续流动的能量。

创新活动的完成离不开能量的转化。能量转化的过程中必定存在损失与消耗，创新能量的损失多少与创新资源发挥的作用大小具有直接关系。能量转化率越高，创新成果就越多，创新生态圈的生命力就越旺盛，实现创新生态圈稳定可持续发展的概率就越大。

三　信息传递

自然生态圈的信息是控制和调节生命活动的信号，信息传递主要包括物理信息传递（光、色、电等）、化学信息传递（气味）、行为信息传递（鸣叫、兽吼等）。区域中心城市创新生态圈同样存在信息传递功能。信息传递通常会伴随能量流动和物质循环同时进行，且信息传递往往是双向进行的，既有传出也有反馈。这种特点是创新生态圈产生自动调节机制的关键，没有信息就无从反馈，信息是调控的推动力，也是判断是否进行创新活动的重要依据。创新生产关系的确定、四季产品销售的差异、研究成果的市场化都需要各方充分了解市场信息、政策信息、技术信息及各创新主体的财务信息等，这就要求创新生态圈具有及时获取信息的能力，这些信息可以通过互联网进行线上传递，也可以通过合作伙伴及竞争对手进行线下传递，信息传递的信道越多，信息流量越大，信息传递功能就越强，在当今信息时代，信息传递的畅通是至关重要的，各创新主体将对自身有益的信息进行二次加工，最终推动创新生态圈的运转与向前发展。

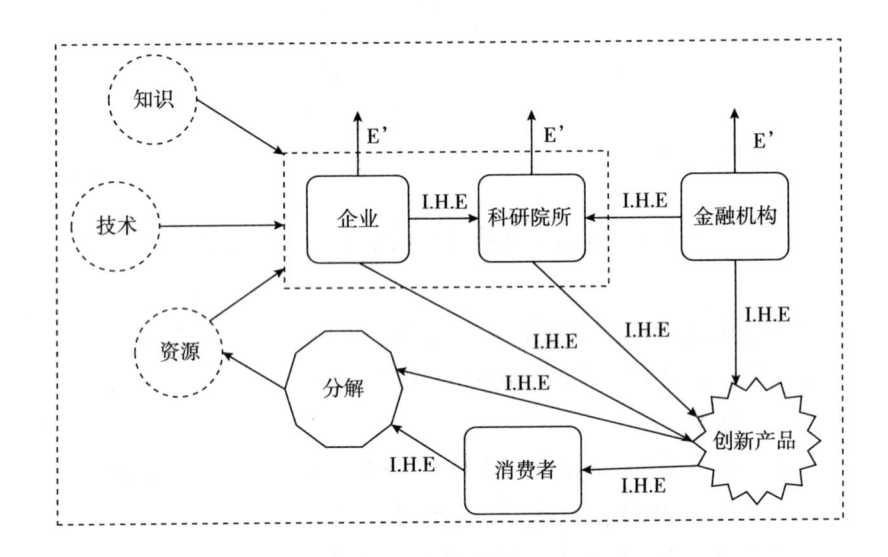

图 3-7 区域中心城市创新生态圈信息传递

如图 3-7 所示，是区域中心城市创新生态圈信息传递的简易图，I、H、E、E'分别表示信息、物质、能量和"呼吸"消耗能量。信息的传递过程是：企业通过综合分析处理市场、技术、知识等创新信息，制订产品生产计划，再将信息传递给研发机构突破技术难题，在研发的过程中由金融机构提供资金支持，而后创新生态圈各创新主体通力合作产生创新产品，最后由消费者购买，反馈出新的市场信息，再次被企业等创新主体捕捉，进入新一轮信息传递。信息传递伴随着物质循环、能量流动与消耗。

四 风险规避

自然生态圈的生物，都有趋利避害的本能，区域中心城市创新生态圈也不例外。区域中心城市创新生态圈进化过程中，生产者要进行采购原材料、开发新项目、宣传新产品等多种业务行为。分解者要发挥市场监管、提供服务、促进合作等职能，消费者的需求也在不断发生变化。生产者、分解者、消费者要发挥多重角色作用，并且会出现角色转换，由此形成复杂多样的依存关系，同时也会引发套取技术、信息外泄、恶性竞争等多种风险。区域中心城市创新生态圈的各大创新主体具备自动识别风险，并及时防控与规避的功能。主要通过以下三个方面进行风险规避：

（一）知识产权保护机制

某些技术和专利对创新活动具备至关重要的作用，创新主体具有知识产权意识，拥有核心专利的创新主体会建立保护机制，并采取申请知识产权、著作权保护、商标保护等法律手段保护自身合法权益。同时，作为分解者的政府也会制定相应的法律法规，为知识产权保护提供保障，保护生产者创新积极性，从而规避恶意套取技术风险。

（二）分工协作机制

区域中心城市创新生态圈是一个网状环形的创新布局。生产者、消费者、分解者彼此交织紧密，分工细致。创新生态圈内各创新主体之间分工协作，把各自拥有的资源在创新生态圈内实现最优配置，建立协调机制，从而有利于提高创新效率。这种分工与协作可以促进各创新主体展开良性竞争，保护创新生态圈的持续健康进化。

（三）信息隔离机制

区域中心城市创新生态圈的发展离不开信息传递，随着智能化、数字化和网络化等新一代信息技术的渗透和发展，信息安全也成为创新生态圈的重要考虑因素。每一条路径中的信息流都具有独立安全的信息通道，使得信息流在生态圈内部高速流动，促进创新生态圈内外部循环。如此既能保证信息的时效性，又能够保证创新物种放心地共享信息，同时信息隔离机制还可以加强创新物种之间的联系。

第四章 区域中心城市创新生态圈的演进机制

一个创新生态圈的形成存在内在的演化机理,在这个动态发展的过程中,要具备以下条件:一是具备能够优势互补、互惠共生的创新主体圈层;二是具备能够顺利实现各个创新主体之间物质、能量和信息传递与互换的价值体系;三是具备对创新主体开展创新活动的激励约束体系;四是具备应对环境变迁和维持创新生态圈动态平衡的调节体系(Corso,2015)。因此,本书认为区域中心城市创新生态圈的机制由演化机制、动力机制、集聚机制、辐射机制、共享机制、激励约束机制、协调保障机制构成,其基本框架如图4-1所示。

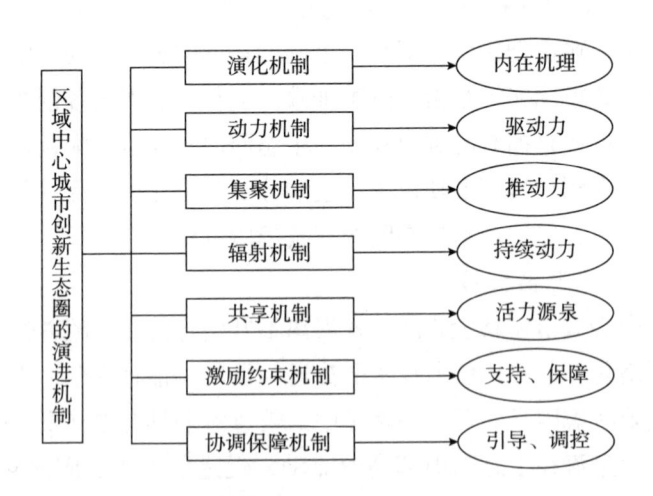

图 4-1 区域中心城市创新生态圈的演进机制

第一节 区域中心城市创新生态圈的发展机制

区域中心城市创新生态圈的发展机制又称进化机制,在自然生态圈中,物种之间、物种与环境间存在着互利共生、竞争选择等生存关系,同时自然生态圈中的种群或群落会经历形成、发展、成熟、衰退等多个阶段,这个过程即自然生态圈的演化过程,在这个过程中生物之间会表现出差异化现象,主要包括生物的可遗传性、生物间的竞争、生物对环境的适应以及环境对生物的选择。

与自然生态圈的演化机制类似,区域中心城市创新生态圈也处于不断的变化之中。例如,在一个区域中心城市创新生态圈中,若某种创新主体规模不断扩大,所发挥的作用不断增强,就会逐渐成为该区域中心城市创新生态圈的核心创新主体。此时,会出现其他创新主体想要争取核心创新主体的支持与合作,随着其他创新主体的发展壮大,如果核心创新主体无动于衷、故步自封,不能适应新的市场环境,就会失去竞争优势,面临被其他创新主体替代,甚至被淘汰的风险。

在区域中心城市创新生态圈的演化过程中,会不断从外部汲取新物质、能量、信息,将其有机结合,形成新的创新机会,从而孕育新的"物种"并逐渐优化创新生态圈,促使其不断升级,实现在原有创新生态圈基础上的吐故纳新,由量变到质变,最终形成更高层次的区域中心城市创新生态圈。也就是说,区域中心城市创新生态圈同自然生态圈类似,存在着遗传、变异、衍生、选择四个发展机制(罗国锋等,2015)。

一 遗传机制

自然生态圈的遗传是指经由基因的传递,使后代获得亲代的特征,使得生物世代之间具有连续性和相似性。区域中心城市创新生态圈的遗传呈现出一种"创新惯性","惯性"在演化经济学中的作用类似于生物进化论中的基因,是企业持久不变的特点,具有"记忆""可遗传"等特征,具体表现在创新主体的创新方式保持惯性,会贯穿于选择、集聚和优化创新要素和创新内容的全过程。当创新生态圈处于静止或稳定发展的状态时,创新主体会倾向于保持现状。而一旦受到某种强大的作用力，创新生态圈的惯性将会被打破，打破惯性所需要的作用力的大小取决于创新生态圈原有的创新主体规模大小。一般来说，创新生态圈创新主体规模越大，创新惯性也越大，其保持现状的能力越强。

在创新生态圈中，已有的创新要素和创新成果可称为创新生态圈的"遗传因子"。除了遗传因子，影响创新生态圈遗传的因素还包括遗传过程中创新主体所处的创新环境，如经济环境、文化环境、技术环境、政策环境等，以及创新环境与遗传因子之间的相互作用。遗传机制体现了创新生态圈的路径依赖性，这种路径依赖是建立在当前创新活动能够达到预期目标，遗传机制可以使创新主体形成一定规模的基础上。因此，越是具有创新优势的、能够经得住检验的创新惯性，越容易被复制和学习。

二 变异机制

自然生态圈的变异机制表现为物种的亲子之间以及子代个体之间性状存在差异，它有基因重组、基因突变及染色体畸变三种类型。创新生态圈的变异表现为原始性和突破性创新的产生，即区域中心城市内具有独创性的发现或发明，为社会提供原创性知识和根本性创新。它不是一种随机的过程，而是创新主体之间、创新主体与创新环境之间相互作用的一种主动积极的创新演化机制。

由于创新生态圈内外部环境的不断变化，原有的可维持生态圈及个体竞争优势的生态惯性可能不再适应新环境的发展，现有的生态惯性无法解决遇到的新问题，创新主体运转出现异常，无法达到自己可接受的预期目标，或外部创新成果的刺激和吸引力，创新主体总希望寻求更好地解决问题的新思路、新方法，想要占有更好的资源以提升自身水平，获取更强的竞争优势。在区域中心城市内独创性的发现或发明出现后，创新生态圈内的创新活动以消化吸收和集成创新为主，循环往复，最终提升创新生态圈的整体创新水平和创新能力。在短期内，独创性的发现或发明的初期往往在其创新性能及绩效上低于原有创新，但随着创新生态圈中配套设施的不断完善，被消费者广为接受后，独创性创新会超越并替代原有创新，获得新的竞争优势，达到预期的目标。

三 衍生机制

自然生态圈的衍生是指从母体物质得到新物质，于是具备该基因的种群优势。随着优势种群对于环境适应能力的增强，其基因得到进一步优化，衍生数量急剧扩张，其他关联种群的数量和种类也大幅度增长，整个自然生态圈迅速扩张。创新生态圈的衍生是指物质流、能量流、信息流等在创新生态圈中的继承和发展中，创新主体对新技术进行吸收、消化和改造，以及进行集成创新，实现核心创新能力和关键辅助创新能力的生长。

创新生态圈的衍生过程具有以下方面的基本特征：一是某些优势创新单元在竞争中得到强化，其创新优势进一步体现；二是优势创新种群数量会大量扩张；三是基于创新价值链活动，相关的创新单元围绕着优势创新单元大规模扩张。随着创新种群空间的集聚，种类的繁衍，创新生态圈规模不断扩大。如在美国硅谷，以斯坦福、伯克利和加州理工等世界知名大学为中心，集聚了思科、英特尔、惠普、朗讯、苹果等一大批高新企业，把产学研联盟创新生态圈推向一个全新的高度。通过衍生，创新的外溢效应得到充分体现，创新的价值实现最大化，对创新的应用越广泛，创新的衍生品也可能越多。

四 选择机制

自然生态圈的"选择"描述了适者生存、不适者被淘汰的现象，选择机制选择出了最能适应环境发展的生物基因和优质物种，低级的、不适应环境发展的物种被淘汰。在创新生态圈中，创新物种具有多样性，选择机制将从多样化的变异中进行筛选和搜寻，选择出最适合的、最具有竞争力的物种，那些不利的、禁不住考验的物种将被弱化或消除，选择的内容和过程决定了创新生态圈的进化方向，推进整个创新生态圈的进化。

选择机制包括环境对创新生态圈的自然选择过程和创新生态圈对环境的能动适应过程，环境对创新生态圈的自然选择，主要是指创新生态圈的结构功能、创新成果、竞争能力、盈利水平等不断接受市场环境的检验，那些适应市场需求的、具有生命力的、能够赢得一定竞争优势的新企业、新创新组织将不断扩大和成长，人才、资本、技术、优势竞争等也将不断涌入，那些不适应市场需求的企业和技术将被淘汰。可见，自然选择实现了创新资源和要素的优化配置，实现了创新生态圈的高产出和高效率。创新生态圈的生产者、消费者、分解者与创新环境是相互作用的，创新物种能否被成功选择还取决于创新生态圈的物种对环境的能动适应性，因此，创新主体会不断学习，主动优化配置创新要素以适应当前环境的变化，同时，创新主体也会通过主观努力去影响或改变市场环境，以提升自身的适应能力。

第二节 区域中心城市创新生态圈的动力机制

创新生态圈的动力机制有其产生的本源，没有创新动力源，创新活动就不会发生。创新生态圈的动力机制是创新主体进行创新活动的基本条件，任何创新主体都不是独立存在的，其在进行创新活动的过程当中，不仅会受到创新主体自身因素的影响，也会受到创新环境的影响，因此，本书将区域中心城市创新生态圈的动力机制分为内源动力机制和外源动力机制两个方面。

一 内源动力机制

美国硅谷实现了从国防工业向互联网产业不断发展迈进，取得如此成就，恰恰是因为其创新主体的自组织演化和自主性发展。创新主体是推动创新生态圈发展的根本性内源动力，出于各创新主体在区域中心城市创新生态圈中的职能不同、利益诉求不同，其驱动力的表现也有不同之处（Yan M. R.，2018）。由此，内源动力机制可以分解为企业、高校、科研院所等生产者的拉力机制；政府、金融机构、中介服务机构等分解者的推力机制；用户等消费者的压力机制。

（一）生产者的拉力机制

生产者的拉力机制是区域中心城市创新生态圈的支撑力量，主要包括企业、高校和科研院所的拉动能力。企业参与区域中心城市创新生态圈的动力主要源于自身对市场利益的需求，企业为了占有更宽的"生态位"、提高竞争优势和市场影响力，需要自发进行创新活动，企业为了实现创新效率最大化，会选择与高校和科研院所等创新主体进行创新交流与合作，吸收更先进的创新技术和创新思想。高校和科研院所是创新思想和创新知识的发源地，区域中心城市的高校和科研院所数量直接影响该区域中心城市创新生态圈新技术、新思想产生的速度和质量，新思想、新技术只有转化为创新产品，流向市场，被用户等消费者所消费才能促进社会的发展进步，而企业可以为高校和科研院所提供研究所需的物质资源和实践平台。因此，高校、科研机构和企业等生产者在发展的过程中会形成创新思想源头—创新孵化和实验—创新产业化基地的完整结构，产学研联盟是区域中心城市创新生态圈创新成果转化的核心动力源。以徐州市这一区域中心城市创新生态圈为例，2010—2019年徐州市创新生态圈生产者成长力情况如表4-1所示。

表4-1　　2010—2019年徐州市创新生态圈生产者成长力情况

年份	科技型企业个数（个）	普通高等学校专任教师数（人）	国有独立科研机构（个）
2010	1470	6257	20
2011	2534	7015	19
2012	4846	7418	19
2013	6546	7596	19
2014	7307	7734	19
2015	7912	7879	29
2016	9915	8217	34
2017	10279	8366	39
2018	10454	8569	36
2019	10708	8815	18

数据来源：《2009—2020年徐州市统计年鉴》。

（二）分解者的推力机制

分解者的推力机制能够加速或减缓区域中心城市创新生态圈的演进速度，主要包括政府、金融机构、中介服务机构等的推动能力。政府在区域中心城市创新生态圈中占据重要地位，是区域中心城市创新生态圈的支持力量，主要发挥市场干预和宏观导向作用，促进创新主体之间更加公平有序开展合作，为重大创新活动提供资金支持，保护创新成果，并制定相关法律政策。区域中心城市创新生态圈内部的核心创新主体在进行创新活动或创新成果宣传推广过程中，可能会面临较大的市场风险和诸多不确定性因素，需要投入大笔研发经费，而且研发周期相对较长，在投资回报难以估量时，核心创新主体往往会选择规避风险而放弃新产品研发。此时,政府这一调控创新主体驱动力可以发挥其强大的作用,通过制定相应的政策,鼓励新产品研发,通过提供财政资金支持直接降低研发面临的资金风险。如表4-2所示,从徐州市这一区域中心城市创新生态圈的政府一般公共预算支出与科技投入金额情况可以看出:近年来,政府对科技创新的支持力度逐年加大。此外,政府还可以制定创新成果产权保护政策,避免市场中出现恶性竞争状况,从而维持创新成果源源不断产生并有序流向市场。

表4-2　2010—2019年政府一般公共预算支出与科技投入金额情况

单位:亿元、%

年份	政府一般公共预算支出	政府科技投入金额	科技投入占一般公共预算支出比重
2010	330.22	4.54	1.37
2011	442.5	10.35	2.34
2012	527.87	12.45	2.36
2013	585.86	14.49	2.47
2014	660.93	16.26	2.46
2015	752.42	19.19	2.55
2016	798.89	20.76	2.60
2017	827.12	21.55	2.61
2018	880.85	25.45	2.89
2019	882.20	25.89	2.93

数据来源:《2009—2020年徐州市统计年鉴》。

金融机构、中介服务机构是区域中心城市创新生态圈资金供应和信息反馈的保障力。中介服务机构可以通过自身拥有的资金、信息、平台等优势为区域中心城市创新生态圈提供咨询和评估服务,对于创新主体的合作发挥桥梁与纽带作用。金融机构发挥的作用十分重大,它能够将区域中心城市创新生态圈以外的资金通过金融市场,借贷给企业,帮助其完成创新活动。根据金融市场类别,可以将金融机构分为资本市场和货币市场金融机构。券商是构成资本市场当中的主要金融机构,商业银行和基金公司等机构是货币市场当中的金融机构主体。从徐州市这一区域中心城市创新生态圈的金融机构情况来看,2019年,金融机构各项存款同比增长 13.1%，金融市场发展具备较大潜力，2010—2019 年，保险等服务机构数量已从 40 家逐年增加到 72 家，由此说明中介服务机构不断壮大。

（三）消费者的压力机制

消费者对创新产品的挑选，在很大程度上是一种压力，既能迫使区域中心城市创新生态圈的创新产品更迭，又对创新活动产生一定的约束，是区域中心城市创新生态圈的重要动力机制，虽然用户群体本身并不是创新活动中技术转化的主体，但是它可以通过购买创新产品帮助核心创新主体完成资金周转。以徐州市这一区域中心城市创新生态圈为例，如表 4-3 所示，表中数据指标均逐年增加，反映用户群体消费能力不断提升。用户群体受用户自身需求的驱使，为了使创新产品更贴切地满足自身需求，从而积极主动发挥自身创新能力，他们可以向核心创新主体提供市场对某种产品的需求和反馈信息，从而辅助区域中心城市创新生态圈朝着有利于社会需求的方向更快更好地发展。因此，消费者的压力机制直接决定区域中心城市创新生态圈的进化方向与速度。

表 4-3　　2010—2019 年徐州市创新生态圈消费者催化力情况

年份	社会消费品零售总额（亿元）	城镇居民人均可支配收入（元）	城镇居民人均消费支出（元）
2010	965.25	16762	10558
2011	1117.54	19206	12451
2012	1293.20	21716	13730
2013	1473.61	23770	15963
2014	1664.45	24080	15005
2015	2358.45	26219	16143
2016	2659.39	28421	17255
2017	2977.20	30987	18234
2018	3102.00	33586	19463
2019	3246.25	36215	20805

数据来源：《2009—2020 年徐州市统计年鉴》。

二 外源动力机制

区域中心城市创新生态圈的发展进化依赖于其所处的生存环境，创新生态圈内的一切创新活动都是在特定环境和条件下进行的。外源动力机制是指在区域中心城市创新生态圈形成的过程中，外部力量影响创新生态圈进化的方向与速度。在此过程中，主要包括经济发展水平、科学技术水平、创新文化氛围、政府政策法规等创新环境软实力，还包括基础设施、资源禀赋等创新环境硬实力。

（一）创新环境软实力

1. 经济发展水平

经济发展水平是影响区域中心城市创新生态圈发展的主要因素，区域中心城市的经济发展水平往往决定着创新生态圈的"能量"和"物质"的摄入程度，其主要从消费水平和金融发展水平两个方面决定创新生态圈发展的速度和规模。

从消费水平方面来看，创新生态圈的消费终端是消费者，消费者的消费能力、消费方式均取决于区域中心城市创新生态圈的经济发展水平，消费水平决定着上一次创新成果的消化和下一次创新成果的产生，在创新生态圈中起着承上启下的作用。从金融发展水平来看，金融发展水平决定着对创新活动的资金供给，创新生态圈中企业、高校、科研院所等核心创新主体开展创新活动离不开分解者为其提供能量（资金），核心创新主体若处于财务困境之中，往往会导致研发经费投入不足，将直接阻碍创新活动的进程。金融发展水平是维持创新生态圈正常运转的基本保障，金融资本的规模和数量决定创新生态圈进化的速度。因此，经济发展水平是创新生态圈形成的重要环境影响因子。GDP最能衡量区域中心城市创新生态圈的经济发展水平，以徐州市这一区域中心城市创新生态圈为例，其作为淮海经济区的中心城市，2019年，徐州GDP突破7000亿元，比上年增长6.0%，人均GDP高达81138元，比上年增长5.6%，经济水平高于周边其他城市，对创新生态圈的打造发挥着巨大的推动作用。

2. 科学技术水平

科学技术水平是一个地区整体创新能力的体现，对创新活动具有潜移默化的影响。技术创新与变革是促进区域中心城市创新生态圈进化的外部核心驱动力之一。科学技术的发展和进步能够促使创新生态圈产生"变异"力量,是推动区域中心城市创新生态圈发展的动力源泉。科技的进步能够让企业、金融机构、中介服务机构等创新主体的形态和功能做出相应的调整和变化,使得创新主体间的"营养结构"和竞合关系发生变化,创新主体的"生态位"也将随之发生改变,并改变他们"自然选择"的方式和过程,以适应新的科学技术环境条件。创新主体在面临激烈动荡的竞争时,也会尝试在更深层次和更大范围实现一体化发展,而不仅仅局限于企业或产业之间。如浙江省杭州市作为典型的科技型城市,在科技经济园区和阿里巴巴云公司两大平台的大力支持下,构建了"共生、共荣、共享"的区域中心城市创新生态圈。2019 年,徐州市这一区域中心城市创新生态圈的全年发明专利申请量 33655 件,同比增长 29.7%,拥有省级以上科技创新平台 230 个,省级以上孵化器达到 54 个,民营型科技企业 10708 家,强大的科技实力是区域中心城市创新生态圈的有力支撑。

随着人工智能、云计算、区块链等信息技术的日新月异,科技活动的特征日益趋向网络化和智能化,创新价值的表现形式也开始转向虚拟网络。创新主体之间的联系由于科技水平的不断提高变得越来越紧密,创新成果形式日益多元化,这既能改变区域中心城市创新生态圈的结构和运作模式,也能产生推动力加速其演化进程。

3. 创新文化氛围

创新文化氛围主要体现在区域中心城市创新生态圈中各创新主体所秉持的价值取向,以及社会文化对创新文化的认可、包容或支持程度。创新文化是区域中心城市创新生态圈演进的生命源泉,任何活动都离不开文化思想作为指导,创新活动更需要文化精神的支撑。从企业的角度来看,企业文化是企业开展创新的精神力量,独特的企业文化是企业差异化战略的具体表现,决定着企业的核心竞争力,为企业创新发展环境营造良好氛围,如提到华为,我们会想到拥有团队精神的"狼性"文化。华为与客户、伙伴合作创新,主张构建合作共赢的生态圈。从产业的角度来看,文化产业正逐渐成为当前经济发展的新方向,产业发展需要具备文化底蕴,才能打造出有影响力的品牌效应,继而发展壮大。从城市的角度来看,文化能够提高城市的知名度,给城市建设提供有力支撑，带动城市的旅游业和经济发展。创新文化环境能够从思想上影响创新主体的价值取向和创新意愿，因此，良好的创新文化氛围能够促进创新活动进展，带动区域中心城市创新生态圈向更高效、更协同、更高级的方向发展。

4. 政策法规

政策环境对区域中心城市创新生态圈的形成具有深远的影响，其影响主要体现在政府所制定的税收优惠、公司治理、市场公平、所有权保护等政策法规。税收优惠政策主要是通过政府给企业、科研院所等提供专项资金、税收减免、财政补贴或定向采购等优惠政策，带动创新主体开展创新活动，激发创新生态圈的整体活力。如《2020政府工作报告》指出支持减税降费、减租降息。创新生态圈的进化涉及多个创新主体，需要一定的协调机制来保证利益分配的公平合理，政府的政策法规能够对创新资源流动、创新产品流通形成硬性要求，防止恶意垄断问题的发生，从制度上保证区域中心城市创新生态圈健康运转和运行的公平性。任何一项原始性创新成果都需要付出较大的成本，在一定时期内创造者应享有该项成果的利益分配权，因此，政府为技术研发、品牌设计、独特发明等制定的所有权保护政策，可以防止创新成果被模仿复制而导致大量"繁殖"，危害创新生态圈的正常运转。总体来说，政策法规对区域中心城市创新生态圈的形成起到关键的调节、控制与监督的作用。

（二）创新环境硬实力

1. 基础设施

基础设施是指影响区域中心城市创新生态圈形成与发展的创新硬件设施水平，如互联网基础设施、道路交通设施等，区域中心城市创新硬件设施是创新生态圈开展创新活动的运行载体和承载空间，互联网基础设施水平影响着创新生态圈的信息化与智能化。随着大数据、云计算、人工智能等新一代信息技术的渗透，互联网金融、智能制造、智慧城市、电子商务等创新领域不断崛起，将会为创新成果的产生提供高效、便利、低成本的高端配套服务。《中国互联网发展报告（2019）》指出，我国互联网普及率达59.6%，超过全球平均水平的2.6%，5G技术研发第三阶段工作基本完成。《十四五规划及2035年远景目标纲要》提出加快新型基础设施建设，建设安全高效的信息基础设施。建设覆盖全国的稳定、安全的互联网基础设施,可以为区域中心城市创新生态圈的发展提供硬件支撑。道路交通设施水平将会直接影响创新资源输入和输出的便利度,加强与周边区域的互联互通,为区域中心城市创新生态圈的进化添砖加瓦。

2. 资源禀赋

自然资源禀赋往往会影响区域中心城市创新生态圈发展的目标和方向,也会使得各创新主体面临更加严格的"自然选择"。区域资源类型及特征决定了区域中心城市创新生态圈科技开发的对象和内容,由比较优势原则可知,资源禀赋丰富的区域会大力开发初级产品出口产业来促进区域发展,然而,以自然资源出口为主的区域往往处于生态圈产业链的低端,粗放型开发自然资源会阻碍区域经济发展,从而陷入"资源诅咒"。如徐州市过去是一座煤城,资源型产业成为本地主导产业,由于煤炭资源是不可再生的,需要不断提高勘探和开采技术,增加相关领域创新投入,才能提高资源或能源的利用率,稳定产业发展。然而煤炭开采等工业产业的存在导致空气质量优良率较差,近三年来,徐州市空气质量优良率从未达到60%以上。党的十九大提出我国社会主要矛盾发生变化,消费者对美好生活的要求标准越来越高,自然环境状况开始成为人才落户的首要考虑条件。此外,在徐州市煤炭资源枯竭后,整治环境需要投入大量的资金,目前依然面临着转型升级的压力。因此,要合理地利用自然资源,防止生态环境遭到严重破坏对后期的创新活动造成不利影响。

三 综合动力机制

(一) 创新主体的交互作用

多元创新主体在不断进化过程中形成的"关系网络",也是决定各创新主体生态位宽度的关键要素,多元主体在进行外部协作时,对外部技术的学习使得企业获得更多的创新产出,这一过程需要创新主体具备一定的外部沟通与协作能力(Tripathi, 2021)。创新主体驱动力不仅包括各个创新主体自身的业务实力与管理能力,还包括创新主体之间的沟通、协调与合作能力。

1. 生产者与分解者的交互作用

分解者作为区域中心城市创新生态圈中的催化创新主体,其与生产者的互动效应产生的影响更为深远、广泛。政府可以借助天然的公权力，利用相关的法律法规，通过制定优惠的税收政策，完善社会基础设施等方式为企业等创新主体提供更为低廉的投资成本和更稳定的发展空间。当生产者的创新成果转化为更大的经济效益后，可以给政府提供更多的税收资源，增加政府财政收入。更多的财政资金使得政府能够更好地履行相应的职能，从而形成一个良性循环，促进区域中心城市创新生态圈向更高层次发展（伊辉勇，2021）。

生产者中的企业以盈利为目的进行创新活动，必然面临巨大的人力成本和资金成本，这就导致企业在开展创新活动时存在劣势。其中高校、科研院所能够为企业输送高端创新人才，高校和科研院所的高端人才只有接受实践的检验才能发挥更大的价值。当生产者面临资金供不应求时，可以向金融机构申请融资贷款，金融机构大范围筹集社会资金，拓宽民间资本进入金融领域，减轻政府改革压力和成本，以提高创新成果转化效率。中介服务机构的信用担保体系还能够帮助创新活动分散风险，同时获得来自企业的业务收益，两者共生共存，相互依赖（郭菊娥，2022）。

2. 生产者与消费者的交互作用

生产者与消费者的关系是区域中心城市创新生态圈的基本关系，生产者通过市场机制与消费者产生联系，通过消费者了解市场的需求动向，获得创新动力，从而投入新产品研发。当创新产品流向市场后，获得来自消费者的购买资金，接收来自消费者的反馈信息，新产品销售收入和收集的反馈信息有助于下一轮创新活动更好开展。因此，生产者与消费者之间存在高度互补性与互动效应（胡登峰，2021）。

3. 分解者与消费者的交互作用

政府是确保消费者安居乐业、安定有序的主要创新主体，其能够为消费者提供消费补贴、教育经费、就业岗位等实质性的优惠措施，在"大众创业、万众创新"的倡导下，帮助消费者更好地融入创新生态圈并做出贡献。同时，消费者积极响应政府号召，落实好政府的各项政策，为政府提供个税、相关工作的改进建议等，从而进一步提高政府在创新生态圈中的调控力度。

金融机构、中介服务机构可以有效降低创新主体间的对接成本，使区域中心城市创新生态圈的创新主体相互衔接、高效运转。金融机构、中介服务机构能够为消费者提供金融服务,如存借款业务、基金证券交易服务、保险服务等,为消费者解决参与创新活动的后顾之忧,消费者能够为金融机构提供资金储蓄,增加金融机构的流动资金和业务往来,从而提高分解者在区域中心城市创新生态圈的催化力。

(二)创新主体与创新环境的交互作用

在区域中心城市创新生态圈中,企业、高校、科研院所等生产者作为核心创新主体,在政策、经济、文化等创新环境的作用下,开展创新活动,并通过政府、金融机构、中介服务机构等分解者的作用,加速创新成果的生成,供给消费者享用。创新主体与创新环境相互影响、相互作用,形成一个相对稳定、彼此间相互依赖的创新生态圈,如图4-2所示,并驱动创新生态圈不断向更高级的层次发展。

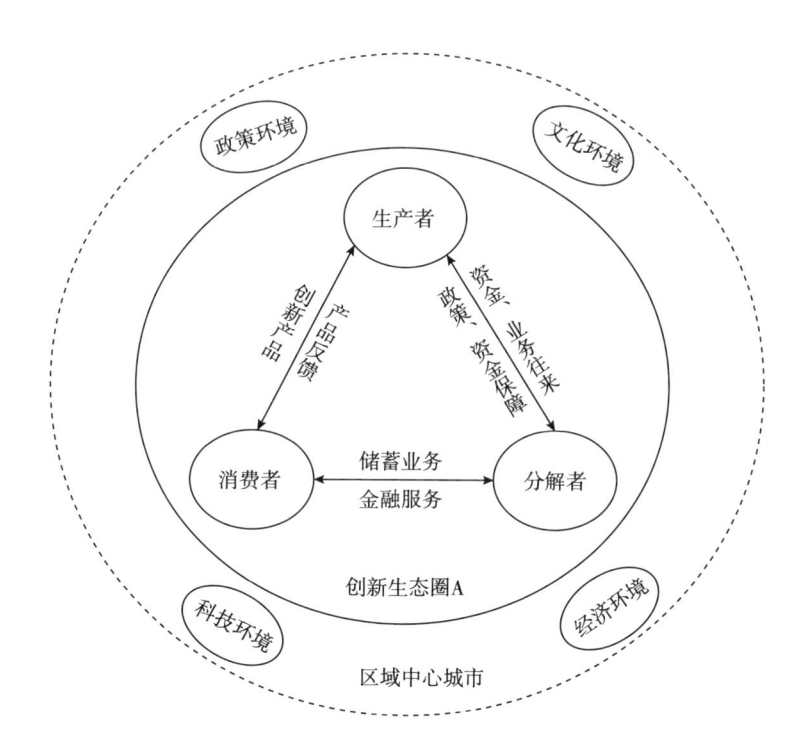

图4-2 区域中心城市创新生态圈创新主体与创新环境的交互作用

（三）区域中心城市创新生态圈的综合作用机理

本书将利用系统动力学，从区域中心城市创新生态圈影响因素之间的作用关系出发，构建出整个创新生态圈的因果关系图。由上文可知，区域中心城市创新生态圈包含诸多驱动因素，在内生驱动因素中包含企业、高校、科研院所等创新主体，同时还包括创新主体之间产生的互动效应。在外源驱动因素中包含经济、科技、文化、政策等因素。为了更明确地研究各因素之间的影响路径，我们需要做以下两个前提假设：

H1：区域中心城市创新生态圈运行时没有间断。

H2：忽略疫情等突发状况。

根据上文驱动因素分析和前提假设，构建出以下四条反馈路径：

（1）消费者需求→企业创新动力↑→研发经费↑→产出新产品↑→收入↑→创新实力↑→区域生产总值↑→经济发展水平↑

在这条路径中，消费者的需求推动企业产出新产品，实现收入增长，提升创新实力，从而促进经济发展。

（2）消费者需求→企业创新动力↑→技术难题↑→对高校和科研院所的投入↑→研发经费↑→创新成果↑→收入↑→创新实力↑→区域生产总值↑→经济发展水平↑

在这条路径中，由于消费者需求的拉动，核心创新主体为了产出更多创新成果，可能会出现力不从心的状况，开始联合高校和科研院所，并加大研发经费的投入，三方合作，不仅加速了创新成果的产生，也提升了三方的创新实力，促进了区域中心城市整体经济发展。

（3）消费者需求→企业创新动力↑→研发经费↑→创新成果↑→收入↑→创新实力↑→区域生产总值↑→财政收入↑→政府政策支持力度↑→基础设施↑→协同创新↑

在这条路径中，由于消费者需求的拉动，促使企业通过创新活动推动区域经济发展，政府财政收入增加，进一步加大了支持力度，表现出企业与政府的协同创新。

（4）消费者需求→企业创新动力↑→研发经费↑→创新成果↑→收入↑→创新实力↑→创新环境↑→中介机构↑→创新主体合作↑→协同创新↑→经济发展水平↑

在这条路径中，由于消费者需求的拉动，促使企业通过创新活动推动区域经济发展，创新环境不断优化，金融机构、公共服务等中介机构数量增多，与企业展开互动与合作，通过协同创新实现经济发展水平提升。综合上述四条路径，其因果关系如图4-3所示。

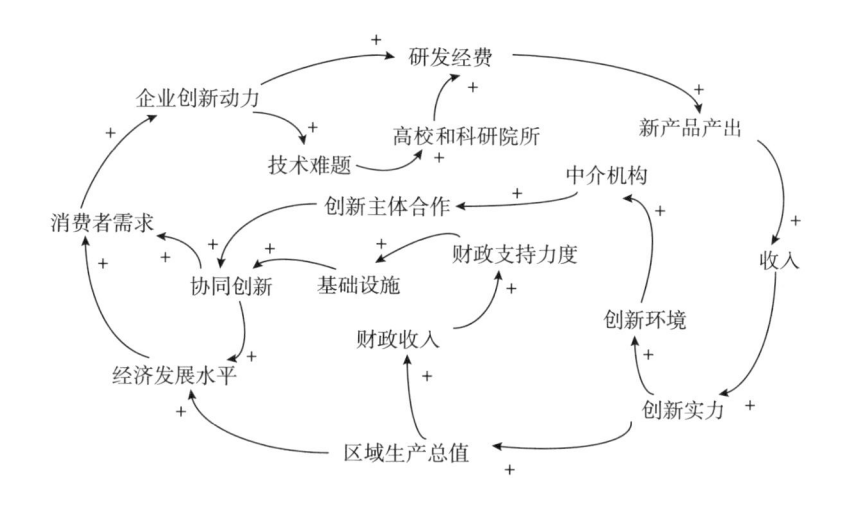

图 4-3 区域中心城市创新生态圈因果关系

第三节 区域中心城市创新生态圈的集聚机制

"集聚"概念最早由马克斯·韦伯于1909年提出，"集聚因子"是指当生产集中于某一场所时，生产销售成本的节约。"集聚"分为"集"和"聚"，"集"是指生产要素在地域上的集中，"聚"是指生产要素之间相互联系，有机聚合的过程（满爱华，2019）。

区域中心城市创新生态圈作为区域创新的增长极，因其经济资源、地理区位以及政治制度方面的优势，会使周围创新生态圈的资源要素不断向核心集聚，促进中心城市创新生态圈的发展（方莹莹，2022）。因此，区域中心城市创新生态圈的集聚效应是指创新资源在区域中心城市的集聚从而推动创新能力的提高。人才创新要素、资本创新要素、技术创新要素、数据创新要素和制度环境创新要素等创新资源从非中心城市创新生态圈流入到中心城市创新生态圈，在改善中心城市经济、政治、技术和社会环境等创新环境的同时，提高生产者、消费者和分解者等创新主体的创新能力，促进区域中心城市创新生态圈的优化发展（邹游，2017）。

区域中心城市创新生态圈作为一个开放的系统，创新资源不断从非中心城市创新生态圈流向中心城市创新生态圈，在区域中心城市创新生态圈内部汇聚，提高生产者的创新能力（Dedehayir，2014）。创新资源在区域中心城市创新生态圈的集聚有两种模式：一种是市场拉动式的创新要素的集聚。区域中心城市与非中心城市相比，中心城市在经济资源和地理区位方面具有明显优势，这导致中心城市的市场化水平和成熟程度高于非中心城市（彭影，2022）。非中心城市为了寻求更好的发展，会自发地加强和中心城市的合作交流，向中心城市投入资金，与中心城市共享技术，人才也会主动向经济条件好、技术发达的地方流动，发挥自己的价值。另一种是政府推动式的创新要素集聚。政府通过制定法律、法规为创新资源的集聚创造必要的环境，并直接参与创新资源的集聚活动，进行必要的直接投资。区域中心城市在经济资源等方面具有明显的优势，作为区域"增长极"，其在创新方面应该起到示范引领作用，政府为了更好地提高区域中心城市的创新能力，在通过财政支持的同时，鼓励非中心城市的创新资源流入中心城市（Pushpananthan，2022）。基于此，创新资源不断从非中心城市流向中心城市，为区域中心城市创新生态圈的发展提供了保障。

一 创新资源与生产者

企业、高校和科研院所作为创新生态圈的生产者是创新生态圈的核心创新主体，它们重视研发，产生新成果，为创新生态圈提供"有机物质"。"有机物质"的多少取决于生产者的成长力，生产者的成长力又离不开源源不断的资源供应，因此，创新资源在区域中心城市的集聚有利于生产者成长力的提高，如图4-4所示。

企业是创新活动的主体。企业为了在竞争中获得优势，需要通过引入新产品、采用新生产方法、开辟新市场、获得原料新来源以及实行新的企业组织形式来获得超额利润。企业的创新行为离不开资金的支持，区域中心城市创新生态圈的企业在经济资源、地理区域以及政策制度方面具有优势，中心城市生态圈外部的企业为了更好的发展，在利益最大

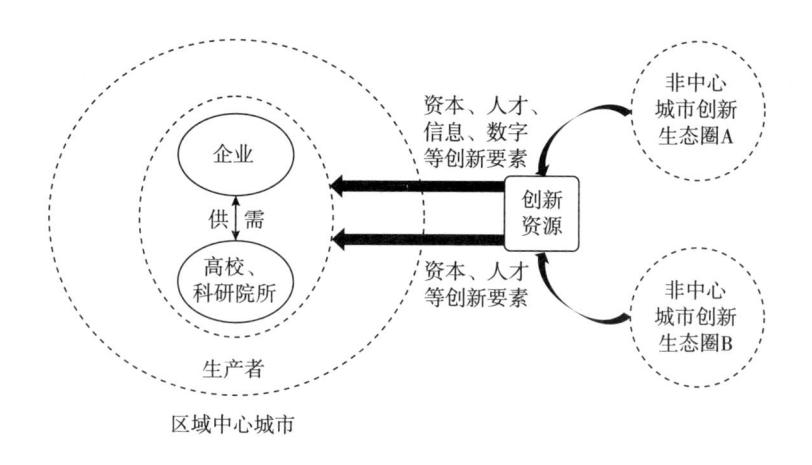

图 4-4　创新资源与生产者

化的驱动下会加强与中心城市的合作，投入大量的资金，从而取得创新成果的共享。同时，政府为了加强区域"增长极"，以财政支持的方式鼓励资金向区域中心城市创新生态圈流入，大量的资金流入为企业开展创新活动提供了保障。人才创新要素对企业创新活动的开展必不可少。一方面，区域中心城市较好的经济发展水平以及全面的制度保障不断吸引非中心城市的人才流入，非中心城市的人才前往中心城市寻求更好的发展；另一方面，政府制定各种人才引进政策吸引非中心城市的人才前往区域中心城市创新生态圈。人具有主观能动性，人才的创造能力和想象力，为创新技术的研发提供了条件。企业的创新活动与创新技术密切相关（张妮，2022）。创新技术是企业进行创新活动的基础，技术的创新会带来生产方法的改进以及新产品的产生。随着资金和人才创新要素在中心城市创新生态圈的集聚，技术要素自然会随之集聚，同时技术的应用需要完善的市场条件和充足的资金支持，与非中心城市创新生态圈相比，区域中心城市创新生态圈的环境条件更有利于创新技术的应用和发展，从而导致技术创新资源在中心城市创新生态圈的集聚。数字经济时代，企业的创新活动离不开数字创新要素的支持（刘洋，2022）。区域中心城市创新生态圈的发展水平优先于区域中的非中心城市创新生态圈，其数据基础发展较好，同时人口集聚、基础设施完善确保了数据的应用和生成，生成的数据可以很好地激发企业开展迎合用户的创新活动，迎合客户的需求。基于此，资金创新要素为企业创新活动提供了保障，人才创新要素是创新行为的前提条件，技术创新要素是创新活动的基础，数字创新要素是企业创新活动的有效支撑，这些创新要素从非中心城市创新生态圈流入区域中心城市创新生态圈，促进了企业创新活动的开展，激发了企业的创新行为。

高校和科研院所为创新活动提供原料。高校和科研院所都能为创新活动提供创新人才和创新技术，两者在功能上具有相似性。高校作为非营利组织，通过教学与教育、科学研究以及多种形式的社会工作实现培养人才、发展科技与服务社会三大职能。区域中心城市创新生态圈内的高校本身具有极大的发展潜力，非中心城市创新生态圈为了寻求自身的发展，加强和中心城市创新生态圈内高校的合作，会投入资金帮助促进高校的发展。资本要素对高校创新活动的开展必不可少。高校侧重于对人才的培养，创新人才的主观能动性对于创新活动来说至关重要。资本创新要素在中心城市创新生态圈内的集聚一方面会增加中心城市高校的数量，从而导致创新人才和创新技术实现数量上的增长；另一方面会改善高校的物质条件，完善基础设施，为培养人才提供更好的环境条件，提高创新人才的素质，实现质量上的提升。科研院所是科学研究和技术开发的基地，是培养高层次科技人才的基地，同时也是促进高科技产业发展的基地。充足的资金为科研院所开展创新活动提供最基本的保障，同时高素质人才为了更好地发挥自身的价值会往区域中心城市创新生态圈内的科研院所集聚，为自身创新活动寻找合适的创新条件，这会给科研院所带来更多思想上的碰撞和交流，产出更多的科研成果，推动创新产出。资本创新要素和人才创新要素在中心城市的集聚使高校培养出更多的创新人才，科研院所产出更多的新思想和新技术，提高了生产者的创新能力，推动着区域中心城市创新生态圈的发展。

二　创新资源与消费者

生态圈中，消费者直接或间接利用生产者制造的有机物生存。同样的，用户群体作为消费者在创新生态圈中使用生产者的创新成果。生产者是创新行为的主体，而消费者在创新行为中起到辅助作用。一方面，消费者选择消费创新产品，能够帮助创新主体完成资金周转；另一方面，用户群体本身具有创新能力，用户群体为了使创新产品更加符合自身的需求，会通过向创新主体反馈帮助创新主体生产创新产品发挥自身的创新能力。消费者辅助创新活动的作用对创新活动至关重要。随着中心城市经济水平的提高，基础设施的完善，交通的便捷，人口从非中心城市不断流入，用户群体的基数大，有利于辅助创新活动的完成，因此创新资源也会在中心城市集聚。

此外，创新资源也通过影响消费者在创新生态圈中创新活动的辅助作用来推动区域中心城市创新生态圈的发展。消费者选择消费创新产品首先取决于其个人的消费水平。创新资源会从非中心城市创新生态圈流向区域中心城市创新生态圈，得到创新资源的中心城市创新生态圈顺利开展创新活动，其创新产出会进一步促进中心城市经济的发展，提高城市居民的人均可支配收入，带来消费能力的提高。当消费主体的可支配收入增加，消费能力提升，消费者会提高消费创新产品的能力，帮助创新主体完成资金转换。

消费者选择创新产品以及发挥自身的创新能力取决于区域中心城市创新生态圈的创新文化氛围。区域中心城市与非中心城市相比，其具有更多创新活动展开的条件，非中心城市虽然拥有某些创新资源，但是其开展创新活动的条件并不充足，为了寻求更好的发展，非中心城市会主动和创新条件优越的中心城市创新生态圈合作，投入创新资源，支持中心城市创新生态圈的创新活动。随着创新资源在区域中心城市创新生态圈的集聚，中心城市创新生态圈会形成创新的文化氛围和社会环境。受创新文化氛围的影响，消费群体在购买中会倾向于选择创新产品，在使用创新产品的过程中，也会根据自身的需求积极主动发挥自身的创新能力帮助改善创新产品。

消费者创新能力的有效发挥还需要数字创新资源的支撑。区域中心城市科技发展水平较高，基础设施完善，为数字创新资源的流入创造了条件。消费者在使用创新产品过程中，会产生一系列的反馈信息，数字创新资源会优化信息反馈路径，创新主体会收到这些反馈信息形成的数据，并对这些数据进行有效分析，更好地完成创新活动。数字创新资源的流入加强了区域中心城市创新生态圈数字基础设施的完善，保证了消费者创新能力的有效发挥。

创新资源在区域中心城市创新生态圈的集聚提高了中心城市的经济

水平，营造了中心城市创新的文化氛围，加强了中心城市的数字基础设施，提高了消费者的消费能力，对创新产品的偏爱以及能通过数字应用有效及时地反馈自身的需求，推动了消费者的选择力，有利于推动区域中心城市创新生态圈的发展，如图4-5所示。

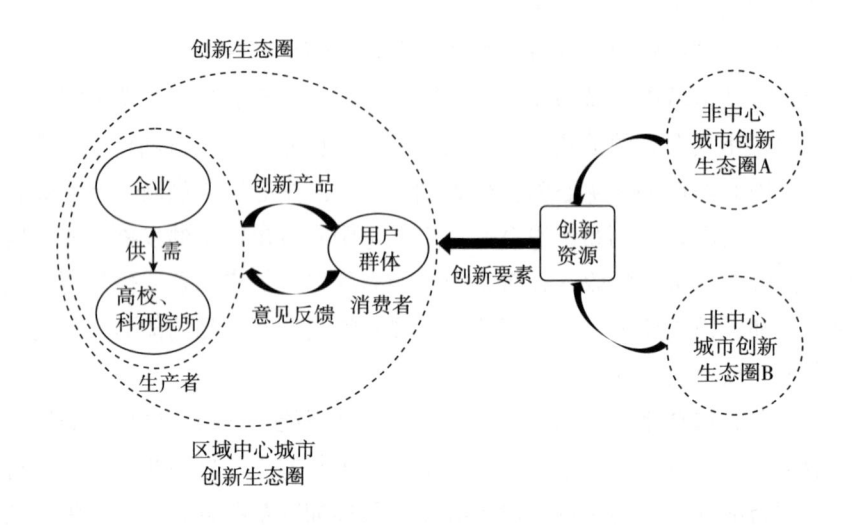

图 4-5　创新资源与消费者

三　创新资源与分解者

创新生态圈中的分解者为生产者的创新活动提供"养分"，他们发挥各自的作用加速创新成果的产生。类似于生态圈中分解者加速物质循环和能量流动的作用，政府、金融机构和中介服务机构等创新生态圈中的分解者对创新活动起到催化作用，如图4-6所示。

创新活动除了需要生产者作为创新主体生产创新成果，需要消费者对创新产品产生反馈之外，还需要分解者发挥催化作用，加快或是减慢这一创新过程。分解者对于创新活动的开展必不可少。区域中心城市创新生态圈优越的经济条件和完善的基础设施不仅保证了分解者的数量同时提高了分解者的质量，中心城市创新生态圈不仅有数量足够的金融机构和中介服务机构，同时还有职能健全的政府组织，业务能力较强的金融机构和中介服务机构，这有效地保证了创新活动的开展。非中心城市创新生态圈的政府职能不全面，金融机构和中介服务机构数量较少，不

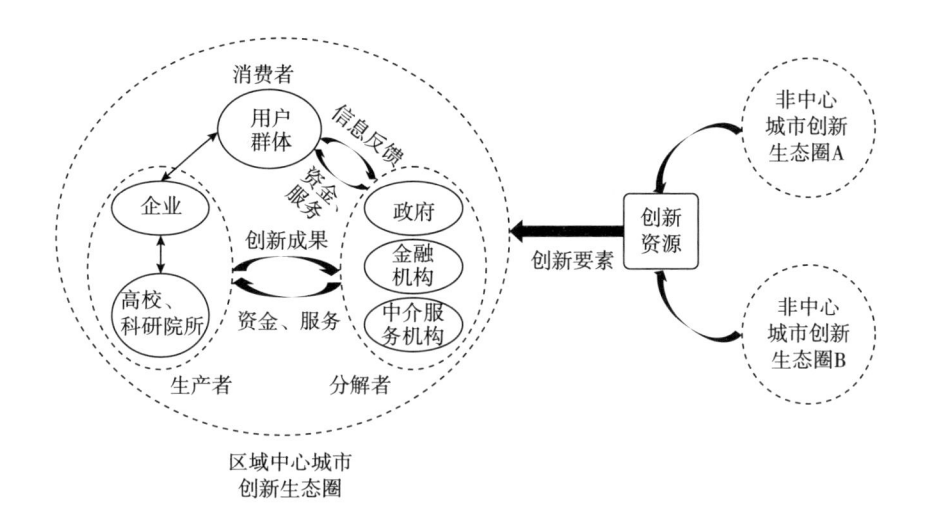

图 4-6　创新资源与分解者

能有效管理创新资源，为了有效地利用创新资源，发挥其最大效用，与区域中心城市创新生态圈合作，向中心城市集聚是追求利益最大化的最佳选择。

随着这些创新资源的流入，区域中心城市的政府、金融机构和中介服务机构等分解者的催化作用会随之加强（Tian Y.，2019）。

首先，创新资源流入，分解者会更好地发挥分解作用，创新管理模式，加强催化力。创新资源流入市场除了激发企业开展创新活动以外还会引发不正当竞争，需要政府发挥市场干预功能，营造良好的市场创新环境，同时为创新发展提供宏观导向。创新活动需要大量资金，为了满足创新活动的资金需求，需要金融机构发挥作用，提供金融服务，管理资本创新要素。人才创新要素、技术创新要素等创新资源的流入，也需要律师事务所、评估事务所以及会计师事务所等中介服务机构的介入，为创新活动提供更好的保障。创新资源在区域中心城市创新生态圈内的集聚，使分解者发挥自身的效能，促进创新生态圈的形成。

其次，创新资源增加，区域中心城市创新生态圈的经济发展水平提高，分解者的数量会不断增加，加强催化能力。创新资源流入中心城市创新生态圈，更多的创新活动会在中心城市创新生态圈内部展开，中心城市创新生态圈本身是创新活动的直接受益者，创新成果会提高中心城市的经济水平。随着经济水平的提高，服务业会进一步发展，金融机构和中介服务机构的数量会大量增加，跟上经济发展的步伐，确保经济平稳增长。

四 创新资源与创新环境

区域中心城市的实力高于非中心城市，无论是政治、经济、文化、科技等区域软实力，还是基础设施和资源禀赋等硬实力（武翠，2021）。创新活动的开展除了必需的生产者、消费者和分解者三个创新主体之外，创新环境对其影响十分重要，所以有利于创新活动开展的氛围和条件也吸引着创新资源向中心城市集中。创新资源的集中也会对创新环境产生影响，使其发生改变，变得更有利于创新活动的开展，如图4-7所示。

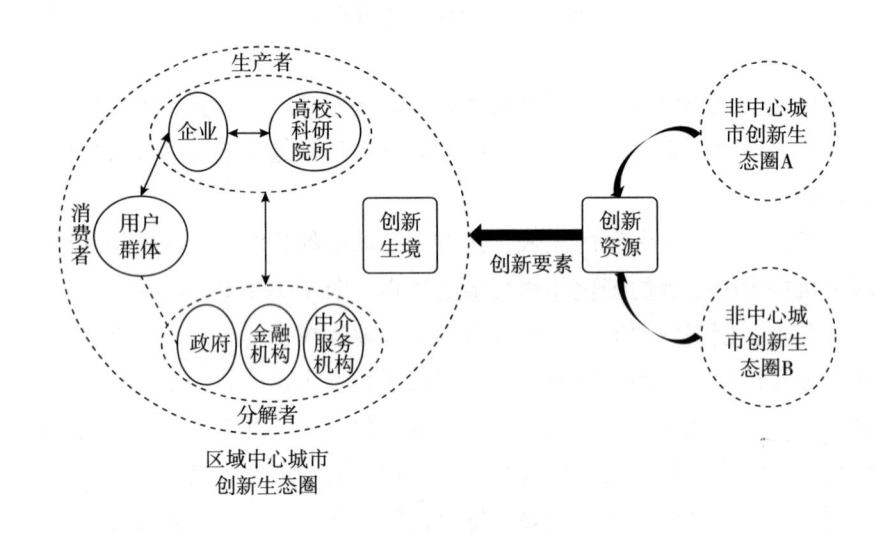

图 4-7 创新资源与创新环境

（一）创新资源与创新环境软实力

1. 政策法规

创新活动的开展需要政策法规的支持（刘兴成，2022）。区域中心城市创新生态圈内的社会发展水平较高，具有良好的经济发展水平和完善的基础设施，已经开展较多的创新活动，因此，对于支持创新活动的政策法规已经十分全面。相对而言，非中心城市创新生态圈内的经济发展水平较低，基础设施并不完善，为了充分利用自己有限的创新资源，一方面，自发地与区域中心城市创新生态圈内的生产者合作，寻找优越的创新政治条件；另一方面，非中心城市创新生态圈内的政府鼓励创新资源向中心城市创新生态圈内流动，从而带动非中心城市创新生态圈创新能力的提升。

创新资源的流入也完善了区域中心城市创新生态圈内的政策法规体系。随着创新资源的流入，区域中心城市创新生态圈内的生产者之间会产生资源争夺，很容易引发不良竞争，此时需要一系列的政策法规加强市场管控；消费者面对创新成果需要切实发挥其辅助作用，各种政策能力推动消费者购买创新产品，完成反馈过程；分解者在政策法规的作用下，更好地发挥其分解作用加快创新进程，从而推动区域中心城市创新生态圈的优化发展。

2. 经济水平

创新活动的开展离不开经济水平的维持（江民星，2022）。研发创新技术、激励创新人才、吸引创新资本都离不开经济发展水平。经济发展水平高意味着高的金融发展水平和高的消费水平。非中心城市创新生态圈内的经济发展水平远不如区域中心城市，其资本资源要素并不充足，也没有足够的资金和福利待遇去激励创新人才开展创新活动。与此相反，区域中心城市创新生态圈内的经济发展水平较高，能够给创新活动提供充足的资金，确保创新活动顺利展开，同时能够给创新人才提供充足的物质激励，确保其全身心投入科技研发之中。因此，非中心城市创新生态圈内的创新资源会流入中心城市，通过资源效用最大化，促进区域中心城市创新活动的顺利开展，再通过共享创新成果提高自身的创新能力。

创新资源的流入也提高了区域中心城市创新生态圈内的经济发展水平。创新资源在中心城市创新生态圈内的集聚就是为了开展创新活动和生产创新成果。区域中心城市创新生态圈是创新成果的直接受益者，通过创新成果的应用，会加快中心城市的经济发展，提高中心城市的软实力，形成更加有利于创新活动的创新环境。

3. 社会文化

创新活动离不开社会文化的扶持（韩松，2022）。创新活动的顺利开展需要浓厚的创新文化氛围，这种创新文化氛围与创新主体的价值取向密切相关。企业浓厚的创新文化激励企业积极联合其他的企业开展创新活动，激发创新思维；高校和科研院所的创新文化，鼓励其产生新思维，研发新技术，产生新成果。这种创新文化氛围的形成与城市的发展水平密切相关，发展形态高的区域中心城市的创新文化氛围高于非中心城市，因此，为了防止社会文化对创新活动的阻碍作用，非中心城市创新生态圈的创新资源不断向区域中心城市创新生态圈集聚。

创新资源的流入，也加强了区域中心城市创新生态圈的创新文化氛围。生产者利用创新资源开展创新活动，消费者自发或在政府政策的引导下购买创新产品，分解者发挥职能加快创新进程，创新主体在创新活动中对创新文化的认可和支持带动了整个社会的创新文化氛围，促进了区域中心城市创新生态圈的形成发展。

4. 科学技术

创新活动的开展离不开科学技术的加持（刘银良，2021）。科学技术水平是城市创新能力的重要体现，对于创新活动而言，除创新主体外，创新能力也十分重要。毋庸置疑，区域中心城市创新生态圈的创新能力强于非中心城市，为了更好地发挥创新资源的效用，需要更强的创新能力，因此，创新资源从非中心城市创新生态圈流向中心城市。

创新资源的流入也加强了区域中心城市创新生态圈的科学技术水平。在创新活动过程中，技术创新也是创新成果之一，直接提高了中心城市创新生态圈的科学技术水平。同时，在创新技术应用于创新活动的过程中，也在不断地发生变革，驱动区域中心城市创新生态圈的进化（常爱华，2012）。

(二) 创新资源与创新环境硬实力

1. 基础设施

基础设施是创新活动开展的载体（吕鹏，2021）。区域中心城市创新生态圈的基础设施完善程度较高。创新活动的开展离不开互联网基础、道路交通基础等基础设施建设。完善的基础设施建设诸如互联网基础设施建设等为发展新一代的信息技术创造了条件，提高了创新生态圈的信息化水平。非中心城市的创新活动开展受到基础设施的限制，为了更好地提高创新生态圈的创新能力，积极将创新资源投入中心城市创新生态圈，通过合作完成创新活动，共享创新成果，实现自身创新生态圈创新能力的提高。

创新资源的流入也加强了区域中心城市创新生态圈的基础设施建设。随着创新资源的流入，增加了中心城市创新生态圈的压力，为了更好地吸收这些资源，提高资源的利用效率，中心城市需要不断地加强基础设施建设，保证创新资源在区域中心城市能够得到有效的利用，顺利地确保创新活动的开展。

2. 资源禀赋

资源禀赋是创新活动开展的基础。资源禀赋是指一个区域的自然资源条件、环境、其他生产要素条件以及发展结构与水平，资源禀赋决定着区域的分工。区域中心城市相对于中心城市而言，高素质人才较多且科学技术条件优越，这对于开展创新活动而言具有绝对的优势。相对而言，非中心城市创新生态圈拥有的这些资源少于中心城市创新生态圈，不利于创新活动的开展，因此，创新资源往创新资源禀赋高的区域中心城市生态圈流动。

创新资源的流入也提高了区域中心城市创新生态圈的资源禀赋。无论是高素质人才的流入还是资金的流入，都改善了中心城市创新生态圈开展创新活动的条件，使其在开展创新活动中更是占据主要位置，有效组织创新活动的开展，加快创新成果的产出。越来越多创新成果的产出与应用也使区域中心城市创新生态圈拥有的创新资源不断增加。

第四节 区域中心城市创新生态圈的辐射机制

区域中心城市，是指在区域范围内的城市群中能够代表该区域经济发展水平，具有较强的集聚和辐射能力，并且处于核心地位的城市（郭宝华，2007）。区域中心城市的辐射能力主要体现在中心城市与区域内其他非中心城市的竞合关系上，包括中心城市对非中心城市政策法规、经济水平、社会文化和科学技术等方面的影响和作用。区域中心城市创新生态圈的辐射作用是指区域中心城市创新行为对非中心城市发挥作用，推动非中心城市创新生态圈优化发展（冯德显，2006）。

区域中心城市创新生态圈的辐射效应是集聚效应发展到一定阶段的

产物（周加来，2022），当创新资源由非中心城市创新生态圈流向中心城市创新生态圈，区域中心城市内创新主体集聚，创新活动频发，创新环境优化，从而产生更多的创新成果。区域中心城市创新生态圈的辐射作用主要是通过创新成果的扩散产生的（柳卸林，2022）。在中心城市与区域内其他非中心城市之间激烈的竞争以及利益驱动下，区域中心城市创新生态圈的创新成果会向外扩散，因而形成辐射效应，带动区域内其他非中心城市创新生态圈的发展。其次，区域中心城市创新生态圈的辐射效应是通过创新要素往非中心城市创新生态圈的流入阐释的。随着创新要素在区域中心城市创新生态圈内部的集聚，一开始创新资源对中心城市创新生态圈的创新活动的效用不断增加，但是随着创新资源要素越来越多，根据边际报酬递减规律，创新资源要素对中心城市创新生态圈创新活动的效用逐渐降低，这些资源要素便会从中心城市创新生态圈扩散到非中心城市创新生态圈。最后，除了创新活动和创新要素对非中心城市创新生态圈产生的影响，诸如微观层面创新生态圈中创新主体的创新文化氛围、创新管理经验以及宏观层面创新政策等也会对非中心城市创新生态圈的优化发展产生影响。

区域中心城市创新生态圈通过创新产出、创新资源以及其他方面对非中心城市的创新生态圈产生影响，这些影响会提高非中心城市的经济水平，促进创新生态圈的发展；会为非中心城市的创新活动提供充足的创新资源，保证创新生态圈的动力源泉；会为非中心城市营造良好的社会文化氛围，为创新生态圈提供保障。

一 经济辐射

一定的经济发展水平是保证创新生态圈发展的先决条件。经济发展水平高能为创新生态圈中的企业和高校、科研院所提供充足的资金支持，保证创新活动顺利进行；能提高消费者的选择力，加强用户群体对创新产品的消费和购买能力；能够完善政府职能，增加金融机构和中介服务机构的数量，提高服务质量。区域中心城市创新生态圈本身具有明显的优势，导致创新资源要素往中心城市集聚，提高了中心城市创新生态圈的创新能力，增加创新产出，同时对非中心城市创新生态圈的发展具有辐射作用，提高了非中心城市创新生态圈整体的经济水平，如图4-8所示。

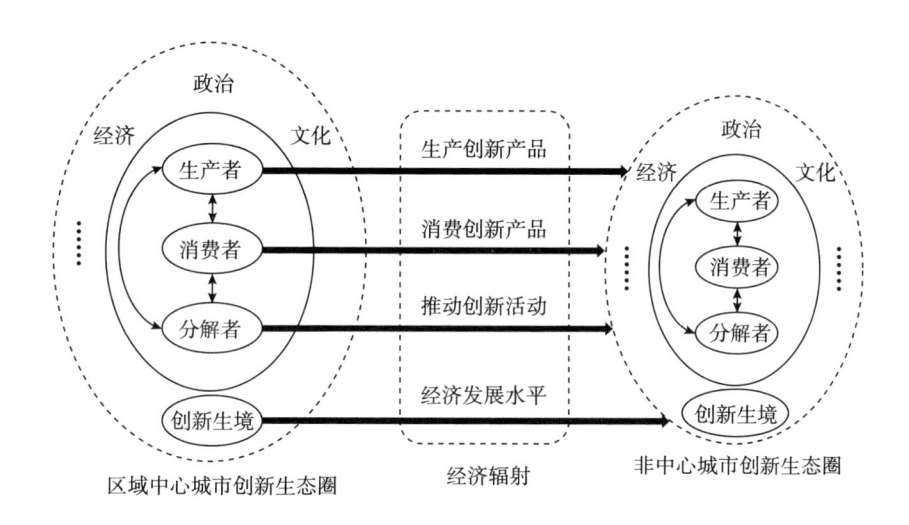

图 4-8　中心城市创新生态圈经济辐射

区域中心城市创新生态圈的生产者在创新要素集聚时，充分利用创新资源要素开展创新活动，提高创新产出。随着中心城市创新能力的提高，主要通过两种方式对非中心城市产生影响（丁如曦，2020）。一种是区域中心城市创新生态圈直接影响非中心城市创新生态圈的发展。这种方式是通过与非中心城市之间共享创新成果，非中心城市提供部分创新资源与中心城市创新生态圈之间达成合作关系，开展创新活动得到的创新成果共享，非中心城市创新生态圈将创新成果应用在企业生产中或是其他方面，有利于提高非中心城市的经济发展水平，为非中心城市创新生态圈的发展提供充足的资金来源。另一种是区域中心城市创新生态圈间接影响非中心城市创新生态圈的发展。区域中心城市创新生态圈通过充分利用创新资源开展创新活动，创新产出有利于中心城市提高经济发展水平，从而带动区域的经济发展。非中心作为区域的一部分，区域整体的经济发展水平提高，非中心城市创新生态圈的经济发展水平也会随之提高。

区域中心城市创新生态圈的消费者也会促进非中心城市创新生态圈的经济发展。非中心城市创新生态圈的消费者虽然没有中心城市的创新能力强，但是其在自身的创新环境影响和创新主体的参与下也会开展一些创新活动，产生创新成果。用户群体对创新产品的使用能够帮助企业完成资金周转。中心城市创新生态圈内的创新文化氛围高，消费者，即用户群体，对创新产品的选择能力较强，同时中心城市创新生态圈的经济水平较非中心城市高，其消费者的购买能力和消费水平也高于非中心城市，因此中心城市生态圈的消费者对非中心城市创新生态圈的创新产品也具有一定的选择能力，帮助非中心城市创新生态圈的创新活动起到辅助作用。

区域中心城市创新生态圈的分解者能够发挥自己的作用从而加速或减缓非中心城市创新生态圈的发展，进而影响其经济发展水平。非中心城市创新生态圈的发展离不开创新活动的开展和创新成果的应用。中心城市创新生态圈的分解者对非中心城市的创新生态圈也会产生影响，一方面，中心城市创新生态圈在区域中发挥示范引领作用，会积极加强和带动周边非中心城市的创新发展，政府会积极制定相关的政策鼓励中心城市往周围非中心城市投入创新资源，从而带动非中心城市创新生态圈的发展；另一方面，数字经济时代的到来，打破了组织发展的时间和地域限制，中心城市创新生态圈中发展较好的金融机构以及中介服务机构也能响应政府的号召，积极帮助非中心城市创新生态圈完成创新活动，从而促进非中心城市创新生态圈的发展，提高经济水平，保证充足的资金来源。

区域中心城市创新生态圈的创新环境对非中心城市创新生态圈的发展也会产生影响。中心城市的经济发展水平高并且在区域中起到示范引领作用。中心城市创新生态圈在集聚效应下利用创新资源提高创新能力，提高了经济发展水平并加大了与非中心城市创新生态圈之间的差距。区域中心城市创新生态圈的高经济发展水平能够直接为非中心城市创新生态圈提供资本创新要素，从而促进非中心城市创新生态圈的经济发展。

二 资源辐射

资源是创新生态圈发展的动力源泉。没有源源不断创新资源要素的投入，创新生态圈的创新活动就没有办法开展，创新生态圈失去了创新能力将不利于创新生态圈的发展。在区域中心城市创新生态圈中，企业和高校、科研院所生产创新成果，研发创新技术，培育创新人才；用户群体能够及时地反馈创新产品的信息资源；分解者能够提供创新管理经验以及服务经验；创新环境中的技术环境以及资源禀赋对于周围非中心城市的创新生态圈发展也具有一定的影响。区域中心城市创新资源往非中心城市流动的原因主要有两个，第一个是主动地流动，这是因为根据经济学中的边际报酬递减规律，创新要素在中心城市创新生态圈中的效用逐渐降低，发挥不了最大效用，反而在非中心城市创新生态圈中能够发挥更大的效用，因此为了追求效用最大化，创新资源要素会自发地由中心城市创新生态圈流入非中心城市创新生态圈；第二个是被动地流动，这主要是由于区域为了促进协同发展，推动中心城市联合非中心城市对资源进行合理配置，根据政府出台的政策，被动地使资源创新要素从中心城市创新生态圈流向非中心城市创新生态圈，如图4-9所示。

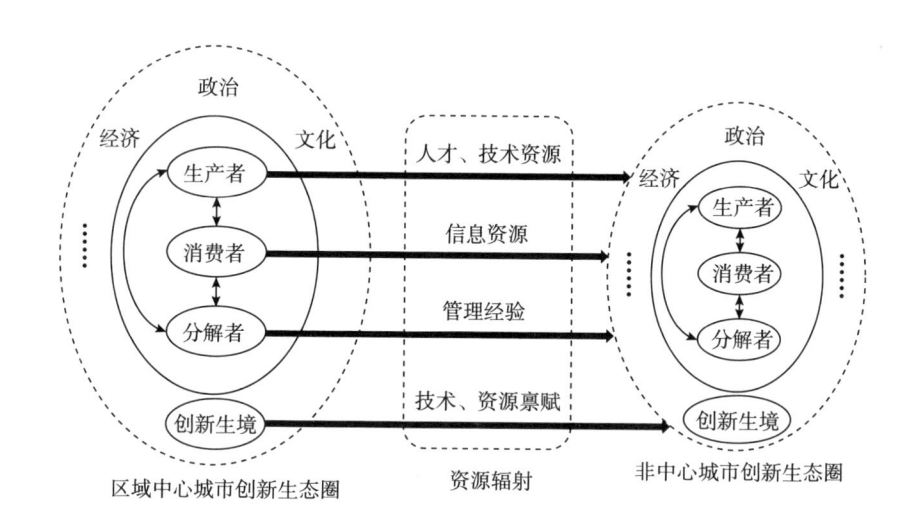

图 4-9　中心城市创新生态圈资源辐射

区域中心城市创新生态圈中的生产者能够产出创新成果，培养创新人才，研发创新技术。区域中心城市创新生态圈的企业为了追求利益最大化，寻找新的市场，会主动把创新产品输入非中心城市，创新产品的流入加快了非中心城市创新生态圈的发展。此外，区域中心城市创新生态圈也会在政府政策的鼓励下积极寻求与非中心城市的合作，将创新活动产生的创新成果与非中心城市创新生态圈共享，推动非中心城市创新生态圈的发展。同样,高校的主要作用是培养人才,科研院所的主要作用是科学研究,但无论是培养人才还是科学研究都需要跨地域的交流和思维碰撞,所以创新人才和创新技术都会往非中心城市流动,促进非中心城市创新生态圈创新能力的提高。

区域中心城市创新消费者作为生产者创新成果的直接受用者,能够通过消费和使用创新产品,结合自身的需求将创新产品的使用建议反馈给生产者,完善创新流程,推动创新能力的提高。消费者这一辅助作用为生产者提供了与创新产品有关的信息资源,对这些信息资源进行合理的分析并加以运用,能够改进原有的创新成果,甚至产出更多的创新产品。非中心城市创新生态圈的进化形态虽然不及中心城市创新生态圈高,但是也产生创新成果,非中心城市创新生态圈的生产者为了利益最大化也会前往中心城市寻找更大的市场,因此,区域中心城市创新生态圈对创新产品使用的信息资源也会被非中心城市的生产者使用,促进非中心城市创新生态圈的发展。

作为区域中心城市创新生态圈的分解者,政府能够为创新活动提供资金和政策支持,金融机构能够保证创新活动的资金供应,中介服务机构能为创新活动提供服务保障。区域中心城市创新生态圈的演进速度快,创新活动多。为了保证创新活动的顺利进行,中心城市创新生态圈的政府加强自身管理职能,为创新活动提供必要的资金和政策支持;金融机构以及其他中介服务机构,为了适应创新生态圈的进化速度,不断加强自身的管理并改进组织结构。非中心城市创新生态圈为了自身的发展也会开展一系列的创新活动,在此过程中分解者可以借鉴中心城市创新生态圈中分解者的管理经验,加强自身生态圈分解者的管理能力,推进创新发展。

区域中心城市创新生态圈的创新环境也会对非中心城市的资源产生影响。作为区域的创新增长极,中心城市的科学技术水平远高于非中心城市,同时其创新资源禀赋也高于非中心城市。区域为了更好地促进协同发展,鼓励区域中心城市加强与非中心城市的合作交流。区域中心城市创新生态圈的科学技术水平能够通过技术合作和交流直接影响非中心城市创新生态圈的发展,同时也能通过提高区域整体的科学技术水平间接影响非中心城市创新生态圈的技术水平。同时,中心城市创新生态圈自身的创新资源丰富，在政府政策的推动下，流向非中心城市创新生态圈，促进其创新能力的提高。

三 社会文化辐射

社会文化是创新生态圈创新活动的保障。区域中心城市创新生态圈的创新文化由创新主体和创新环境一同营造。区域中心城市创新生态圈中企业具有创新的企业文化才能推动创新活动的开展，高校和科研院所要具有创新意识才能培养出创新型的人才；消费者在创新文化的影响下偏好创新产品，这些消费方式和消费行为的改变形成了新的消费文化；区域中心城市创新生态圈中政府注重创新，制定相应的政策鼓励企业开展创新活动，引导用户群体购买创新产品，政府对创新文化的注重推动着中心城市创新生态圈的发展，同时金融机构和中介服务机构内部的创新文化是其主动辅助创新活动开展，由此提高其创新能力，如图4-10所示。

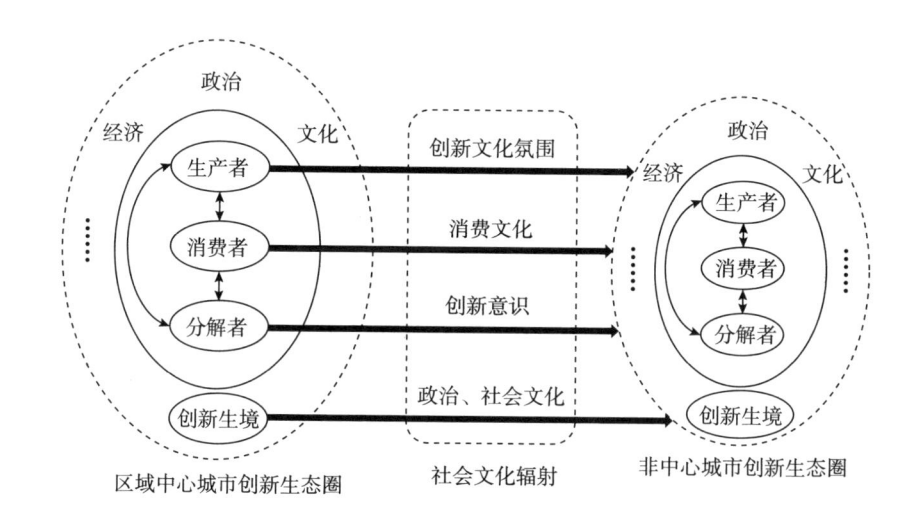

图 4-10 中心城市创新生态圈社会文化辐射

区域中心城市创新生态圈的生产者通过与非中心城市创新生态圈的合作将创新文化传播出去。非中心城市创新生态圈的企业为了提高自身的竞争力会主动加强与中心城市创新生态圈中企业的合作，前者在与后者的合作过程中，共同参与创新活动，研发创新技术，被后者的创新企业文化所影响，向后者学习，转换企业文化，从而促进非中心城市创新生态圈的创新发展。高校和科研院所更是创新思想的主要输出地，区域中心城市创新生态圈的高校和科研院所为了更好地培养人才，促进学术交流，会积极与非中心城市开展交流活动，搭建交流平台，在此过程中，非中心城市创新生态圈的高校和科研人员会受到创新氛围的影响，从而加强自身的创新意识，培养出更多的人才并研发出更多的新技术。

区域中心城市创新生态圈的消费者随着中心城市经济发展水平的提高，消费能力逐渐增加，加强了对创新产品的选择力。同时，中心城市创新生态圈的政府对消费者的消费行为多加引导，逐渐改变了消费者的消费行为，形成了积极购买创新产品的消费文化。同时，消费者为了自身的利益，在使用创新产品时会根据自己切身的需求向生产者反馈信息，积极参与创新活动（罗志高，2018）。消费者本身在消费过程中会受到社会文化的影响，同时在消费过程中还会出现从众心理，因此中心城市创新生态圈的消费者在购买创新产品时，非中心城市的创新生态圈也会选择购买创新产品，辅助创新活动。区域中心城市消费者对非中心城市的文化辐射是通过中心城市消费者的消费行为和消费文化对非中心城市消费者消费行为的潜移默化实现的。

区域中心城市创新生态圈的分解者在帮助生产者完成创新活动过程中，也要始终秉持着创新思维，尤其是政府。政府要制定相应的政策鼓励创新，还要提供相应的资金帮助。中心城市在区域中起到引领示范作用，非中心城市创新生态圈的政府会学习中心城市政府在推动创新发展过程中的好的经验和做法，鼓励非中心城市的创新行为。此外，区域中心城市创新生态圈在开展创新活动中，金融机构和中介服务机构积极参与其中，发挥自身的辅助作用。非中心城市创新生态圈要想提高创新能力，其分解者必须向中心城市创新生态圈的金融机构和中介服务机构学习，提升创新意识，积极参与创新活动。

区域中心城市创新生态圈的创新环境对非中心城市创新生态圈也具有文化辐射作用。中心城市创新生态圈制定鼓励创新行为的政策制度，引导创新主体积极参与创新活动，营造了中心城市整体创新的文化氛围，中心城市的政治制度和社会文化的创新软实力直接对周围非中心城市的创新行为产生影响，从而提高创新能力，同时也通过改变区域整体政治环境和社会文化环境间接地提高非中心城市创新生态圈的创新能力。

四　基础设施辐射

除了以上区域中心城市创新生态圈对非中心城市创新生态圈的经济辐射、资源辐射和社会文化辐射这些"软"辐射之外，还有基础设施方面的"硬"辐射。创新生态圈的发展离不开创新基础设施的完善，区域中心城市创新生态圈对非中心城市创新生态圈的"硬"辐射主要体现在帮助非中心城市建设创新基础设施以及同非中心城市一起建设创新基础设施（王佳宁，2016）。一方面，区域中心城市在区域中起到示范引领以及保障支持的作用，因此会鼓励非中心城市创新生态圈同区域中心城市创新生态圈一起建设创新基础设施。例如，区域中心城市创新生态圈的生产者利用自身的人才创新资源与非中心城市一起建设研发中心，研发新技术；在政府政策的帮扶下，同非中心城市创新生态圈一起推进战略性新兴产业的发展，以及打造金融集聚区。另一方面，非中心城市创新生态圈在区域中心城市创新生态圈的经济辐射、资源辐射以及社会文化辐射下会积极完善自身的创新基础设施。例如，生产者方面，高校和科研院所可以搭建科研论文平台，贡献创新思维，鼓励建设一批科技企业孵化器，增加创新产出，同时高校、科研院所与企业之间可以建设研发中心和新型技术平台，研发新技术。分解者方面，构建技术转移中心和创新服务平台，推动创新活动的开展。

创新基础设施为激发创新生态圈的创新活力提供巨大支撑，区域中心城市创新生态圈对非中心城市创新生态圈的基础设施辐射也是促进非中心城市创新生态圈优化发展的重要推动之一。

五　辐射倍增效应

中心城市创新生态圈对非中心城市创新生态圈的辐射作用还存在"倍增效应"。已有学者的研究表明区域中心城市创新生态圈对非中心城市创新生态圈辐射效应的大小是由区域中心城市创新生态圈的创新强度和非中心城市创新生态圈自身的创新要素量共同决定的，而区域中心城市创新生态圈的创新强度又受到非中心城市创新要素量的影响，这种影响被称为"倍增效应"（徐君，2021）。该定义是指非中心城市创新生态圈要不断增加自身创新资源要素，区域中心城市创新生态圈才能更好地发挥辐射作用，而本书更多的是从区域中心城市创新生态圈来说，当区域中心城市创新生态圈对非中心城市创新生态圈的经济辐射、资源辐射、社会文化辐射以及基础设施辐射之间发挥协同作用时，扩大了对非中心城市创新生态圈的辐射效应。

为了实现中心城市创新生态圈的辐射倍增效应，一是增加非中心城市创新生态圈的创新资源。生产者要提供更多的创新人才资源和创新技术资源，消费者提供信息资源，分解者提供充足的资金和创新管理经验，建设良好的创新环境，从而全面地增加自身的资源要素，实现中心城市创新生态圈对非中心城市创新生态圈辐射倍增效应。二是实现经济辐射、资源辐射、社会文化辐射以及基础设施辐射之间的协同发展。区域中心城市创新生态圈对非中心城市创新生态圈的经济辐射，为非中心城市创新生态圈的创新发展创造了条件，良好的经济运行环境是创新发展的前提；资源辐射是创新发展的动力，人才资源、技术资源、资本资源以及信息资源的流入确保了创新活动的顺利开展；社会文化辐射是创新发展的保障，企业创新文化、高校和科研院所的创新思想、用户群体的消费文化以及政府等分解者的创新意识是发生创新行为的重要保障；基础设施辐射是创新发展的基础，技术研发平台、技术转移中心、创新服务平台以及知识产权运营服务平台等的搭建为创新活动的开展打下了基础。对于非中心城市创新生态圈内创新活动的开展，其条件、动力、保障和基础缺一不可，虽然每一种辐射都能促进非中心城市创新生态圈的发展，但是当经济、资源、社会文化和基础设施一同发挥作用时，更加有利于推动非中心城市创新生态圈的创新发展。

第五节 区域中心城市创新生态圈的共享机制

一 共享机制的内涵

在知识经济背景下，市场需求差异化，产品更新换代速度加快，企业面临创新产品周期短、创新难度大、创新资源有限等障碍（李宇，2022）。五大发展理念被提出后，共享俨然已经成为企业提高核心竞争力的途径和手段。起初，学者们将共享看作知识管理的子系统来进行研究。随着知识管理理论的不断发展和成熟，学者们逐渐意识到要继续加深对共享的研究。近年来，共享与创新相结合的研究逐渐增多，对于共享机制的内涵，学者们尚未形成一致的观点。赵迪（2015）指出共享机制涵盖四个方面：合作机制、沟通机制、转移机制以及信任机制，这四个方面与共享本身相互切合，有效地提升了共享的运转效率。王明对（2019）认为共享是指在一定情境中，知识从知识源到接受者的捕获与扩散的过程，而在协同创新过程中，共享机制是指知识在不同创新主体间的捕获与扩散。唐雯（2021）认为在创新生态系统中，需要建立高效的知识转移与共享机制，促进创新主体内部以及创新主体之间显性知识和隐性知识的转换与融合，使知识与信息的供给与需求能够得到有效对接。具体措施包括创新主体间互动交流平台的搭建、信息传递途径的畅通、教育培训以及人才流动机制的完善等。综合学者们的研究观点，本书认为共享机制是指创新生态圈中的创新主体，基于合作关系而进行知识转移活动，通过知识互补，吸收双方优势进行创新活动的过程。在知识的共享与优势互补中，创新主体不仅能够充分发挥各自功能，还有助于推动自身创新能力与竞争优势的提升。

区域中心城市创新生态圈的形成有赖于创新生态圈内部创新主体的协同创新、知识转移和创新成果市场化。在实践中，区域中心城市创新生态圈具有有效的共享机制，可以推动创新生态圈内外部的知识转移和共享，带动区域中心城市的经济发展及周边区域产业的发展壮大。共享对区域中心城市创新生态圈的作用主要体现在协同创新上。协同创新是区域中心城市创新生态圈的共享机制所能产生的最重要作用（任保平，2022）。一方面，区域中心城市创新生态圈可以从知识共享中获得其他非中心城市创新生态圈的知识资源，提高自身创新主体的技能水平和吸收外部资源的能力，促进创新活动；另一方面，协同创新提高了创新生态圈内各创新主体的整体技术水平，带动了包括短期协同创新以及长期协同创新的活动。其中，短期协同创新适用于创新能力不高的创新主体，能够帮助其实现效益和效率的共赢。与短期协同创新不同，长期协同创新更加侧重于重大技术难题相关的研发项目，通常是创新能力高的创新主体会选择的研发方式。区域中心城市创新生态圈的共享机制有助于协同创新的发生，反过来协同创新把企业实践、市场需求和知识资源三者紧密地联系在一起，对促进创新生态圈共享活动具有重大的意义。此外，共享机制还有助于区域中心城市创新生态圈内企业的创立与人才流动。新创企业和相关的衍生企业是区域中心城市创新生态圈知识共享的前沿阵地。区域中心城市创新生态圈可能直接通过共享机制组建新的企业，各方利益所有者都直接参与到创新产品市场化的过程中。在区域中心城市创新生态圈中，企业、高校和科研院所等生产者经过长期实践，逐渐形成了有效的人才流动的共享机制。人才流动能够改善企业人才结构，促进区域中心城市创新生态圈的长远发展。

二 共享发展阶段

共享是指不同创新主体之间互相交流、取长补短，共同分享彼此所拥有的创新资源（饶悦，2021）。随着区域中心城市创新生态圈边界的开放性不断提升，越来越多不同性质的创新主体或组织通过协议达成合作，共享机制是区域中心城市创新生态圈形成所依赖的机制之一。区域中心城市创新生态圈内的企业、高校和科研院所等生产者彼此之间达成约定，加之分解者、消费者的支持辅助，构成了具有规模效应、能够协同创新、互利共赢的区域中心城市创新生态圈。创新生态圈采取开放式的创新战略，为企业、高校、科研院所等生产者进行知识共享提供了恰当的环境和条件。结合相关理论与共享的实际发展情况，本书总结了区域中心城市创新生态圈共享的四个阶段，分别是共享接触阶段、共享转移阶段、初步共享阶段、互动创新阶段。

（一）共享接触阶段

由于区域中心城市创新生态圈内企业、高校、科研院所等生产者的组织性质存在着较大的差异，它们的创新能力存在着一定的差异，彼此之间关于共享的默契尚未形成，可能由于企业的市场化需求同高校与科研院所的研究成果还尚未恰当融合，对于利益目标所产生的差异会导致区域中心城市创新生态圈的不稳定，在这一阶段，区域中心城市创新生态圈共享机制的主要问题是如何选择共享对象。在区域中心城市创新生态圈内，创新主体所拥有的创新资源水平直接影响着整体的协作能力和创新成果，而正是不同的创新主体之间存在位势差，才驱动了互补共享的发展。创新生态圈内的生产者、消费者、分解者不断积累创新资源，完善创新储备，只有在创新资源储备足够丰富的情况下，才能在共享的过程中发挥更加重要的作用。尽管是创新主体的创新势差造就了共享，但是参与共享的创新主体之间如果差距过大，那么很有可能出现"一家独大"的局面，或者有"搭便车"的机会主义行为，因此，在共享接触阶段，需要对创新主体的创新能力、知识水平、创新储备等方面做多角度的评价，选择适当位势的合作伙伴，要同时注重创新主体之间的互补性和协同性，从而促进达成共享的目标。

（二）共享转移阶段

共享转移是共享活动中非常关键的一个环节，它关系着区域中心城市创新生态圈的稳定运行（Kitsios，2021）。一方面，企业、高校、科研院所等生产者之间考虑到创新资源专有性和风险性的特征，在共享转移的过程中可能会出现选择不共享策略的情况，以此维护自身利益；另一方面，因为生产者之间的文化及管理模式差异明显，创新生态圈的创新主体在共享转移过程中，可能基于这种差异会形成互补之势，但这种合作也可能会放大彼此的缺陷，最终导致区域中心城市创新生态圈内创新主体协作关系破裂。区域中心城市创新生态圈的共享转移阶段包括接受、吸收、运用三部分：

其一，接受是区域中心城市创新生态圈内的一方创新主体接受其他创新主体传递的创新资源。创新主体出于加快发展、节约成本的目的，会对创新资源接受持有较强的动机，接受方可以增加自身的创新资源储量，完善自身的组织结构，有助于开展创新活动。

其二，吸收是在接受的基础上，再尝试增加自身的创新资源积累，把新资源和已有资源联系起来，使新资源成为自身的组成部分，使技术和服务得以创新。创新主体可以通过吸收创新思维，减少资源转移时间，使创新的生命周期得到延长，减少学习成本。

其三，区域中心城市创新生态圈的创新主体在吸收创新资源之后，通过不断改进工作方法，逐渐形成新的经营模式，通过资源运用，接受方的技术和经验得到提高。以上三个部分共同构成共享转移，实现区域中心城市创新生态圈创新资源储备的增加。

（三）初步共享阶段

随着区域中心城市创新生态圈共享体系的初步建立，创新主体间的沟通频率开始增加，创新生态圈的战略目标得到创新主体的初步认可。

企业、高校、科研院所等生产者之间创新要素流动逐渐频繁，共享开始出现正反馈。在共享的过程中，经由创新主体举办的讨论会、人员培训、共同研发等活动，企业吸纳高校、科研院所的技术知识以及专业理论，并与其自身的技术知识相互融合，高校与科研院所接受企业从消费者那里直接获取的最新市场化信息，使得基础研究更具有目标性与针对性，在此过程中，分解者解决共享过程中的资金壁垒。基于此，区域中心城市创新生态圈通过展开讨论、共同交流，进一步建立共同研发的目标和计划。

但是，由于区域中心城市创新生态圈的共享体系刚建成不久，创新生态圈内创新主体间的信任关系也还在建立中，协同创新存在很大的不确定性，可能会出现创新主体出于自身利益考虑，强烈地保护自身所拥有的资源而选择不共享的情况，倘若一方窃取共享成果，出现"搭便车"的机会主义行为，那么参与共享的一方会因此付出沉重的代价，所以基于此种疑虑，区域中心城市创新生态圈的共享水平会大大降低。因此，在初步共享阶段，要加强创新主体间的交流和彼此之间的了解，建立创新生态圈大局意识，并且协商制定好共享成果分配原则，以此促进区域中心城市创新生态圈共享机制的积极展开。

（四）互动创新阶段

在互动创新阶段，创新生态圈内的创新主体间已经拥有共同的合作目标，相互之间也形成了稳定的信任关系（Ding L., 2019）。在相关政策的支持辅助中，创新主体展开频繁的创新共享活动，随着创新主体间知识互动频率和效率的提升，区域中心城市创新生态圈的创新资源发生自发性优化配置，从而在创新生态圈内部建立有效的资源共享和协同创新的共生关系。一方面，企业、高校、科研院所等生产者之间的技术融合不断加强，带动了区域中心城市创新生态圈内部知识的协同创新；另一方面，将创新生态圈的创新成果进行市场化运作，能够实现创新生态圈创新要素的市场化和产业价值化。在互动创新阶段，区域中心城市创新生态圈的共享体系已经成熟。为使共享持续、有效运行，规避共享过程中可能出现的风险，还可以建立相关的激励约束与协调保障机制。

根据以上区域中心城市创新生态圈共享的发展阶段，不难看出共享机制的构建是从区域中心城市创新生态圈形成的初期就存在的问题。在创新生态圈建立之前，多方创新主体需要就创新生态圈建立的相关事宜达成一致，而达成协议的关键因素在于创新主体之间的相关性，就是要利用集群创新对创新资源的全面需求，去筛选适当位势的创新主体，以此形成互补之势，有利于创新活动的开展。在创新主体之间已经可以进行沟通理解和相互信任的基础上，成立决策机构，在创新生态圈日常共享活动和发展方向上帮助决策，随着创新生态圈战略目标的确定和共享活动的开展，创新主体之间的联系越来越紧密，最终达到区域中心城市创新生态圈的互动创新阶段。

三 共享过程

区域中心城市创新生态圈的共享机制是跨越不同圈层、不同组织的活动，共享过程的实现是以外部环境和自身创新资源为基础（Zhang P.，2021）。区域中心城市创新生态圈的政策、文化、市场等创新环境为共享提供环境，在原有创新要素存量的基础上，创新主体之间利用不同形式搭建起来的创新链实现共享转移，持续进行显性与隐性的创新要素共享和转化，最终协同创造出新成果。

（一）创新主体内部的共享

生产者、消费者和分解者创新主体内部的共享，推动着创新主体不断利用共享提高创新能力。以生产者为例，企业拥有先进的技术、市场化知识，但可能会缺乏科学技术等前沿理论知识；高校和科研院所具有较强的创新能力与前沿理论知识成果，但是比较欠缺技术能力与市场化知识。由于互补性创新能力的客观存在，生产者之间产生了创新要素的需求和供给，当企业、高校和科研院所等生产者一致达成互利共赢的意识时，共享活动就展开了。如图4-11所示，高校和科研院所向企业传递自身所拥有的愿意共享的资源，包括显性知识（技术、知识产权等）和隐性知识（科研人员、经验等）；企业向高校、科研院所传递市场信息、技术能力，由此表明共享是一种双向转移。企业在获得来自高校和科研院所共享的创新资源的同时，需要与高校、科研院所交流互动，以便与原有资源存量进行融合，更新原来的要素体系，使之更具产业特色，从而提升自身的创新能力与竞争能力（潘思静，2020）。除此之外，共享主体的创新能力与竞争能力增强，进一步促进共享活动，形成一个正反馈的良性循环。

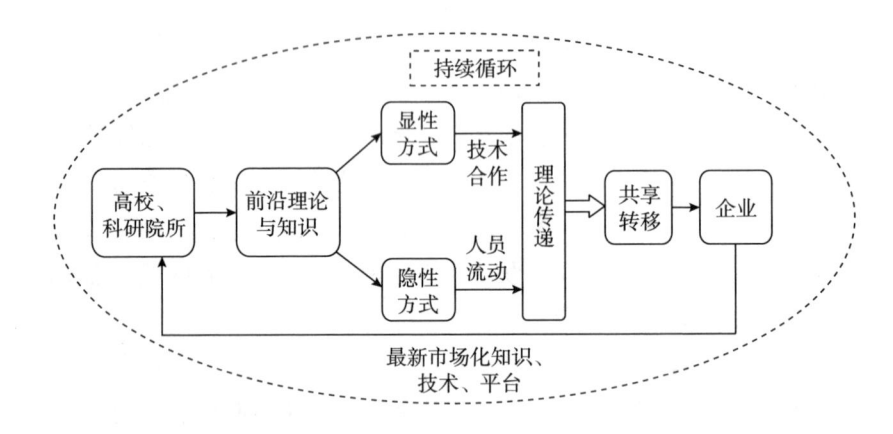

图 4-11　生产者共享的过程模型

同时，在分解者内部，政府、金融机构以及中介服务机构之间可以共享创新管理经验，共享创新人才资源以及共享创新环境条件，这些共享提高了资源的利用效率，促进了创新主体内部的沟通和交流，提高了创新主体的创新能力，推动着区域中心城市创新生态圈的发展。

（二）创新主体之间的共享

在区域中心城市创新生态圈中，参与共享的不仅仅是以企业、高校、科研院所为首的生产者，还包括用户等消费者，政府、金融机构、中介服务机构等分解者，在以生产者为核心创新主体的创新生态子圈层的引导下，出于一定创新要求及利益诉求共同进行共享活动（Yu X.，2022）。企业、高校、科研院所根据自身需求选择合作对象，高校和科研院所为创新活动提供知识产权、科研人员、经验；企业可以提供技术能力、管理经验，将理论思维转化成市场成果，投入市场试验；政府加强政策引导，提供有利于共享的政策法规制度以及相应的配套条件；金融机构、中介服务机构将市场上的闲散资金、人才及物质资源集聚在一起，在创新成果从产生到市场化的过程中，将创新要素有机结合提供必要的连接和平台；用户反馈市场信息。生产者、分解者、消费者彼此间相互作用、相互影响，共同推进共享进程。

(三) 创新主体与创新环境之间的共享

区域中心城市创新生态圈的创新主体根据自身的发展推动创新活动，在创新生产过程中，企业、高校和科研院所可以共享创新成果、人才资源以及技术资源，创新成果在市场内流通能够提高经济水平，人才资源以及技术资源的增加能改善区域中心城市创新生态圈的科学技术环境（Castro，2019）；消费者能够共享自身的信息资源，对信息资源加以合理处理和分析有助于完善创新活动，信息资源的出现为区域中心城市互联网设施等基础设施服务的完善奠定了基础；政府、金融机构和中介服务机构能为创新提供相关的政策支持、资本创新资源以及创新管理经验，这些创新管理知识和资源的共享，有利于政治制度的完善和经济发展水平的提高。同时，创新环境为创新主体开展创新活动创造相应的政治、经济、技术和社会文化条件，完善基础设施建设，创新环境积极搭建共享平台，创造共享条件，提供共享资源，推动着创新主体创新能力的提升。

区域中心城市创新生态圈共享的最终目的是提升区域中心城市的创新能力以及与周边卫星城市的协同收益，可以直接构筑区域中心城市创新生态圈共享平台，以此引导和调节创新主体的共享接触、共享转移、初步共享以及互动创新的过程（张玉臣，2021）。创新主体在共享活动中不断积累，当积累的创新要素交互融合水平达到某一阈值时，就可能产生创新成果。产生的创新成果可根据协议或约定，按照一定的比例分配给参与共享的创新主体，如此循环往复，使得它们之间的联系越来越紧密，由此进一步提升吸收能力，从而实现区域中心城市创新生态圈创新能力的螺旋上升。

第六节 区域中心城市创新生态圈的激励约束机制

激励约束机制是为了防止创新主体之间利用信息不对称、逆向选择及道德风险进行谋利，避免机会主义的风险（苏屹，2021）。激励与约束是一脉相承的关系，在对创新主体进行激励的同时，还要对其行为进行约束。激励是主动性的激励，约束是被动性的激励，通过对创新主体的错误动机和行为进行抑制，促使其改弦更张，从而实现区域中心城市创新生态圈创新效率最大化，进而促进创新生态圈的高质量发展。

一 激励机制

激励机制是指将生产者、消费者、分解者等创新主体的行为与区域中心城市创新生态圈的整体利益联系起来，激励创新主体积极参与到创新生态圈的协同创新中来，实现创新主体创新能力的提升和区域中心城市创新生态圈创新收益的增加。激励机制主要包括声誉激励、财税激励、采购激励、协作激励（陈劲，2022）。

（一）声誉激励

良好的声誉是一种值得信赖的信号，会为生产者、消费者、分解者等创新主体带来合作机会，有利于创新生态圈的稳定可持续发展，从而实现潜在收益的增加。不好的声誉会在创新生态圈内外快速传播，给创新主体间的友好合作带来不利影响，使其失去未来的合作机会。发挥声誉机制的作用，可以降低创新主体寻找合作伙伴的搜寻成本，增加创新主体机会主义的成本，声誉机制可以拓宽协同创新的空间，为创新主体间的协同创新提供更多的选择机会，使潜在的协同创新主体变为现实的合作伙伴。此外，声誉机制可以优化政府的创新资源投入的决策，把有限的创新资源投入具有良好声誉的创新主体，有针对性地提高受益者的创新能力，进而提升创新生态圈整体的创新水平。在美国硅谷，政府这一分解者为了提高企业等创新主体的创新效率，专门建立起了一个类似于"声誉平台"的机制。声誉平台实质上就是一个公开的信息披露平台，生产者、消费者、分解者所有的商业行为都记录在这个平台当中，并且该平台会根据创新主体的创新行为对其声誉水平进行相应的评价。由于信息平台的信息是公开的，因此，创新生态圈的各个创新主体也可以从这个平台中寻找声誉较好的创新主体进行合作，由此可以降低创新主体的合作成本和合作风险。

（二）财税激励

区域中心城市创新生态圈开展创新活动需要一定的支撑条件，完善的财政税收政策支撑机制可以对创新主体产生有效的内部激励作用，对创新主体开展创新活动起到重要的推动作用（蔡乌赶，2019）。因此，政府通过实施一定的财税政策激励创新主体开展创新活动，推动创新成果不断出现。政府可以采取对创新产品实施价格补贴和对创新活动提供贴息贷款等方式，分摊创新主体的创新资金投入压力，降低创新主体开展创新活动的风险，保障创新主体的预期创新收益。收益的创新主体收到财税激励，也将会继续增加创新投入，如此，形成财政支出的乘数效应。随着对创新活动税收补贴的增加，健全税收优惠政策，激发创新主体投入创新活动的积极性，会增加创新主体的收益，形成显著的经济倍增效应。

（三）采购激励

采购激励比财税激励对创新活动的作用更为明显。政府采购作为一项公共财政管理制度，可以利用其规模优势、政策导向和示范作用，形成创新主体内部推动力和创新环境的外部拉动力，在推力和拉力的共同作用下，激发和促进创新主体开展创新活动（张海玲，2019）。一方面，采购激励可以帮助创新主体克服在创新活动过程中遇到的资金、技术等方面的内部困难，降低创新的市场不确定性，支持创新主体从内部开展创新活动；另一方面，采购激励通过社会导向和示范作用，影响市场需求和产业竞争，从外部创新环境方面对创新主体开展创新活动产生拉动作用。同时，扩大信用担保覆盖面，进一步提高创新主体信用资质，使政府采购政策惠及更多创新主体。从国际经验来看，采购激励是激励创新主体开展创新活动的通行做法和有效手段。如美国的半导体、集成电路、互联网、航空航天等产业的发展，政府采购发挥了至关重要的作用，降低了创新产品进入市场的风险。

（四）协作激励

协作激励是基于创新主体的信任默契度，区域中心城市创新生态圈的形成是建立在生产者、消费者、分解者等创新主体之间达成的协议和合作关系（Li M.，2021）。创新主体间的协作程度对创新生态圈的可持续发展起着决定性的作用。较高的信任默契度能够增强创新主体之间的信息交流、能量传递、数据共享，降低知识扩散与获取成本，从而提高区域中心城市创新生态圈的整体竞争力。协作激励与创新主体的工作投入、创新产出、创新收益密切相关，随着创新主体之间的信任默契程度不断提高，创新主体的工作投入、创新产出与创新收益将不断地趋向最优化，即提高创新主体之间的信任默契度能够实现区域中心城市创新生态圈整体效益的提升。

声誉激励、财税激励与采购激励是建立在一定的物质刺激基础上的，而协作激励则是建立在一定的道德标准和价值观念基础上的（Wu S. Q.，2017）。在区域中心城市创新生态圈的实际运行过程中，要充分发挥协作激励的优点，形成最佳的激励效果。

二　约束机制

约束机制与激励机制是相辅相成的，约束机制是对区域中心城市创新生态圈的违规创新主体的惩罚制度（黄文娣，2022），通过约束机制对创新主体的行为做出限定，防止创新主体采取"搭便车"等机会主义行为，损害其他创新主体及创新生态圈整体的利益。约束机制又可分为风险机制、产权机制、责任约束、联合制裁。

（一）风险机制

自然生态圈的生物，都有趋利避害的本能，区域中心城市创新生态圈也不例外。区域中心城市创新生态圈进化过程中，生产者要进行采购原材料、开发新项目、宣传新产品等多种业务行为。分解者要发挥市场监管、提供服务、促进合作等职能，消费者的需求也在不断发生变化。生产者、分解者、消费者要发挥多重角色作用，并且会出现角色转换，由此形成复杂多样的依存关系，同时也会引发多种风险。此时，就需要发挥风险机制的作用，及时防控与规避风险。

风险机制主要包括事前风险防范和事中风险控制，事前风险防范就是在创新活动开始前，对创新项目潜在的风险进行评估，对参与创新的创新主体进行严格慎重的考虑，包括创新主体的信用档案、市场战略、综合实力等方面，合理设计、有效防范风险，对共享知识做出详细化规定，提高退出壁垒，充分加强诚信教育，重视专利保护。事中风险控制主要是加强创新主体对技术的保密，防止隐性知识外泄，加强文档和网络管理，完善创新活动的保护网络，对不同创新活动进行分类保护以及实施定期检查制度，确保创新活动的顺利推进。

（二）产权机制

产权机制是激励创新主体开展创新活动的有效政策措施和重要制度安排，也是约束创新主体发生套取技术、信息外泄、恶性竞争等多种行为的有效机制（王芋朴，2022），能够有效纠正创新活动中普遍存在的市场失灵，可以有效抑制创新知识溢出和克服协同创新中"搭便车"

的行为。

在创新过程中，伴随着知识的转化以及知识外溢，由于各大创新主体会追求自身利益最大化，就会导致知识产权风险的产生（卿陶，2021）。因此，产权机制是促进区域中心城市创新生态圈稳定可持续发展的重要保障，在保障创新主体合法权益的同时，也会对区域中心城市创新生态圈的创新绩效产生重大影响，而且还能够增强创新主体的创新动力。知识产权保护力度越大，知识溢出效应越弱，越能有效保护创新成果，进而促进创新主体以更大的热情投入创新活动中。

（三）责任约束

相对于知识产权机制，责任约束在区域中心城市创新生态圈的约束机制中属于"软约束"机制，扮演着重要的角色，发挥着重要的作用（谢懿，2022）。信任、声誉、文化等社会机制都属于责任约束的范畴。其中，信任是区域中心城市创新生态圈平稳运行的润滑剂，信任机制是"软约束"机制的核心。声誉机制既是激励机制，也是约束机制，声誉一旦形成，区域中心城市创新生态圈内各创新主体可以通过声誉实现预期目标，声誉机制使得各创新主体更容易达到相互协调的利益分享机制，起到抑制创新主体短期行为的作用。文化机制体现区域中心城市创新生态圈中各创新主体所秉持的价值取向，以及社会文化对创新文化的认可、包容或支持程度。文化机制是区域中心城市创新生态圈进化的生命源泉，任何活动都离不开文化思想作为指导，创新活动更需要文化机制的支撑。因此，责任约束能够促进创新活动进展，带动区域中心城市创新生态圈向更高效、更协同、更高级的方向发展。

（四）联合制裁

联合制裁是指区域中心城市创新生态圈中各创新主体对那些违背创新生态圈共同行为准则的成员给予联合抵制（庞敏，2015）。其作用基于创新生态圈内创新主体间的结构性嵌入关系。在区域中心城市创新生态圈进化过程中，联合制裁起着不可或缺的作用，是创新生态圈信任网络的间接保护机制，能够对创新生态圈内各创新主体的不当行为起到警示作用，降低对创新生态圈各创新主体的监督成本，使各创新主体能够充分了解到机会主义成本，进而促进创新生态圈信任网络的巩固和扩张。

联合制裁的关键在于准确界定创新主体的机会主义行为（杨剑钊，2016）。创新生态圈一般通过违规可能造成的后果来划定可接受的界限，从而保证创新活动的顺利开展，联合制裁需要创新生态圈各创新主体达成共识，并在制裁过程中采取一致行动。联合制裁方式可以是终止与违规创新主体的合作关系，给违规创新主体造成经济损失，也可以使违规创新主体的商业声誉受损，声誉指数下降，甚至是淘汰创新生态圈的违规创新主体。

第七节　区域中心城市创新生态圈的协调保障机制

协同共生理论认为，一定的规则下，创新生态圈会依赖自我运行，由创新主体进行演进推动创新生态圈运行（Rong K.，2022）。创新主体是有限理性的，会促使其有思想地参与创新活动，但是这种理性又具有一定的限制性。在信息不完全的情况下，不断影响参与者的决策，导致参与者在创新过程中进行一种有限理性的决策。当出现信息不完全、参与者重复合作、参与者有限理性等情况，其运行过程中产生摩擦，利益分配冲突较为明显时，就需要进行协调、保障考核、跟踪维护，识别、转化、处理等过程实现统一的模式，实现高效对接，此时就凸显了协调保障机制在创新生态圈运行中的关键作用，要求创新生态圈建立合理有效的协调保障机制，有效沟通各创新主体，实现创新主体的合作信任，均衡利益分配。

一　协调机制

（一）自我协调机制

与自然生态圈一样，创新生态圈也是具有隐性边界的开放生态圈，与外部环境不断地进行资源、信息的流动，在正负反馈的作用下进行自我协调，维持创新生态圈的动态平衡（王庆金，2021）。创新生态圈的自我协调包括创新主体的自我协调和创新生态圈的统一协调。

创新主体的自我协调是指创新主体在遵循创新规律和市场机制的前提下，在创新的过程中，动态地调整自身的生态位，其表现为创新主体对创新生态圈内其他创新主体的创新行为采取自适应调整，也表现为各创新主体对创新生态圈创新环境的自适应（刘雪芹，2016）。创新主体通过反馈调节的过程不断进行自我协调，以期获得最大的创新收益。创新主体的自我调节是其开展创新活动的重要保障，但对创新生态圈来说，各创新主体之间的统一协调才是其健康、高效运行的核心。

创新生态圈的统一协调是指当创新生态圈遇到外界环境变化时，各创新主体通过协同创新平台，能够及时做出统一调整，回归平衡。在创新生态圈统一协调过程中，各创新主体之间会传递促进创新的政策、技术、资金等要素，同时又将相关创新要素在实施过程中的信息反馈给政府等相关职能部门（张爱琴，2021）。在此过程中，政府起着宏观调控作用，既促进了相关政策的改进，又促进了各创新主体间形成统一协调机制，进而稳定区域中心城市创新生态圈的可持续发展。

（二）信任机制

在创新过程中，有时创新主体的机会主义行为难以发现或难以验证，正式契约难以发挥协调作用，此时信任机制能够有效地保证创新活动的顺利进行。信任机制能够降低监督成本，协调各创新主体的行为并自觉、自愿地遵守共同的惯例和准则，有效分担创新风险，促进创新生态圈可持续发展（吴绍波，2013）。

构建创新生态圈的信任机制，可以从以下三个方面入手：一是创新生态圈在进行利益分配时要做到公平、公正，尽可能达成一个地位平等、公平合理、互利共赢的契约，根据不同的生态位明确各创新主体在创新过程中的责任、权利和义务。二是建立多样化、有效的沟通渠道和平台。创新生态圈可以通过创新平台形成正式沟通渠道，同时要加强非正式沟通网络，一方面，非正式沟通网络能够增强各创新主体间的关系密切程度，拉近各创新主体间的情感距离，消除潜在的冲突；另一方面，非正式沟通网络能够促进隐性知识的交流与共享，进而提升各创新主体和创新生态圈的创新能力。三是建立良好的信任循环。信任是创新主体在创新活动中逐渐形成的，是一个渐进的过程，但是创新主体的任何一次失信行为，都会让已经建立起来的信任轰然坍塌。因此，各创新主体均会珍惜已建立的信任，在创新过程中，避免采取机会主义行为破坏各创新主体间来之不易的信任关系（郭航，2019）。

(三) 文化机制

在创新生态圈的运行过程中，创新主体由于各自生态位的差异而承担不同角色，逐渐形成了共同接受的角色关系、伦理道德、社会规范、行为准则和观念精神，这些被各创新主体所接受的准则和惯例等能够有效地协调各创新主体的创新行为，即文化机制。

文化机制作为纽带可以增强创新生态圈创新主体之间的黏合性，获得区域中心城市创新生态圈对周边城市创新生态圈的吸引力（崔伟奇，2018）。文化机制促进创新主体开展创新活动的途径主要有以下三种：一是通过社会化来创造期望收益的一致性，促进创新主体达成一致的目标。二是尽管所处的生态位存在差异，各创新主体都可以参与到创新生态圈的准则和惯例的形成过程中。三是明确隐性协同规则。由于契约的不完全性，创新生态圈内各创新主体参与创新的过程中，隐性协同规则发挥了重要作用，约束了创新主体的机会主义行为，降低了协同创新过程中的契约成本和监督成本，提高了创新效率。文化因素渗透到创新活动中，赋予产品文化基因，可以提升产品附加值，文化机制能够强化创新生态圈的治理，但是，各创新主体参与创新的方式和目的不同，文化机制也是动态发展的，具有一定的地域性、时间性、继承性和创新性，想要形成共同惯例和准则并非易事。

综上所述，区域中心城市创新生态圈内创新主体间的协调主要通过相互之间的互动进行的，是在协同创新目标的引导下，各创新主体自发协调各自的行为，并相互合作协调，从而实现区域中心城市创新生态圈的有序互动与协调演进。

二 保障机制

保障机制主要是以创新环境为载体，借助创新资源的支持，通过创新网络和制度创新来发挥其对创新生态圈运行的保障功能。区域中心城市创新生态圈的保障机制具有多元化的特征，表现为创新主体的多元化、创新环境的多元化。创新生态圈的保障机制不仅可以保障各创新主体的创新收益，也可以通过构建创新网络降低各创新主体的创新风险，还可以提高各创新主体和整个创新生态圈的创新能力（庞璐，2016）。区域中心城市创新生态圈的保障机制包括政府的制度保障、创新主体的自我保障和社会保障三个方面。

(一) 制度保障

制度保障是指政府颁布的鼓励和支持创新的各种政策和措施，通过资金投入、基础设施、政府采购、税收优惠、信息服务等为创新活动提供保障功能。创新资金投入政策的实施可以降低创新风险，分担创新成本。基础设施是创新生态圈开展创新活动的运行载体和承载空间，覆盖全国的稳定、安全的互联网基础设施，可以为区域中心城市创新生态圈的发展提供硬件支撑。政府采购政策具有政策导向和示范作用，能够形成创新主体内部的推动力和创新环境外部的拉动力。政府的税收优惠政策可以对创新主体产生重要的内部激励作用，对创新生态圈内各创新主体开展创新活动产生重要的推动作用。政府是创新生态圈中最特殊的创新主体，是创新生态圈保障机制构建中的主要供给者，处于保障机制的主导地位。

完善的制度是区域中心城市创新生态圈运行的重要保障。政府相关部门应健全平衡与保障各创新主体利益的立法，特别是完善的产权制度和技术标准，以充分调动各创新主体的积极性，为创新生态圈营造良好的政策制度环境；同时，科技政策是创新生态圈发展的重要驱动力，也是创新生态圈良性有序发展的保障。政府要做好科技规划和创新计划的顶层设计，引导区域中心城市创新生态圈前行，提高研发经费的投入，加强人才、信息服务、平台建设等，为创新生态圈健康发展提供必要的制度保障。

(二) 自我保障

自我保障是指创新主体通过自身能整合利用的创新资源，来保障创新活动的顺利进行。自我保障机制要求创新主体在创新资源、社会关系网络等方面有一定的控制能力，这些控制能力越强，创新主体的自我保障能力就越强，进而创新的风险也会越小。但自我保障能力会影响创新成本，一般来说，自我保障能力越强，创新成本就会越高。虽然自我保障是创新主体开展创新活动的有力保障，但是不能过度追求自我保障，过度追求自我保障会导致创新成本的增加，在一定程度上可能会降低创新主体的创新能力。在实际中，大多数创新主体无法承担过高的自我保障成本，同时很难对各种创新资源都有较强的控制能力。因此，各创新主体要根据自身实际情况，平衡自我保障能力和自我保障成本，确保合理的自我保障程度。

（三）社会保障

由于创新主体的自我保障机制存在一定的局限性，单个创新主体的创新能力是有限的，因此，在创新生态圈中，社会保障机制更加符合各创新主体开展创新活动的诉求。社会保障机制是创新生态圈通过创新网络，实现研究、开发、应用的全创新链的专业化分工，促进创新活动和社会保障体系的合理分工，进而提高创新主体和创新生态圈的创新效率。社会保障机制之所以能够实现，根本上是由于各创新主体有着一定程度上的共同利益诉求，有着一致的目标和共同的期望，如分担创新风险，获得关键技术等。社会保障机制的形成，既可以有效地降低创新主体开展自我保障的成本，在一定程度上扩大创新主体可使用的创新资源的范围；又可以极大地降低创新生态圈和各创新主体的创新风险，优化创新生态圈的创新环境，显著地提升各创新主体和创新生态圈的创新能力。此外，社会保障机制还能够促进为创新服务的中介机构的快速发展壮大。

第五章　区域中心城市创新生态圈的驱动因素

第一节　区域中心城市创新生态圈的创新驱动因素识别

一　驱动因素识别及定量测度

（一）生产者影响因素及定量测度

1. 科技型企业数量（a1）

党的十九届五中全会明确提出，企业是创新的主力军。科技型企业是区域中心城市经济高质量发展的微观基础，是最具有市场活力和发展动力的创新主体，是吸纳一个区域高质量人才就业和培育新发展动力和动能的主力军。区域中心城市打造创新生态圈的最终目的是实现协同的经济增长模式，培育新的经济增长点，促进城市经济结构生态化，实现长期可持续发展（Li D., 2019）。创新活动的最终表现形式是创新思维的市场化，而企业是这一过程的主要承担者。科技型企业不仅可以实现科技上的创新，还可以促进创新成果的转化，提高市场转化率，既提高了创新的研发效率，又促进了创新的商业化进程。企业是区域中心城市创新生态圈创新活动的核心，决定区域中心城市创新生态圈创新的效率和质量。科技型企业是科技和经济的"黏合剂"，将知识、技术等创新要素转化为创新产品，投向目标市场，获得经济收益。因此，区域中心城市创新生态圈科技型企业数量是其重要的创新驱动因素。

2. 高新技术企业数量（a2）

根据科技部火炬中心的认定，高新技术企业是指通过科学技术或者科学发明在新领域中的发展或者在原有领域中革新式的运作（Li J.，2021）。高技术企业必须在国家颁布的《国家重点支持的高技术领域》范围内，持续进行科学研究开发与技术成果转化，拥有企业核心技术，并以此为基础开展经营活动，是知识密集型、技术密集型的经济实体。其中，高技术领域主要包括电子信息、高技术服务、先进制造与自动化、航空航天、生物与新医药、新材料、新能源与节能以及资源与环境八大领域。由此可以看出，高技术企业是区域中心城市创新生态圈重大的创新主体，承担着重要的创新任务，一般进行比较大型的创新活动，与城市的战略创新发展及布局紧密结合，实现"高""精""尖"技术的突破。因此，高新技术企业数量是区域中心城市创新生态圈创新能力的重要体现，是其重要的创新驱动因素。

3. 规模以上工业企业 R&D 人员比重（a3）

根据国家统计局统计标准，规模以上工业企业的最新统计范围起点标准为年主营业务收入 2000 万元（李腾，2022）。规模以上工业企业存在于一个城市的各行各业中，是一个城市生产力的重要体现。区域中心城市创新生态圈内部规模以上工业企业大多由国有企业转型发展而来，涉及创新产品开发和加工，企业创新活动单一，"创新浓度"低。R&D 人才对于规模以上工业企业来说更加珍贵。而规模以上工业企业 R&D 人员比重体现了一个企业对创新研发人才的投入量，反映出该企业对创新研发活动的重视程度。规模以上工业企业 R&D 人员比重越大，说明该企业越重视 R&D 人才的引进，越注重核心技术的掌握以及自主创新能力的提高，避免"卡脖子"现象，从而提高了区域中心城市创新生态圈集聚能力。因此，区域中心城市创新生态圈规模以上工业企业 R&D 人员比重是其重要的创新驱动因素。其定量测算公式如（5-1）所示。

$$\text{规模以上工业企业 R\&D 人员比重} = \frac{\text{规模以上工业企业 R\&D 人员数量}}{\text{规模以上工业企业总人数}} \quad (5-1)$$

4. R&D 人员全时当量（a4）

人具有创新的主观能动性，是区域中心城市创新生态圈创新活动的重要因素。R&D人员全时当量是区域中心城市创新生态圈在某一个时间段从事研究发展所储备的全部人员数量，体现了该城市的创新研发能力以及对创新研发活动的重视程度（Sang B.，2020）。人才在创新思维的驱动下，依据自身知识储备，有效整合各种创新要素和信息资源，帮助企业开展创造性变革。一方面，人才既具有完备的专业知识，也具备一定的创新素养，可以为企业、高校、科研机构等创新主体带来创新思维，丰富区域中心城市创新生态圈的创新文化氛围；另一方面，人才能够帮助区域中心城市创新生态圈开展创新活动，突破技术难题，更新产品设备，拓展产品市场空间，促进产业结构调整，提升区域中心城市创新生态圈的驱动效果。因此，区域中心城市创新生态圈R&D人员全时当量是其重要的创新驱动因素。

5. 科研机构数量（a5）

科研机构是区域中心城市创新生态圈的智力源泉，重点关注前沿性创新难题。首先，科研机构为区域中心城市创新生态圈提供专业技术人才，为城市创新活动发展提供智力支持；其次，科研机构通过出版专著、发表学术论文、申请专利等为创新活动提供技术支持，突破研发活动的旧有范式和固有思路；最后，科研机构通过自办企业等，与社会企业开展产学研合作，加速创新成果转化，提升区域中心城市创新生态圈科技创新活动发展水平。因此，区域中心城市创新生态圈科研机构数量是其重要的创新驱动因素。

6. 高校数量（a6）

高校与科研机构作用类似，均为区域中心城市提供创新思维和技术参考，但存在一定的职能差异。高校致力于传播知识、培养人才，科研机构的主要职能是破解技术难题、开展科学研究（Yong L.，2012）。高校和科研机构是创新活动的起点，向企业输送高端人才和创新知识，为企业创新活动提供"原料"。简言之，高校是区域中心城市创新生态圈中人才创新圈层及知识创新圈层的主要构造者。此外，区域中心城市内高校数量众多，为企业创新活动提供"软件"和"硬件"支持。高校内的科技园、创业孵化器、创业中心等服务机构，帮助大学生将创新思维成果化，并间接成为人才、知识的检验平台。因此，区域中心城市创新生态圈高校数量是其重要的创新驱动因素。

7. 普通高校专任教师数量（a7）

高校可以为企业的创新活动输送创新型人才，而这些人才的培养离不开高校的教师。一方面，高校教师自身从事大量的科研活动，承接大量校内外的科研项目，提高了高校的科研实力，为区域中心城市创新生态圈创新活动提供支持。另一方面，高校教师除了自身从事科研活动外，在高校内还进行教学活动，培养学生的创新意识和创新能力，为区域中心城市创新生态圈源源不断地输送创新型人才，满足其创新活动的大量人才需求。因此，区域中心城市创新生态圈普通高校专任教师数量是其重要的创新驱动因素。

8. 普通高校在校大学生数量（a8）

创新本身就是一种日新月异的活动，创新的产品在快速更新换代，创新的形式千变万化，创新的范式也在逐渐发生改变。创新活动本身需要创造性意识和发散性思维，因此要想实现创新的层层递进就需要一批又一批紧跟时代脚步，适应新事物能力强同时又具备创新基本素养的人才，而大学生群体正好满足这一特征。作为一批拥有高文化程度的青年，在高校中能够接触到社会最前沿以及最先进的思想，是未来创新活动的中坚力量。在校大学生未来会走向社会的各行各业，将这些创新思维和创新能力带入社会中，提高创新能力。因此，区域中心城市创新生态圈普通高校在校大学生数量是其重要的创新驱动因素。

9. 发明专利授权量（a9）

区域中心城市创新生态圈的生产者主要包括企业、高校、科研机构以及创新型人才等创新要素，而衡量这些创新要素最重要的形式之一就是专利数量的多少。专利是创新主体将创新思维、创新能力转化为创新成果最重要的形式之一（江民星，2022）。一方面，专利数量的多少很大程度上反映了区域中心城市创新生态圈各类生产者创新成果的多少以及创新能力的大小；另一方面，专利可以有效保护创新成果，体现了一个城市对创新成果保护制度的完善程度，间接反映出其对创新的重视程度。专利对创新成果的保护可以有效激励区域中心城市创新生态圈生产者充分发挥其创新能力，无后顾之忧，提高创新效率。专利有三种，发明专利、实用型专利和外观设计专利，而发明专利最具权威性，最能体现出创新能力的真实现状。与专利授权数量相比，专利受理数量存在一定的误差，后期会有一定的变化。因此，区域中心城市创新生态圈发明专利授权量是其重要的创新驱动因素。

(二) 消费者影响因素及定量测度

1. 城镇居民人均可支配收入（a10）

区域中心城市创新生态圈内的创新活动受企业等生产者自身条件及外部环境的限制（王鹏，2022）。市场结构变化影响企业等生产者的地位，市场用户深度参与从根本上改变了创新范式。市场是创新活动的出发点和落脚点，市场消费者是创新成果的最终检验者，创新成果价值最终由消费者的接受程度决定。消费者的可支配收入决定了消费者的消费能力，消费者可支配收入越高，对创新产品或服务的消费需求越大，对创新产品或服务的检验能力也就越强。被消费者选择的创新产品或服务保留其价值，被消费者淘汰的产品或服务进行改进或重造，满足消费者的潜在需求。因此区域中心城市创新生态圈城镇居民人均可支配收入能够激发市场的活力，提高创新的价值，是其重要的创新驱动因素。其定量测算公式如（5-2）所示。

$$\text{城镇居民人均可支配收入} = \frac{\text{家庭总收入} - \text{所得税} - \text{各项社会保障支出} - \text{记账补贴}}{\text{家庭人口数}} \quad (5-2)$$

2. 城镇居民人均消费支出（a11）

只有消费者消费了创新产品或服务，才能更好地选择创新产品或服务，形成优胜劣汰的市场竞争机制（赛娜，2021）。一方面，消费者需求决定创新活动内容和方向。消费者消费偏好和实际需求是生产者开展创新活动的驱动力，再加上市场结构中该类产品供给不足，则此类产品迅速占据市场份额的可能性就大，创新活动倍增效应由此凸显。另一方面，消费者使用产品或享受服务后的反馈信息能引导和调节生产者的创新活动。消费者反馈信息能够促使生产者调整不适应市场需求的部分产品或服务，帮助创新生态圈及时淘汰落后生产者，维持企业健康可持续发展。创新生态圈内的消费者分为中间消费者和终端消费者两种。其中，中间消费者往往是加工企业，他们将购买到的产品用于再加工，生产出再次增值的创新产品。终端消费者的消费目的是为了获取产品效用，此时的消费者既可以是组织，也可以是个人。因此，区域中心城市创新生态圈城镇居民人均消费支出是其重要的创新驱动因素。其定量测算公式如（5-3）所示。

$$城镇居民人均消费支出 = \frac{家庭总消费}{家庭总人数} \qquad (5-3)$$

3. 每万人互联网用户数量（a12）

随着新一代信息通信技术的发展，数字经济时代已经全面到来。在数字经济时代，创新的范式也呈现出数字化特点，信息依附性是数字化创新的一个重要特点（Huang J.，2021）。而信息的传递离不开互联网工具，每万人互联网用户数量体现了一个城市互联网的密集程度和通信能力。党的十九大工作报告首次将数据列入和资本、劳动力等同的生产要素。互联网水平越高，所产生的数据越多，通过大数据技术、数据挖掘技术将数据转化为有用的信息，从而为区域中心城市的创新活动提供有力的信息支持。每万人互联网用户数量越大，城市的信息化程度越高，生产者对市场的了解越清晰，从而准确挖掘消费者的潜在需求，创造出更受市场欢迎的创新产品或服务。因此，区域中心城市创新生态圈每万人互联网用户数量是其重要的创新驱动因素。其定量测算公式如（5-4）所示。

$$每万人互联网用户数量 = \frac{互联网用户总数}{以万计城市人数} \qquad (5-4)$$

4. 社会消费品零售总额（a13）

社会消费品零售总额是区域中心城市消费需求的最直接数据，是反映区域中心城市零售市场变动情况、经济发展景气程度的重要指标，对区域中心城市创新生态圈创新活动起到促进的作用。创新产品或服务除了用于某些特定的领域，大部分还是用于消费者的日常生活中。所以在一定程度上，社会消费品零售总额越大，则消费者对创新产品或服务的需求越大，进而促进创新成果的市场转化率，提高其商业化价值。因此，区域中心城市创新生态圈社会消费品零售总额是其重要的创新驱动因素。

5. 恩格尔系数（a14）

恩格尔系数（Engel's Coefficient）是食品支出总额占个人消费支出总额的比重。可以看出，在总支出金额不变的条件下，恩格尔系数越大,说明用于食物支出的所占金额越多;恩格尔系数越小,说明用于食物支出所占的金额越少,二者成正比。因此,恩格尔系数是衡量一个家庭或一个国家富裕程度的主要标准之一。一般来说,在其他条件相同的情况下,恩格尔系数较高,说明家庭收入用于食物支出的比重越高,用于其他消费的比重越低,则消费者对创新产品或服务的需求越小。相反,恩格尔系数较低,则消费者对创新产品或服务的需求越高。因此,区域中心城市创新生态圈恩格尔系数是其重要的创新驱动因素。其定量测算公式如（5-5）所示。

$$恩格尔系数 = \frac{食品支出金额}{总支出金额} \times 100\% \tag{5-5}$$

6. 科技馆当年参观人数（a15）

在"大众创业,万众创新"的时代背景下,普通人的创新意识、创新思维以及创新能力在不断提高,而对创新的兴趣最直接体现在对科技产品的兴趣上。科技馆当年参观人数体现了消费者对创新的兴趣,反映了消费者对创新的重视和参与程度。科技馆当年参观人数越多,消费者对创新的兴趣越强烈,对创新的需求越大,创新意识、创新思维以及创新能力也越强。因此,区域中心城市创新生态圈科技馆当年参观人数是其重要的创新驱动因素。

(三) 分解者影响因素及定量测度

1. R&D 经费来自政府资金额（a16）

政府行为是市场机制失衡时的辅助性干预手段,市场主体无限追求经济利益导致市场风险增大时,宏观调控对市场机制的稳定作用将十分明显（Chen S.,2021）。政府作为创新生态圈的主要分解者,以行政手段、法律手段、经济手段进行宏观调控,为创新活动提供良好的市场环境、制度环境、文化环境、法律环境。同时,政府能够改善创新活动硬件环境。宏观调控为产业发展提供导向,政府通过改善基础设施、减免税收、降低隐性成本等措施缓解企业科研压力,加速创新成果转化,推动产业结构优化升级。对于市场潜力巨大的创新项目,政府直接拨付科研经费,实施税收减免和财政补贴,减少过度行政干预,放宽产品准入标准,提高创新成果市场认可度。R&D 经费来自政府资金额反映了政府对创新研发活动的资金支持和重视程度。因此,区域中心城市创新生态圈 R&D 经费来自政府资金额是其重要的创新驱动因素。

2. 地方财政科技支出占地方财政支出比重（a17）

地方财政支出反映的是地方政府对财政的运用状况，地方财政科技支出占地方财政支出比重一方面反映了政府用于科技发展以及创新活动的财政支出，另一方面反映了政府对科技发展和创新活动的重视程度。地方财政科技支出占地方财政支出比重越大，说明该城市科技发展和创新活动政府支持条件和资金基础越好，越有利于创新的发展。因此，区域中心城市创新生态圈地方财政科技支出占地方财政支出比重是其重要的创新驱动因素。其定量测算公式如（5-6）所示。

$$地方财政科技支出占地方财政支出比重 = \frac{地方财政科技支出}{地方财政总支出} \times 100\%$$

(5-6)

3. 地方教育支出占一般公共预算支出比重（a18）

地方教育支出占一般公共预算支出比重一方面反映了政府用于教育发展以及创新活动的财政支出，另一方面反映了政府对教育发展和创新活动的重视程度。创新发展需要大量人才的支持，而教育可以为创新提供源源不断的人才资源。地方教育支出占一般公共预算支出比重越大，说明该城市教育发展政府支持条件和资金基础越好，越有利于教育的发展，从而更好地满足创新对人才的需求。因此，区域中心城市创新生态圈地方教育支出占一般公共预算支出比重是其重要的创新驱动因素。其定量测算公式如（5-7）所示。

$$地方教育支出占一般公共预算支出比重 = \frac{地方教育支出}{地方财政总支出} \times 100\%$$

(5-7)

4. 年末金融机构各项贷款总额（a19）

金融机构为企业提供资金周转，保证创新活动持续开展。金融机构贷款保障了人才、知识、信息、物质等创新资源的有效供给。输入创新资源、启动创新项目、推广创新成果等创新活动都需要资金的有效支持，金融机构贷款供给贯穿创新活动的全过程，充足的资金支持有助于实现创新资源效用最大化。金融机构贷款为科研成果商业化提供了必要保障（Sun Z.，2021）。创新成果商业化具有一定的风险，即使成功实现商业化也需要有一个等待期，等待期的贷款支持同样必不可少。金融机构贷款保证了创新活动的连续性和完整性。年末金融机构各项贷款总额体现了金融机构的贷款额度。因此，区域中心城市创新生态圈年末金融机构各项贷款总额是其重要的创新驱动因素。

5. 金融机构贷款占科技活动经费总额比重（a20）

资金是企业创新活动的"生命线"，离开资金，人才、知识、技术等要素无法保障，创新活动无异于纸上谈兵。在创新项目启动初期，科研资金为企业创新活动提供支持，其部分来源于通过股权或债券向金融机构获取的贷款。随着创新项目进入攻坚阶段，破解技术难题需消耗大量科研资金，证券公司、信托投资公司、基金管理公司等办理贷款业务相对便利，不需要烦琐的文件证明，成为公司融资的首选。创新成果市场化后，被市场认可前的等待期需要加强广告宣传和产品推广，依然需要大量资金投入，而金融机构能够为创新项目放宽贷款条件，提供利率优惠和期限优惠。与政府资金相比，金融机构贷款更加灵活，满足科技活动所需的持续资金流。因此，区域中心城市创新生态圈金融机构贷款占科技活动经费总额比重是其重要的创新驱动因素。其定量测算公式如（5-8）所示。

$$\text{金融机构贷款占科技活动经费总额比重} = \frac{\text{科技活动经费中金融机构贷款额}}{\text{科技活动经费总额}} \times 100\%$$

（5-8）

6. 保险等中介服务机构数量（a21）

中介服务机构是宏观调控与市场调节结合的桥梁，能有效弥补政府行政管理的缺失。中介服务机构属于社会化创新服务组织，这些机构为企业提供咨询、行业指导、保险等服务，辅助企业顺利开展创新活动。中介服务机构为不同创新主体提供信息服务，突破创新生态圈内不同圈层的交流障碍，加速创新信息传递、创新要素流通和创新产品生成，推动不同创新主体协同发展。中介服务机构广泛存在于企业、高校、科研院所与研发机构之中，为技术供需双方提供服务。因此，区域中心城市创新生态圈中介服务机构数量是其重要的创新驱动因素。

（四）创新环境影响因素及定量测度

1. R&D 经费内部支出额（a22）

R&D 经费内部支出指企事业单位用于内部开展 R&D 活动（包括基

础研究、应用研究、试验发展）的实际支出，包括用于 R&D 项目（课题）活动的直接支出，以及间接用于 R&D 活动的管理费、服务费、与其有关的基本建设支出以及外协加工费等。该指标反映了区域中心城市用于创新研发活动的内部各项经费，该指标越大，则创新竞争力越强。因此，区域中心城市创新生态圈 R&D 经费内部支出额是其重要的创新驱动因素。

2. GDP 总量（a23）

GDP（国内生产总值），是一个国家或地区所有常住单位在一定时期内生产活动的最终成果。GDP 是国民经济核算的核心指标，也是衡量一个国家或地区经济状况和发展水平的重要指标，反映区域中心城市经济发展的现状，能够为区域中心城市发展提供经济支撑。创新居于五大发展理念之首，创新竞争力的提高会促进经济高质量发展，促进 GDP 的增长。反过来，GDP 的增长又会为创新提供良好的经济基础条件，反向提高创新竞争力，形成良性循环。因此，区域中心城市创新生态圈 GDP 总量是其重要的创新驱动因素。

3. 高技术产业技术引进经费支出（a24）

高技术产业对于创新来说至关重要，而这些产业也需要大量的资金投入。高技术产业技术引进经费支出体现了区域中心城市对高技术产业技术发展的重视，注重学习先进的技术，促进创新研发活动。该指标越大，越有助于区域中心城市的创新。因此，区域中心城市创新生态圈高技术产业技术引进经费支出是其重要的创新驱动因素。

4. 科技论文数量（a25）

科技论文数量是区域中心城市创新成果的重要体现。与专利不同，科技论文是公开的成果，任何人、任何机构都可以公开学习，有利于创新技术和成果的广泛传播。科技论文数量越多，说明区域中心城市的创新氛围越好，创新成果越多，越有利于创新活动的进一步开展。因此，区域中心城市创新生态圈科技论文数量是其重要的创新驱动因素。

5. 固定资产投资额（a26）

固定资产投资额是区域中心城市对基础设施建设的投资。创新活动的开展需要有基础设施的支持，固定资产投资越多，基础条件越好，越有利于创新活动的开展。该指标越大，则区域中心城市的创新基础环境越好,创新能力越强。因此,区域中心城市创新生态圈固定资产投资额是其重要的创新驱动因素。

6. 公共图书馆藏书量(a27)

图书馆是储存知识的地方,图书是知识传播的有效途径,是思维创新的源泉。创新活动的开展离不开大量资料的支撑。公共图书馆藏书既可以满足相关研究人员对专业资料的需要,又可以满足大众对精神文明的追求。公共图书馆藏书量越多,则区域中心城市对研发人员的资料需求满足程度越高,越能满足大众对精神文明的追求,创新氛围越好。因此,区域中心城市创新生态圈公共图书馆藏书量是其重要的创新驱动因素。

7. 空气质量优良率(a28)

一方面,很多创新活动需要良好的空气环境质量支持。另一方面,现代的创新活动以及科学技术越来越注重环保,优良的环境也是创新水平和能力的体现。空气质量优良率反映城市大气环境符合相关要求的时间比率,是区域中心城市创新活动开展的重要保障,同时也是创新水平的见证。因此,区域中心城市创新生态圈空气质量优良率是其重要的创新驱动因素。其定量测算公式如(5-9)所示。

$$空气质量优良率 = \frac{年空气质量优良天数}{365} \times 100\% \qquad (5-9)$$

8. 单位 GDP 能耗(a29)

单位 GDP 能耗表示区域中心城市平均每产生一单位的 GDP 所消耗的能源量,反映区域中心城市经济发展的节能程度,对区域中心城市创新活动起反向削弱的作用(Wang Z.,2018)。高质量的创新活动相比于传统的发展更加注重节能减排。该指标越小,区域中心城市节能减排效果越好,创新水平越高。因此,区域中心城市创新生态圈单位 GDP 能耗是其重要的创新驱动因素。其定量测算公式如(5-10)所示。

$$单位 GDP 能耗 = \frac{全年能耗消费总量}{年末全市 GDP} \qquad (5-10)$$

9. 科技合同数量(a30)

科技合同数量体现的是创新成果投入市场的量。创新成果如果只停留在实验室阶段价值非常小,只有走入市场才会促进生产。科技是第一生产力,科技合同以合同的形式明文规定了创新成果发挥价值过程中的方方面面，是创新成果市场化、商业化过程的体现。科技合同数量越多，区域中心城市的创新成果市场转化率越高，创新能力越强。因此，区域中心城市创新生态圈科技合同数量是其重要的创新驱动因素。

通过上述对区域中心城市创新生态圈驱动因素的归纳总结分析，结合高月姣等（2015）、修国义等（2017）、赵艳华等（2017）、李晓娣等（2019）等相关研究，依据指标体系设计的系统性、科学性、可获取性、可操作性等原则，从生产者、消费者、分解者、创新环境四个维度建立了一级驱动因素指标，并对四个维度进一步细分，构建了区域中心城市创新生态圈驱动因素指标体系，如表5-1所示。

表5-1　区域中心城市创新生态圈驱动因素指标体系

目标层	一级驱动因素	二级创新驱动因素	单位	性质
区域中心城市创新生态圈驱动因素	生产者	科技型企业数量（a1）	家	正
		高新技术企业数量（a2）	家	正
		规模以上工业企业R&D人员比重（a3）	%	正
		R&D人员全时当量（a4）	人年	正
		科研机构数量（a5）	所	正
		高校数量（a6）	所	正
		普通高校专任教师数量（a7）	人	正
		普通高校在校大学生数量（a8）	人	正
		发明专利授权量（a9）	个	正
	消费者	城镇居民人均可支配收入（a10）	元	正
		城镇居民人均消费支出（a11）	元	正
		每万人互联网用户数量（a12）	户	正
		社会消费品零售总额（a13）	亿元	正
		恩格尔系数（a14）	%	反
		科技馆当年参观人数（a15）	人	正
	分解者	R&D经费来自政府资金额（a16）	万元	正
		地方财政科技支出占地方财政支出比重（a17）	%	正
		地方教育支出占一般公共预算支出比重（a18）	%	正
		年末金融机构各项贷款总额（a19）	亿元	正
		金融机构贷款占科技活动经费总额比重（a20）	%	正
		保险等中介服务机构数量（a21）	家	正

续表

目标层	一级驱动因素	二级创新驱动因素	单位	性质
区域中心城市创新生态圈驱动因素	创新环境	R&D 经费内部支出额（a22）	万元	正
		GDP 总量（a23）	万元	正
		高技术产业技术引进经费支出（a24）	万美元	正
		科技论文数量（a25）	篇	正
		固定资产投资额（a26）	万元	正
		公共图书馆藏书量（a27）	千册	正
		空气质量优良率（a28）	%	正
		单位 GDP 能耗（a29）	吨标准煤/万元	反
		科技合同数量（a30）	个	正

二 矩阵型灰色关联度驱动因素识别模型

（一）模型选择

灰色关联度模型最早由邓聚龙教授提出，其基于系统动力学的角度量化分析系统内部各要素之间关系的紧密集聚程度，从而识别出在系统发展过程中对其发展状态影响的关键因子并对这些因子的重要程度进行排序，是一种动态量化的分析方法（邓聚龙，1984）。灰色关联度模型自提出以来便受到了广泛的关注，学者们构造了许许多多的灰色关联度模型并对现有的模型进行优化和改进，取得了丰硕的研究成果，这为本书奠定了一定的理论基础。灰色关联度模型的研究越来越深入、越来越完善，在经济管理领域得到了广泛的应用。学者们在邓氏灰色关联度模型的基础上进行改进，先后提出了 B 形关联度、C 形关联度、T 形关联度、斜率关联度等一系列模型。刘思峰基于整体积分的视角构建了广义灰色关联模型，并且提出了接近性和相似性的分析思路，大大扩展了灰色关联度模型的应用范围，研究的视角也从基于点视角的灰色关联度扩展到基于整体视角或全局视角的灰色关联度分析模型，可以更好地满足实际问题的需要（刘思峰，2018）。但传统的灰色关联度模型是对时间序列之间关联程度进行度量，表现为序列间量级大小变化的相近性和发展趋势的相似性，是二维序列的量化分析。而在实际研究中遇到最多的是三维空间问题，需要从不同维度、不同时间对多个研究对象之间的特征进行量化比较分析，这就需要用到面板数据。近年来，面板数据灰色关联度模型成为灰色关联领域研究的热点方向。面板数据灰色关联度模型的概念最早由学者张可提出，因为面板数据在灰色关联度模型中以矩阵的形式表示，所以面板数据灰色关联度模型也被称为矩阵型灰色关联度模型。崔立志等基于灰色关联度模型的基本逻辑和思想，从样本维度和时间维度将灰色关联度模型由传统的二维序列拓展到三维矩阵空间，并验证了面板数据灰色矩阵相似关联模型的精确度。熊萍萍等将样本行为矩阵划分为时间维度和指标维度，定义面板数据的灰色关联系数和灰色关联度，构建基于面板数据的灰色矩阵相似关联模型研究了华东地区各省市碳排放量相关影响因素对其影响程度的大小。刘震等针对现有灰色关联模型的缺点优化面板数据灰色关联度模型，并对模型的可行性和实用性进行了相关检验（刘震，2019）。

基于以下原因，本书选取矩阵型灰色关联度模型对区域中心城市创新生态圈创新驱动因子进行研究：（1）区域中心城市创新生态圈的发展受生产者、消费者、分解者等各大创新主体与经济、科技、文化等创新环境多个维度的综合影响，彼此间的影响关系并非十分精确。(2) 各驱动因子对区域中心城市创新生态圈影响系数大小的具体数值并非重点，主要为了找出各创新驱动因子对区域中心城市创新生态圈驱动力大小的排序，从而可以使得区域中心城市创新生态圈全面认识自身创新生态水平，为促进区域中心城市创新生态圈高效、高质量发展制定有针对性的措施提供科学的理论依据。（3）不同地区的区域中心城市创新生态圈发展模式、发展阶段、发展动力不同，驱动因子的排序也不同，单一的样本很难客观准确反映各驱动因子排序的真实情况，需要基于不同样本、不同时间构建各驱动因子的面板数据矩阵，从而更客观有效地对各驱动因子的驱动力大小进行排序。

（二）模型的建构步骤

本书构建关于区域中心城市创新生态圈创新驱动因子的矩阵型灰色关联度模型具体步骤如下：

1. 构建初始行为矩阵 A_i

$$A_i = a_i(m, t) = \begin{bmatrix} a_i(1, 1) & a_i(1, 2) & \cdots & a_i(1, T) \\ a_i(2, 1) & a_i(2, 2) & \cdots & a_i(2, T) \\ \vdots & \vdots & \ddots & \vdots \\ a_i(M, 1) & a_i(M, 2) & \cdots & a_i(M, T) \end{bmatrix}$$

($i = 1, 2, \cdots, N$; $m = 1, 2, \cdots, M$; $t = 1, 2, \cdots, T$)

其中，A_i 代表第 i 个创新驱动因子的初始行为矩阵，$a_i(m, t)$ 代表第 i 个创新驱动因子在第 m 个样本、第 t 个时间点的初始数据。N 代表创新驱动因子个数，M 代表样本量，T 代表时间点数量。

2. 原始数据无量纲化处理以及负向驱动因子正向化

由于原始数值之间的差别非常大，因此需要对初始行为矩阵进行无量纲化处理，这里采取初值化，即所有数据均用第 1 个数据除，然后得到一个新的矩阵，这个新的矩阵是各个不同时刻、不同样本的值相对于第一个时刻、第一个样本值的百分比，得到无量纲化处理后的行为矩阵 X_i。

对于正向驱动因子直接无量纲化处理，对于负向驱动因子则先取倒数，再进行无量纲化处理。

$$X_i = x_i(m, t) = \frac{A_i}{a_i(1, 1)} = \begin{bmatrix} \frac{a_i(1, 1)}{a_i(1, 1)} & \frac{a_i(1, 2)}{a_i(1, 1)} & \cdots & \frac{a_i(1, T)}{a_i(1, 1)} \\ \frac{a_i(2, 1)}{a_i(1, 1)} & \frac{a_i(2, 2)}{a_i(1, 1)} & \cdots & \frac{a_i(2, T)}{a_i(1, 1)} \\ \vdots & \vdots & \ddots & \vdots \\ \frac{a_i(M, 1)}{a_i(1, 1)} & \frac{a_i(M, 2)}{a_i(1, 1)} & \cdots & \frac{a_i(M, T)}{a_i(1, 1)} \end{bmatrix}$$

($i = 1, 2, \cdots, N$; $m = 1, 2, \cdots, M$; $t = 1, 2, \cdots, T$)

其中，X_i 代表第 i 个创新驱动因子的无量纲化处理后的初始行为矩阵，$x_i(m, t)$ 代表第 i 个创新驱动因子在第 m 个样本、第 t 个时间点无量纲化处理后的初始数据。

$$X_i = x_i(m, t) = \begin{bmatrix} x_i(1,1) & x_i(1,2) & \cdots & x_i(1,T) \\ x_i(2,1) & x_i(2,2) & \cdots & x_i(2,T) \\ \vdots & \vdots & \ddots & \vdots \\ x_i(M,1) & x_i(M,2) & \cdots & x_i(M,T) \end{bmatrix}$$

$(i=1, 2, \cdots, N; m=1, 2, \cdots, M; t=1, 2, \cdots, T)$

3. 确定参考矩阵 B

为了找到衡量各驱动因子驱动力大小的依据，需要找一个合适的指标来反映区域中心城市创新生态圈的创新绩效。与专利数量相比，新产品销售收入不仅可以反映其创新研发的过程和状态，还能反映创新研发的产品最终的商业化价值，也就是创新商业化的过程和状态。因此，新产品销售收入可以更客观、更准确地代表区域创新生态圈创新绩效的真实水平，选取新产品销售收入无量纲化处理后的面板数据为参考矩阵。

$$B = b_{(m,t)} = \begin{bmatrix} b_{(1,1)} & b_{(1,2)} & \cdots & b_{(1,T)} \\ b_{(2,1)} & b_{(2,2)} & \cdots & b_{(2,T)} \\ \vdots & \vdots & \ddots & \vdots \\ b_{(M,1)} & b_{(M,2)} & \cdots & b_{(M,T)} \end{bmatrix}$$

$(i=1, 2, \cdots, N; m=1, 2, \cdots, M; t=1, 2, \cdots, T)$

其中，B 代表参考矩阵，$b(m, t)$ 代表新产品销售收入在第 m 个样本、第 t 个时间点无量纲化处理后的初始数据。

4. 计算各创新驱动因子与参考指标的矩阵型灰色关联系数

分别计算每个创新驱动因子面板矩阵与参考矩阵对应的矩阵型灰色关联系数，如公式（5-11）所示。

$$\zeta_{i(m,t)} = \frac{L+\rho S}{|x_i(m,t)-b(m,t)|+\rho S}, \quad (i=1, 2, \cdots, N; m=1, 2, \cdots, M; t=1, 2, \cdots, T) \tag{5-11}$$

$L = \max\limits_{i,m,t} |x_i(m, t) - b(m, t)|$, $(i=1, 2, \cdots, N; m=1, 2, \cdots, M; t=1, 2, \cdots, T)$

$S = \min\limits_{i,m,t} |x_i(m, t) - b(m, t)|$, $(i=1, 2, \cdots, N; m=1, 2, \cdots, M; t=1, 2, \cdots, T)$

其中，$\zeta_{i(m,t)}$ 代表区域中心城市创新生态圈第 i 个创新驱动因子在

第 m 个样本、第 t 年与参考指标的矩阵型灰色关联系数。ρ 为分辨系数，其取值区间一般为（0，1），一般情况下，当 $\rho \leq 0.5463$ 时，分辨能力最好。为方便计算，ρ 一般取 0.5。

5. 计算各创新驱动因子与参考指标的灰色关联度

分别计算每个驱动因子面板矩阵与参考矩阵对应的灰色关联度，如公式（5-12）所示。

$$r_i = \frac{1}{MT}\sum_{m=1}^{M}\sum_{t=1}^{T}\zeta_i(m, t), (i = 1, 2, \cdots, N) \quad (5-12)$$

$$r_{i,t} = \frac{1}{M}\sum_{m=1}^{M}\zeta_i(m, t), (i = 1, 2, \cdots, N; t = 1, 2, \cdots, T)$$

$$r_{i,m} = \frac{1}{T}\sum_{t=1}^{T}\zeta_i(m, t), (i = 1, 2, \cdots, N; m = 1, 2, \cdots, M)$$

其中，r_i 代表区域中心城市创新生态圈第 i 个创新驱动因子与参考指标的矩阵型灰色关联度。r_i 值越大，说明该创新驱动因子对区域中心城市创新生态圈的创新影响越大，反之则越小。$r_{i,t}$ 代表区域中心城市创新生态圈第 i 个创新驱动因子与参考指标的时序灰色关联度，它表示在同一时刻不同创新驱动因子的灰色关联系数的平均值，反映的是创新驱动因子对区域中心城市创新生态圈的影响在时间维度上的变化。同样，$r_{i,t}$ 值越大，说明该创新驱动因子对区域中心城市创新生态圈的创新影响越大，反之则越小。$r_{i,m}$ 代表区域中心城市创新生态圈第 i 个创新驱动因子与参考指标的截面灰色关联度，它表示对于同一样本不同创新驱动因子的灰色关联系数的平均值，反映的是创新驱动因子对区域中心城市创新生态圈的影响在空间样本维度上的变化。同样，$r_{i,m}$ 值越大，说明该创新驱动因子对区域中心城市创新生态圈的创新影响越大，反之则越小。

6. 计算准则层各要素的灰色关联度

根据各创新驱动因子与参考矩阵的灰色关联度计算出区域中心城市创新生态圈准则层各要素与其创新的灰色关联度，如公式（5-13）所示。

$$z_j = \frac{1}{s}\sum_{i=1}^{s}r_i(j = 1, 2, 3, 4; s = 9, 6, 6, 9) \quad (5-13)$$

$$z_{j,t} = \frac{1}{s}\sum_{i=1}^{s} r_{i,t} (j = 1, 2, 3, 4; s = 9, 6, 6, 9; t = 1, 2, \cdots, T)$$

$$z_{j,m} = \frac{1}{s}\sum_{i=1}^{s} r_{i,m} (j = 1, 2, 3, 4; s = 9, 6, 6, 9; m = 1, 2, \cdots, M)$$

其中，z_j 代表区域中心城市创新生态圈准则层第 j 个指标与其创新的矩阵型灰色关联度。$Z_{j,t}$ 代表区域中心城市创新生态圈准则层第 j 个指标与其创新的时序灰色关联度，$Z_{j,m}$ 代表区域中心城市创新生态圈准则层第 j 个指标与其创新的截面灰色关联度。S 为准则层每个指标所包含的创新驱动因子个数。

（三）测算结果分析

通过矩阵型灰色关联度模型测算出的区域中心城市创新生态圈各创新驱动因子与其创新的矩阵型灰色关联度，以及时序灰色关联度和截面灰色关联度，并通过对灰色关联度大小进行排序，找出区域中心城市创新生态圈的关键创新驱动因子，进而为区域中心城市创新生态圈全面认识自身创新生态水平，促进区域中心城市创新生态圈高效、高质量发展制定有针对性的措施提供科学的理论依据。对区域中心城市创新生态圈创新驱动因子识别结果的分析将主要包括以下四个层面：

1. 对创新驱动因子驱动力大小进行排序

对区域中心城市创新生态圈各创新驱动因子的矩阵型灰色关联度大小进行排序，得出各创新驱动因子对区域中心城市创新生态圈的驱动力大小排序，根据驱动力大小排序结果明确未来区域中心城市创新生态圈发展过程中需要重点关注的因素。

2. 分析各创新驱动因子时序灰色关联度

对区域中心城市创新生态圈各创新驱动因子的时序灰色关联度进行分析，从时间维度纵向观察各创新驱动因子对区域中心城市创新生态圈驱动力大小的变化趋势，并分析产生的规律及原因。

3. 分析各创新驱动因子截面灰色关联度

对区域中心城市创新生态圈各创新驱动因子的截面灰色关联度进行分析，从空间维度横向观察各创新驱动因子对区域中心城市创新生态圈驱动力大小的变化特点，并分析产生的现象及原因。

4. 分析关键驱动因子的作用原因

明确区域中心城市创新生态圈关键驱动因子产生重要影响的缘由才

是问题得以解决的关键。通过对二级驱动因子矩阵型灰色关联度大小进行分析，找出关键驱动因子的作用原因，以便于有针对性地及时解决区域中心城市创新生态圈在发展进化过程中遇到的难题。

三 驱动因素识别的实证研究

（一）区域中心城市创新生态圈样本的选取

一直以来学者们对区域中心城市的研究大多以省会城市为样本，默认区域中心城市等于省会城市（唐晓灵，2019）。省会城市在我国区域经济发展中发挥着重要的虹吸效应和滴涓效应，但省会城市的产生是因为行政区域的划分，中心功能更多体现在行政功能上（林细细，2018）。不同的行政区域会产生一定的行政壁垒，一定程度上限制区域中心城市充分发挥其辐射带动作用。近年来随着区域一体化战略的深入实施，行政壁垒逐渐被打破，由经济区、城市群等区域划分产生的区域中心城市具有更好的辐射带动效应，促进区域一体化发展和经济高质量发展。事实证明，省会城市并不等同于区域中心城市。十四五规划纲要中多次提到"城市群与都市圈"，政府工作报告也明确提出，要"发展壮大城市群和都市圈"，由此可见，城市群和都市圈对我国经济高质量发展至关重要。按照十四五规划纲要，要全面形成"两横三纵"城镇化战略格局。优化提升京津冀、长三角、珠三角、成渝、长江中游等城市群，发展壮大山东半岛、海峡西岸、中原、关中平原、北部湾等城市群，培育发展哈长、辽中南、山西中部、黔中、滇中、呼包鄂榆、宁夏沿黄、天山北坡等城市群。

因此，本书将以十四五规划纲要提到的19个城市群为主要依据，兼顾省会城市和区域经济增长极城市，选取区域中心城市样本。除此之外，考虑到地方性政策以及区域经济发展的需要，对区域中心城市做以下补充：（1）徐州—淮海经济区中心城市，对淮海周围城市、苏北地区发展有很大的辐射效应。（2）桂林—桂南城市群中心城市，对广西南部发展有很大的辐射效应。（3）宁波—副省级城市，对浙江北部地区发展有很大的辐射效应。（4）珠海—既属于珠三角城市群，又属于粤港澳大湾区，对其北部周围城市发展具有很大的辐射效应。（5）青岛—副省级城市，对山东各城市发展具有很大的辐射效应。

本书的研究样本最终确定北京、天津、石家庄、上海、南京、杭州、合肥、苏州、广州、深圳、成都、重庆、武汉、长沙、南昌、济南、福州、厦门、郑州、西安、南宁、海口、哈尔滨、长春、沈阳、太原、贵阳、昆明、呼和浩特、兰州、西宁、银川、乌鲁木齐、徐州、桂林、宁波、珠海和青岛等38个区域中心城市创新生态圈，具体如表5-2所示。

表5-2　　区域中心城市创新生态圈样本

样本选择依据	样本城市
京津冀城市群	北京、天津、石家庄
长三角城市群	上海、南京、杭州、合肥、苏州
珠三角城市群	广州、深圳
成渝城市群	成都、重庆
长江中游城市群	武汉、长沙、南昌
山东半岛城市群	济南
海峡西岸城市群	福州、厦门
中原城市群	郑州
关中平原城市群	西安
北部湾城市群	南宁、海口
哈长城市群	哈尔滨、长春
辽中南城市群	沈阳
山西中部城市群	太原
黔中城市群	贵阳
滇中城市群	昆明
呼包鄂榆城市群	呼和浩特
兰—西城市群	兰州、西宁
宁夏沿黄城市群	银川
天山北坡城市群	乌鲁木齐
淮海经济区中心城市	徐州

续表

样本选择依据	样本城市
桂南城市群中心城市	桂林
珠三角城市群和港粤澳大湾区	珠海
区域副省级城市	宁波、青岛

（二）数据来源

本书数据均来源于《中国统计年鉴》（2005—2020年）、《中国城市统计年鉴》（2005—2020年）、《中国科技统计年鉴》（2005—2020年）、各省市统计年鉴、各省市统计局以及各省市环境公报等公开资料。需要计算的指标则根据对应的计算公式计算。由于时间跨度比较大，数据量比较多，个别数据缺失，采取平滑指数法对数据进行补充，对实证结果及结论无影响。

（三）实证结果

1. 描述性统计

分别对区域中心城市创新生态圈各创新驱动因子和参考指标初始化处理后的数据进行描述性统计分析。由于篇幅限制，此处对各创新驱动因子及参考指标每年的描述性统计分析不再一一列举，只列举最终汇总的描述性统计分析结果，如表5-3所示。

表5-3　　　　　　　创新驱动因子描述性统计

驱动因子	N	最小值	最大值	均值	中位数	标准差	方差
a1	608	0.0340	4.3460	0.6678	0.4475	0.6950	0.483
a2	608	0.0020	1.3803	0.0768	0.0326	0.1718	0.030
a3	608	0.0200	16.3029	1.2219	1.0344	1.0924	1.193
a4	608	0.0021	4.7509	0.2160	0.0976	0.3507	0.123
a5	608	0.0037	3.7259	0.2809	0.1593	0.3862	0.149
a6	608	0.0130	1.2078	0.4664	0.4416	0.2757	0.076
a7	608	0.0011	1.6056	0.5191	0.4626	0.3610	0.130
a8	608	0.0206	5.3169	0.7638	0.7120	0.5306	0.281
a9	608	0.0049	45.3728	1.7828	0.3555	4.6041	21.198

续表

驱动因子	N	最小值	最大值	均值	中位数	标准差	方差
a10	608	0.4877	4.7224	1.7564	1.6191	0.8782	0.771
a11	608	0.4807	6.0530	1.6605	1.4398	0.9269	0.859
a12	608	0.0592	15.4778	1.6225	1.2406	1.4262	2.034
a13	608	0.0100	5.2464	0.6767	0.3869	0.8623	0.744
a14	608	0.0091	1.8090	0.9561	0.9200	0.1767	0.031
a15	608	0.0022	7.4882	0.4833	0.1632	1.0276	1.056
a16	608	0.0037	3.9190	0.1344	0.0313	0.3923	0.154
a17	608	0.0030	52.9835	1.9580	1.3809	2.6388	6.963
a18	608	0.1324	14.9435	1.2099	1.1429	0.7118	0.507
a19	608	0.0143	5.4372	0.7332	0.4172	0.8652	0.749
a20	608	0.0390	18.9033	4.0516	0.4240	2.9869	8.922
a21	608	0.0290	17.6523	3.0812	2.1107	2.8912	8.359
a22	608	0.0168	7.0386	0.3995	0.1351	0.7321	0.536
a23	608	0.0408	8.8687	1.3227	0.8598	1.3744	1.889
a24	608	0.0245	2.4485	0.0833	0.0085	0.2373	0.056
a25	608	0.0003	4.3286	0.3296	0.0855	0.6058	0.367
a26	608	0.0390	6.8211	0.9804	0.6850	0.9133	0.834
a27	608	0.0007	2.2247	0.2317	0.1205	0.3553	0.126
a28	608	0.0593	1.5983	1.2804	1.3488	0.2609	0.068
a29	608	0.0490	36.3379	1.8108	1.1086	2.9928	8.957
a30	608	0.0008	2.3396	0.1462	0.0449	0.3044	0.093

2. 计算各创新驱动因子的矩阵型灰色关联系数

以2004—2019年的面板数据为研究依据，根据前文公式计算得到区域中心城市创新生态圈各创新驱动因子和参考矩阵的矩阵型灰色关联系数。由于篇幅限制，此处不再一一列举各创新驱动因子的矩阵型灰色关联系数，分别从准则层四大创新要素中选取四个创新驱动因子列举其矩阵型灰色关联系数，分别是生产者中高新技术企业数量、消费者中城镇居民人均消费支出、分解者中R&D经费来自政府资金额、创新环境中高技术产业技术引进经费支出，这四个新驱动因子2004—2019年矩阵型灰色关联系数计算结果分别如表5-4、表5-5、表5-6、表5-7所示。

表 5-4　高新技术企业数量 2004—2019 年矩阵型灰色关联系数

年份 城市	2004	2005	2006	2007	2008	2009	2010	2011	2012	2013	2014	2015	2016	2017	2018	2019
北京	1.0000	0.9554	0.9756	0.9168	0.9888	0.9939	0.9880	0.9854	0.8623	0.7453	0.7156	0.7701	0.7408	0.8456	0.8010	0.8247
天津	0.8879	0.8712	0.8462	0.8139	0.9382	0.9443	0.9404	0.9454	0.8737	0.8232	0.8189	0.8194	0.8202	0.8943	0.8077	0.8588
石家庄	0.9968	0.9967	0.9935	0.9901	0.9964	0.9962	0.9969	0.9962	0.9487	0.9402	0.9321	0.9302	0.8640	0.9742	0.9740	0.9376
上海	0.7650	0.7456	0.6891	0.6768	0.8546	0.8943	0.8925	0.9177	0.7612	0.7535	0.7297	0.7637	0.7066	0.6805	0.7890	0.7846
南京	0.9692	0.9688	0.9575	0.9383	0.9600	0.8169	0.9780	0.9575	0.8272	0.8583	0.7842	0.7809	0.7659	0.7564	0.8013	0.7874
苏州	0.9407	0.9443	0.9318	0.9018	0.9182	0.9618	0.9618	0.9246	0.8554	0.7173	0.6291	0.6265	0.7449	0.7465	0.8046	0.8416
徐州	0.9793	0.9814	0.9775	0.9661	0.9857	0.9838	0.9905	0.9793	0.9520	0.8949	0.8749	0.8707	0.8811	0.8892	0.8138	0.9585
杭州	0.9508	0.9569	0.9420	0.9204	0.9991	0.9918	0.9981	0.9936	0.9947	0.8924	0.9907	0.9893	0.7814	0.7790	0.7883	0.8246
宁波	0.9727	0.9748	0.9585	0.9414	0.9987	0.9842	0.9987	0.9977	0.9137	0.7685	0.7264	0.7025	0.7989	0.7924	0.8724	0.8441
合肥	0.9971	0.9956	0.9932	0.9903	0.9982	0.9977	0.9982	0.9991	0.9145	0.8759	0.8520	0.8334	0.8517	0.8218	0.9103	0.8819
广州	0.9817	0.9394	0.9362	0.8909	0.9934	0.9572	0.9248	0.9179	0.8075	0.7787	0.7601	0.7388	0.7465	0.7402	0.8166	0.7979
深圳	0.9354	0.8466	0.8222	0.8238	0.8877	0.8797	0.8032	0.7830	0.8328	0.7972	0.6589	0.7370	0.7647	0.7854	0.8507	0.8333
珠海	0.9889	0.9904	0.9871	0.9889	0.9979	0.9928	0.9874	0.9808	0.9576	0.9514	0.9439	0.9373	0.9722	0.9053	0.9066	0.8639
济南	0.9699	0.9671	0.9490	0.9139	0.9943	0.9913	0.9937	0.9918	0.9061	0.8979	0.8968	0.8967	0.9483	0.8282	0.9478	0.9217
青岛	0.9668	0.9625	0.9544	0.9005	0.9827	0.9825	0.9789	0.9705	0.8306	0.8173	0.8107	0.8100	0.8529	0.9417	0.8780	0.9600
福州	0.9784	0.9778	0.9759	0.9722	0.9625	0.9836	0.9833	0.9805	0.9286	0.9315	0.9311	0.9224	0.8935	0.8773	0.8600	0.8559
厦门	0.9888	0.9856	0.9833	0.9810	0.9838	0.9890	0.9808	0.9755	0.9098	0.9063	0.9019	0.9022	0.9376	0.8896	0.8813	0.8749
成都	0.9811	0.9808	0.9715	0.9597	0.9973	0.9930	0.9883	0.9939	0.9333	0.9197	0.9135	0.9068	0.9087	0.8326	0.8356	0.8168
重庆	0.9515	0.9426	0.9272	0.8945	0.9999	0.9899	0.9860	0.9647	0.8911	0.8736	0.8179	0.6695	0.8450	0.8313	0.8846	0.8765

续表

年份 城市	2004	2005	2006	2007	2008	2009	2010	2011	2012	2013	2014	2015	2016	2017	2018	2019
西安	0.9998	0.9998	0.9992	0.9965	0.9743	0.9725	0.9851	0.9803	0.9458	0.9358	0.9308	0.9357	0.9010	0.8787	0.8586	0.8940
南宁	0.9973	0.9978	0.9963	0.9912	0.9951	0.9942	0.9943	0.9947	0.9831	0.9784	0.9827	0.9795	0.9601	0.8458	0.9425	0.9449
桂林	0.9979	0.9983	0.9976	0.9934	0.9976	0.9987	0.9977	0.9976	0.9882	0.9842	0.9873	0.9849	0.9767	0.9731	0.9805	0.9878
海口	0.9985	0.9994	0.9969	0.9983	0.9992	0.9997	0.9990	0.9990	0.9367	0.8811	0.8375	0.8051	0.9636	0.9931	0.9947	0.9961
太原	0.9988	0.9997	0.9963	0.9890	0.9954	0.9942	0.9937	0.9924	0.9561	0.9517	0.9566	0.9610	0.9761	0.9566	0.9137	0.9576
呼和浩特	0.9953	0.9969	0.9961	0.9958	0.9994	0.9993	0.9995	0.9986	0.9904	0.9893	0.9904	0.9878	0.9828	0.9698	0.9710	0.9646
贵阳	0.9987	0.9986	0.9960	0.9954	1.0000	1.0000	0.9989	0.9994	0.9807	0.9818	0.9799	0.9806	0.9847	0.9709	0.9660	0.9612
昆明	0.9992	0.9991	0.9957	0.9904	0.9992	0.9985	0.9989	0.9987	0.9764	0.9772	0.9730	0.9742	0.9814	0.9807	0.9725	0.9515
兰州	0.9984	0.9991	0.9989	0.9936	0.9968	0.9963	0.9976	0.9975	0.9831	0.9823	0.9783	0.9823	0.8859	0.9816	0.9858	0.9683
西宁	1.0000	0.9995	0.9983	0.9983	0.9997	0.9997	0.9997	0.9997	1.0000	0.9999	0.9998	0.9996	0.8983	0.9959	0.9942	0.9891
银川	0.9991	0.9991	0.9979	0.9979	0.9988	0.9968	0.9996	0.9998	0.9890	0.9835	0.9888	0.9834	0.8887	0.9767	0.9734	0.9824
郑州	0.9958	0.9946	0.9894	0.9820	0.9972	0.9982	0.9969	0.9967	0.9408	0.8946	0.8875	0.8759	0.8848	0.8287	0.9176	0.9291
乌鲁木齐	0.9998	0.9989	0.9998	0.9989	0.9983	0.9982	0.9980	0.9981	0.9922	0.9900	0.9869	0.9837	0.8881	0.9843	0.9896	0.9907
武汉	0.9997	0.9964	0.9984	0.9697	0.9894	0.9891	0.9890	0.9873	0.9684	0.8483	0.8305	0.8227	0.8514	0.8698	0.8978	0.8863
南昌	0.9976	0.9957	0.9917	0.9873	0.9998	0.9996	0.9987	0.9987	0.9570	0.9455	0.9441	0.9355	0.9251	0.9149	0.9252	0.9261
长沙	0.9963	0.9997	0.9919	0.9812	0.9952	0.9975	0.9990	0.9968	0.9349	0.8085	0.7927	0.7672	0.8927	0.9105	0.8511	0.8418
沈阳	0.9872	0.9815	0.9720	0.9571	0.9973	0.9972	0.9970	0.9986	0.9129	0.8911	0.8925	0.9154	0.8785	0.8840	0.9464	0.8945
哈尔滨	0.9964	0.9932	0.9924	0.9852	0.9975	0.9960	0.9986	0.9989	0.9741	0.9726	0.9760	0.9768	0.9799	0.9539	0.9787	0.9718
长春	0.9974	0.9849	0.9712	0.9650	0.9941	0.9951	0.9932	0.9936	0.9509	0.9620	0.9142	0.9067	0.8936	0.8172	0.9358	0.8755

表 5-5　城镇居民人均消费支出 2004—2019 年矩阵型灰色关联系数

年份 城市	2004	2005	2006	2007	2008	2009	2010	2011	2012	2013	2014	2015	2016	2017	2018	2019
北京	1.0000	0.9537	0.9809	0.8737	0.9812	0.9528	0.9370	0.9092	0.8532	0.8367	0.8473	0.9644	0.9143	0.9345	0.9639	0.8184
天津	0.9222	0.9080	0.8767	0.8628	0.9462	0.9187	0.9104	0.8775	0.7145	0.6476	0.6565	0.6639	0.6829	0.8305	0.8806	0.9524
石家庄	0.9268	0.9194	0.9113	0.9050	0.8811	0.8795	0.8746	0.8550	0.9036	0.8939	0.8879	0.8768	0.8609	0.9272	0.9148	0.7980
上海	0.7978	0.7770	0.7028	0.6907	0.9777	0.9017	0.8774	0.8297	0.5687	0.5824	0.5573	0.6162	0.5498	0.5150	0.5406	0.6560
南京	0.9412	0.9148	0.9057	0.9213	0.8787	0.9160	0.8304	0.8258	0.9870	0.9947	0.9672	0.9779	0.8559	0.9816	0.8806	0.8062
苏州	0.9612	0.9401	0.9428	0.9767	0.9210	0.8523	0.8395	0.8461	0.7970	0.7796	0.7075	0.7143	0.7688	0.7867	0.7405	0.7829
徐州	0.9420	0.9275	0.9214	0.9217	0.9147	0.9047	0.8862	0.8785	0.9635	0.9753	0.9926	0.9850	0.9240	0.9271	0.9552	0.8170
杭州	0.9308	0.8987	0.9085	0.9334	0.8300	0.8229	0.7976	0.7813	0.7649	0.7072	0.6969	0.6859	0.6659	0.6763	0.7159	0.7417
宁波	0.9018	0.8912	0.8951	0.9086	0.8236	0.8228	0.7938	0.7748	0.9896	0.9241	0.8790	0.8423	0.8628	0.8650	0.8546	0.8905
合肥	0.9191	0.9162	0.9106	0.8952	0.8630	0.8532	0.8409	0.8274	0.8927	0.9700	0.9992	0.9874	0.8658	0.8214	0.8179	0.9484
广州	0.8751	0.9101	0.9035	0.9256	0.7860	0.8129	0.8278	0.8063	0.9294	0.9482	0.9932	0.9878	0.6906	0.6097	0.5739	0.6538
深圳	0.8605	0.9585	0.9211	0.9467	0.9146	0.9066	0.9724	0.9467	0.8604	0.8083	0.7523	0.7250	0.4359	0.3745	0.3333	0.3417
珠海	0.8631	0.8468	0.8495	0.8194	0.8213	0.8098	0.7963	0.7930	0.7885	0.7782	0.7813	0.7704	0.7562	0.7551	0.7686	0.6542
济南	0.9349	0.9325	0.9406	0.9628	0.8495	0.8448	0.8308	0.8133	0.8858	0.8803	0.8577	0.8369	0.8743	0.8840	0.8629	0.7127
青岛	0.9311	0.9254	0.9124	0.9748	0.8477	0.8375	0.8273	0.8193	0.9943	0.9892	0.9916	0.9721	0.9403	0.9422	0.9483	0.7440
福州	0.9276	0.9250	0.9141	0.8946	0.8851	0.8561	0.8400	0.8232	0.8620	0.8492	0.8351	0.8214	0.8361	0.8458	0.8451	0.7034
厦门	0.8860	0.8778	0.8565	0.8379	0.8273	0.8147	0.8048	0.7895	0.8356	0.8320	0.8190	0.8057	0.7913	0.7932	0.7784	0.6245
成都	0.9203	0.9146	0.9199	0.9193	0.8609	0.8528	0.8357	0.8202	0.8700	0.8712	0.8844	0.8760	0.9217	0.9457	0.9207	0.7709
重庆	0.9688	0.9734	0.9840	0.9818	0.8796	0.8726	0.8619	0.8699	0.8770	0.8527	0.7721	0.7068	0.6805	0.6700	0.7655	0.8770

续表

年份城市	2004	2005	2006	2007	2008	2009	2010	2011	2012	2013	2014	2015	2016	2017	2018	2019
西安	0.9182	0.9142	0.9033	0.8957	0.8662	0.8390	0.8188	0.8209	0.8296	0.8171	0.7383	0.7276	0.7351	0.7604	0.7910	0.7752
南宁	0.9150	0.9119	0.9083	0.9057	0.8731	0.8666	0.8559	0.8410	0.8460	0.8337	0.8125	0.8000	0.8644	0.5253	0.8572	0.7002
桂林	0.9298	0.9208	0.9122	0.9045	0.8855	0.8697	0.8646	0.8507	0.8499	0.8437	0.8279	0.8212	0.8279	0.8194	0.8000	0.6720
海口	0.9179	0.9088	0.9047	0.8806	0.8678	0.8624	0.8550	0.8427	0.7853	0.7096	0.6969	0.6534	0.7175	0.7122	0.6904	0.6552
太原	0.9165	0.9111	0.8991	0.8830	0.8743	0.8640	0.8597	0.8488	0.8870	0.8965	0.8818	0.8663	0.8387	0.8451	0.6274	0.7011
呼和浩特	0.9141	0.8972	0.8865	0.8699	0.8476	0.8321	0.8149	0.7929	0.7844	0.7702	0.7541	0.7431	0.7332	0.7350	0.7303	0.6152
贵阳	0.9084	0.9074	0.8979	0.8832	0.8754	0.8650	0.8517	0.8371	0.8423	0.8330	0.8267	0.8031	0.7797	0.7627	0.7504	0.6839
昆明	0.9153	0.9121	0.9100	0.9057	0.8807	0.8658	0.8474	0.8357	0.8370	0.8399	0.7373	0.7284	0.7084	0.6943	0.6700	0.6406
兰州	0.9204	0.9135	0.9131	0.9084	0.8905	0.8836	0.8710	0.8566	0.8555	0.8412	0.8306	0.8007	0.7742	0.7683	0.7490	0.6790
西宁	0.9258	0.9202	0.9179	0.9075	0.8983	0.8935	0.8765	0.8637	0.8471	0.8315	0.8011	0.7859	0.7711	0.7843	0.7710	0.6844
银川	0.9171	0.9105	0.9009	0.8911	0.8701	0.8567	0.8439	0.8309	0.8273	0.8118	0.7916	0.7854	0.7706	0.7790	0.7625	0.6675
郑州	0.9282	0.9219	0.9226	0.9163	0.8854	0.8735	0.8534	0.8357	0.8775	0.9154	0.9096	0.9092	0.8831	0.9531	0.9626	0.7875
乌鲁木齐	0.9185	0.9126	0.9095	0.9023	0.8932	0.8899	0.8772	0.8617	0.8493	0.8271	0.7845	0.7608	0.7333	0.7108	0.6903	0.6765
武汉	0.9235	0.9242	0.9110	0.9184	0.8695	0.8601	0.8447	0.8191	0.9466	0.9842	0.9920	0.9890	0.9933	0.9625	0.8408	0.8415
南昌	0.9308	0.9193	0.9188	0.8937	0.8663	0.8570	0.8440	0.8316	0.8606	0.8600	0.8457	0.8390	0.8356	0.8314	0.8380	0.7206
长沙	0.9012	0.8903	0.8877	0.8778	0.8544	0.8332	0.8245	0.8136	0.9908	0.9756	0.9982	0.9828	0.9322	0.9161	0.9854	0.7914
沈阳	0.9439	0.9333	0.9356	0.9159	0.8424	0.8234	0.8147	0.8051	0.8771	0.8577	0.8777	0.8173	0.7971	0.8144	0.8414	0.6793
哈尔滨	0.9217	0.9148	0.9082	0.9055	0.8731	0.8556	0.8407	0.8194	0.8330	0.8086	0.7947	0.7827	0.7672	0.7792	0.7454	0.6646
长春	0.9167	0.9239	0.9337	0.9189	0.8535	0.8478	0.8363	0.8190	0.9290	0.8030	0.8822	0.8504	0.8578	0.9553	0.7645	0.7588

表 5-6　R&D 经费来自政府资金额 2004—2019 年矩阵型灰色关联系数

年份 城市	2004	2005	2006	2007	2008	2009	2010	2011	2012	2013	2014	2015	2016	2017	2018	2019
北京	1.0000	0.9500	0.9670	0.9550	0.9048	0.9190	0.9273	0.9318	0.8964	0.9060	0.8627	0.9613	0.9140	0.9184	0.9561	0.9089
天津	0.8750	0.8628	0.8334	0.8158	0.9184	0.9343	0.9298	0.9414	0.6773	0.6269	0.6231	0.6257	0.6275	0.7071	0.7204	0.7148
石家庄	0.9940	0.9931	0.9903	0.9872	0.9992	0.9991	0.9992	0.9988	0.9493	0.9400	0.9320	0.9303	0.7701	0.8769	0.8746	0.8360
上海	0.7799	0.7634	0.7041	0.6900	0.8705	0.9246	0.9368	0.9777	0.5775	0.5698	0.5497	0.5928	0.5412	0.5156	0.5292	0.5283
南京	0.9661	0.9667	0.9599	0.9391	0.9577	0.8381	0.9797	0.9589	0.8247	0.8092	0.7793	0.7725	0.7040	0.7544	0.7003	0.6847
苏州	0.9403	0.9457	0.9323	0.8988	0.9096	0.9566	0.9528	0.9156	0.6978	0.6801	0.6286	0.6245	0.6441	0.6469	0.6170	0.8399
徐州	0.9802	0.9830	0.9789	0.9679	0.9838	0.9855	0.9882	0.9766	0.9021	0.8928	0.8748	0.8701	0.8113	0.8896	0.8160	0.9582
杭州	0.9475	0.9538	0.9372	0.9151	0.9886	0.9842	0.9878	0.9834	0.9972	0.9973	0.9964	0.9175	0.5786	0.5765	0.5857	0.5221
宁波	0.9714	0.9737	0.9586	0.9401	0.9985	0.9866	0.9963	0.9952	0.8088	0.7626	0.7240	0.6966	0.6969	0.6907	0.6701	0.6414
合肥	0.9958	0.9950	0.9926	0.9894	0.9987	0.9990	0.9985	0.9958	0.9131	0.8773	0.8522	0.8322	0.7561	0.7228	0.7111	0.7117
广州	0.9747	0.9348	0.9314	0.8881	0.9906	0.9424	0.9091	0.9022	0.8016	0.7747	0.7526	0.7324	0.5856	0.5352	0.5111	0.4949
深圳	0.9305	0.8449	0.8193	0.8195	0.8844	0.8823	0.8045	0.7781	0.7230	0.6853	0.6544	0.6258	0.4340	0.3856	0.3507	0.3333
珠海	0.9882	0.9895	0.9860	0.9875	0.9938	0.9926	0.9832	0.9792	0.9574	0.9500	0.9420	0.9353	0.9213	0.9013	0.8720	0.8598
济南	0.9675	0.9632	0.9442	0.9149	0.9904	0.9892	0.9891	0.9873	0.9048	0.8957	0.8939	0.8932	0.8480	0.8264	0.8262	0.8201
青岛	0.9666	0.9627	0.9544	0.8995	0.9822	0.9821	0.9775	0.9695	0.8288	0.8150	0.8108	0.8082	0.7533	0.7416	0.7784	0.7773
福州	0.9779	0.9767	0.9743	0.9706	0.9603	0.9835	0.9830	0.9800	0.9234	0.9204	0.9191	0.9192	0.8952	0.8802	0.8626	0.8587
厦门	0.9873	0.9840	0.9818	0.9792	0.9817	0.9876	0.9796	0.9738	0.9051	0.9014	0.8998	0.8997	0.8989	0.8888	0.8797	0.8734
成都	0.9873	0.9898	0.9821	0.9687	0.9996	0.9955	0.9998	0.9980	0.9488	0.9326	0.9288	0.9264	0.8926	0.8639	0.8742	0.8537
重庆	0.9498	0.9417	0.9278	0.8949	0.9926	0.9920	0.9930	0.9689	0.7914	0.7733	0.7160	0.6689	0.6470	0.6340	0.6927	0.6864

续表

年份 城市	2004	2005	2006	2007	2008	2009	2010	2011	2012	2013	2014	2015	2016	2017	2018	2019
西安	0.9966	0.9957	0.9975	0.9982	0.9948	0.9982	0.9971	0.9958	0.9433	0.9794	0.9622	0.9761	0.9717	0.9362	0.9208	0.8905
南宁	0.9953	0.9954	0.9943	0.9911	0.9997	0.9994	0.9994	0.9993	0.9815	0.9758	0.9798	0.9758	0.9591	0.5578	0.9429	0.9445
桂林	0.9963	0.9966	0.9960	0.9938	1.0000	0.9995	0.9994	0.9992	0.9854	0.9809	0.9838	0.9804	0.9769	0.9732	0.9802	0.9864
海口	0.9979	1.0000	0.9964	0.9978	1.0000	0.9999	0.9995	0.9995	0.7330	0.6769	0.6330	0.6000	0.9971	0.9954	0.9969	0.9977
太原	0.9966	0.9946	0.9920	0.9893	0.9975	0.9991	0.9983	0.9992	0.9581	0.9550	0.9589	0.9637	0.9755	0.9555	0.6217	0.9527
呼和浩特	0.9950	0.9967	0.9960	0.9958	1.0000	1.0000	0.9998	0.9992	0.9907	0.9898	0.9909	0.9884	0.9842	0.9712	0.9727	0.9663
贵阳	0.9982	0.9983	0.9958	0.9958	0.9992	0.9990	0.9981	0.9995	0.9815	0.9832	0.9808	0.9821	0.9847	0.9728	0.9667	0.9639
昆明	0.9992	0.9998	0.9974	0.9918	0.9991	0.9986	0.9986	0.9992	0.9788	0.9770	0.9727	0.9747	0.9846	0.9832	0.9759	0.9606
兰州	0.9998	0.9994	0.9968	0.9955	0.9987	0.9984	0.9969	0.9970	0.9844	0.9838	0.9802	0.9845	0.9905	0.9876	0.9935	0.9785
西宁	0.9998	0.9997	0.9987	0.9988	0.9999	0.9995	0.9992	0.9992	0.9998	0.9998	0.9996	0.9996	0.9991	0.9966	0.9952	0.9913
银川	0.9992	0.9992	0.9981	0.9983	0.9988	0.9996	0.9994	0.9995	0.9896	0.9840	0.9896	0.9842	0.9899	0.9793	0.9750	0.9841
郑州	0.9933	0.9914	0.9871	0.9822	0.9977	1.0000	0.9977	0.9977	0.9425	0.8953	0.8878	0.8759	0.8820	0.8252	0.8119	0.8211
乌鲁木齐	0.9995	1.0000	0.9995	0.9988	1.0000	0.9993	0.9995	0.9992	0.9930	0.9907	0.9872	0.9843	0.9883	0.9853	0.9899	0.9903
武汉	0.9873	0.9847	0.9877	0.9702	0.9998	0.9995	0.9989	0.9990	0.8800	0.8502	0.8317	0.8203	0.7955	0.7710	0.7020	0.7360
南昌	0.9966	0.9944	0.9906	0.9885	0.9978	0.9997	0.9984	0.9981	0.9577	0.9450	0.9429	0.9330	0.9252	0.9144	0.8946	0.8656
长沙	0.9911	0.9944	0.9882	0.9817	0.9985	0.9985	0.9985	0.9959	0.8338	0.8075	0.7918	0.7646	0.7916	0.7100	0.7510	0.7402
沈阳	0.9764	0.9786	0.9698	0.9638	0.9935	0.9981	0.9993	0.9987	0.9189	0.8949	0.8957	0.9153	0.8897	0.8936	0.8547	0.9013
哈尔滨	0.9959	0.9931	0.9927	0.9904	0.9999	0.9986	0.9999	0.9997	0.9822	0.9863	0.9880	0.9917	0.9879	0.9667	0.9852	0.9778
长春	0.9947	0.9808	0.9675	0.9681	0.9998	0.9940	0.9992	0.9983	0.8961	0.9725	0.9237	0.9186	0.8976	0.8242	0.9424	0.8853

表 5-7　高技术产业技术引进经费支出 2004—2019 年矩阵型灰色关联系数

年份 城市	2004	2005	2006	2007	2008	2009	2010	2011	2012	2013	2014	2015	2016	2017	2018	2019
北京	1.0000	0.9194	0.8844	0.7924	0.9642	0.9481	0.9572	0.9786	0.7425	0.7185	0.6803	0.7163	0.6858	0.6815	0.6857	0.6278
天津	0.9170	0.9444	0.9229	0.9415	0.9869	0.9534	0.9584	0.9778	0.6675	0.6130	0.6012	0.6062	0.6074	0.6838	0.6958	0.6899
石家庄	0.9922	0.9912	0.9877	0.9842	0.9996	0.9997	0.9997	0.9997	0.9441	0.9344	0.9260	0.9231	0.7531	0.8661	0.8645	0.8246
上海	0.8009	0.7696	0.7004	0.7086	0.8858	0.9399	0.9895	0.9239	0.5456	0.5320	0.5074	0.5357	0.4885	0.4612	0.4772	0.4686
南京	0.9715	0.9704	0.9590	0.9413	0.9720	0.8554	0.9883	0.9751	0.8195	0.8036	0.7746	0.7651	0.6944	0.7440	0.6860	0.6698
苏州	0.9496	0.9516	0.9308	0.9022	0.9392	0.9677	0.9773	0.9530	0.6902	0.6723	0.6225	0.6146	0.6336	0.6341	0.6009	0.8305
徐州	0.9834	0.9849	0.9784	0.9691	0.9894	0.9855	0.9944	0.9874	0.8990	0.8893	0.8725	0.8653	0.8042	0.8841	0.8057	0.9554
杭州	0.9431	0.9486	0.9317	0.9086	0.9932	0.9802	0.9849	0.9797	0.9798	0.9978	0.9961	0.9964	0.5659	0.5631	0.5717	0.5073
宁波	0.9690	0.9707	0.9549	0.9353	0.9993	0.9832	0.9980	0.9958	0.8009	0.7534	0.7136	0.6855	0.6859	0.6789	0.6573	0.6277
合肥	0.9945	0.9927	0.9897	0.9858	0.9954	0.9998	0.9971	0.9969	0.9044	0.8649	0.8388	0.8178	0.7404	0.7067	0.6938	0.6946
广州	0.9755	0.9420	0.9342	0.8998	0.9946	0.9631	0.9248	0.9029	0.7946	0.7660	0.7455	0.7326	0.5955	0.5275	0.5212	0.4949
深圳	0.9326	0.8605	0.8256	0.8370	0.9299	0.9180	0.8289	0.7784	0.7143	0.6744	0.6457	0.6267	0.4441	0.3783	0.3599	0.3333
珠海	0.8768	0.9907	0.9866	0.9889	0.9965	0.9950	0.9863	0.9794	0.9556	0.9476	0.9398	0.9355	0.9242	0.8985	0.8764	0.8598
济南	0.9648	0.9603	0.9395	0.9082	0.9924	0.9918	0.9909	0.9883	0.8999	0.8905	0.8883	0.8877	0.8399	0.8171	0.8157	0.8085
青岛	0.9639	0.9599	0.9506	0.8918	0.9853	0.9884	0.9812	0.9712	0.8208	0.8066	0.8018	0.7994	0.7417	0.7293	0.7659	0.7637
福州	0.9789	0.9774	0.9780	0.9828	0.9749	0.9884	0.9909	0.9794	0.9279	0.9225	0.9209	0.9174	0.8921	0.8803	0.8596	0.8499
厦门	0.9878	0.9845	0.9845	0.9878	0.9883	0.9913	0.9843	0.9730	0.9105	0.9039	0.9019	0.8975	0.8959	0.8889	0.8770	0.8654
成都	0.9733	0.9719	0.9620	0.9516	0.9987	0.9961	0.9999	0.9975	0.9441	0.9112	0.9009	0.8926	0.8483	0.8188	0.8201	0.8015
重庆	0.9449	0.9354	0.9198	0.8856	0.9885	0.9555	0.9242	0.8943	0.7786	0.7601	0.7028	0.6533	0.6303	0.6164	0.6714	0.6634

续表

年份 城市	2004	2005	2006	2007	2008	2009	2010	2011	2012	2013	2014	2015	2016	2017	2018	2019
西安	0.9948	0.9909	0.9880	0.9836	0.9933	0.9990	0.9969	0.9961	0.9366	0.9268	0.9193	0.9255	0.9001	0.8646	0.8420	0.8215
南宁	0.9943	0.9945	0.9931	0.9896	0.9995	0.9996	0.9992	0.9996	0.9804	0.9748	0.9787	0.9740	0.9562	0.5305	0.9350	0.9366
桂林	0.9956	0.9959	0.9951	0.9927	0.9998	0.9998	0.9993	0.9999	0.9845	0.9800	0.9828	0.9793	0.9755	0.9702	0.9773	0.9844
海口	0.9974	0.9996	0.9957	0.9970	0.9995	0.9993	1.0000	0.9999	0.7270	0.6695	0.6246	0.5913	0.9970	0.9936	0.9951	0.9966
太原	0.9952	0.9929	0.9901	0.9869	0.9997	0.9995	0.9998	0.9999	0.9547	0.9484	0.9535	0.9576	0.9722	0.9514	0.5981	0.9477
呼和浩特	0.9942	0.9958	0.9950	0.9947	0.9991	0.9998	0.9997	0.9990	0.9899	0.9888	0.9899	0.9872	0.9823	0.9687	0.9700	0.9634
贵阳	0.9978	0.9984	0.9951	0.9950	0.9992	0.9962	0.9979	0.9995	0.9789	0.9798	0.9775	0.9782	0.9823	0.9661	0.9601	0.9552
昆明	0.9977	0.9979	0.9975	0.9915	0.9995	0.9993	0.9992	0.9995	0.9729	0.9730	0.9685	0.9689	0.9792	0.9784	0.9694	0.9476
兰州	0.9984	0.9974	0.9993	0.9930	0.9998	0.9998	0.9991	0.9990	0.9811	0.9801	0.9761	0.9797	0.9836	0.9791	0.9829	0.9641
西宁	0.9999	0.9993	0.9996	0.9998	0.9999	1.0000	0.9999	0.9999	0.9996	0.9995	0.9998	0.9991	0.9983	0.9958	0.9940	0.9886
银川	0.9988	0.9987	0.9990	0.9990	0.9995	0.9998	0.9996	0.9997	0.9885	0.9827	0.9883	0.9826	0.9886	0.9759	0.9725	0.9820
郑州	0.9927	0.9905	0.9848	0.9790	0.9899	0.9979	0.9988	0.9984	0.9365	0.8877	0.8800	0.8674	0.8744	0.8151	0.8008	0.8082
乌鲁木齐	0.9989	0.9995	0.9992	0.9981	1.0000	1.0000	0.9998	0.9997	0.9917	0.9892	0.9853	0.9818	0.9863	0.9821	0.9875	0.9888
武汉	0.9820	0.9771	0.9791	0.9586	0.9954	0.9917	0.9890	0.9898	0.8654	0.8365	0.8175	0.8070	0.7796	0.7525	0.6785	0.7131
南昌	0.9955	0.9937	0.9895	0.9865	0.9979	0.9978	0.9971	0.9977	0.9536	0.9399	0.9375	0.9275	0.9205	0.9090	0.8876	0.8565
长沙	0.9904	0.9932	0.9854	0.9781	0.9994	0.9965	0.9958	0.9912	0.8239	0.7959	0.7796	0.7524	0.7806	0.6951	0.7370	0.7240
沈阳	0.9902	0.9735	0.9633	0.9545	0.9920	0.9950	0.9953	0.9976	0.9062	0.8831	0.8847	0.9023	0.8711	0.8764	0.8363	0.8848
哈尔滨	0.9936	0.9899	0.9882	0.9827	0.9997	0.9999	0.9999	0.9991	0.9706	0.9699	0.9717	0.9726	0.9776	0.9499	0.9754	0.9679
长春	0.9908	0.9764	0.9624	0.9616	0.9902	0.9865	0.9951	0.9937	0.8856	0.9594	0.9089	0.9008	0.8872	0.8076	0.9303	0.8658

3. 计算面板数据的时序灰色关联度

（1）计算各创新驱动因子时序灰色关联度

以 2004—2019 年的面板数据为研究依据，根据前文公式计算得到区域中心城市创新生态圈各创新驱动因子和参考矩阵的面板数据时序灰色关联度，反映了在 2004—2019 年时间维度上区域中心城市创新生态圈各驱动因子与其创新的相关性。生产者中各创新驱动因子 2004—2019 年面板数据时序灰色关联度计算结果如表 5-8 和图 5-1 所示，消费者中各创新驱动因子 2004—2019 年面板数据时序灰色关联度计算结果如表 5-9 和图 5-2 所示，分解者中各创新驱动因子 2004—2019 年面板数据时序灰色关联度计算结果如表 5-10 和图 5-3 所示，创新环境中各创新驱动因子 2004—2019 年面板数据时序灰色关联度计算结果如表 5-11 和图 5-4 所示。

第一，生产者中各创新驱动因子 2004—2019 年面板数据时序灰色关联度分析。

表 5-8　　生产者中各创新驱动因子 2004—2019 年面板数据时序灰色关联度

年份	a1	a2	a3	a4	a5	a6	a7	a8	a9
2004	0.9717	0.9778	0.9023	0.9756	0.9514	0.9676	0.9689	0.9590	0.9910
2005	0.9620	0.9715	0.8923	0.9705	0.9589	0.9636	0.9641	0.9503	0.9887
2006	0.9609	0.9644	0.9024	0.9618	0.9577	0.9622	0.9619	0.9480	0.9861
2007	0.9618	0.9512	0.8797	0.9483	0.9565	0.9553	0.9544	0.9432	0.9818
2008	0.9276	0.9832	0.9134	0.9810	0.9710	0.9595	0.9563	0.9324	0.9855
2009	0.9179	0.9802	0.8870	0.9793	0.9686	0.9558	0.9555	0.9290	0.9764
2010	0.9205	0.9817	0.9276	0.9819	0.9767	0.9557	0.9521	0.9307	0.9837
2011	0.9457	0.9785	0.9040	0.9705	0.9779	0.9554	0.9497	0.9283	0.9740
2012	0.9534	0.9279	0.8641	0.8944	0.8998	0.9146	0.9142	0.9088	0.9130
2013	0.9506	0.8974	0.8466	0.8899	0.8889	0.9036	0.9040	0.8990	0.9090
2014	0.9340	0.8821	0.8448	0.8684	0.8740	0.8904	0.8925	0.8898	0.9028
2015	0.9261	0.8780	0.8431	0.8624	0.8682	0.8852	0.8884	0.8845	0.9045
2016	0.8954	0.8794	0.8271	0.8347	0.8381	0.8564	0.8614	0.8605	0.8984

续表

年份	a1	a2	a3	a4	a5	a6	a7	a8	a9
2017	0.9046	0.8815	0.8356	0.8137	0.8195	0.8398	0.8465	0.8521	0.8881
2018	0.9051	0.9005	0.8341	0.8140	0.8141	0.8353	0.8421	0.8497	0.8159
2019	0.9217	0.9015	0.8493	0.8217	0.8239	0.8458	0.8542	0.8621	0.7637

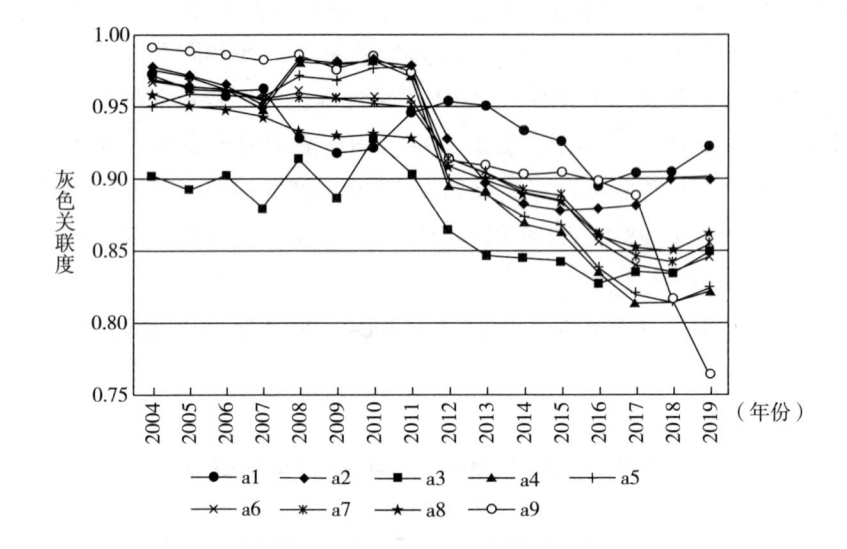

图 5-1　生产者中各创新驱动因子 2004—2019 年面板数据时序灰色关联度

从表 5-8 和图 5-1 中可以看出，2004—2019 年期间区域中心城市创新生态圈生产者中各创新驱动因子对其创新的驱动力大小以及排名有比较明显的变化趋势。总的来看，生产者中各创新驱动因子的创新驱动力 2004—2019 年期间呈下降趋势，变化大概可以分为三个阶段。第一阶段是 2004—2011 年，为稳定阶段，区域中心城市创新生态圈生产者中各创新驱动因子对其创新的驱动力都比较大，并且变化不明显，几乎处于稳定平衡状态。第二阶段是 2011—2016 年，为下降阶段，区域中心城市创新生态圈生产者中各创新驱动因子对其创新驱动力随着时间的推移都在下降，而且下降趋势比较明显，只有 a1（科技型企业数量）的创新驱动力在部分年份呈现出轻微的上升趋势，但总的趋势还是下降。第三阶段是 2016—2019 年，为新的稳定阶段，区域中心城市创新生态圈生产者中各创新驱动因子对其创新的驱动力重新回到稳定状态，但这一稳定阶段和第一阶段有着本质的区别。在第二阶段，生产者中各创新驱动因子的创新驱动力变化较大，虽然都有下降趋势，但下降的幅度不同，第一阶段的稳定状态也被打破，这是区域中心城市创新生态圈自组织动态演化的结果，通过调整内部结构来达到自主进化的目的，通过优化创新要素的配置来实现最优的状态以及最高的创新效率。因此经过第二阶段的动荡变化，区域中心城市创新生态圈生产者中各创新驱动因子对其创新的驱动力排名发生了较大的改变，并且随着时间和外部环境的变化不断协同演化，保持动态平衡的状态。

基于以上分析，每一个阶段的第一年比较重要，对研究区域中心城市创新生态圈生产者中各创新驱动因子创新驱动力大小及排名趋势具有代表性，因此，分别对 2004 年、2011 年和 2016 年生产者中各创新驱动因子的创新驱动力大小进行排名，结果如下。2004 年：a9>a2>a4>a1>a7>a6>a8>a5>a3；2011 年：a2>a5>a9>a4>a6>a7>a1>a8>a3；2016 年：a9>a1>a2>a7>a8>a6>a5>a4>a3。结合图 5-1 和排名可得，创新驱动因子 a1（科技型企业数量）和 a2（高新技术企业数量）的创新驱动力排名处于上升状态，尤其是第三阶段，在区域中心城市创新生态圈的创新中扮演着越来越重要的角色。a1（科技型企业数量）在 2012—2015 年和 2017—2019 年创新驱动力都排在第一，而 a2（高新技术企业数量）在 2012 年、2018 年和 2019 年创新驱动力排在第二，2016 年和 2017 年排在第三。这说明在区域中心城市创新生态圈演化的过程中，企业是创新的主力军，承担着自主创新的重要任务，尤其是科技型企业和高技术企业对区域中心城市创新生态圈的创新能力至关重要，起着举足轻重的作用。因此，a1（科技型企业数量）和 a2（高新技术企业数量）是区域中心城市创新生态圈生产者中的关键创新驱动因子。而创新驱动因子 a9（发明专利授权量）的创新驱动力排名总体处于下降趋势，2004—2008 年和 2010 年一直排在第一，但之后下降比较明显，虽然 2016 年攀升到第一，但之后出现急剧的下降趋势，2018 年排在了第八，2019 年排在了第九。这说明在区域中心城市创新生态圈动态演化的过程中，创新驱动因子 a9（发明专利授权量）对创新的驱动作用逐渐减弱。在前些年无论是政府等分解者还是企业、高校和科研机构等生产者都比较看重创新的研发过程，研发出来的新产品大多处于实验室阶段，没有进行合理的市场转化，忽略了创新的商业化过程，创新仅仅属于象牙塔里的活动。而近些年来，创新的商业化过程受到了重视，更加强调创新成果的市场转化率，创新成果要想真正发挥其价值，必须通过企业投放到市场，接受市场的检验，满足消费者的需求。因此，创新驱动因子 a1（科技型企业数量）和 a2（高新技术企业数量）对区域中心城市创新生态圈的创新越来越重要，而 a9（发明专利授权量）的重要性被削弱。创新驱动因子 a5（科研机构数量）和 a6（高校数量）在第一阶段的排名比较靠前，但第二三阶段的排名比较靠后。在早些年，由于对市场结构的认识不清晰，都比较重视高校和科研机构的创新活动，认为高校和科研机构是创新的象牙塔，政府等社会机构对创新的投资很大一部分也集中在高校和科研机构。然而随着责任划分越来越清晰、越来越明确，创新主体彼此之间的地位也发生了改变。党的十九届五中全会明确指出企业是创新的主力军，是创新的主要承担者。因此，企业的创新活动、创新投入和创新能力是区域中心城市创新生态圈集聚能力提高的重要支撑点。创新驱动因子 a3（规模以上工业企业 R&D 人员比重）的排名一直比较靠后，几乎一直处于生产者中最后的位置，这表明 R&D 人员作用的发挥离不开企业，R&D 人员通过融入企业这个有机系统，合理利用企业的资金、技术、体制等资源才能更好地发挥作用。创新驱动因子 a4（R&D 人员全时当量）的排名呈下降趋势，2004 年排在第三，2011 年排在第四，而 2016 年排在第八，后边几年一直延续这一状态。这说明科研人员对创新发挥作用不仅依靠自身的技术条件，还要依赖体制的完善、制度的健全、环境的保障等条件。创新驱动因子 a7（普通高校专任教师数量）的排名比较稳定，2004—2019 年排名一直在第三到第六之间波动，说明高校专任教师对区域中心城市创新生态圈创新发挥的作用比较稳定。创新驱动因子 a8（普通高校在校大学生数量）的排名呈缓慢上升趋势，2004 年排在第七，2016 年排在第五，而 2018 年和 2019 年最近两年排在第三，仅次于 a1（科技型企业数量）和 a2（高新技术企业数量），说明区域中心城市创新生态圈的创新发展离不开人才的支持，而高校的在校大学生是创新型人才最重要的来源，为区域中心城市创新生态圈的创新活动提供了大量的人才支持。

第二，消费者中各创新驱动因子 2004—2019 年面板数据时序灰色关联度分析。

表 5-9　　消费者中各创新驱动因子 2004—2019 年面板数据
时序灰色关联度

年份	a10	a11	a12	a13	a14	a15
2004	0.9204	0.9183	0.9352	0.9782	0.9197	0.9763
2005	0.9139	0.9126	0.9267	0.9741	0.9176	0.9702
2006	0.9062	0.9063	0.9349	0.9713	0.9172	0.9642
2007	0.9011	0.9009	0.9384	0.9694	0.9209	0.9550
2008	0.8699	0.8752	0.9008	0.9504	0.9144	0.9812
2009	0.8620	0.8624	0.8859	0.9391	0.9119	0.9751
2010	0.8429	0.8495	0.8532	0.9249	0.9089	0.9707
2011	0.8251	0.8346	0.8386	0.8965	0.9107	0.9597
2012	0.8525	0.8603	0.8821	0.9299	0.8991	0.9043
2013	0.8430	0.8469	0.8727	0.9202	0.8875	0.8947
2014	0.8300	0.8332	0.8602	0.9097	0.8780	0.8845
2015	0.8199	0.8227	0.8700	0.9012	0.8731	0.8827
2016	0.8101	0.7947	0.8493	0.8289	0.8499	0.8501
2017	0.7999	0.7946	0.8399	0.8086	0.8385	0.8351
2018	0.7939	0.7876	0.8422	0.8050	0.8363	0.8383
2019	0.7804	0.7286	0.8273	0.8135	0.8423	0.8556

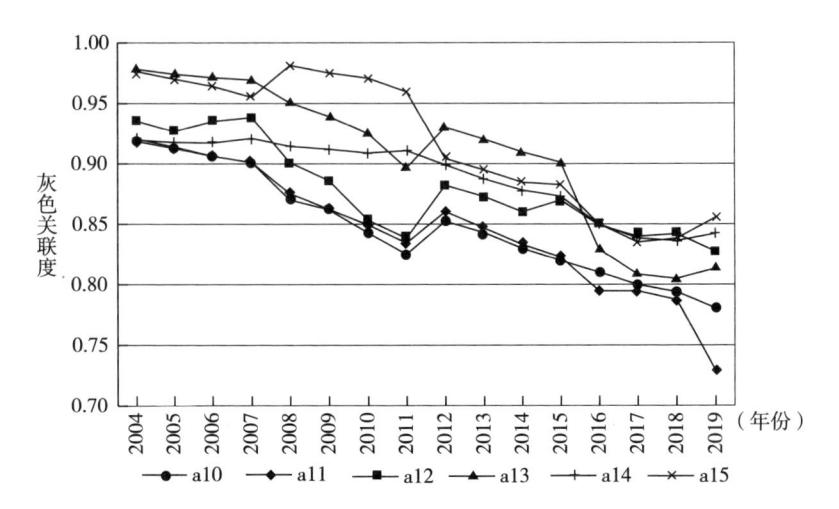

图 5-2　消费者中各创新驱动因子 2004—2019 年面板数据时序灰色关联度

从表 5-9 和图 5-2 中可以看出，2004—2019 年区域中心城市创新生态圈消费者中各创新驱动因子对其创新的驱动力大小以及排名有比较明显的变化趋势。总的来看，与生产者相同，消费者中各创新驱动因子的创新驱动力 2004—2019 年呈下降趋势，变化大概也可以分为三个阶段，但每个阶段的时间节点与生产者不一样。第一阶段是 2004—2007 年，为稳定阶段，与生产者相比，消费者的稳定阶段更短。在这一阶段区域中心城市创新生态圈消费者中各创新驱动因子对其创新的驱动力都比较大，并且变化不明显，几乎处于稳定平衡状态。第二阶段是 2007—2016 年，为下降阶段，与生产者相比，消费者的下降阶段开始得更早，但延续的时间更长。在这一阶段区域中心城市创新生态圈消费者中各创新驱动因子对其创新驱动力随着时间的推移都在下降，而且下降趋势比较明显，但有多个创新驱动因子包括 a11（城镇居民人均消费支出）、a12（每万人互联网用户数量）、a13（社会消费品零售总额）和 a14（恩格尔系数）在 2012 年其创新驱动力出现了短暂的增大，这只是第二阶段中特殊的一年，之后各创新驱动因子的创新驱动力继续下降。第三阶段是 2016—2019 年，为新的稳定阶段，这一阶段的开始时间和生产者相同。同样地，由于区域中心城市创新生态圈的演化过程，在第二阶段将稳定状态打破，在新的稳定阶段消费者中各创新驱动因子对其创新的驱动力和第一阶段有着本质的区别，保持着动态平衡的状态。

基于以上分析，分别对 2004 年、2007 年和 2016 年区域中心城市创新生态圈消费者中各创新驱动因子创新驱动力大小进行排名，结果如下。2004 年：a13>a15>a12>a10>a14>a11；2007 年：a13>a15>a12>a14>a10>a11；2016 年：a15>a14>a12>a13>a10>a11。结合图 5-2 和排名可得，创新驱动因子 a15（科技馆当年参观人数）在消费者中排名一直比较靠前，2004—2019 年处于第一或第二，属于消费者中的关键创新驱动因子。居民参观科技馆体现出了对科技的兴趣，从而直接体现出了对创新的兴趣和需求，是消费者参与创新的直接体现。通过参观科技馆消费者可以了解到市场中最新的创新产品，体验创新产品并且反馈自己的意见和建议，促进创新产品的进一步发展，以便更好满足市场的需求。与之相反，2004—2019 年创新驱动因子

a10（城镇居民人均可支配收入）和 a11（城镇居民人均消费支出）在消费者中一直排在最后两名。究其原因，无论是城镇居民人均可支配收入还是城镇居民人均消费支出都不能直接体现消费者对创新的需求。虽然居民的人均可支配收入越高，人均消费支出越高，对创新的需求就越大，在创新产品或服务上的消费越多，但这只是其中的一个方面，体现的是消费者被动地接受创新的产品或服务，而不是主动地参与创新的过程，不能充分体现出消费者需求对创新的引导，因此城镇居民人均可支配收入和城镇居民人均消费支出对区域中心城市创新生态圈的创新驱动力在消费者中排名比较靠后。2015 年以前，创新驱动因子 a12（每万人互联网用户数量）在消费者中的排名一直处于第三或第四，并且创新驱动力和排在其前面的创新驱动因子差别比较大。2016—2019 年排名比较靠前，而且和排在其前面的创新驱动因子差别很小。随着数字经济时代的全面到来和新一代通信技术的发展，创新的范式开始由传统模式转变为数字创新模式，而数字创新具有信息依附性，数字创新的发展离不开互联网技术这一基础条件的支持。企业等生产者可以通过互联网技术收集消费者的数据，通过大数据等技术进行数据挖掘，找到顾客偏好和潜在的市场需求，从而使创新产品或服务更具有个性化，实现精准营销，提高创新的效率和价值。因此，每万人互联网用户数量对区域中心城市创新生态圈越来越重要。创新驱动因子 a13（社会消费品零售总额）的创新驱动力排名变化比较大，2004—2007 年创新驱动力在消费者中排名第一，2008—2010 年下降为第二，2011 年下降为第三，但在 2012—2015 年重新上升到第一，2016—2019 年又下降到第四。说明社会消费品零售总额对创新的驱动作用不稳定，在区域中心城市创新生态圈不同的演化阶段发挥的作用有着较大的差别。创新驱动因子 a14（恩格尔系数）在消费者中的排名有所上升，2004—2007 年排在第四或第五，2008—2019 年一直排在第二或第三。

第三，分解者中各创新驱动因子 2004—2019 年面板数据时序灰色关联度分析。

表 5-10　分解者中各创新驱动因子 2004—2019 年面板数据时序灰色关联度

年份	a16	a17	a18	a19	a20	a21
2004	0.9760	0.9572	0.8996	0.9790	0.8489	0.9169
2005	0.9702	0.9577	0.8941	0.9754	0.8393	0.8838
2006	0.9631	0.9560	0.9020	0.9698	0.8407	0.8642
2007	0.9529	0.9412	0.8870	0.9602	0.8214	0.8626
2008	0.9810	0.9100	0.8833	0.9680	0.8217	0.8411
2009	0.9804	0.9034	0.8738	0.9442	0.7670	0.8346
2010	0.9814	0.9112	0.8723	0.9758	0.7322	0.8221
2011	0.9786	0.9181	0.8686	0.9272	0.6259	0.7966
2012	0.8936	0.9354	0.8808	0.9081	0.7050	0.8109
2013	0.8826	0.9335	0.8770	0.8963	0.6906	0.7703
2014	0.8690	0.9327	0.8692	0.8826	0.7400	0.7522
2015	0.8644	0.9299	0.8644	0.8803	0.7307	0.7034
2016	0.8392	0.9284	0.8461	0.8540	0.7047	0.6865
2017	0.8199	0.9220	0.8315	0.8431	0.7224	0.6539
2018	0.8185	0.9287	0.8289	0.8435	0.7137	0.5937
2019	0.8273	0.9166	0.8405	0.8666	0.7097	0.5473

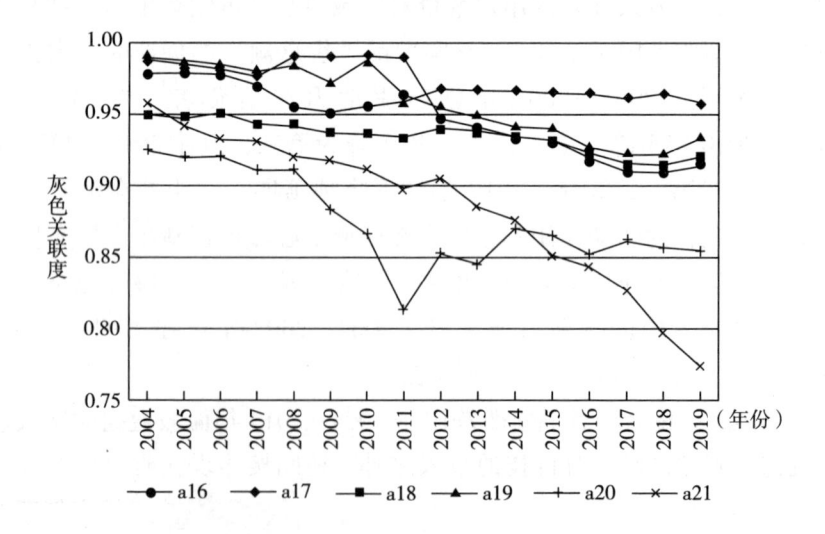

图 5-3　分解者中各创新驱动因子 2004—2019 年面板数据时序灰色关联度

从表 5-10 和图 5-3 中可以看出，2004—2019 年区域中心城市创新生态圈分解者中各创新驱动因子对其创新的驱动力大小以及排名的变化趋势与生产者以及消费者不同。总的来看，分解者中除了创新驱动因子 a20（金融机构贷款占科技活动经费总额比重）和 a21（保险等中介服务机构数量）创新驱动力下降比较明显以外，各创新驱动因子的创新驱动力 2004—2019 年期间变化比较平缓，没有明显的阶段性特征。

基于以上分析，分别对开始时间、中间时间以及最近时间即 2004 年、2012 年和 2019 年区域中心城市创新生态圈分解者中各创新驱动因子创新驱动力大小进行排名，结果如下。2004 年：a19>a16>a17>a21>a18>a20；2012 年：a17>a19>a16>a18>a21>a20；2019 年：a17>a19>a18>a16>a20>a21。结合图 5-3 和排名可得，创新驱动因子 a16（R&D 经费来自政府资金额）、a17（地方财政科技支出占地方财政支出比重）、a18（地方教育支出占一般公共预算支出比重）和 a19（年末金融机构各项贷款总额）的创新驱动力排名虽然有一些变化，但创新驱动力大小却相差不大，而且变化趋势也不明显。创新驱动因子 a16（R&D 经费来自政府资金额）在 2004—2007 年一直排在第二，2008—2011 年有所上升，排在了第一，但 2012 年以后有所下降，排在了第三或第四。这并不能说明政府对科研活动的经费支出少了，而是近年来政府认识到创新商业化过程的重要性，将部分经费用于孵化小微型创业企业，促进科研创新产品的商业化进程。创新驱动因子 a17（地方财政科技支出占地方财政支出比重）2004—2011 年一直排在第三，但 2011 年之后一直排在第一。这说明地方财政科技支出占地方财政支出比重对区域中心城市创新生态圈的创新发展至关重要，随着政府对创新的重视，不断加大对科技的支出以促进区域中心城市创新的发展。因此，a17（地方财政科技支出占地方财政支出比重）是区域中心城市创新生态圈分解者中的关键创新驱动因子。创新驱动因子 a18（地方教育支出占一般公共预算支出比重）2004 年排在第五，2005—2013 年排在第四，2014—2019 年排在第三，在分解者中的排名有所上升。政府对创新的重视除了直接体现在加大对科研、对科技的投入之外，还间接体现在对教育的投入上。只有好的教育才能培养出更多创新型人才，为区域中心城市创新生态圈的创新活动提供丰富的人才资源。创新驱动因子 a19（年末金融机构各项贷款总额）在分解者中的排名比较靠前，2004—2007 年排在第一，2008 年之后一直排在第二。除了政府的资金投入外，金融机构贷款也是创新活动重要的资金来源。与政府投入相比，金融机构贷款更具有灵活性，更能满足企业等生产者创新活动所需要的持续不断的灵活的资金流，因此，a19（年末金融机构各项贷款总额）是区域中心城市创新生态圈分解者中的关键创新驱动因子。创新驱动因子 a20（金融机构贷款占科技活动经费总额比重）和 a21（保险等中介服务机构数量）在分解者中一直排在最后两名，而且创新驱动力大小随着区域中心城市创新生态圈的演化在急剧减小。

第四，创新环境中各创新驱动因子 2004—2019 年面板数据时序灰色关联度分析。

表 5-11　创新环境中各创新驱动因子 2004—2019 年面板数据时序灰色关联度

年份	a22	a23	a24	a25	a26	a27	a28	a29	a30
2004	0.9738	0.9647	0.9742	0.9760	0.9811	0.9840	0.8753	0.8955	0.9788
2005	0.9683	0.9547	0.9706	0.9710	0.9723	0.9791	0.8719	0.8994	0.9728
2006	0.9612	0.9500	0.9611	0.9643	0.9671	0.9745	0.8732	0.8900	0.9637
2007	0.9500	0.9538	0.9506	0.9515	0.9604	0.9636	0.8765	0.8921	0.9637
2008	0.9813	0.8996	0.9876	0.9588	0.9316	0.9789	0.8634	0.9520	0.9853
2009	0.9764	0.8833	0.9831	0.9359	0.9222	0.9799	0.8626	0.9361	0.9843
2010	0.9756	0.8705	0.9847	0.9599	0.9048	0.9782	0.8617	0.9369	0.9845
2011	0.9701	0.8489	0.9787	0.9409	0.8948	0.9744	0.8608	0.9197	0.9821
2012	0.8811	0.9096	0.8833	0.9151	0.9097	0.9096	0.8785	0.9315	0.9088
2013	0.8677	0.8968	0.8691	0.9116	0.8941	0.8939	0.8785	0.9437	0.8862
2014	0.8539	0.8868	0.8554	0.8955	0.8837	0.8814	0.8668	0.9261	0.8698
2015	0.8496	0.8776	0.8501	0.8848	0.8783	0.8783	0.8618	0.9260	0.8651
2016	0.8425	0.8714	0.8227	0.8360	0.8747	0.8500	0.8292	0.9164	0.8369
2017	0.8246	0.8578	0.8005	0.8149	0.8385	0.8306	0.8221	0.9062	0.8177
2018	0.8250	0.8565	0.7983	0.8115	0.8372	0.8067	0.8156	0.9072	0.8150
2019	0.8370	0.8547	0.8061	0.8196	0.8505	0.8154	0.8274	0.9165	0.8243

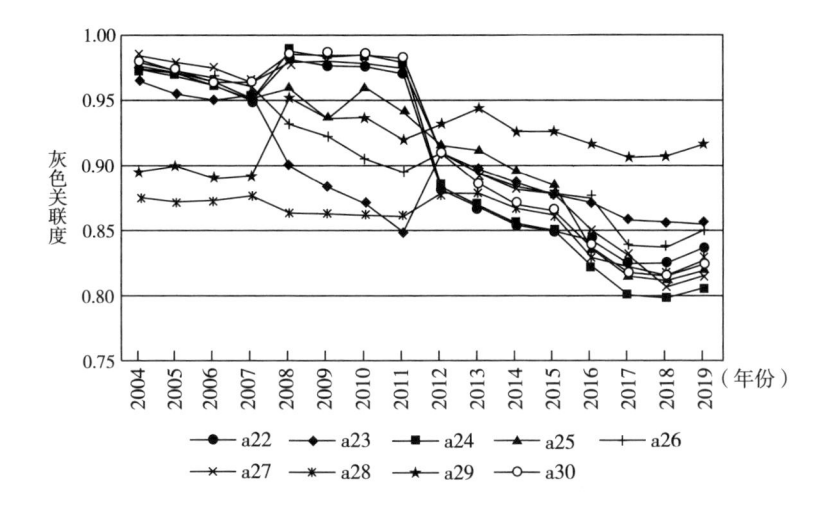

图 5-4 创新环境中各创新驱动因子 2004—2019 年面板数据
时序灰色关联度

从表 5-11 和图 5-4 中可以看出，2004—2019 年区域中心城市创新生态圈创新环境中各创新驱动因子对其创新的驱动力大小以及排名有比较明显的变化趋势。总的来看，创新环境中各创新驱动因子的创新驱动力 2004—2019 年呈下降趋势，但与生产者和消费者不同，变化大概可以分为四个阶段。第一阶段是 2004—2007 年，为稳定阶段，区域中心城市创新生态圈创新环境中各创新驱动因子对其创新的驱动力都比较大，并且变化不明显，几乎处于稳定平衡状态。第二阶段是 2007—2011 年，为波动阶段，区域中心城市创新生态圈创新环境中各创新驱动因子对其创新驱动力有较明显的变化，并且变化趋势不同，出现两极分化现象。创新驱动因子 a22（R&D 经费内部支出额）、a24（高技术产业技术引进经费支出）、a27（公共图书馆藏书量）和 a30（科技合同数量）在这一阶段创新驱动力有较明显的上升，这说明在这一阶段这些创新驱动因子对区域中心城市创新生态圈的创新非常重要。而创新驱动因子 a23（GDP 总量）、a25（科技论文数量）、a26（固定资产投资额）和 a29（单位 GDP 能耗）的创新驱动力有明显的下降趋势，这说明在这一阶段这些创新驱动因子对区域中心城市创新生态圈的创新作用相对较弱。创新驱动因子 a28（空气质量优良率）的创新驱动力几乎保持不变。第三阶段是 2011—2017 年，为下降阶段，区域中心城市创新生态圈创新环境中各创新驱动因子对其创新驱动力均有较明显的下降趋势。第四阶段是 2017—2019 年，为新的平衡阶段，区域中心城市创新生态圈经过第二、第三阶段的演化，重新回到动态平衡的状态，创新环境中各创新驱动因子的创新驱动力几乎保持不变，但排名却和前三个阶段有很大的差别。因为创新的阶段不同，模式不同，各创新驱动因子发挥的作用就不同，关键创新驱动因子也有所不同。

基于以上分析，分别对 2004 年、2008 年、2012 年和 2018 年创新环境中各创新驱动因子的创新驱动力大小进行排名，结果如下。2004 年：$a27>a26>a30>a25>a24>a22>a23>a29>a28$；2008 年：$a24>a30>a22>a27>a25>a29>a26>a23>a28$；2012 年：$a29>a25>a26>a27>a23>a30>a24>a22>a28$；2018 年：$a29>a23>a26>a22>a28>a30>a25>a27>a24$。结合图 5-4 和排名可得，在区域中心城市创新生态圈演化的过程中，创新驱动因子 a23（GDP 总量）、a28（空气质量优良率）和 a29（单位 GDP 能耗）的创新驱动力排名呈上升趋势。创新驱动因子 a23（GDP 总量）第一阶段在创新环境中排在第七，第二阶段排在第八，但第三阶段上升到了第三，第四阶段排在第二。说明区域中心城市创新生态圈的创新活动和经济发展密切相关，而且联系越来越紧密，创新能力的提高离不开强大的经济环境基础。创新驱动因子 a29（单位 GDP 能耗）第一阶段在创新环境中排在第八，第二阶段上升到第六，第三、第四阶段一直排在第一，可见单位 GDP 能耗对区域中心城市创新生态圈创新活动的重要性越来越强。创新居于五大发展理念之首，是经济高质量发展的重要引擎。我国正处在从高速发展向高质量发展转变的关键时期，环保和节能尤为重要。单位 GDP 能耗是衡量创新发展综合效率的指标，在早些年强调高速发展，不注重节能，所以单位 GDP 能耗的创新驱动力排名较靠后，不是很重要。但随着经济高质量发展受到重视，创新要注重效率，节约能源，要引领环境友好型发展、资源节约型发展。因此，单位 GDP 能耗对区域中心城市创新生态圈的创新越来越重要，成为创新环境中的关键驱动因子。创新驱动因子 a28（空气质量优良率）的创新驱动力排名也一直在上升，从第一阶段的第九到第四阶段的第五，说明空气质量逐渐受到重视，一些高技术创新活动需要良好的空气环境作为保障，比如北京的中关村。创新驱动因子 a24（高技术产业技术引进经费支出）、a27（公共图书馆藏书量）和 a30（科技合同数量）在区域中心城市创新生态圈演化的过程中创新驱动力排名呈下降趋势。a24（高技术产业技术引进经费支出）在第一阶段排在第五、第六，第二阶段上升到了第一、第二，但第三、第四阶段又下降到了第八、第九。在早些年我国自主创新能力弱，缺乏对核心技术的掌握，实行"引进来"的政策，很多高新技术产业的发展都要靠国外引进，因此当时高技术产业技术引进经费支出对区域中心城市创新生态圈的创新非常重要。但近些年来，随着我国自主创新能力的提高拥有越来越多的核心技术，在很多高技术领域处于世界领先地位，更多的是"走出去"，靠"引进来"实现创新大量减少，因此高技术产业技术引进经费支出创新驱动力在创新环境中的排名大幅下降。创新驱动因子 a27（公共图书馆藏书量）的创新驱动力排名从第一阶段到第四阶段一直在下降。15 年以前，互联网还没有得到普及，受到条件的限制，创新活动所需的资料大多都是纸质的，很多时候需要到图书馆去查阅，因此在当时公共图书馆藏书量是区域中心城市创新生态圈创新的重要基础条件。而随着互联网技术突飞猛进的发展，尤其是近年来得到了普及，还出现了很多数字图书馆、电子书籍资料，查阅获取相关信息材料的渠道变得多样化，很少再需要到图书馆查阅相关书籍，因此公共图书馆藏书量的创新驱动力排名逐渐降低。创新驱动因子 a30（科技合同数量）的创新驱动力排名也有所下降，主要是因为不同阶段对创新的认识不同。过去的创新大多是指企业、高校等专门机构进行的创新活动，以专利或者合同的形式体现，但随着"大众创业，万众创新"战略的深入实施，很多小的创新活动没有通过合同来体现，创新的领域也更加广泛，不仅仅体现在科技领域。

（2）计算准则层各要素时序灰色关联度

以 2004—2019 年的面板数据为研究依据，根据前文公式计算得到区域中心城市创新生态圈准则层各要素的面板数据时序灰色关联度，反映了在 2004—2019 年时间维度上区域中心城市创新生态圈准则层各要素与其创新的相关性。准则层各要素 2004—2019 年面板数据时序灰色关联度计算结果如表 5-12 和图 5-5 所示。

表 5-12　准则层各要素 2004—2019 年面板数据时序灰色关联度

年份	生产者	消费者	分解者	创新环境
2004	0.9628	0.9413	0.9296	0.9559
2005	0.9580	0.9358	0.9201	0.9511
2006	0.9562	0.9333	0.9160	0.9450
2007	0.9480	0.9310	0.9042	0.9402
2008	0.9566	0.9153	0.9009	0.9487
2009	0.9500	0.9061	0.8839	0.9404
2010	0.9567	0.8917	0.8825	0.9396
2011	0.9538	0.8775	0.8525	0.9300
2012	0.9100	0.8880	0.8556	0.9030
2013	0.8988	0.8775	0.8417	0.8935
2014	0.8865	0.8659	0.8410	0.8799
2015	0.8823	0.8616	0.8288	0.8746
2016	0.8613	0.8305	0.8098	0.8533
2017	0.8535	0.8194	0.7988	0.8348
2018	0.8456	0.8172	0.7878	0.8303
2019	0.8494	0.8080	0.7847	0.8391

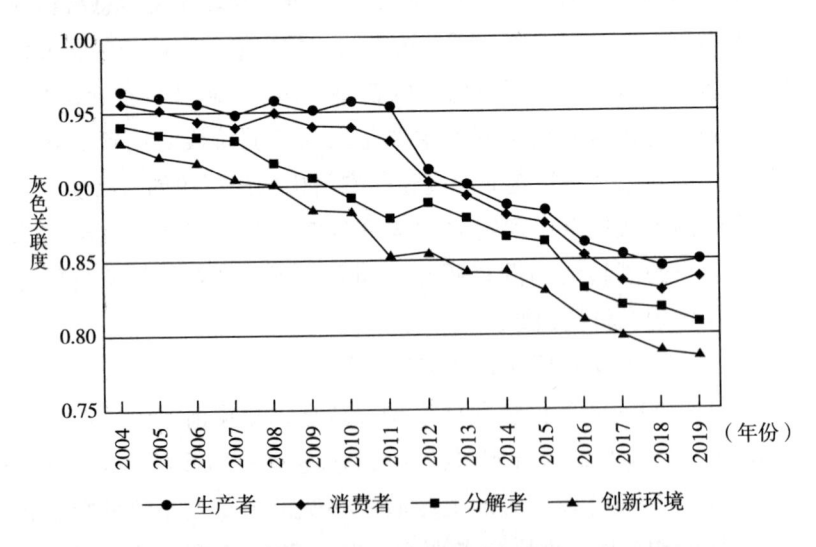

图 5-5　准则层各要素 2004—2019 年面板数据时序灰色关联度

从表 5-12 和图 5-5 中可以看出，2004—2019 年区域中心城市创新生态圈准则层各要素对其创新的驱动力总的来看呈连续下降的趋势，但下降的时间节点有所不同。生产者和创新环境在 2004—2011 年变化比较平缓，2011—2017 年创新驱动力下降比较明显，2017 年之后逐渐呈现稳定状态。而消费者和分解者创新驱动力在 2004—2007 年变化比较平缓，2007—2017 年一直处于明显的下降趋势，2017 年之后逐渐趋于稳定状态。但准则层各要素与各要素中具体的创新驱动因子不同，准则层各要素创新驱动力的排名并没有发生变化，2004—2019 年 16 年内创新驱动力排名一直是生产者>创新环境>消费者>分解者。这说明在区域中心城市创新生态圈演化的过程中虽然内部结构会发生一定的变化，各创新驱动因子在不同时间段相对重要性不同，但基本的框架并没有被打破，各要素之间的关系并没有发生太大的改变。区域中心城市创新生态圈的信息传递、能量流动以及物质转换的具体内容会有所不同，但基本路径和功能保持不变，因为区域中心城市创新生态圈的演化是不断迭代升级、螺旋式上升的，保持着动态自调节、自组织演化和多样性共生的功能。比如在区域中心城市创新生态圈演化的过程中，生产者中创新驱动因子 a9（发明专利授权量）的重要性逐渐减弱，而消费者中创新驱动因子 a12（每万人互联网用户数量）的重要性在增强，但生产者和消费者的关系并不会因此发生改变。因为随着区域中心城市创新生态圈的演化，生产者中会有其他创新驱动因子发挥更大的作用，而消费者中也会有其他创新驱动因子的重要性被减弱，从而维持动态平衡的状态。

另外，由前文的研究结论和分析可知，无论是准则层各要素还是具体的创新驱动因子，对区域中心城市创新生态圈的创新驱动力都在逐渐下降。因为区域中心城市创新生态圈在动态演化的过程中驱动因子逐渐增加，内部结构也逐渐变得复杂。开始的时候区域中心城市创新生态圈刚刚形成，驱动因子比较单一，驱动因子之间的关系也比较简单，结构网络比较疏松，少数的创新驱动因子比较重要，而且大部分以独立或简单关系的形式发挥作用，因此各创新驱动因子在区域中心城市创新生态圈形成初期驱动力比较大。随着区域中心城市的不断演化，创新要素以及创新驱动因子的数量在不断增加，彼此之间也建立了复杂的关系，内部关系网络逐渐变得复杂，形成有机的、非线性的整体，相互影响，协同进化。这时候不光是各创新要素以及创新驱动因子在独立发挥作用，它们彼此之间的交互作用变得越来越重要，因此，区域中心城市创新生态圈各要素以及各创新驱动因子对其创新驱动力有一部分体现在了这些交互关系上，这是区域中心城市创新生态圈演化的高级阶段。因此，在前文的研究基础上，接下来的一节将详细分析区域中心城市创新生态圈诸要素及其交互作用对创新绩效的影响。

4. 计算面板数据的截面灰色关联度

（1）计算各创新驱动因子截面灰色关联度

以2004—2019年38个区域中心城市的面板数据为研究依据，根据前文公式计算得到区域中心城市创新生态圈各创新驱动因子和参考矩阵的面板数据截面灰色关联度，反映了在同等时间状态下，区域中心城市创新生态圈各驱动因子与其创新的相关性。生产者中各创新驱动因子面板数据的截面灰色关联度计算结果如表5-13所示；消费者中各创新驱动因子面板数据的截面灰色关联度计算结果如表5-14所示；分解者中各创新驱动因子面板数据的截面灰色关联度计算结果如表5-15所示；创新环境中各创新驱动因子面板数据的截面灰色关联度计算结果如表5-16所示。

表5-13　生产者中各创新驱动因子面板数据的截面灰色关联度

城市	a1	a2	a3	a4	a5	a6	a7	a8	a9
北京	0.8771	0.8818	0.8374	0.8646	0.8785	0.8738	0.8862	0.8745	0.7815
天津	0.9071	0.8690	0.8214	0.7786	0.7944	0.8179	0.8165	0.8280	0.8590
石家庄	0.9454	0.9665	0.9467	0.9414	0.9348	0.9465	0.9492	0.9415	0.9569
上海	0.8220	0.7753	0.6757	0.6752	0.6930	0.7029	0.7059	0.7118	0.8341
南京	0.8819	0.8692	0.8573	0.8633	0.8621	0.8811	0.8887	0.8915	0.9231
苏州	0.8115	0.8407	0.8290	0.8145	0.8222	0.8188	0.8167	0.8157	0.8811
徐州	0.9425	0.9362	0.9383	0.9289	0.9355	0.9396	0.9437	0.9470	0.9470
杭州	0.8241	0.9246	0.8033	0.8363	0.8822	0.8705	0.8665	0.8533	0.8868
宁波	0.8412	0.8903	0.8800	0.8433	0.8089	0.8536	0.8530	0.8560	0.9014
合肥	0.9282	0.9319	0.8879	0.8957	0.8936	0.8955	0.8999	0.9048	0.9375
广州	0.8560	0.8580	0.8274	0.7983	0.8102	0.8358	0.8408	0.8465	0.8848

续表

城市	a1	a2	a3	a4	a5	a6	a7	a8	a9
深圳	0.8643	0.8151	0.7344	0.7075	0.6973	0.6910	0.6887	0.6912	0.8537
珠海	0.9615	0.9595	0.9621	0.9549	0.9542	0.9635	0.9634	0.9683	0.9561
济南	0.9452	0.9384	0.9037	0.9209	0.9309	0.9421	0.9493	0.9261	0.9472
青岛	0.9057	0.9125	0.9248	0.8812	0.8876	0.8970	0.9017	0.9050	0.9317
福州	0.9495	0.9384	0.9043	0.9558	0.9495	0.9583	0.9655	0.9466	0.9538
厦门	0.9443	0.9420	0.9420	0.9437	0.9397	0.9544	0.9547	0.9579	0.9458
成都	0.9359	0.9333	0.9232	0.9318	0.9429	0.9523	0.9477	0.9361	0.9091
重庆	0.9236	0.8966	0.8439	0.8304	0.8028	0.8540	0.8577	0.8707	0.8892
西安	0.9567	0.9492	0.8195	0.9520	0.9192	0.9487	0.9401	0.9073	0.9215
南宁	0.9759	0.9736	0.8403	0.9564	0.9476	0.9445	0.9503	0.9239	0.9582
桂林	0.9888	0.9901	0.8693	0.9909	0.9861	0.9922	0.9926	0.9765	0.9748
海口	0.9861	0.9624	0.8524	0.9091	0.9072	0.9087	0.9098	0.9044	0.9328
太原	0.9717	0.9743	0.8425	0.9549	0.9477	0.9429	0.9501	0.9237	0.9624
呼和浩特	0.9897	0.9892	0.8237	0.9901	0.9879	0.9775	0.9799	0.9628	0.9774
贵阳	0.9860	0.9871	0.8838	0.9889	0.9856	0.9769	0.9761	0.9455	0.9662
昆明	0.9839	0.9854	0.8819	0.9833	0.9844	0.9589	0.9610	0.9390	0.9580
兰州	0.9864	0.9829	0.8248	0.9907	0.9878	0.9780	0.9701	0.9420	0.9705
西宁	0.9945	0.9920	0.8945	0.9952	0.9928	0.9877	0.9911	0.9891	0.9773
银川	0.9926	0.9849	0.9042	0.9921	0.9880	0.9889	0.9933	0.9905	0.9768
郑州	0.9468	0.9443	0.9257	0.9311	0.9233	0.9415	0.9432	0.9230	0.9204
乌鲁木齐	0.9924	0.9872	0.9266	0.9936	0.9836	0.9777	0.9808	0.9722	0.9711
武汉	0.9293	0.9309	0.8633	0.8928	0.8882	0.9036	0.9026	0.8939	0.9402
南昌	0.9663	0.9652	0.8777	0.9586	0.9602	0.9589	0.9557	0.9274	0.9521
长沙	0.9354	0.9223	0.8943	0.8818	0.8792	0.8843	0.8873	0.8914	0.9207
沈阳	0.9315	0.9439	0.9518	0.9415	0.9402	0.9583	0.9563	0.9554	0.9481
哈尔滨	0.9818	0.9839	0.8935	0.9858	0.9684	0.9494	0.9405	0.9105	0.9336
长春	0.9648	0.9469	0.9266	0.9444	0.9472	0.9571	0.9556	0.9519	0.9561

表 5-14　消费者中各创新驱动因子面板数据的截面灰色关联度

城市	a10	a11	a12	a13	a14	a15
北京	0.9384	0.9201	0.9153	0.8354	0.8681	0.8744

续表

城市	a10	a11	a12	a13	a14	a15
天津	0.8330	0.8282	0.8117	0.8203	0.8279	0.7762
石家庄	0.8765	0.8885	0.9298	0.9176	0.9189	0.9418
上海	0.7089	0.6963	0.7185	0.7222	0.7025	0.7882
南京	0.9071	0.9116	0.9444	0.8968	0.8837	0.8524
苏州	0.8527	0.8348	0.8766	0.8463	0.8500	0.8012
徐州	0.9075	0.9273	0.9546	0.9528	0.9365	0.9397
杭州	0.7837	0.7849	0.8289	0.8199	0.8425	0.8673
宁波	0.8949	0.8700	0.9011	0.8626	0.8458	0.8461
合肥	0.8991	0.8955	0.9304	0.9034	0.8813	0.8945
广州	0.8372	0.8271	0.8023	0.8052	0.8248	0.8364
深圳	0.7734	0.7537	0.6323	0.7718	0.7338	0.7004
珠海	0.7994	0.7907	0.8425	0.9657	0.8847	0.9878
济南	0.8472	0.8690	0.9222	0.9186	0.9423	0.9388
青岛	0.9050	0.9123	0.9262	0.9085	0.9044	0.8864
福州	0.8458	0.8540	0.9012	0.9272	0.9525	0.9562
厦门	0.7995	0.8109	0.7478	0.9554	0.9538	0.9646
成都	0.8739	0.8815	0.9420	0.8828	0.9351	0.9237
重庆	0.8542	0.8496	0.8435	0.8611	0.8458	0.9061
西安	0.8532	0.8219	0.9136	0.9128	0.9279	0.9554
南宁	0.8272	0.8323	0.8634	0.9275	0.8994	0.9515
桂林	0.8348	0.8500	0.9368	0.9834	0.9183	0.9794
海口	0.8067	0.7913	0.8166	0.9103	0.8627	0.8983
太原	0.8399	0.8500	0.8522	0.9449	0.8846	0.9567
呼和浩特	0.7909	0.7950	0.9199	0.9648	0.8849	0.9963
贵阳	0.8399	0.8317	0.8805	0.9744	0.9168	0.9943
昆明	0.8189	0.8080	0.8407	0.9502	0.9201	0.9907
兰州	0.8488	0.8410	0.8890	0.9715	0.9049	0.9900
西宁	0.8442	0.8425	0.8981	0.9882	0.9012	0.9841
银川	0.8348	0.8260	0.9013	0.9883	0.9033	0.9938
郑州	0.8840	0.8959	0.9337	0.9205	0.9352	0.9359
乌鲁木齐	0.8318	0.8248	0.8616	0.9660	0.9003	0.9905

续表

城市	a10	a11	a12	a13	a14	a15
武汉	0.9115	0.9138	0.8962	0.8788	0.8922	0.9004
南昌	0.8488	0.8558	0.9041	0.9582	0.9401	0.9610
长沙	0.9051	0.9034	0.9194	0.8907	0.8746	0.8783
沈阳	0.8582	0.8485	0.9462	0.9155	0.9466	0.9422
哈尔滨	0.8335	0.8259	0.8970	0.9279	0.9091	0.9839
长春	0.8816	0.8657	0.9450	0.9396	0.9308	0.9415

表 5-15　分解者中各创新驱动因子面板数据的截面灰色关联度

城市	a16	a17	a18	a19	a20	a21
北京	0.9299	0.9372	0.8679	0.9221	0.8205	0.7321
天津	0.7771	0.9215	0.8258	0.8132	0.8060	0.8250
石家庄	0.9419	0.9422	0.8695	0.9498	0.7117	0.7501
上海	0.6907	0.8438	0.6681	0.7216	0.7956	0.7817
南京	0.8497	0.9413	0.8833	0.9031	0.6950	0.7520
苏州	0.8019	0.9296	0.8468	0.8297	0.7178	0.7641
徐州	0.9287	0.9496	0.8953	0.9284	0.7179	0.8370
杭州	0.8668	0.8852	0.8145	0.8312	0.8200	0.6898
宁波	0.8445	0.9402	0.8424	0.8516	0.6204	0.8794
合肥	0.8963	0.8672	0.8850	0.8979	0.7120	0.7507
广州	0.7914	0.9311	0.8351	0.8411	0.7746	0.7416
深圳	0.6847	0.8793	0.7307	0.7135	0.7325	0.8234
珠海	0.9524	0.8749	0.9057	0.9602	0.7407	0.9074
济南	0.9159	0.9530	0.9184	0.9217	0.7700	0.9490
青岛	0.8755	0.9509	0.8964	0.8742	0.8311	0.8988
福州	0.9366	0.9569	0.8975	0.9822	0.8563	0.6107
厦门	0.9376	0.9304	0.9432	0.9633	0.7892	0.7804
成都	0.9464	0.9467	0.9258	0.9373	0.6557	0.8417
重庆	0.8294	0.9194	0.8439	0.8593	0.7260	0.8909
西安	0.9721	0.9508	0.9017	0.9742	0.8195	0.6762
南宁	0.9557	0.9367	0.8611	0.9361	0.7981	0.8466

续表

城市	a16	a17	a18	a19	a20	a21
桂林	0.9893	0.9507	0.8664	0.9926	0.7580	0.8089
海口	0.9138	0.9302	0.8333	0.8854	0.7781	0.8065
太原	0.9567	0.9098	0.8720	0.9407	0.8622	0.7110
呼和浩特	0.9898	0.9565	0.8981	0.9706	0.6726	0.7862
贵阳	0.9875	0.9257	0.8690	0.9628	0.8106	0.8941
昆明	0.9870	0.9334	0.8877	0.9314	0.8012	0.6856
兰州	0.9916	0.9222	0.8153	0.9633	0.7807	0.6500
西宁	0.9985	0.9537	0.8463	0.9744	0.7711	0.8235
银川	0.9917	0.9407	0.8977	0.9861	0.6609	0.6510
郑州	0.9305	0.9551	0.9157	0.9696	0.5915	0.6585
乌鲁木齐	0.9940	0.9398	0.8764	0.9708	0.7495	0.9037
武汉	0.8946	0.9304	0.8859	0.9260	0.7182	0.7160
南昌	0.9589	0.9406	0.9132	0.9865	0.6587	0.6730
长沙	0.8836	0.9265	0.8797	0.8933	0.6767	0.7299
沈阳	0.9401	0.9356	0.9369	0.9670	0.7433	0.6790
哈尔滨	0.9898	0.9429	0.8851	0.9589	0.7526	0.6849
长春	0.9477	0.9632	0.9213	0.9600	0.8364	0.7176

表 5-16 创新环境中各创新驱动因子面板数据的截面灰色关联度

城市	a22	a23	a24	a25	a26	a27	a28	a29	a30
北京	0.8145	0.7704	0.8114	0.9144	0.9034	0.8741	0.8574	0.9217	0.9032
天津	0.7714	0.8448	0.7979	0.7977	0.8706	0.7900	0.8149	0.9353	0.7871
石家庄	0.9424	0.9041	0.9369	0.9423	0.9051	0.9446	0.8899	0.9349	0.9427
上海	0.6816	0.7666	0.6709	0.6875	0.7146	0.7294	0.7070	0.8589	0.6961
南京	0.8674	0.9254	0.8494	0.8645	0.8863	0.8736	0.8586	0.9339	0.8658
苏州	0.8151	0.8416	0.8044	0.8271	0.8623	0.8187	0.8167	0.8213	0.8131
徐州	0.9348	0.9587	0.9280	0.9340	0.9553	0.9339	0.9047	0.8140	0.9364
杭州	0.8462	0.7782	0.8655	0.8419	0.8310	0.8663	0.8113	0.8178	0.8758
宁波	0.8349	0.8398	0.8381	0.8503	0.8668	0.8512	0.8293	0.8308	0.8522
合肥	0.8879	0.9010	0.8883	0.9066	0.8941	0.8987	0.8539	0.9101	0.8998

续表

城市	a22	a23	a24	a25	a26	a27	a28	a29	a30
广州	0.8068	0.7858	0.7947	0.8009	0.8496	0.8132	0.8046	0.8713	0.8012
深圳	0.6980	0.7869	0.6930	0.6964	0.7223	0.7141	0.7564	0.8516	0.6935
珠海	0.9534	0.9478	0.9461	0.9545	0.9735	0.9561	0.8776	0.9074	0.9523
济南	0.9236	0.9401	0.9115	0.9244	0.9465	0.9325	0.9042	0.9536	0.9240
青岛	0.8820	0.9215	0.8701	0.8838	0.9192	0.8856	0.8807	0.9434	0.8825
福州	0.9458	0.9312	0.9388	0.9530	0.9328	0.9509	0.8926	0.9496	0.9416
厦门	0.9425	0.9696	0.9389	0.9420	0.9628	0.9465	0.8883	0.9202	0.9407
成都	0.9473	0.8296	0.9243	0.9471	0.8712	0.9445	0.9056	0.9492	0.9368
重庆	0.8224	0.8890	0.8078	0.8320	0.8299	0.8378	0.8334	0.9433	0.8309
西安	0.9706	0.9133	0.9424	0.9232	0.9040	0.9561	0.9056	0.9236	0.9756
南宁	0.9530	0.9045	0.9522	0.9328	0.9172	0.9585	0.8356	0.8534	0.9554
桂林	0.9876	0.9570	0.9882	0.9669	0.9685	0.9923	0.8645	0.9692	0.9900
海口	0.8993	0.8708	0.9115	0.9003	0.9043	0.9153	0.8102	0.8800	0.9142
太原	0.9512	0.9229	0.9530	0.9543	0.9458	0.9631	0.8797	0.9544	0.9548
呼和浩特	0.9913	0.9320	0.9886	0.9854	0.9602	0.9918	0.8615	0.9603	0.9897
贵阳	0.9883	0.9448	0.9848	0.9868	0.9477	0.9893	0.8480	0.9583	0.9871
昆明	0.9881	0.9064	0.9837	0.9661	0.9261	0.9869	0.8415	0.9409	0.9869
兰州	0.9910	0.9536	0.9883	0.9800	0.9714	0.9869	0.8889	0.9751	0.9933
西宁	0.9981	0.9697	0.9983	0.9866	0.9766	0.9946	0.8583	0.9778	0.9981
银川	0.9919	0.9706	0.9909	0.9937	0.9737	0.9931	0.8621	0.9740	0.9920
郑州	0.9290	0.8967	0.9251	0.9190	0.9146	0.9362	0.8827	0.9430	0.9321
乌鲁木齐	0.9937	0.9358	0.9930	0.9916	0.9725	0.9945	0.8798	0.9685	0.9925
武汉	0.8884	0.8891	0.8821	0.8983	0.8871	0.8998	0.8670	0.9425	0.9024
南昌	0.9551	0.9487	0.9555	0.9600	0.9312	0.9628	0.8831	0.9533	0.9604
长沙	0.8723	0.9114	0.8761	0.8719	0.9151	0.8888	0.8564	0.9283	0.8866
沈阳	0.9379	0.9049	0.9316	0.9444	0.8885	0.9509	0.9177	0.8786	0.9478
哈尔滨	0.9879	0.8689	0.9818	0.9594	0.9133	0.9884	0.8714	0.9482	0.9856
长春	0.9351	0.9165	0.9376	0.9284	0.9251	0.9505	0.8965	0.9038	0.9471

第一，生产者中各创新驱动因子面板数据的截面灰色关联度分析。生产者中，创新驱动因子 a1（科技型企业数量）创新驱动力位列

前三的城市依次是西宁、银川和乌鲁木齐；创新驱动因子 a2（高新技术企业数量）创新驱动力位列前三的城市依次是西宁、桂林和呼和浩特；创新驱动因子 a3（规模以上工业企业 R&D 人员比重）创新驱动力位列前三的城市依次是珠海、沈阳和石家庄；创新驱动因子 a4（R&D 人员全时当量）创新驱动力位列前三的城市依次是西宁、乌鲁木齐和银川；创新驱动因子 a5（科研机构数量）创新驱动力位列前三的城市依次是西宁、银川和呼和浩特；创新驱动因子 a6（高校数量）创新驱动力位列前三的城市依次是桂林、银川和西宁；创新驱动因子 a7（普通高校专任教师数量）创新驱动力位列前三的城市依次是银川、桂林和西宁；创新驱动因子 a8（普通高校在校大学生数量）创新驱动力位列前三的城市依次是银川、西宁和桂林；创新驱动因子 a9（发明专利授权量）创新驱动力位列前三的城市依次是呼和浩特、西宁和银川。

第二，消费者中各创新驱动因子面板数据的截面灰色关联度分析。

消费者中，创新驱动因子 a10（城镇居民人均可支配收入）创新驱动力位列前三的城市依次是北京、武汉和徐州；创新驱动因子 a11（城镇居民人均消费支出）创新驱动力位列前三的城市依次是徐州、北京和武汉；创新驱动因子 a12（每万人互联网用户数量）创新驱动力位列前三的城市依次是徐州、沈阳和长春；创新驱动因子 a13（社会消费品零售总额）创新驱动力位列前三的城市依次是银川、西宁和桂林；创新驱动因子 a14（恩格尔系数）创新驱动力位列前三的城市依次是厦门、福州和沈阳；创新驱动因子 a15（科技馆当年参观人数）创新驱动力位列前三的城市依次是呼和浩特、贵阳和银川。

第三，分解者中各创新驱动因子面板数据的截面灰色关联度分析。

分解者中，创新驱动因子 a16（R&D 经费来自政府资金额）创新驱动力位列前三的城市依次是兰州、乌鲁木齐和西宁；创新驱动因子 a17（地方财政科技支出占地方财政支出比重）创新驱动力位列前三的城市依次是长春、福州和呼和浩特；创新驱动因子 a18（地方教育支出占一般公共预算支出比重）创新驱动力位列前三的城市依次是厦门、沈阳和成都；创新驱动因子 a19（年末金融机构各项贷款总额）创新驱动力位列前三的城市依次是桂林、南昌和银川；创新驱动因子 a20（金融机构贷款占科技活动经费总额比重）创新驱动力位列前三的城市依次是太原、福州和青岛；创新驱动因子 a21（保险等中介服务机构数量）创新驱动力位列前三的城市依次是济南、珠海和乌鲁木齐。

第四，创新环境中各创新驱动因子面板数据的截面灰色关联度分析。

创新环境中，创新驱动因子 a22（R&D 经费内部支出额）创新驱动力位列前三的城市依次是西宁、乌鲁木齐和银川；创新驱动因子 a23（GDP 总量）创新驱动力位列前三的城市依次是银川、西宁和厦门；创新驱动因子 a24（高技术产业技术引进经费支出）创新驱动力位列前三的城市依次是西宁、乌鲁木齐和银川；创新驱动因子 a25（科技论文数量）创新驱动力位列前三的城市依次是银川、乌鲁木齐和贵阳；创新驱动因子 a26（固定资产投资额）创新驱动力位列前三的城市依次是西宁、银川和珠海；创新驱动因子 a27（公共图书馆藏书量）创新驱动力位列前三的城市依次是西宁、乌鲁木齐和银川；创新驱动因子 a28（空气质量优良率）创新驱动力位列前三的城市依次是沈阳、西安和厦门；创新驱动因子 a29（单位 GDP 综合能耗）创新驱动力位列前三的城市依次是西宁、兰州和银川；创新驱动因子 a30（科技合同数量）创新驱动力位列前三的城市依次是西宁、兰州和乌鲁木齐。

（2）计算准则层各要素截面灰色关联度

以 2004—2019 年 38 个区域中心城市的面板数据为研究依据，根据前文公式计算得到区域中心城市创新生态圈准则层各要素面板数据的截面灰色关联度，反映了在同等时间状态下，区域中心城市创新生态圈准则层各要素与其创新的相关性。准则层各要素面板数据的截面灰色关联度计算结果如表 5-17 所示。

表 5-17　准则层各要素面板数据的截面灰色关联度

城市	生产者	消费者	分解者	创新环境
北京	0.8617	0.8919	0.8683	0.8634
天津	0.8324	0.8162	0.8281	0.8233
石家庄	0.9477	0.9122	0.8609	0.9270
上海	0.7329	0.7227	0.7503	0.7236
南京	0.8798	0.8993	0.8374	0.8805

续表

城市	生产者	消费者	分解者	创新环境
苏州	0.8278	0.8436	0.8150	0.8245
徐州	0.9399	0.9364	0.8762	0.9222
杭州	0.8608	0.8212	0.8179	0.8371
宁波	0.8587	0.8701	0.8297	0.8437
合肥	0.9083	0.9007	0.8349	0.8934
广州	0.8398	0.8222	0.8191	0.8142
深圳	0.7492	0.7275	0.7607	0.7347
珠海	0.9604	0.8785	0.8902	0.9410
济南	0.9338	0.9064	0.9047	0.9289
青岛	0.9052	0.9071	0.8878	0.8965
福州	0.9469	0.9061	0.8734	0.9374
厦门	0.9472	0.8720	0.8907	0.9391
成都	0.9347	0.9065	0.8756	0.9173
重庆	0.8632	0.8600	0.8448	0.8474
西安	0.9238	0.8975	0.8824	0.9349
南宁	0.9412	0.8835	0.8890	0.9181
桂林	0.9735	0.9171	0.8943	0.9649
海口	0.9192	0.8476	0.8579	0.8895
太原	0.9411	0.8881	0.8754	0.9421
呼和浩特	0.9642	0.8920	0.8790	0.9623
贵阳	0.9662	0.9063	0.9083	0.9594
昆明	0.9595	0.8881	0.8711	0.9474
兰州	0.9592	0.9075	0.8539	0.9698
西宁	0.9794	0.9097	0.8946	0.9731
银川	0.9790	0.9079	0.8547	0.9713
郑州	0.9332	0.9176	0.8368	0.9198
乌鲁木齐	0.9761	0.8958	0.9057	0.9691
武汉	0.9050	0.8988	0.8452	0.8952
南昌	0.9469	0.9113	0.8551	0.9456

续表

城市	生产者	消费者	分解者	创新环境
长沙	0.8997	0.8952	0.8316	0.8897
沈阳	0.9474	0.9095	0.8670	0.9225
哈尔滨	0.9497	0.8962	0.8690	0.9450
长春	0.9501	0.9173	0.8910	0.9267

区域中心城市创新生态圈准则层各要素中，生产者创新驱动力位列前三的城市依次是西宁、银川和乌鲁木齐；消费者创新驱动力位列前三的城市依次是徐州、郑州和长春；分解者创新驱动力位列前三的城市依次是贵阳、乌鲁木齐和济南；创新环境创新驱动力位列前三的城市依次是西宁、银川和兰州。

从各创新驱动因子以及准则层各要素对各区域中心城市创新生态圈的创新驱动力排名中可以看出，无论是具体的各创新驱动因子还是准则层各要素，排名顺序大致和城市的创新绩效相反，即各创新驱动因子以及准则层各要素创新驱动力越大的城市创新绩效排名相对靠后，而各创新驱动因子以及准则层各要素创新驱动力越小的城市创新绩效排名相对靠前。当然也有比较特殊的个例，比如创新驱动因子 a10（城镇居民人均可支配收入）创新驱动力最大的城市是北京，这一现象不符合总体规律，主要和北京当时的具体创新发展状况相关，比如北京的城镇居民人均可支配收入相比其他城市明显较高。但特殊的现象并不影响总体规律，这一规律和前文面板数据的时序灰色关联度呈现出来的趋势相互吻合，背后的原因是一致的，都是由于区域中心城市创新生态圈的动态演化。区域中心城市创新生态圈在不同的演化阶段各要素以及各创新驱动因子发挥的作用以及作用的大小不同。创新绩效越好的区域中心城市创新生态圈演化的效果越好，所处的阶段越高级，内部结构也就越复杂，抗干扰能力和动态自组织能力也就越强。不同的区域中心城市创新生态圈演化的结果不同，所处的演化阶段不同，各要素以及各驱动因子所发挥的作用和重要性就不同。总的来说，在越高级阶段的区域中心城市创新生态圈中单一要素和单一创新驱动因子的创新驱动力越小，彼此之间的交互作用对创新越重要；相反，在越低级阶段的区域中心城市创新生态圈中单一要素和单一创新驱动因子的创新驱动力越大,彼此之间的交互作用对创新的作用越小。区域中心城市创新生态圈中各要素以及各创新驱动因子面板数据时序灰色关联度和截面灰色关联度得到的结论是区域中心城市创新生态圈演化过程在时间和空间两个维度中的具体体现。

5. 计算面板数据的矩阵型灰色关联度

以 2004—2019 年 38 个区域中心城市的面板数据为研究依据,根据前文公式计算得到区域中心城市创新生态圈准则层各要素以及各创新驱动因子的矩阵型灰色关联度,反映了各要素以及各创新驱动因子对其创新的重要性。矩阵型灰色关联度越大,表明该要素或创新驱动因子对区域中心城市创新越重要。准则层各要素以及各创新驱动因子的矩阵型灰色关联度计算结果如表 5-18 所示,为了更加形象直观地比较各要素以及各创新驱动因子对创新的重要性,利用表 5-18 中的数据绘制图 5-6 至图 5-10。

表 5-18　　各要素以及各创新驱动因子矩阵型灰色关联度

准则层	创新驱动因子	矩阵型灰色关联度	准则层	创新驱动因子	矩阵型灰色关联度
生产者 0.9143	a1	0.9349	分解者 0.8586	a16	0.9124
	a2	0.9335		a17	0.9301
	a3	0.8721		a18	0.8700
	a4	0.9105		a19	0.9171
	a5	0.9091		a20	0.7509
	a6	0.9154		a21	0.7713
	a7	0.9166	创新环境 0.9037	a22	0.9086
	a8	0.9080		a23	0.8961
	a9	0.9289		a24	0.9048
消费者 0.8813	a10	0.8482		a25	0.9092
	a11	0.8455		a26	0.9063
	a12	0.8786		a27	0.9174
	a13	0.9076		a28	0.8578
	a14	0.8891		a29	0.9185
	a15	0.9186		a30	0.9149

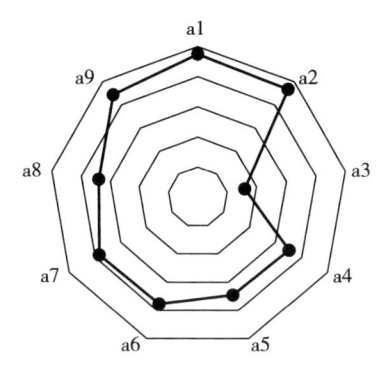

图 5-6　生产者中各创新驱动因子矩阵型灰色关联度

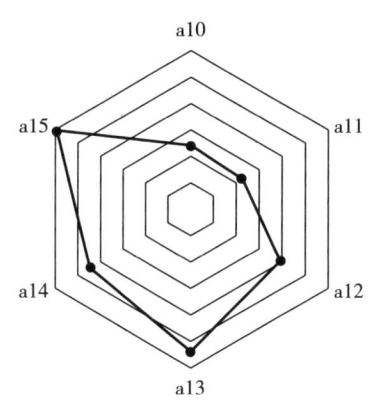

图 5-7　消费者中各创新驱动因子矩阵型灰色关联度

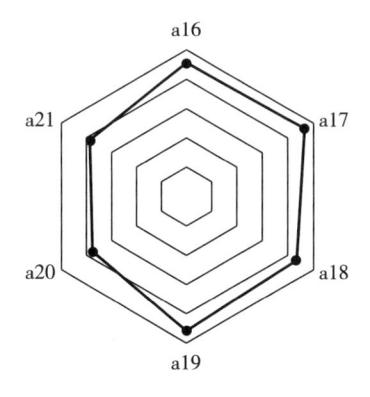

图 5-8　分解者中各创新驱动因子矩阵型灰色关联度

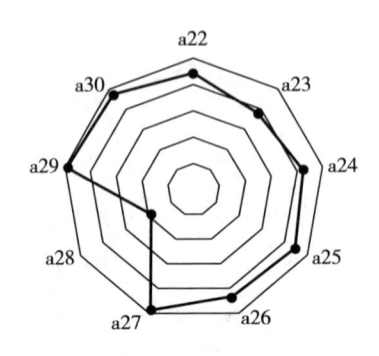

图 5-9　创新环境中各创新驱动因子矩阵型灰色关联度

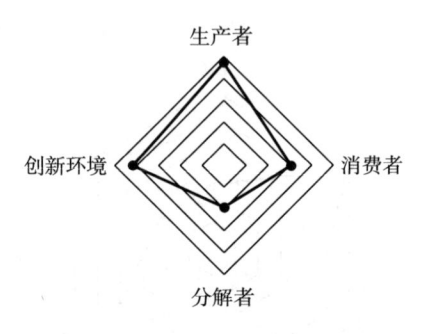

图 5-10　各要素矩阵型灰色关联度

基于以上测算结果可知，区域中心城市创新生态圈中各要素对其创新驱动力大小排名为生产者 0.9143>创新环境 0.9037>消费者 0.8813>分解者 0.8856。这说明区域中心城市创新生态圈各要素中生产者对其创新最重要，影响最大，创新环境的影响较大，消费者的影响次之，分解者的影响最小。

要想提高区域中心城市创新生态圈的自主创新能力，必须保证生产者充分发挥其主观能动性。生产者确保区域中心城市创新生态圈与外界进行物质的交换、信息的传递和能量的流动，是创新的源泉，为区域中心城市创新生态圈提供演化的动力。

创新环境也是区域中心城市创新生态圈创新的重要驱动要素。区域中心城市创新生态圈演化到高级阶段，创新环境发挥的作用越大。创新环境一方面包括像固定资产投资、GDP 总量、基础设施建设这些创新环境硬实力，另一方面也包括像政策制度、法律法规、文化氛围这些创新环境软实力。创新环境硬实力可以保障创新的基础条件，是区域中心城市创新生态圈开展创新活动的运行载体和承载空间。比如信息通信基础设施水平影响着区域中心城市创新生态圈的信息化与智能化，随着大数据、云计算、人工智能等新一代信息技术的渗透，互联网金融、智能制造、智慧城市、电子商务等创新领域不断崛起，将会为创新成果的产生提供高效、便利、低成本的高端配套服务。创新环境软实力可以更好地促进创新，形成良好的创新氛围，培养创新意识，使创新无处不在。创新氛围主要体现在区域中心城市创新生态圈中各创新主体所秉持的价值取向、市场交易长期形成的信任或不信任的态势，以及区域社会文化对创新文化所展现出的新的观念和行为的认可、包容或支持程度。创新文化氛围是创新生态圈演进的生命源泉，任何活动都离不开文化思想作为指导，创新活动更需要创新文化精神的支撑。因此，一个地区良好的创新文化氛围能够不断地促进该地区创新活动良好循环，带动区域中心城市创新生态圈向更高效、更协同、更高级的方向发展。

随着创新的商业化过程受到重视，消费者扮演着越来越重要的角色。因为消费者是创新成果的最终体验者和检验者。创新成果要想真正体现其价值就必须走向市场，实现商业化价值。而创新成果走向市场就必须满足消费者的需求，接受消费者的检验，进行更新迭代，保留原有的优点，改正原有的缺点。因此消费者对创新成果具有选择能力，选择真正有价值的创新成果。

分解者在区域中心城市创新生态圈中起到催化作用，加速创新活动的进程。创新生态圈的进化涉及多个创新主体，需要一定的协调机制来保证利益分配的公平合理，政府的政策法规能够对创新资源流动、创新产品流通形成硬性要求，防止恶意垄断问题的发生，从而保证创新生态圈运行的公平性。任何一项原始性创新成果都需要付出较大的成本，在一定时期内创造者应享有该项成果的利益分配权，因此，政府为技术研发、品牌设计、独特发明等制定的所有权保护政策，可以防止创新成果被模仿复制而导致大量"繁殖"，危害创新生态圈的正常运转。总体来说，分解者对区域中心城市创新生态圈的创新起到关键的调节、催化作用。从区域中心城市创新生态圈各要素来看，创新驱动力最大的要素生产者 0.9143 和创新驱动力最小的要素分解者 0.8586 之间的差值小于 0.6，说明各要素对区域中心城市创新生态圈的影响差异不大，在发展的过程中应注重各创新主体与创新环境的协同发展。

从各要素所包含的具体创新驱动因子来看，生产者中各创新驱动因子的排名 a1（0.9349）>a2（0.9335）>a9（0.9289）>a7（0.9166）> a6（0.9154）> a4（0.9105）> a5（0.9091）> a8（0.9080）> a3（0.8721）。除创新驱动因子 a3（规模以上工业企业 R&D 人员比重）外，其余的创新驱动因子创新驱动力都超过了 0.9。创新驱动因子 a1（科技型企业数量）和 a2（高技术企业数量）是生产者中的关键创新驱动因子。创新驱动力最大的创新驱动因子 a1（科技型企业数量）和最小的创新驱动因子 a3（规模以上工业企业 R&D 人员比重）之间创新驱动力相差 0.0628。消费者中各创新驱动因子的排名 a15（0.9186）> a13（0.9076）>a14（0.8891）>a12（0.8786）>a10（0.8482）>a11（0.8455）。创新驱动因子 a15（科技馆当年参观人数）和 a13（社会消费品零售总额）的创新驱动力大于 0.9，是消费者中的关键创新驱动因子，其余各创新驱动因子的创新驱动力均小于 0.9。创新驱动力最大的创新驱动因子 a15（科技馆当年参观人数）和最小的创新驱动因子 a11（城镇居民人均消费支出）之间创新驱动力相差 0.0731。分解者中各创新驱动因子的排名 a17（0.9301）>a19（0.9171）>a16（0.9124）> a18（0.8700）> a21（0.7713）> a20（0.7509）。创新驱动因子 a17（地方财政科技支出占地方财政支出比重）和 a19（年末金融机构各项贷款总额）是分解者中的关键创新驱动因子。创新驱动力最大的创新驱动因子 a17（地方财政科技支出占地方财政支出比重）和最小的创新驱动因子 a20（金融机构贷款占科技活动经费总额比重）之间创新驱动力相差 0.1792。创新环境中各创新驱动因子的排名 a29（0.9185）>a27（0.9174）> a30（0.9149）> a25（0.9092）> a22（0.9086）> a26（0.9063）>a24（0.9048）>a23（0.8961）>a28（0.8578）。创新驱动因子 a29（单位 GDP 综合能耗）和 a27（公共图书馆藏书量）是创新环境中的关键创新驱动因子。创新驱动力最大的创新驱动因子 a29（单位 GDP 综合能耗）和最小的创新驱动因子 a28（空气质量优良率）之间创新驱动力相差 0.0607。

第二节 区域中心城市创新生态圈要素对其创新绩效的影响

一 基于熵权 TOPSIS 的区域中心城市创新生态圈要素指数测算

要研究区域中心城市创新生态圈诸要素对其创新绩效的影响,首先应该测量诸要素的发展水平,这里我们定义诸要素指数代表诸要素的实际发展水平,并通过第一节内容诸要素具体包含的各创新驱动因素来衡量。现有的研究成果大多数通过层次分析法、主成分分析以及熵权法等研究方法对研究内容进行测量。层次分析法主观性过强,主成分分析容易丢失原始数据的信息(程跃,2021),熵权法虽然客观,但过于单一,都难以准确反映区域中心城市创新生态圈诸要素的真实发展状况(柯玲,2022)。因此,本书根据相关领域前沿研究成果,采取熵权 TOPSIS 法来测量区域中心城市创新生态圈诸要素指数,使测量结果更加全面真实、客观地反映区域中心城市创新生态圈诸要素的真实水平。熵权法的优点是通过客观测量各创新驱动因子的信息熵来确定其客观权重,从而构建权重矩阵;TOPSIS 法的优点是通过找到实际方案分别与最优方案、最劣方案之间的欧式距离来确定区域中心城市创新生态圈诸要素的真实发展状况(Olson,2004)。本书通过熵权 TOPSIS 法测量区域中心城市创新生态圈诸要素指数具体过程如下。

(一)对数据进行归一化处理

由于各创新驱动因子的量纲有较大的差别,所以需要对原始数据进行归一化处理。一共有 m 个样本城市,n 个创新驱动因子。构建初始评价矩阵 $A_{(mn)}$,然后对原始数据进行归一化处理,得到归一化评价矩阵 $X_{(mn)}$。其中,公式(5-14)为正向驱动因子归一化处理过程,公式(5-15)为负向创新驱动因子归一化处理过程。a_{ij} 表示第 i 个城市第 j 个创新驱动因子值;$i=1,2,\cdots,m$;$j=1,2,\cdots,n$;$\max(a_{ij})$ 表示 a_{ij} 的最大值;$\min(a_{ij})$ 表示 a_{ij} 的最小值;x_{ij} 表示第 i 个城市第 j 个创新驱动因子归一化处理后的值。

$$A = a_{ij} = \begin{bmatrix} a_{11} & \cdots & a_{1n} \\ \vdots & \ddots & \vdots \\ a_{m1} & \cdots & a_{mn} \end{bmatrix}, \quad (i=1, 2, \cdots, m; j=1, 2, \cdots, n)$$

$$x_{ij} = \frac{a_{ij} - \min(a_{ij})}{\max(a_{ij}) - \min(a_{ij})}, \quad (i=1, 2, \cdots, m; j=1, 2, \cdots, n) \quad (5\text{-}14)$$

$$x_{ij} = \frac{\max(a_{ij}) - a_{ij}}{\max(a_{ij}) - \min(a_{ij})}, \quad (i=1, 2, \cdots, m; j=1, 2, \cdots, n) \quad (5\text{-}15)$$

$$X = x_{ij} = \begin{bmatrix} x_{11} & \cdots & x_{1n} \\ \vdots & \ddots & \vdots \\ x_{m1} & \cdots & x_{mn} \end{bmatrix}, \quad (i=1, 2, \cdots, m; j=1, 2, \cdots, n)$$

（二）测量各创新驱动因子熵值

对各具体创新驱动因子的熵值进行测量，如公式(5-16)所示。若 $d_{ij}=0$，则 $d_{ij}\ln d_{ij}=0$。Z_j 表示第 j 个创新驱动因子的信息熵。

$$Z_j = -c \sum_{i=1}^{m} s_{ij} \ln s_{ij}, \quad (j=1, 2, \cdots, n) \quad (5\text{-}16)$$

$$c = \frac{1}{\ln m}, \quad s_{ij} = \frac{x_{ij}}{\sum_{i=1}^{m} x_{ij}}$$

（三）计算各创新驱动因子权重

对各具体创新驱动因子的权重进行计算，如公式(5-17)所示。p_j 表示第 j 个创新驱动因子标准化后的权重，$0 \leq p_j \leq 1$，并且

$$p_j = \frac{1 - Z_j}{n - \sum_{i=1}^{n} Z_j}, \quad (j=1, 2, \cdots, n) \quad (5\text{-}17)$$

$$\sum_{j=1}^{n} p_j = 1$$

$$w_j = \sum_{i=1}^{m} p_i, \quad (j=1, 2, 3, 4)$$

（四）构建加权矩阵

利用归一化处理后的数据和熵权法计算得到的权重构建加权矩阵。

$$H = h_{ij} = \begin{bmatrix} x_{11}w_1 & \cdots & x_{1n}w_n \\ \vdots & \ddots & \vdots \\ x_{m1}w_1 & \cdots & x_{mn}w_n \end{bmatrix}, (i=1, 2, \cdots, m; j=1, 2, \cdots, n)$$

H 表示加权矩阵，h_{ij} 表示第 i 个区域中心城市创新生态圈第 j 个创新驱动因子经过加权处理后的数据。

（五）测算欧式距离

区域中心城市创新生态圈诸要素所包含的各创新驱动因子与最优方案和最劣方案之间的欧式距离，见公式（5-18）和公式（5-19）。

$$d_i^+ = \sqrt{\sum_{j=1}^n (h_{ij} - L_j^+)^2}, (i=1, 2, \cdots, m) \quad (5-18)$$

$$d_i^- = \sqrt{\sum_{j=1}^n (h_{ij} - L_j^-)^2}, (i=1, 2, \cdots, m) \quad (5-19)$$

$L_j^+ = (\max h_i 1, \max h_i 2, \cdots, \max h_i n), (i=1, 2, \cdots, m; j=1, 2, \cdots, n)$

$L_j^- = (\min h_i 1, \min h_i 2, \cdots, \min h_i n), (i=1, 2, \cdots, m; j=1, 2, \cdots, n)$

其中，L_j^+，L_j^- 分别表示区域中心城市创新生态圈诸要素所包含的各创新驱动因子的最优方案与最劣方案，$\max h_{ij}$、$\min h_{ij}$ 分别表示加权处理后各创新驱动因子的最大值与最小值。d_i^+、d_i^- 分别表示第 i 个区域中心城市创新生态圈诸要素所包含的各创新驱动因子与最优方案和最劣方案之间的欧式距离。

（六）计算贴近程度

$$Q_i = \frac{d_i^-}{d_i^+ + d_i^-} (i=1, 2, \cdots, m) \quad (5-20)$$

Q_i 为实际方案与理想方案之间的贴近程度，见公式（5-20）。这里我们要测量的对象是区域中心城市创新生态圈诸要素指数，所以 Q_i 在这里的实际意义是第 i 个区域中心城市创新生态圈诸要素指数，表示诸要素与最理想方案之间的相对贴近程度，Q_i 值的取值范围在 0—1 之间，值越大，则表示要素与理想最优方案之间的距离越小，要素的发展水平越高。由于篇幅限制，仅列举 2004—2019 年四分位数时间点区域中心城市创新生态圈诸要素指数，如表 5-19 和表 5-20 所示。

表 5-19　2004 年、2009 年区域中心城市创新生态圈诸要素指数

城市	2004 年				2009 年			
	生产者	消费者	分解者	创新环境	生产者	消费者	分解者	创新环境
北京	0.3315	0.0940	0.2267	0.3469	0.3898	0.2270	0.1523	0.3616
天津	0.1151	0.0551	0.0262	0.1442	0.1341	0.1213	0.0622	0.1219
石家庄	0.0516	0.0281	0.0201	0.0175	0.0617	0.0604	0.0305	0.0328
上海	0.1746	0.0474	0.0945	0.2864	0.2228	0.2298	0.2621	0.4998
南京	0.0832	0.0380	0.0292	0.0510	0.1059	0.1005	0.0844	0.2007
苏州	0.0778	0.0381	0.0322	0.0470	0.1644	0.1077	0.0640	0.0867
徐州	0.0240	0.0183	0.0331	0.0168	0.0409	0.0429	0.0375	0.0257
杭州	0.1186	0.0431	0.0324	0.0408	0.1397	0.0991	0.0666	0.0787
宁波	0.2375	0.0414	0.0409	0.0203	0.1423	0.0879	0.0476	0.0497
合肥	0.0515	0.0181	0.0244	0.0158	0.0594	0.0451	0.0403	0.0277
广州	0.1034	0.0861	0.0455	0.0427	0.1423	0.1714	0.0686	0.0946
深圳	0.0508	0.1217	0.0299	0.0324	0.1233	0.1492	0.0675	0.1431
珠海	0.0114	0.0402	0.0113	0.2705	0.0208	0.0597	0.0373	0.0142
济南	0.0766	0.0376	0.0169	0.0286	0.0886	0.0869	0.0306	0.0425
青岛	0.0495	0.0335	0.0162	0.0202	0.0826	0.0931	0.1838	0.0555
福州	0.0414	0.0324	0.0125	0.0217	0.1184	0.0744	0.0417	0.0373
厦门	0.0268	0.0372	0.0156	0.0134	0.0483	0.0698	0.0305	0.0324
成都	0.0592	0.0438	0.0318	0.0335	0.0993	0.0944	0.0472	0.0579
重庆	0.1626	0.0506	0.0197	0.0339	0.1067	0.1138	0.0537	0.1575
西安	0.1446	0.0284	0.0435	0.0218	0.1213	0.0747	0.0305	0.0954
南宁	0.0335	0.0180	0.0099	0.0136	0.0450	0.0461	0.0209	0.0632
桂林	0.0124	0.0133	0.0133	0.0095	0.0187	0.0349	0.0263	0.0451
海口	0.0177	0.0197	0.0116	0.0111	0.0397	0.0342	0.0217	0.1847
太原	0.0540	0.0177	0.0120	0.0141	0.0659	0.0465	0.0274	0.0466
呼和浩特	0.0273	0.0160	0.0167	0.0127	0.0335	0.0529	0.0312	0.0262
贵阳	0.0328	0.0168	0.0174	0.0154	0.0349	0.0347	0.0157	0.0274
昆明	0.0476	0.0218	0.0126	0.0194	0.0571	0.0778	0.0348	0.1542
兰州	0.0446	0.0163	0.0211	0.0136	0.0462	0.0313	0.0351	0.0799
西宁	0.0183	0.0119	0.0089	0.0108	0.0443	0.0229	0.0164	0.0696
银川	0.0194	0.0152	0.0109	0.0121	0.0147	0.0322	0.0701	0.0133

续表

城市	2004 年				2009 年			
	生产者	消费者	分解者	创新环境	生产者	消费者	分解者	创新环境
郑州	0.0741	0.0289	0.0320	0.0181	0.0965	0.0337	0.0502	0.0720
乌鲁木齐	0.0215	0.0183	0.0172	0.0109	0.0505	0.0322	0.0223	0.0759
武汉	0.1085	0.0474	0.0219	0.0373	0.1330	0.1029	0.0522	0.1898
南昌	0.0555	0.0191	0.0421	0.0169	0.0698	0.0448	0.0621	0.0385
长沙	0.0575	0.0305	0.0321	0.0315	0.0933	0.0816	0.0479	0.1012
沈阳	0.0723	0.0399	0.0191	0.0528	0.0963	0.0902	0.0468	0.0723
哈尔滨	0.0610	0.0359	0.0233	0.0249	0.1374	0.0742	0.0483	0.0921
长春	0.0533	0.0265	0.0116	0.0186	0.0592	0.0630	0.0336	0.0907

表 5-20　2014 年、2019 年区域中心城市创新生态圈诸要素指数

城市	2014 年				2019 年			
	生产者	分解者	消费者	创新环境	生产者	分解者	消费者	创新环境
北京	0.3003	0.3618	0.5768	0.4419	0.6613	0.2247	0.7971	0.4691
天津	0.1154	0.2117	0.1194	0.1762	0.2685	0.1417	0.1915	0.1187
石家庄	0.0699	0.1221	0.0521	0.0578	0.0924	0.1201	0.1338	0.0381
上海	0.2149	0.3556	0.3163	0.3437	0.4657	0.2247	0.5434	0.3366
南京	0.1090	0.2025	0.1325	0.0887	0.2320	0.1990	0.1979	0.0939
苏州	0.1306	0.2069	0.1053	0.1158	0.3429	0.1750	0.2028	0.0469
徐州	0.0394	0.1063	0.0479	0.0471	0.0598	0.0855	0.0928	0.0128
杭州	0.1137	0.2103	0.1060	0.0972	0.2712	0.2038	0.2314	0.1113
宁波	0.0975	0.1707	0.1055	0.0652	0.2254	0.2014	0.1119	0.0749
合肥	0.0799	0.1004	0.0787	0.0694	0.1594	0.1422	0.1408	0.0729
广州	0.1434	0.3007	0.1284	0.1247	0.4197	0.2004	0.2437	0.2190
深圳	0.1228	0.2396	0.1075	0.1534	0.5512	0.1974	0.2832	0.3708
珠海	0.0217	0.1075	0.0247	0.0217	0.0890	0.1695	0.0596	0.1080
济南	0.0959	0.1613	0.0610	0.0645	0.1317	0.1626	0.0835	0.0660
青岛	0.0748	0.1797	0.0483	0.0775	0.1267	0.1695	0.0846	0.0797
福州	0.0973	0.1558	0.0845	0.0831	0.1078	0.1507	0.1644	0.0583
厦门	0.0350	0.1208	0.0476	0.0372	0.1114	0.1879	0.0985	0.0436
成都	0.1146	0.2004	0.1288	0.1317	0.2867	0.1439	0.2134	0.1134

续表

城市	2014 年				2019 年			
	生产者	分解者	消费者	创新环境	生产者	分解者	消费者	创新环境
重庆	0.1192	0.2379	0.1030	0.1601	0.2480	0.1065	0.1791	0.1315
西安	0.1083	0.1664	0.1114	0.1325	0.1953	0.1306	0.2220	0.1765
南宁	0.0595	0.0968	0.0467	0.0774	0.0633	0.1165	0.0794	0.0276
桂林	0.0495	0.0665	0.0355	0.0760	0.0277	0.1140	0.0669	0.0212
海口	0.0260	0.0808	0.0326	0.0197	0.0224	0.1251	0.0560	0.0144
太原	0.0591	0.0890	0.0614	0.0317	0.0772	0.1158	0.1270	0.0246
呼和浩特	0.0335	0.1040	0.0732	0.0224	0.0354	0.1510	0.0782	0.0169
贵阳	0.0437	0.0722	0.0454	0.0342	0.0704	0.1205	0.0743	0.0276
昆明	0.0622	0.1233	0.0641	0.0464	0.0972	0.1449	0.1477	0.0413
兰州	0.0404	0.0713	0.0568	0.0317	0.0533	0.1212	0.1543	0.0267
西宁	0.0144	0.0588	0.0349	0.0158	0.0188	0.1096	0.0713	0.0130
银川	0.0205	0.0659	0.0631	0.0238	0.0233	0.1217	0.1384	0.0137
郑州	0.1099	0.1441	0.0942	0.0662	0.1954	0.1329	0.1750	0.0714
乌鲁木齐	0.0314	0.0869	0.0260	0.0235	0.0366	0.1185	0.0588	0.0180
武汉	0.1342	0.2016	0.0965	0.1487	0.2097	0.1627	0.1818	0.1134
南昌	0.0806	0.0911	0.0674	0.0556	0.1010	0.1386	0.1277	0.0312
长沙	0.0859	0.1651	0.0842	0.0890	0.1414	0.1712	0.1492	0.0753
沈阳	0.0874	0.1732	0.0803	0.1258	0.0930	0.1446	0.1411	0.0479
哈尔滨	0.0782	0.1506	0.0663	0.0665	0.0987	0.1230	0.1174	0.0308
长春	0.0596	0.1144	0.0683	0.0568	0.0835	0.1158	0.1287	0.0358

二 区域中心城市创新生态圈诸要素对创新绩效影响的面板模型构建

面板数据具有时序维度和截面维度两个特性，面板数据的方法包括混合模型、固定效应模型和随机效应模型（刘继兵，2022）。本书的面板数据是 2004—2019 年 16 年间 38 个区域中心城市创新生态圈各个指标的数据。首先对面板数据进行 F 检验，检验是否存在个体效应。如果 F 检验不显著，则认为面板数据不存在个体效应，使用混合回归模型。如果 F 检验显著，则拒绝不存在个体效应的原假设，认为面板数据存在个体效应，再进行下一步检验。通过 Hausman 检验来判断使用固定效应模型还是随机效应模型。如果 Hausman 检验结果显著则数据适合进行固定效应模型；如果检验结果不显著则适合进行随机效应模型。为分析区域中心城市创新生态圈诸要素对其创新绩效的影响，并详细考察诸要素在区域创新发展中的作用效应，本书拟建立面板计量模型，以前文计算得到的区域中心城市创新生态圈诸要素指数作为解释变量，以区域中心城市创新生态圈新产品销售收入作为被解释变量衡量区域创新绩效。在前文识别区域中心城市创新生态圈创新驱动因子时使用的参考矩阵便是新产品销售收入。与专利数量相比，新产品销售收入既能反映创新的研发绩效，又能反映创新的商业化绩效，因此更具有代表性（邱柳，2021；洪银兴，2021）。区域中心城市创新生态圈诸要素指数都是经过计算得到的，结果在 0—1 之间，考虑到新产品销售收入数值比较大，对其取对数，一方面可以消除量纲的影响，另一方面可以考察区域中心城市创新生态圈诸要素的绝对变化对创新绩效的相对影响，与创新驱动因子模型的绝对结果做比较。因此，本书建立区域中心城市创新生态圈诸要素对其创新绩效的影响半对数模型，如公式（5-21）所示。

$$\ln y_{it} = \beta_{a0} + \beta_{a1} PRODUCER_{it} + \beta_{a2} CONSUMER_{it} + \beta_{a3} DECOMPOSER_{it} + \beta_{a4} I\text{-}EOVIRONMENT_{it} + \varepsilon_{ait} (i=1, 2, \cdots, M; t=1, 2, \cdots, T)$$

(5-21)

其中，y_{it} 表示 i 区域中心城市创新生态圈第 t 年的创新绩效。$PRODUCER_{it}$、$CONSUMER_{it}$、$DECOMPOSER_{it}$、$I\text{-}EOVIRONMENT_{it}$ 分别表示 i 区域中心城市创新生态圈第 t 年的生产者、消费者、分解者和创新环境指数。β_{ai} 表示对应的解释变量系数，β_{a0} 表示常数项，ε_{ait} 表示随机误差项。

创新要素投入之后，需要经过一定的时间才能发挥作用，才能促进创新绩效的提高（武玉青，2022）。创新是一个过程，创新的研发过程需要一定时间，研发出来的产品走向市场实现商业化价值这个商业化过程也需要一定的时间，因此考虑到区域中心城市创新生态圈诸要素对其创新绩效发挥作用具有一定的滞后性，本书建立滞后一期的半对数模型，如公式（5-22）所示。

$$\ln y_{it} + 1 = \beta_{b0} + \beta_{b1} PRODUCER_{it} + \beta_{b2} CONSUMER_{it} + \beta_{b3} DECOMPOSER_{it} +$$

$$\beta_{b4}I\text{-}EOVIRONMENT_{it}+\varepsilon_{bit}(i=1, 2, \cdots, M; t=1, 2, \cdots, T)$$
$$(5-22)$$

其中，y_{it} 表示 i 区域中心城市创新生态圈第 t 年的创新绩效。$PRODUCER_{it-1}$、$CONSUMER_{it-1}$、$DECOMPOSER_{it-1}$、$I\text{-}EOVIRONMENT_{it-1}$ 分别表示 i 区域中心城市创新生态圈滞后一年的生产者、消费者、分解者和创新环境指数。B_{bi} 表示对应的解释变量系数，B_{b0} 表示常数项，ε_{bit-1} 表示随机误差项。

由上一节对各创新驱动要素的时序灰色关联度的研究可知，随着区域中心城市创新生态圈的不断演化，内部结构越来越复杂，单一的要素创新驱动力越来越小，而诸要素彼此之间的交互关系对创新的驱动效应越来越强。因此，接下来在构建区域中心城市创新生态圈诸要素之间的交互变量中加入计量模型，衡量其交互关系对创新绩效作用的大小。交互变量 JHA 表示生产者和消费者之间的交互关系；JHB 表示生产者和分解者之间的交互关系；JHC 表示生产者和创新环境之间的交互关系；JHD 表示消费者和分解者之间的交互关系；JHE 表示消费者和创新环境之间的交互关系；JHF 表示分解者和创新环境之间的交互关系，如公式（5-23）、公式（5-24）、公式（5-25）、公式（5-26）、公式（5-27）、公式（5-28）所示。

$$JHA = PRODUCER \times CONSUMER \qquad (5-23)$$
$$JHB = PRODUCER \times DECOMPOSER \qquad (5-24)$$
$$JHC = PRODUCER \times I\text{-}EOVIRONMENT \qquad (5-25)$$
$$JHD = CONSUMER \times DECOMPOSER \qquad (5-26)$$
$$JHE = CONSUMER \times I\text{-}EOVIRONMENT \qquad (5-27)$$
$$JHF = DECOMPOSER \times I\text{-}EOVIRONMENT \qquad (5-28)$$

引入交互关系的模型如公式（5-29）所示。
$$\ln y_{it} = \beta_{c0}+\beta_{c1}PRODUCER_{it}+\beta_{c2}CONSUMER_{it}+\beta_{c3}DECOMPOSER_{it}+$$
$$\beta_{c4}I\text{-}EOVIRONMENT_{it}+\beta_{c5}JHA_{it}+\beta_{c6}JHB_{it}+\beta_{c7}JHC_{it}+\beta_{c8}JHD_{it}+$$
$$\beta_{c9}JHE_{it}+\beta_{c10}JHF_{it}+\varepsilon_{cit}(i=1, 2, \cdots, M; t=1, 2, \cdots, T)$$
$$(5-29)$$

引入交互变量的滞后一期模型如公式（5-30）所示。
$$\ln y_{it}+1 = \beta_{d0}+\beta_{d1}PRODUCER_{it}+\beta_{d2}CONSUMER_{it}+$$

$$\beta_{dc3}DECOMPOSER_{it} + \beta_{d4}I\text{-}EOVIRONMENT_{it} + \beta_{d5}JHA_{it} +$$
$$\beta_{d6}JHB_{it} + \beta_{d7}JHC_{it} + \beta_{d8}JHD_{it} + \beta_{d9}JHE_{it} + \beta_{d10}JHF_{it} +$$
$$\varepsilon_{dit}(i=1, 2, \cdots, M; t=1, 2, \cdots, T) \quad (5\text{-}30)$$

三 区域中心城市创新生态圈要素对创新绩效影响的实证分析

本书通过 Stata16.0 软件对区域中心城市创新生态圈诸要素对创新绩效的影响模型进行计算，计算结果如表 5-21 所示。首先通过 F 检验对面板数据进行分析，检验其是否存在个体效应。由 F 检验结果可知，模型 1-8F 检验都在 1% 或 5% 的显著性水平下显著，拒绝原假设，说明面板数据存在个体效应。接下来进行 Hausman 检验，模型 1-4 是固定效应结果，模型 5-8 是随机效应结果。模型 1 和模型 5 选择当期数据，没有加入交互变量；模型 2 和模型 6 选择当期数据，加入交互变量；模型 3 和模型 7 选择滞后一期数据，没有加入交互变量；模型 4 和模型 8 选择滞后一期数据，加入交互变量。对比模型 1 和模型 5、模型 2 和模型 6、模型 3 和模型 7、模型 4 和模型 8，无论模型中是否存在交互变量，被解释变量选择当期还是滞后一期数据，Hausman 检验结果都在 1% 或 5% 的显著性水平下显著，拒绝原假设，而且从 R^2 来看，除模型 1 之外，固定效应模型的 R^2 值要大于对应的随机效应模型，因此本书面板数据选择固定效应模型进行分析。再对比固定效应模型 1、模型 2、模型 3 和模型 4，模型 4 的显著性最好，而且 R^2 值最大，说明选择滞后一期的数据并加入交互变量的模型拟合度最优，因此接下来主要对模型 4 进行分析。

表 5-21　区域中心城市创新生态圈诸要素对创新绩效的影响

变量	FE				RE			
	模型 1 $\ln y_{it}$	模型 2 $\ln y_{it}$	模型 3 $\ln y_{it+1}$	模型 4 $\ln y_{it+1}$	模型 5 $\ln y_{it}$	模型 6 $\ln y_{it}$	模型 7 $\ln y_{it+1}$	模型 8 $\ln y_{it+1}$
PRODUCER	0.278*	0.554*	0.385*	0.587**	0.462	0.117**	0.508*	0.115**
CONSUMER	0.786**	0.124**	0.116*	0.212**	0.294**	0.149**	0.129**	0.227**
DECOMPOSER	0.863**	0.195**	0.094	0.207**	0.688**	0.166**	0.791**	0.191**
I-EOVIRONMENT	0.234	0.218	0.425*	0.471*	0.23	0.79	0.438	0.29

续表

变量	FE				RE			
	模型1 lnyit	模型2 lnyit	模型3 lnyit+1	模型4 lnyit+1	模型5 lnyit	模型6 lnyit	模型7 lnyit+1	模型8 lnyit+1
JHA		0.485*		0.408**		0.621*		0.398**
JHB		0.193**		0.329**		0.17*		0.221
JHC		0.326*		0.209*		0.187		0.358
JHD		0.329		0.157		0.114		0.144
JHE		0.141		0.114*		0.151		0.119
JHF		0.249*		0.316*		0.211		0.257*
cons	1.324**	1.242**	1.302**	1.23**	1.304**	1.185**	1.291**	1.163**
调整后 R^2	0.628	0.767	0.704	0.873	0.659	0.691	0.682	0.714
F值	48.99**	31.92*	61.2**	41.21**	256.34**	40.66**	30.86*	49.84**
Husman 检验	34.00**	27.09*	28.1*	34.06**				

注：*表示在5%的显著性水平下显著，**表示在1%的显著性水平下显著。

首先看区域中心城市创新生态圈诸要素对其创新绩效的影响。生产者、消费者、分解者和创新环境的回归系数生产者0.587>创新环境0.471>消费者0.212>分解者0.207，并且都通过了1%或5%的显著性检验，具有统计学意义。说明在区域中心城市创新生态圈演化的过程中，生产者对其创新绩效的作用最大，其次是创新环境，再次是消费者，最后是分解者。这一结论与前文区域中心城市创新生态圈诸要素的创新驱动力研究结论一致，说明本书得到的结论稳定可靠，符合现实状况，前文对其原因已做了详细的分析，此处不再赘述。

区域中心城市创新生态圈诸要素彼此之间的交互关系中，除消费者和分解者之间的交互关系JHD之外，其余交互关系都对其创新绩效均有显著的正向作用。生产者和消费者的交互关系JHA对区域中心城市创新生态圈创新绩效的作用系数为0.408，并且通过了1%的显著性检验。生产者和消费者的交互关系对创新绩效的促进作用在交互关系里最大，生产者与消费者的关系是区域中心城市创新生态圈的基本关系，生产者通过市场机制与公众产生联系，通过消费者了解市场的需求动向，获得创新动力，从而投入新产品研发。当创新产品流向市场后，获得来自消费者的购买资金，接收来自消费者的反馈信息，新产品销售收入和收集的反馈信息有助于下一轮创新活动更好开展。随着数字化时代的到来，消费者越来越注重消费体验以及个性化消费，传统的大规模批量化生产难以满足消费者的个性化需求。企业等生产者的创新要想得到消费者的认可，必须和消费者建立深入有效的沟通机制，让消费者参与到创新当中来，充分发挥消费者对创新成果的选择力，使创新成果更具有市场价值。因此，生产者与消费者之间存在高度互补性与互动效应，对区域中心城市创新生态圈创新绩效有显著的促进作用。

生产者和分解者的交互关系 JHB 对区域中心城市创新生态圈创新绩效的作用系数为 0.329，并且通过了 1% 的显著性检验。生产者和分解者的交互关系对创新绩效的促进作用在交互关系里仅次于生产者和消费者的交互关系 JHA。政府作为区域中心城市创新生态圈中的调控创新主体，其与生产者的互动效应产生的影响更为深远、广泛。政府可以通过制定优惠的税收政策、完善社会基础设施等方式为企业等创新主体提供更为低廉的投资成本和更稳定的发展空间。而当生产者的创新成果转化为更大的经济效益后，可以给政府提供更多的税收资源，增加政府财政收入。更多的财政资金使得政府能够更好地履行相应的职能，从而形成一个良性循环，促进区域中心城市创新生态圈向更高层次发展。生产者中的企业以盈利为目的进行创新活动，必然会面临巨大的人力成本和资金成本，这就导致企业在开展创新活动时存在劣势。当生产者面临资金供不应求时，除了获得政府的帮助外，还可以向中介机构申请融资贷款，中介机构大范围筹集社会资金以提高创新成果转化效率，其信用担保体系还能够帮助创新活动分散风险，同时获得来自企业的业务收益，两者共生共存，相互依赖。因此，生产者与分解者之间的交互关系对区域中心城市创新生态圈创新绩效有显著的促进作用。

生产者和创新环境的交互关系 JHC 对区域中心城市创新生态圈创新绩效的作用系数为 0.209，并且通过了 1% 的显著性检验。生产者和创新环境的交互关系对创新绩效的促进作用在交互关系里排在第四。区域中心城市创新生态圈与自然生态圈具有相似的构成要素和运行机理。在区域中心城市创新生态圈中，企业、高校、科研院所等生产者作为核心创新主体，在政策、经济、文化等创新环境的作用下，开展创新活动，并通过政府、中介机构等分解者的作用，加速创新成果的生成，供给消费者享用。生产者与创新环境相互影响、相互作用，形成一个相对稳定、彼此间相对依赖的创新生态圈，并驱动创新生态圈不断向更高级的层次发展。因此，生产者与创新环境之间的交互关系对区域中心城市创新生态圈创新绩效有显著的促进作用。

消费者和分解者的交互关系 JHD 对区域中心城市创新生态圈创新绩效的作用系数为 0.157，但没有通过 5% 的显著性检验，不具有统计学意义。这并不能说明消费者和分解者之间不存在交互关系，而是二者之间在促进创新方面没有形成有效的联系机制。政府对创新的支持大多数都体现在了对生产者的政策上，而对于消费者，政府没有对市场进行全面深入的了解和调研，虽然有对小微企业的支持，但力度远远不够，目前仅处于起步阶段，还没有发挥明显的作用，不足以促进区域中心城市创新生态圈的创新绩效。而中介机构、金融机构等大多也是面向企业等生产者的服务，忽略了消费者的需求。由于这些机构要规避风险，所以对小微企业、初创企业以及个人的创业活动支持很少，限制了其发展需要的资金流。因此，消费者和分解者的交互关系还处在起始磨合阶段，对区域中心城市创新生态圈创新绩效的促进作用不显著。

消费者和创新环境的交互关系 JHE 对区域中心城市创新生态圈创新绩效的作用系数为 0.114，并且通过了 5% 的显著性检验。消费者和创新环境的交互关系对创新绩效的促进作用在交互关系里排在第五。在"大众创业、万众创新"的背景下，消费者越来越多地参与到创新的过程当中，从被动接受创新逐渐转变为主动参与创新。一方面，消费者消费创新产品，并反馈自己的意见和建议，通过对创新成果的选择完善创新市场检验环境。另一方面，在数字经济时代，消费者通过线上环境消费创新产品，通过线下环境参与创新的过程，融入消费者价值和理念，营造良好的创新环境，促进创新产品的更新迭代和自我完善。因此，消费者与创新环境之间的交互关系对区域中心城市创新生态圈创新绩效有显著的促进作用。

分解者和创新环境的交互关系 JHF 对区域中心城市创新生态圈创新绩效的作用系数为 0.316，并且通过了 5% 的显著性检验。分解者和创新环境的交互关系对创新绩效的促进作用在交互关系里排在第三。政府等分解者对创新发挥着催化作用，主要通过营造良好的创新环境间接促进创新。政府可以完成很多企业等生产者完成不了的活动，通过供给侧改革促进供给创造需求，通过需求侧改革促进需求引领供给，使创新的供给和需求有效结合。加大对新基建的投资，鼓励企业等生产者加快数字化转型的步伐，实现产业数字化和数字产业化，为数字经济时代蓄力，赋能数字创新。政府还可以通过法规条例建立健全创新成果保护机制，保护知识产权，维护正版权益，营造健康有序的创新环境。因此，分解者与创新环境之间的交互关系对区域中心城市创新生态圈创新绩效有显著的促进作用。

第六章　区域中心城市创新生态圈集聚能力评价

第一节　区域中心城市创新生态圈集聚能力评价指标体系构建

一　评价指标体系构建原则

（一）全面性原则

区域中心城市创新生态圈是一个融合自然生态系统和社会生态系统的复杂生态系统，包含环境、经济、生态等不同层面的子系统，选取评价指标时要保证其全面性。在构建评价指标体系时，尤其要注意解析评价目标和成分，即将宏观评价目标分解为具体目标，再根据具体评价目标设计评价指标。同时，评价指标之间具有递进关系，必须深入考量评价指标的作用效果，以保证每个指标均可以反映整体系统的部分特征。因此，既要充分考虑区域中心城市创新生态圈内部各方面的特征要素，又要考虑其外部环境的动态变化，选择全面反映区域中心城市创新生态圈的集聚能力指数。

（二）科学性原则

生态学视角与系统学视角下的区域中心城市创新生态圈集聚能力评价指标体系，既要囊括生产者、消费者、分解者等生命体因素，又要全面准确反映区域中心城市创新生态圈的创新环境、创新成果、创新资源等非生命体因素，帮助政府等决策者准确判断区域中心城市的创新集聚能力现状以及发展趋势，从而合理布局创新要素。区域中心城市创新生态圈集聚能力评价指标体系结构的拟定、定量评价模型的修正、指标的取舍以及公式的推导都要有科学合理的理论依据。只有坚持科学的原则，获取的信息才具有可靠性和客观性，评价的结果才具有可信度。以科学理论为指导，以客观系统内部要素及其本质联系为依据，既要考虑理论上的完整性和准确性，又要避免评价指标的冗余重叠和简单随意罗列。

（三）可行性原则

区域中心城市创新生态圈集聚能力评价指标体系必须具备一定的可行性和可操作性。在建立评价指标体系时，在保证所选取的评价指标符合评价目标基本要求的基础上，必须以统计局公开的数据以及各类统计年鉴为主参考，尽可能选取百分比、单位产值、总产值等形式的量化指标。对于定性评价指标，由于专家打分存在一定的主观性，弱化了评价指标的客观性，应该保持谨慎的态度。同时，要结合各类统计年鉴注意评价指标的可获取性，提出统计口径不一致的指标，具体的评价指标个数既不能过多，也不能过少，一般20个左右比较合适，并且应保证评价指标具有代表性、评价结果具有可比性。

（四）稳定性原则

区域中心城市创新生态圈指标体系的内容不宜变动过频，在同一评价内容下应该保持其相对的稳定，这样可以克服由于指标体系的混乱所带来的无法在统一基础上进行对比分析的杂乱局面。指标选取的稳定、统一不仅有利于数据的收集和加工处理，也便于实际运用。

（五）动态适应性原则

区域中心城市创新生态圈的发展总是处在动态变化之中，创新要素结构的优化升级也是一种协调基础上的高度转换能力的实现过程。因此，指标体系也必须能够根据创新生态圈内部结构的发展演化做出适当的调整，即指标体系应具备一定的可更新性。另外，我国区域中心城市创新生态圈客观上存在不同的类型和不同的发展阶段，评价指标体系也应该随不同的城市类型和不同的发展阶段做出必要的调整，使指标体系针对性强，评价结果可信度高。最后，评价的侧重点不同，指标体系的设计也应该有所变化。在保持反映区域中心城市创新生态圈基础核心要素的前提下，根据评价的内容和功能不同，对指标体系做出相应的变化。

（六）普遍性与特殊性原则

区域中心城市创新生态圈的发展进化整体上存在普遍性，个体上存在特殊性，是普遍性与特殊性的相互统一。设计区域中心城市创新生态圈集聚能力的评价指标体系，既要选择反映发展整体态势的普遍性指标，也要结合不同类型、不同演化阶段的特点设计特殊性指标。反映不同类型区域中心城市创新生态圈的集聚特性要充分考虑特殊性原则。此外，对于能反映不同区域中心城市创新生态圈集聚能力的共同指标，必须依据类别吸收使用。

二 评价指标体系构建

基于前文对区域中心城市创新生态圈要素的分析可知，区域中心城市创新生态圈主要包括生产者、消费者和分解者等生命体要素以及创新环境等非生命体要素。在借鉴相关研究成果的基础上，遵循区域中心城市创新生态圈包含生产者、分解者、消费者和创新环境四方面要素的论断，基于对区域中心城市创新生态圈逻辑基础、驱动因素识别的分析，并咨询相关领域的专家学者意见，构建区域中心城市创新生态圈集聚能力评价指标体系。生产者、消费者以及分解者等生命体要素可以统称为区域中心城市创新生态圈的创新主体部分。区域中心城市创新生态圈集聚能力不仅受到其内部各要素的影响，还受到各要素彼此之间动态耦合作用的影响。因此为了更好地体现区域中心城市创新生态圈内部各要素彼此之间的动态耦合作用，在评价其集聚能力时在原有创新驱动因子分析的基础上加入创新内聚性这一特征。综上所述，本书从生产者、消费者、分解者、创新环境以及创新内聚性五大方面设计共包含35个具体指标的区域中心城市创新生态圈集聚能力评价体系，具体如表6-1所示。

表6-1 区域中心城市创新生态圈集聚能力评价指标体系

一级评价指标	二级评价指标	单位	性质	权重
生产者 0.2765	科技型企业数量	家	正	0.0720
	高新技术企业数量	家	正	0.0607
	规模以上工业企业R&D人员比重	%	正	0.0117

续表

一级评价指标	二级评价指标	单位	性质	权重
生产者 0.2765	R&D 人员全时当量	人年	正	0.0318
	科研机构数量	所	正	0.0256
	高校数量	所	正	0.0085
	普通高校专任教师数量	人	正	0.0107
	普通高校在校大学生数量	人	正	0.0107
	发明专利授权量	个	正	0.0449
消费者 0.1296	城镇居民人均可支配收入	元	正	0.0109
	城镇居民人均消费支出	元	正	0.0127
	每万人互联网用户数量	户	正	0.0139
	社会消费品零售总额	亿元	正	0.0303
	恩格尔系数	%	反	0.0431
	科技馆当年参观人数	人	正	0.0187
分解者 0.1210	R&D 经费来自政府资金额	万元	正	0.0443
	地方财政科技支出占地方财政支出比重	%	正	0.0183
	地方教育支出占一般公共预算支出比重	%	正	0.0071
	年末金融机构各项贷款总额	亿元	正	0.0237
	金融机构贷款占科技活动经费总额比重	%	正	0.0109
	保险等中介服务机构数量	家	正	0.0167
创新环境 0.2305	R&D 经费内部支出额	万元	正	0.0402
	GDP 总量	万元	正	0.0202
	高技术产业技术引进经费支出	万美元	正	0.0225
	科技论文数量	篇	正	0.0443
	固定资产投资额	万元	正	0.0174
	公共图书馆藏书量	千册	正	0.0310
	空气质量优良率	%	正	0.0012
	单位 GDP 能耗	吨标准煤/万元	反	0.0063
	科技合同数量	个	正	0.0476
创新内聚性 0.2424	拥有研发机构的企业数量	家	正	0.0494
	高校 R&D 经费内部支出来自政府额	万元	正	0.0463
	高校 R&D 经费内部支出来自企业额	万元	正	0.0449
	企业 R&D 经费内部支出来自政府额	万元	正	0.0370
	研发机构 R&D 经费内部支出来自企业额	万元	正	0.0648

三 评价指标的内涵

生产者、消费者、分解者以及创新环境的评价指标在第五章已经详细介绍过，此处不再赘述，主要对创新内聚性各二级评价指标做详细的介绍。

（一）拥有研发机构的企业数量

高校和科研机构为企业创新活动提供新思路，促进企业创新活动中的研发过程，企业利用自身资源将创新思维转化为社会生产力，实现社会效益。企业在区域中心城市创新生态圈中以创新物种的形式存在，既承担着技术创新的主体角色，又起到了创新思维转化的媒介作用。企业是区域中心城市创新生态圈内的核心主体，起着承上启下的作用，通过向上引进科研机构的先进技术、高校创新思维和高端人才，实现知识、技术、人才向企业流动；通过向下对接消费者、下游企业，推动创新产品或服务走向市场，接受市场检验。区域中心城市创新生态圈企业类型众多，但能自主开展创新活动的企业数量有限。拥有自己的研发机构的企业拥有强大的自主创新能力，体现了企业对创新研发活动的重视，从而提高了区域中心城市创新生态圈的创新竞争力。因此，区域中心城市创新生态圈拥有研发机构的企业数量能够衡量其创新内聚性。

（二）高校 R&D 经费内部支出来自政府额

在区域中心城市创新生态圈中，高校是重要的生产者，政府是重要的分解者，对创新起着催化的作用。高校是社会服务机构，因此需要政府的大量投资。高校进行创新可以服务社会，促进当地的经济、科技发展。高校与政府合作，完成国家或地方政府的一些创新战略部署或者是专项技术的攻坚克难，从而促进创新的基础建设，比如新基建的相关创新研发项目。政府通过统一管理、合理布局、有效配置 R&D 经费的使用，促进高校的创新活动，满足发展的需要。因此，区域中心城市创新生态圈高校 R&D 经费内部支出来自政府额能够衡量其创新内聚性。

（三）高校 R&D 经费内部支出来自企业额

高校和企业都是区域中心城市创新生态圈的生产者，然而功能和定位却有所不同。企业是商业机构，更加注重创新成果的落地转化与商业价值。而高校的功能是科学研究、培养人才和传播知识，更加注重创新的研发过程。高校需要新的创新思维作为创新源泉，在进行创新的过程中同时进行知识的传播和人才的培养。而企业进行创新是为了掌握核心技术，提高自己的核心竞争力。与高校相比，企业更注重的是创新的结果和商业价值。企业通过和高校合作，将高校现有的创新成果推向市场，充分挖掘其商业价值，从而规避长期研发面临失败的风险。高校在合作中扮演着智库的角色，即使研发失败，在这个过程中也会实现知识的传播和人才的培养，为新的研发做准备。另外，高校还可以定向为合作企业输送专业对口人才，解决技术难题。高校 R&D 经费内部支出来自企业额体现了高校和企业的合作深度和广度，因此能够衡量区域中心城市创新生态圈创新内聚性。

（四）企业 R&D 经费内部支出来自政府额

在区域中心城市创新生态圈中，企业是重要的生产者，政府是重要的分解者，企业以盈利为目的，政府为地方发展服务。企业的创新研发活动旨在突破现有的技术，提高生产率，带来更大的盈利空间。然而企业的创新研发活动需要漫长的周期，不可能一蹴而就。创新的结果既有可能成功，也有可能失败。一旦失败对企业将是巨大的打击，带来市场风险、资金链断裂等一系列问题，企业的创新要承担巨大的风险。政府与企业合作，一方面，可以为企业提供专项 R&D 经费，降低企业创新的风险，加大社会资源对企业创新的投入。另一方面，企业创新带来的收益可以提高政府的税收，创造更多的社会效益，形成良性循环。因此企业 R&D 经费内部支出来自政府额体现了政府对企业创新活动的支持和促进，能够衡量区域中心城市创新生态圈创新内聚性。

（五）研发机构 R&D 经费内部支出来自企业额

研发机构和企业都是区域中心城市创新生态圈的生产者，但发挥的作用有所不同。企业和科研机构合作，可以避免使自己进入不擅长或者空白的领域。企业为科研机构提供一定的研发资金，将企业不具备核心技术专项研发活动委托给专门的科研机构，这样既可以实现专业技术的突破，降低研发的风险，又可以减少引进相关技术人才、购买机器设备的费用，节约大量的人力、物力资源用于核心业务的开展和市场的开拓，提高创新研发过程和商业化过程的效率。因此，研发机构 R&D 经费内部支出来自企业额能够衡量区域中心城市创新生态圈创新内聚性。

第二节 区域中心城市创新生态圈集聚能力评价的生态位模型

一 熵权法确定指标权重

本书采用熵权法对区域中心城市创新生态圈集聚能力评价指标权重进行确定，至于选择熵权法的原因以及熵权法的具体过程详见第五章。区域中心城市创新生态圈集聚能力评价指标的最终权重如表6-1所示。从一级指标的大小顺序来看，生产者0.2765>创新内聚性0.2424>创新环境0.2305>消费者0.1296>分解者0.1210，其中生产者、创新环境、消费者以及分解者权重的大小顺序与创新驱动力的大小顺序一致，说明权重的结果比较符合现实，真实客观。从理论角度来说，区域中心城市创新生态圈各要素的创新驱动力越大，对其集聚能力越重要，评价集聚能力时的权重越大。

二 生态位模型构建

生态位最初表示某一物种在生态系统中最后所占的空间单位，是其在生态系统中与其他生物关系网络以及拥有环境资源的综合状况反映（江露薇，2020）。后来出现了强调物种在食物链中能级关系的"功能生态位"。而最新的"多维超体积生态位"强调某一物种在其生存空间内受多个物种以及多种环境影响，使复杂生态位可以用数学公式进行量化，大大扩展了生态位理论的实用性，由自然科学领域逐渐延伸到社会科学领域，尤其是在评价某一产业或某一区域整体特征方面的应用（Elton，1927）。区域中心城市创新生态圈创新活动的本质是一种比较特殊的自然行为，与生物学的基本理论和规律相通。区域中心城市创新生态圈生态位指创新活动在区域创新生态圈中所处的特定位置。各个区域中心城市创新生态圈进行创新活动的过程中具有不同的"生态位"，从而导致了不同区域中心城市创新生态圈具有不同的集聚能力，形成了动态稳定的竞合关系。本书基于生态位理论从创新综合生态位、创新生态位宽度以及创新生态位扩张度对区域中心城市创新生态圈集聚能力进行评价。

(一) 数据标准化处理

采用公式 (5-14)、公式 (5-15) 对数据进行标准化处理, 得到标准化处理后的数据。

(二) 创新综合生态位的"态""势"模型

区域中心城市创新生态圈创新综合生态位包括"态""势"两方面内容。"态"指集聚能力在某一静态时间点的状况, 具有一定的累积效应, 衡量集聚能力的基础水平。"势"反映集聚能力在一段时间的动态发展状况, 衡量集聚能力的潜力。依据区域中心城市创新生态圈创新生态位的"态"和"势"构建创新综合生态位, 衡量集聚能力的综合情况。区域中心城市创新生态位"态"值、生态位"势"值、相对生态位值、综合生态位值, 分别如公式 (6-1)、公式 (6-2)、公式 (6-3)、公式 (6-4) 所示。

$$T_{ij} = \sum_{j=1}^{n}(w_j x_j), \ (i = 1, 2, \cdots, m; j = 1, 2, \cdots, n) \quad (6-1)$$

其中, T_{ij} 代表 i 区域中心城市创新生态位"态"值, x_j 代表第 j 个指标标准化后的值, w_j 代表第 j 个指标的权重, m 代表区域中心城市创新生态圈的个数, n 代表评价指标的个数。

$$S_{ij} = \sum_{j=1}^{n}(w_j v_j), \ (i = 1, 2, \cdots, m; j = 1, 2, \cdots, n) \quad (6-2)$$

其中, S_{ij} 代表 i 区域创新生态位"势"值, v_j 代表第 j 个指标增长值标准化后的值。

$$Z_i = \frac{T_i + A_i S_i}{\sum_{i=1}^{m}(T_i + A_i S_i)} (i = 1, 2, \cdots, m) \quad (6-3)$$

其中, Z_i 代表 i 区域中心城市创新生态圈的创新相对生态位, m 代表区域中心城市创新生态圈个数。A_i 代表量纲转化系数, 公式中的指标采用标准化后的数值, 所以 A_i 为 1。

$$Y_i = \frac{\sum_{j=1}^{n} Z_{ij}}{n} (i = 1, 2, \cdots, m) \quad (6-4)$$

其中, Y_i 代表 i 区域中心城市创新生态圈的创新综合生态位, n 代表集聚能力的评价维数, Z_{ij} 代表 i 区域中心城市创新生态圈第 j 个指标的创新生态位。

（三）创新生态位宽度测量模型

生态位宽度指某一个物种利用其所在生态圈环境资源的总和（孙丽文，2020）。区域创新生态圈中创新生态位宽度指创新主体、创新资源、创新环境以及协同演化性有机整合能力，体现了对这些要素的利用程度。改进后的 Shannon 模型可以很好地衡量区域创新生态圈创新生态位宽度（Shannon，2012），如公式（6-5）所示。

$$K_i = -\sum_{j=1}^{n} r_{ij}\ln r_{ij} \ (i=1, 2, \cdots, m) \tag{6-5}$$

其中，K_i 代表 i 区域中心城市创新生态圈的创新生态位宽度，n 代表指标个数，r_{ij} 代表 i 区域中心城市创新生态圈创新主体利用资源 j 的量在所有资源中所占的比例。

（四）创新生态位扩充度模型

区域中心城市创新生态圈创新生态位扩充度反映其创新的发展前景和发展潜力（解学梅，2021），值越大，表明区域中心城市创新生态圈在未来的发展前景越好，创新潜力越大，反之则发展得比较缓慢，缺乏创新的动力，计算过程如公式（6-6）所示。

$$U_i = \sum_{j=1}^{n} \frac{S_{ij}}{T_{ij}}, \ (i=1, 2, \cdots, m) \tag{6-6}$$

其中，U_i 表示第 i 个区域中心城市创新生态圈的创新生态位扩充度。

第三节　区域中心城市创新生态圈集聚能力评价实证研究

一　计算创新综合生态位

以 2004—2019 年的面板数据为研究依据，根据前文熵权法公式计算得到区域中心城市创新生态圈各评价指标权重，然后依公式计算区域中心城市创新生态圈各维度创新综合生态位，反映其创新的综合状况。由于计算"势"的过程需要用后一年数据减去前一年数据，因此得到的区域中心城市创新综合生态位从 2005 年开始。2005—2019 年区域中心城市创新生态圈创新综合生态位计算结果如表6-2至表6-16所示。

表6-2　2005年区域中心城市创新生态圈创新综合生态位及排名

城市	生产者	消费者	分解者	创新环境	创新内聚性	创新综合生态位	排名
北京	0.5821	0.1633	0.4977	0.0523	0.6073	0.3805	2
天津	0.1713	0.1268	0.2306	0.0203	0.2505	0.1599	15
石家庄	0.0854	0.0900	0.0958	0.0086	0.2992	0.1158	22
上海	0.2712	0.8252	0.5536	0.0587	0.5489	0.4515	1
南京	0.3895	0.1484	0.1860	0.0135	0.7251	0.2918	4
苏州	0.3516	0.1526	0.2115	0.0158	0.7017	0.2866	5
徐州	0.0304	0.0759	0.1130	0.0081	0.6712	0.1797	12
杭州	0.6766	0.1423	0.1842	0.0148	0.6074	0.3250	3
宁波	0.0729	0.1503	0.1426	0.0092	0.3505	0.1451	19
合肥	0.1376	0.0900	0.1229	0.0080	0.6019	0.1921	11
广州	0.2200	0.2244	0.1379	0.0168	0.6448	0.2488	7
深圳	0.2815	0.2012	0.1202	0.0208	0.7092	0.2666	6
珠海	0.0252	0.1262	0.1136	0.0053	0.5329	0.1606	14
济南	0.1449	0.1191	0.3210	0.0093	0.2778	0.1744	13
青岛	0.0905	0.1233	0.1067	0.0117	0.4034	0.1471	17
福州	0.0791	0.0759	0.1138	0.0086	0.2177	0.0990	25
厦门	0.0221	0.0502	0.1203	0.0078	0.1799	0.0761	30
成都	0.1041	0.1433	0.1583	0.0114	0.3074	0.1449	20
重庆	0.1379	0.2020	0.1578	0.0231	0.4832	0.2008	9
西安	0.1711	0.1254	0.2353	0.0155	0.4412	0.1977	10
南宁	0.1366	0.1406	0.0838	0.0081	0.0510	0.0840	28
桂林	0.0254	0.0690	0.0826	0.0073	0.0010	0.0371	38
海口	0.0388	0.1019	0.0800	0.0062	0.0062	0.0466	37
太原	0.1070	0.0910	0.1133	0.0067	0.0033	0.0642	32
呼和浩特	0.0814	0.1000	0.0860	0.0070	0.0228	0.0594	33
贵阳	0.0320	0.1163	0.0694	0.0059	0.0721	0.0592	34
昆明	0.0686	0.0967	0.1400	0.0096	0.1755	0.0981	26
兰州	0.0702	0.0891	0.2146	0.0075	0.0734	0.0910	27

续表

城市	生产者	消费者	分解者	创新环境	创新内聚性	创新综合生态位	排名
西宁	0.0129	0.0653	0.1424	0.0048	0.0106	0.0472	36
银川	0.0311	0.0850	0.1715	0.0048	0.0656	0.0716	31
郑州	0.1454	0.0989	0.1287	0.0130	0.2364	0.1245	21
乌鲁木齐	0.0254	0.1880	0.0723	0.0049	0.0033	0.0588	35
武汉	0.1852	0.3846	0.1688	0.0141	0.4841	0.2473	8
南昌	0.2056	0.0836	0.1530	0.0083	0.2793	0.1460	18
长沙	0.1421	0.1154	0.1626	0.0149	0.3133	0.1496	16
沈阳	0.0590	0.1124	0.1587	0.0127	0.2032	0.1092	24
哈尔滨	0.1051	0.1439	0.1309	0.0138	0.0060	0.0800	29
长春	0.1477	0.0939	0.0727	0.0140	0.2239	0.1104	23

表 6-3　2006 年区域中心城市创新生态圈创新综合生态位及排名

城市	生产者	消费者	分解者	创新环境	创新内聚性	创新综合生态位	排名
北京	0.5616	0.2496	0.7937	0.0456	0.5502	0.4402	1
天津	0.1957	0.0933	0.1988	0.0181	0.2002	0.1412	8
石家庄	0.0574	0.0997	0.0983	0.0102	0.1355	0.0802	26
上海	0.3305	0.2908	1.1466	0.0542	0.3747	0.4394	2
南京	0.1902	0.1618	0.3382	0.0204	1.1165	0.3654	3
苏州	0.0976	0.1728	0.1711	0.0147	1.0220	0.2957	4
徐州	0.0366	0.0922	0.1023	0.0068	0.0896	0.0655	30
杭州	0.1931	0.1712	0.1635	0.0105	0.7310	0.2539	5
宁波	0.0931	0.1407	0.1403	0.0078	0.3100	0.1384	9
合肥	0.0873	0.0992	0.0000	0.0070	0.4698	0.1327	10
广州	0.2162	0.2305	0.1488	0.0206	0.3842	0.2001	7
深圳	0.2335	0.2742	0.2270	0.0151	0.3348	0.2169	6
珠海	0.0290	0.1286	0.0889	0.0048	0.0226	0.0548	32
济南	0.1388	0.1444	0.0950	0.0081	0.0433	0.0859	22
青岛	0.0933	0.1600	0.3021	0.0087	0.0528	0.1234	12
福州	0.2181	0.1347	0.1071	0.0082	0.0148	0.0966	21
厦门	0.0740	0.1723	0.0914	0.0062	0.0287	0.0745	27

续表

城市	生产者	消费者	分解者	创新环境	创新内聚性	创新综合生态位	排名
成都	0.1726	0.1312	0.1027	0.0104	0.0727	0.0979	19
重庆	0.1236	0.1331	0.1245	0.0163	0.1370	0.1069	17
西安	0.1161	0.1340	0.0531	0.0147	0.2536	0.1143	15
南宁	0.0637	0.0963	0.0679	0.0076	0.0082	0.0487	36
桂林	0.0393	0.1153	0.0375	0.0067	0.0139	0.0425	38
海口	0.0596	0.1073	0.0664	0.0045	0.0081	0.0492	35
太原	0.1714	0.1070	0.0852	0.0073	0.0412	0.0824	25
呼和浩特	0.0628	0.1132	0.0834	0.0057	0.0067	0.0543	34
贵阳	0.0582	0.1032	0.0509	0.0053	0.0118	0.0459	37
昆明	0.1690	0.1965	0.0912	0.0124	0.0198	0.0978	20
兰州	0.1370	0.0926	0.1062	0.0064	0.0024	0.0689	28
西宁	0.1274	0.0868	0.0601	0.0062	0.0025	0.0566	31
银川	0.0228	0.0895	0.1501	0.0028	0.0067	0.0544	33
郑州	0.2836	0.0844	0.1673	0.0117	0.0015	0.1097	16
乌鲁木齐	0.1599	0.0926	0.0727	0.0052	0.0073	0.0676	29
武汉	0.2805	0.1163	0.1614	0.0136	0.0506	0.1245	11
南昌	0.1162	0.1133	0.1400	0.0074	0.0399	0.0833	24
长沙	0.2199	0.1327	0.1657	0.0139	0.0692	0.1203	13
沈阳	0.1530	0.1396	0.1460	0.0134	0.0600	0.1024	18
哈尔滨	0.2445	0.1118	0.1388	0.0121	0.0668	0.1148	14
长春	0.0653	0.1372	0.1276	0.0123	0.0824	0.0849	23

表 6-4　2007 年区域中心城市创新生态圈创新综合生态位及排名

城市	生产者	消费者	分解者	创新环境	创新内聚性	创新综合生态位	排名
北京	0.5868	0.1724	0.5491	0.0732	0.7224	0.4208	1
天津	0.2117	0.1394	0.0828	0.0318	0.3039	0.1539	8
石家庄	0.0963	0.1179	0.1311	0.0113	0.0346	0.0783	21
上海	0.4605	0.2589	0.4522	0.0579	0.6999	0.3859	2
南京	0.3590	0.1547	0.4194	0.0669	0.6532	0.3306	3
苏州	0.3238	0.1699	0.4786	0.0747	0.5242	0.3142	4

续表

城市	生产者	消费者	分解者	创新环境	创新内聚性	创新综合生态位	排名
徐州	0.0433	0.0956	0.0843	0.0100	0.0860	0.0638	27
杭州	0.1909	0.1751	0.2985	0.0317	0.7359	0.2864	5
宁波	0.1463	0.1722	0.1434	0.0137	0.1542	0.1260	13
合肥	0.1499	0.1459	0.1490	0.0133	0.2552	0.1427	11
广州	0.2041	0.1953	0.2026	0.0222	0.6147	0.2478	7
深圳	0.2685	0.1835	0.1770	0.0264	0.6854	0.2682	6
珠海	0.0373	0.0889	0.1084	0.0068	0.0244	0.0532	34
济南	0.1625	0.1312	0.0957	0.0132	0.0295	0.0864	19
青岛	0.1247	0.0943	0.0890	0.0152	0.0638	0.0774	22
福州	0.0056	0.1371	0.1066	0.0153	0.0305	0.0590	30
厦门	0.0888	0.1529	0.0955	0.0084	0.0308	0.0753	23
成都	0.1929	0.1079	0.1922	0.0229	0.2102	0.1452	10
重庆	0.1685	0.1310	0.1121	0.0270	0.1692	0.1216	14
西安	0.1624	0.1507	0.1714	0.0217	0.2013	0.1415	12
南宁	0.1145	0.1211	0.0780	0.0131	0.0106	0.0675	26
桂林	0.0977	0.1049	0.0618	0.0107	0.0065	0.0563	32
海口	0.0564	0.1328	0.0631	0.0058	0.0218	0.0560	33
太原	0.0640	0.0966	0.0878	0.0077	0.0322	0.0577	31
呼和浩特	0.0528	0.1061	0.0935	0.0065	0.0038	0.0525	35
贵阳	0.0647	0.1189	0.0969	0.0081	0.0123	0.0602	28
昆明	0.1004	0.1344	0.1059	0.0098	0.0435	0.0788	20
兰州	0.0818	0.1020	0.1006	0.0074	0.0086	0.0601	29
西宁	0.0244	0.0981	0.0763	0.0054	0.0048	0.0418	38
银川	0.0265	0.0902	0.0761	0.0066	0.0098	0.0418	37
郑州	0.1325	0.1296	0.1435	0.0126	0.0439	0.0925	18
乌鲁木齐	0.0465	0.1184	0.0644	0.0066	0.0067	0.0485	36
武汉	0.2460	0.1679	0.1816	0.0254	0.1271	0.1496	9
南昌	0.1160	0.1224	0.0798	0.0110	0.0248	0.0708	25
长沙	0.1556	0.1483	0.1440	0.0162	0.1294	0.1187	15
沈阳	0.1597	0.1265	0.1296	0.0214	0.0874	0.1049	17
哈尔滨	0.1322	0.1242	0.1105	0.0127	0.1547	0.1069	16

续表

城市	生产者	消费者	分解者	创新环境	创新内聚性	创新综合生态位	排名
长春	0.0823	0.1053	0.1112	0.0116	0.0545	0.0730	24

表6-5　2008年区域中心城市创新生态圈创新综合生态位及排名

城市	生产者	消费者	分解者	创新环境	创新内聚性	创新综合生态位	排名
北京	0.6541	0.1985	0.4912	0.0794	0.7051	0.4257	2
天津	0.1752	0.1350	0.1963	0.0307	0.2041	0.1483	9
石家庄	0.1061	0.1216	0.1139	0.0117	0.0057	0.0718	27
上海	0.8298	0.2128	0.3668	0.0525	0.6952	0.4314	1
南京	0.1626	0.1596	0.3200	0.0256	0.4147	0.2165	7
苏州	0.1958	0.1766	0.2683	0.0196	0.4646	0.2250	6
徐州	0.0525	0.1010	0.1162	0.0251	0.0841	0.0758	24
杭州	0.1687	0.1778	0.2414	0.0196	0.6641	0.2543	5
宁波	0.1292	0.1690	0.1136	0.0129	0.1539	0.1157	14
合肥	0.1669	0.1419	0.1108	0.0130	0.1305	0.1126	15
广州	0.2597	0.2079	0.2283	0.0266	0.5663	0.2577	4
深圳	0.2291	0.1957	0.2297	0.0355	0.6801	0.2740	3
珠海	0.0683	0.1072	0.0910	0.0063	0.0493	0.0644	28
济南	0.1282	0.1335	0.0561	0.0126	0.0471	0.0755	26
青岛	0.1070	0.1451	0.1505	0.0161	0.0707	0.0979	17
福州	0.0948	0.1416	0.1412	0.0125	0.0595	0.0899	20
厦门	0.0853	0.1549	0.0874	0.0094	0.0535	0.0781	23
成都	0.1914	0.1527	0.1493	0.0241	0.2333	0.1502	8
重庆	0.1830	0.1393	0.1364	0.0260	0.2164	0.1402	10
西安	0.0902	0.1449	0.1309	0.0185	0.2849	0.1339	12
南宁	0.0143	0.0455	0.0329	0.0093	0.3562	0.0916	19
桂林	0.0406	0.1362	0.0511	0.0068	0.0099	0.0489	34
海口	0.0258	0.1408	0.0597	0.0060	0.0058	0.0476	35
太原	0.0537	0.0959	0.1062	0.0063	0.0230	0.0570	33
呼和浩特	0.0466	0.0963	0.0436	0.0055	0.0079	0.0400	37
贵阳	0.0561	0.1167	0.0826	0.0085	0.0480	0.0624	31

续表

城市	生产者	消费者	分解者	创新环境	创新内聚性	创新综合生态位	排名
昆明	0.0535	0.1413	0.0969	0.0095	0.0195	0.0642	29
兰州	0.0482	0.1121	0.1167	0.0081	0.0340	0.0638	30
西宁	0.0251	0.1136	0.0629	0.0056	0.0045	0.0423	36
银川	0.0415	0.1172	0.1088	0.0059	0.0217	0.0590	32
郑州	0.1569	0.1268	0.1264	0.0126	0.0535	0.0952	18
乌鲁木齐	0.0344	0.1021	0.0388	0.0057	0.0106	0.0383	38
武汉	0.1945	0.1578	0.1785	0.0200	0.1400	0.1382	11
南昌	0.0810	0.1302	0.1244	0.0095	0.0325	0.0755	25
长沙	0.1570	0.1515	0.1282	0.0143	0.1639	0.1230	13
沈阳	0.1059	0.1292	0.0686	0.0117	0.0855	0.0802	22
哈尔滨	0.1223	0.1262	0.0995	0.0112	0.1642	0.1047	16
长春	0.1282	0.1103	0.1050	0.0112	0.0673	0.0844	21

表6-6　2009年区域中心城市创新生态圈创新综合生态位及排名

城市	生产者	消费者	分解者	创新环境	创新内聚性	创新综合生态位	排名
北京	0.5513	0.2157	0.5460	0.0734	0.7049	0.4183	1
天津	0.1678	0.1200	0.1626	0.0207	0.1993	0.1341	12
石家庄	0.0946	0.1245	0.1261	0.0074	0.0515	0.0808	24
上海	0.8476	0.2186	0.3595	0.0921	0.5004	0.4036	2
南京	0.4118	0.1880	0.4492	0.0429	0.4288	0.3041	4
苏州	0.3893	0.1799	0.4280	0.0419	0.4796	0.3038	5
徐州	0.0317	0.0992	0.2230	0.0077	0.0472	0.0818	22
杭州	0.1884	0.1864	0.1889	0.0398	0.7084	0.2624	7
宁波	0.1050	0.1842	0.0814	0.0110	0.1781	0.1119	15
合肥	0.1517	0.1687	0.1799	0.0121	0.0887	0.1202	13
广州	0.4373	0.2056	0.4250	0.0496	0.5034	0.3242	3
深圳	0.3312	0.2211	0.4554	0.0440	0.4647	0.3033	6
珠海	0.0677	0.1079	0.0955	0.0056	0.0577	0.0669	30
济南	0.1164	0.1481	0.0945	0.0107	0.0631	0.0866	20
青岛	0.1048	0.1565	0.1129	0.0131	0.0867	0.0948	17

续表

城市	生产者	消费者	分解者	创新环境	创新内聚性	创新综合生态位	排名
福州	0.1003	0.1406	0.1346	0.0103	0.0521	0.0876	19
厦门	0.0792	0.1574	0.1041	0.0085	0.0467	0.0792	27
成都	0.2214	0.1673	0.1331	0.0179	0.2081	0.1496	9
重庆	0.2107	0.1435	0.1354	0.0184	0.1882	0.1392	10
西安	0.1912	0.1361	0.1453	0.0221	0.2620	0.1514	8
南宁	0.0709	0.1174	0.0827	0.0066	0.0181	0.0591	32
桂林	0.0300	0.1472	0.0628	0.0045	0.0035	0.0496	35
海口	0.0353	0.1337	0.0520	0.0050	0.0036	0.0459	36
太原	0.1414	0.1067	0.0223	0.0099	0.1609	0.0882	18
呼和浩特	0.0407	0.1036	0.0618	0.0043	0.0126	0.0446	37
贵阳	0.0784	0.1194	0.0907	0.0068	0.0332	0.0657	31
昆明	0.1106	0.1379	0.0920	0.0081	0.0614	0.0820	21
兰州	0.0835	0.1197	0.1145	0.0063	0.0664	0.0781	28
西宁	0.0329	0.1177	0.0901	0.0045	0.0100	0.0510	34
银川	0.0220	0.1234	0.1116	0.0045	0.0121	0.0547	33
郑州	0.1961	0.1351	0.1634	0.0115	0.0591	0.1130	14
乌鲁木齐	0.0010	0.0908	0.0725	0.0052	0.0013	0.0341	38
武汉	0.1889	0.1722	0.1642	0.0173	0.1466	0.1378	11
南昌	0.1129	0.1427	0.0913	0.0069	0.0457	0.0799	26
长沙	0.1458	0.1592	0.1327	0.0119	0.0999	0.1099	16
沈阳	0.0903	0.1346	0.0896	0.0101	0.0784	0.0806	25
哈尔滨	0.1154	0.1267	0.0774	0.0073	0.0531	0.0760	29
长春	0.0883	0.1070	0.0997	0.0085	0.1016	0.0810	23

表 6-7 2010 年区域中心城市创新生态圈创新综合生态位及排名

城市	生产者	消费者	分解者	创新环境	创新内聚性	创新综合生态位	排名
北京	0.5698	0.2155	0.5872	0.0701	0.7287	0.4342	1
天津	0.1903	0.1331	0.1640	0.0307	0.3490	0.1734	8
石家庄	0.0912	0.1153	0.0926	0.0109	0.0270	0.0674	28
上海	0.3598	0.2206	0.5383	0.0564	0.7311	0.3812	2

续表

城市	生产者	消费者	分解者	创新环境	创新内聚性	创新综合生态位	排名
南京	0.3505	0.1439	0.4777	0.0457	0.6622	0.3360	5
苏州	0.3880	0.2554	0.4176	0.0524	0.6664	0.3560	3
徐州	0.0272	0.0920	0.0966	0.0102	0.1539	0.0760	23
杭州	0.1934	0.1550	0.1670	0.0173	0.6364	0.2338	7
宁波	0.1057	0.1613	0.1636	0.0132	0.1628	0.1213	13
合肥	0.1480	0.1316	0.1410	0.0126	0.1042	0.1075	14
广州	0.4256	0.2091	0.3526	0.0355	0.6953	0.3436	4
深圳	0.3231	0.2301	0.2113	0.0458	0.6929	0.3006	6
珠海	0.0431	0.1284	0.0732	0.0061	0.0159	0.0533	34
济南	0.1552	0.1381	0.0779	0.0121	0.0347	0.0836	19
青岛	0.1028	0.2177	0.0839	0.0141	0.0729	0.0983	17
福州	0.2144	0.1305	0.1166	0.0142	0.0386	0.1029	16
厦门	0.0541	0.1581	0.0970	0.0080	0.0420	0.0718	25
成都	0.1964	0.1310	0.1803	0.0180	0.1494	0.1350	11
重庆	0.1640	0.1161	0.1553	0.0247	0.1566	0.1233	12
西安	0.1774	0.1580	0.1430	0.0194	0.2223	0.1440	9
南宁	0.1154	0.1175	0.0822	0.0118	0.0140	0.0682	27
桂林	0.1100	0.1000	0.0807	0.0102	0.0103	0.0622	30
海口	0.0463	0.1381	0.0608	0.0055	0.0327	0.0566	32
太原	0.0776	0.1129	0.0856	0.0076	0.0257	0.0619	31
呼和浩特	0.0430	0.1054	0.0954	0.0067	0.0056	0.0512	35
贵阳	0.0579	0.1198	0.1047	0.0084	0.0251	0.0632	29
昆明	0.0778	0.1473	0.0964	0.0097	0.0245	0.0711	26
兰州	0.0636	0.1015	0.0599	0.0074	0.0375	0.0540	33
西宁	0.0223	0.0959	0.0447	0.0051	0.0068	0.0350	38
银川	0.0347	0.0805	0.0829	0.0061	0.0133	0.0435	37
郑州	0.1342	0.1121	0.1008	0.0118	0.0475	0.0813	20
乌鲁木齐	0.0362	0.1206	0.0518	0.0063	0.0078	0.0445	36
武汉	0.2178	0.1554	0.1731	0.0226	0.1495	0.1437	10
南昌	0.1236	0.1128	0.0965	0.0103	0.0342	0.0755	24
长沙	0.1337	0.1370	0.1337	0.0167	0.1114	0.1065	15

续表

城市	生产者	消费者	分解者	创新环境	创新内聚性	创新综合生态位	排名
沈阳	0.1289	0.1424	0.0885	0.0171	0.0864	0.0927	18
哈尔滨	0.1073	0.1173	0.0524	0.0132	0.1020	0.0785	22
长春	0.0795	0.1093	0.0991	0.0107	0.1050	0.0807	21

表6-8　2011年区域中心城市创新生态圈创新综合生态位及排名

城市	生产者	消费者	分解者	创新环境	创新内聚性	创新综合生态位	排名
北京	0.4044	0.2149	0.6944	0.0604	0.7057	0.4160	1
天津	0.1672	0.1569	0.2048	0.0241	0.4138	0.1933	8
石家庄	0.0932	0.1147	0.1106	0.0083	0.0400	0.0734	29
上海	0.4344	0.6168	0.4424	0.0481	0.4733	0.4030	2
南京	0.2956	0.1593	0.4722	0.0374	0.7137	0.3356	4
苏州	0.3574	0.1806	0.4702	0.0493	0.5079	0.3130	5
徐州	0.0366	0.0990	0.0812	0.0078	0.1816	0.0812	23
杭州	0.5767	0.1726	0.4706	0.0349	0.5700	0.3650	3
宁波	0.1409	0.1671	0.1427	0.0090	0.1269	0.1173	15
合肥	0.1503	0.1108	0.3859	0.0080	0.1237	0.1558	10
广州	0.3447	0.2313	0.2239	0.0130	0.6004	0.2827	6
深圳	0.3441	0.2408	0.1489	0.0157	0.6612	0.2821	7
珠海	0.0446	0.1352	0.0595	0.0053	0.0264	0.0542	31
济南	0.1584	0.1428	0.0558	0.0074	0.0566	0.0842	21
青岛	0.1265	0.1495	0.0904	0.0114	0.1193	0.0994	18
福州	0.2887	0.1517	0.1125	0.0080	0.0556	0.1233	13
厦门	0.0462	0.1837	0.0857	0.0073	0.0579	0.0762	28
成都	0.1905	0.1184	0.2381	0.0124	0.1566	0.1432	11
重庆	0.1589	0.0817	0.1026	0.0250	0.1273	0.0991	19
西安	0.1636	0.1395	0.0441	0.0162	0.4331	0.1593	9
南宁	0.0861	0.1536	0.0856	0.0088	0.0717	0.0812	24
桂林	0.1866	0.1004	0.0512	0.0059	0.0527	0.0794	25
海口	0.0335	0.1118	0.0625	0.0055	0.0524	0.0531	32
太原	0.0558	0.1149	0.1435	0.0062	0.0656	0.0772	27

续表

城市	生产者	消费者	分解者	创新环境	创新内聚性	创新综合生态位	排名
呼和浩特	0.0420	0.1240	0.0800	0.0070	0.0077	0.0521	33
贵阳	0.0870	0.0884	0.0535	0.0063	0.0198	0.0510	34
昆明	0.0913	0.1196	0.0939	0.0064	0.0999	0.0822	22
兰州	0.0788	0.0901	0.0947	0.0073	0.0147	0.0571	30
西宁	0.0462	0.0911	0.0457	0.0045	0.0032	0.0382	36
银川	0.0263	0.0830	0.0101	0.0047	0.0105	0.0269	38
郑州	0.1077	0.1231	0.1838	0.0127	0.0576	0.0970	20
乌鲁木齐	0.0335	0.0285	0.0608	0.0048	0.0083	0.0272	37
武汉	0.2043	0.0783	0.1635	0.0137	0.1815	0.1282	12
南昌	0.0397	0.1089	0.0537	0.0103	0.0340	0.0493	35
长沙	0.1234	0.1412	0.1388	0.0159	0.1786	0.1196	14
沈阳	0.0982	0.1383	0.1462	0.0111	0.1886	0.1165	16
哈尔滨	0.1251	0.0888	0.0896	0.0134	0.1994	0.1033	17
长春	0.0314	0.1087	0.1379	0.0143	0.0989	0.0782	26

表6-9 2012年区域中心城市创新生态圈创新综合生态位及排名

城市	生产者	消费者	分解者	创新环境	创新内聚性	创新综合生态位	排名
北京	0.4815	0.1955	0.6094	0.0691	0.6488	0.4009	1
天津	0.1675	0.1432	0.1929	0.0275	0.3711	0.1804	8
石家庄	0.0821	0.1061	0.0882	0.0120	0.0312	0.0639	28
上海	0.3206	0.2041	0.4288	0.0562	0.7001	0.3420	2
南京	0.7265	0.1565	0.2015	0.0256	0.5476	0.3315	3
苏州	0.6188	0.1815	0.1769	0.0268	0.6283	0.3265	4
徐州	0.0658	0.0886	0.0989	0.0178	0.1135	0.0769	22
杭州	0.1617	0.1965	0.1623	0.0212	0.6420	0.2368	7
宁波	0.1105	0.1616	0.1600	0.0163	0.2283	0.1353	11
合肥	0.1140	0.1149	0.1425	0.0143	0.1321	0.1036	16
广州	0.1786	0.2652	0.2408	0.0250	0.5795	0.2578	6
深圳	0.2048	0.2794	0.1982	0.0289	0.6686	0.2760	5
珠海	0.0323	0.1403	0.0874	0.0122	0.0213	0.0587	31

续表

城市	生产者	消费者	分解者	创新环境	创新内聚性	创新综合生态位	排名
济南	0.1350	0.1360	0.0985	0.0147	0.0435	0.0855	21
青岛	0.1029	0.1505	0.0894	0.0160	0.0883	0.0894	20
福州	0.1641	0.1401	0.1323	0.0142	0.0383	0.0978	18
厦门	0.0565	0.1571	0.0930	0.0097	0.0415	0.0716	26
成都	0.1614	0.1434	0.1521	0.0232	0.1347	0.1229	12
重庆	0.1457	0.1349	0.0983	0.0208	0.1555	0.1110	14
西安	0.1553	0.1502	0.2078	0.0213	0.2257	0.1520	9
南宁	0.1039	0.0797	0.0720	0.0107	0.0142	0.0561	32
桂林	0.0825	0.1017	0.0483	0.0100	0.0102	0.0505	34
海口	0.0295	0.1182	0.0441	0.0053	0.0024	0.0399	37
太原	0.0736	0.1039	0.1476	0.0076	0.0509	0.0767	23
呼和浩特	0.0484	0.1077	0.0952	0.0069	0.0147	0.0546	33
贵阳	0.0649	0.1037	0.0850	0.0074	0.0483	0.0619	30
昆明	0.0807	0.1176	0.0940	0.0090	0.0190	0.0641	27
兰州	0.0767	0.0967	0.1110	0.0083	0.0191	0.0623	29
西宁	0.0207	0.0825	0.0658	0.0052	0.0092	0.0367	38
银川	0.0245	0.0842	0.0936	0.0061	0.0136	0.0444	36
郑州	0.1269	0.1219	0.1547	0.0125	0.0499	0.0932	19
乌鲁木齐	0.0364	0.1147	0.0760	0.0066	0.0088	0.0485	35
武汉	0.1936	0.1643	0.1450	0.0231	0.1630	0.1378	10
南昌	0.1077	0.1201	0.0949	0.0101	0.0253	0.0716	25
长沙	0.1329	0.1394	0.1353	0.0169	0.1315	0.1112	13
沈阳	0.1036	0.1285	0.0980	0.0198	0.1417	0.0983	17
哈尔滨	0.1076	0.1263	0.1097	0.0129	0.1840	0.1081	15
长春	0.0691	0.1088	0.1031	0.0113	0.0785	0.0742	24

表 6-10　2013 年区域中心城市创新生态圈创新综合生态位及排名

城市	生产者	消费者	分解者	创新环境	创新内聚性	创新综合生态位	排名
北京	0.5785	0.2092	0.5436	0.0812	0.6879	0.4201	1
天津	0.1874	0.1113	0.1502	0.0243	0.1854	0.1317	12

续表

城市	生产者	消费者	分解者	创新环境	创新内聚性	创新综合生态位	排名
石家庄	0.1038	0.1256	0.1252	0.0067	0.0200	0.0762	26
上海	0.4872	0.2247	0.4765	0.0535	0.6425	0.3769	2
南京	0.4330	0.1574	0.3164	0.0366	0.5384	0.2964	5
苏州	0.3565	0.1697	0.4215	0.3683	0.5253	0.3683	3
徐州	0.0456	0.0985	0.0666	0.0598	0.1484	0.0838	21
杭州	0.1842	0.1751	0.1373	0.0184	0.4130	0.1856	7
宁波	0.1486	0.1672	0.1390	0.0110	0.1282	0.1188	14
合肥	0.1645	0.1455	0.1758	0.0116	0.1088	0.1212	13
广州	0.3100	0.2027	0.3728	0.0462	0.6755	0.3215	4
深圳	0.3251	0.2033	0.2653	0.0416	0.6364	0.2943	6
珠海	0.0781	0.0998	0.1161	0.0048	0.0483	0.0694	31
济南	0.1361	0.1314	0.0919	0.0118	0.0450	0.0832	22
青岛	0.1363	0.1264	0.0439	0.0126	0.0552	0.0749	29
福州	0.1025	0.1434	0.1186	0.0098	0.0485	0.0846	19
厦门	0.1031	0.1556	0.1142	0.0094	0.0400	0.0845	20
成都	0.2251	0.1448	0.2848	0.0185	0.2005	0.1747	8
重庆	0.2020	0.1533	0.1472	0.0198	0.1824	0.1410	11
西安	0.1961	0.1322	0.2203	0.0212	0.2279	0.1595	9
南宁	0.0728	0.0934	0.0292	0.0118	0.1444	0.0703	30
桂林	0.0387	0.1369	0.0535	0.0053	0.0072	0.0483	36
海口	0.0228	0.1419	0.0722	0.0052	0.0032	0.0491	35
太原	0.0856	0.0893	0.1220	0.0062	0.1030	0.0812	24
呼和浩特	0.0375	0.0950	0.0809	0.0048	0.0059	0.0448	37
贵阳	0.1160	0.1192	0.1064	0.0075	0.0271	0.0752	28
昆明	0.1271	0.1460	0.1488	0.0078	0.0240	0.0907	18
兰州	0.0736	0.1044	0.0783	0.0063	0.0411	0.0607	32
西宁	0.0245	0.1105	0.0697	0.0047	0.0040	0.0427	38
银川	0.0275	0.1157	0.0971	0.0050	0.0087	0.0508	34
郑州	0.1856	0.1065	0.1174	0.0104	0.0358	0.0912	17
乌鲁木齐	0.0876	0.1008	0.0722	0.0052	0.0032	0.0538	33
武汉	0.2166	0.1606	0.1810	0.0174	0.1731	0.1497	9

续表

城市	生产者	消费者	分解者	创新环境	创新内聚性	创新综合生态位	排名
南昌	0.1122	0.1296	0.1011	0.0063	0.0319	0.0762	27
长沙	0.1617	0.1480	0.1186	0.0123	0.1002	0.1082	15
沈阳	0.0823	0.1276	0.1054	0.0119	0.1314	0.0917	16
哈尔滨	0.0990	0.1253	0.0771	0.0090	0.0739	0.0769	25
长春	0.1046	0.1115	0.0892	0.0099	0.0970	0.0824	23

表6-11　2014年区域中心城市创新生态圈创新综合生态位及排名

城市	生产者	消费者	分解者	创新环境	创新内聚性	创新综合生态位	排名
北京	0.7523	0.2464	0.7140	0.0436	0.6758	0.4864	1
天津	0.1762	0.1693	0.2003	0.0185	0.2422	0.1613	9
石家庄	0.1031	0.1080	0.1189	0.0061	0.0332	0.0739	25
上海	0.7437	0.3200	0.3617	0.0390	0.6895	0.4308	2
南京	0.4183	0.1635	0.3164	0.0436	0.6509	0.3186	5
苏州	0.4725	0.1717	0.3665	0.0392	0.5207	0.3141	6
徐州	0.0498	0.1030	0.1348	0.0056	0.0886	0.0764	24
杭州	0.2165	0.1836	0.2926	0.0192	0.4858	0.2395	7
宁波	0.0153	0.1713	0.1449	0.0070	0.1980	0.1073	15
合肥	0.1230	0.1081	0.1160	0.0060	0.0601	0.0826	20
广州	0.3704	0.2430	0.3960	0.0265	0.6586	0.3389	4
深圳	0.6866	0.3260	0.2551	0.0121	0.6745	0.3908	3
珠海	0.0403	0.1778	0.0946	0.0046	0.0215	0.0678	29
济南	0.1582	0.1464	0.0952	0.0073	0.1018	0.1018	16
青岛	0.1044	0.1597	0.1367	0.0069	0.1634	0.1142	14
福州	0.0771	0.1409	0.1250	0.0068	0.0486	0.0797	22
厦门	0.0469	0.1803	0.0703	0.0056	0.0328	0.0672	30
成都	0.1335	0.1536	0.1318	0.0091	0.2499	0.1356	12
重庆	0.2408	0.1357	0.1316	0.0094	0.1816	0.1398	11
西安	0.2390	0.1147	0.1426	0.0076	0.2272	0.1462	10
南宁	0.0854	0.1123	0.0776	0.0055	0.0184	0.0599	32
桂林	0.0260	0.0956	0.0831	0.0050	0.0136	0.0447	37

续表

城市	生产者	消费者	分解者	创新环境	创新内聚性	创新综合生态位	排名
海口	0.0298	0.1133	0.0866	0.0043	0.0036	0.0475	36
太原	0.1124	0.1114	0.1048	0.0051	0.0277	0.0723	26
呼和浩特	0.0773	0.0892	0.0844	0.0049	0.0125	0.0537	35
贵阳	0.0626	0.0993	0.0914	0.0049	0.0251	0.0566	33
昆明	0.0925	0.1124	0.1011	0.0061	0.0376	0.0700	28
兰州	0.0755	0.0837	0.1136	0.0054	0.0253	0.0607	31
西宁	0.0259	0.0776	0.0880	0.0043	0.0176	0.0427	38
银川	0.0415	0.0908	0.1946	0.0046	0.0188	0.0701	27
郑州	0.1178	0.1151	0.1317	0.0062	0.0746	0.0891	19
乌鲁木齐	0.0498	0.0936	0.0919	0.0045	0.0288	0.0537	34
武汉	0.2842	0.1279	0.3447	0.0186	0.1536	0.1858	8
南昌	0.1218	0.1170	0.1133	0.0058	0.0514	0.0819	21
长沙	0.1211	0.1461	0.1396	0.0069	0.0658	0.0959	18
沈阳	0.1198	0.1408	0.1822	0.0091	0.1280	0.1160	13
哈尔滨	0.1222	0.0806	0.1934	0.0069	0.0898	0.0986	17
长春	0.0974	0.1114	0.1089	0.0067	0.0601	0.0769	23

表6-12　2015年区域中心城市创新生态圈创新综合生态位及排名

城市	生产者	消费者	分解者	创新环境	创新内聚性	创新综合生态位	排名
北京	0.6115	0.2236	0.4999	0.0515	0.6525	0.4078	2
天津	0.1950	0.1329	0.1799	0.0186	0.2808	0.1615	8
石家庄	0.0756	0.1061	0.0880	0.0080	0.0478	0.0651	28
上海	0.3157	0.3981	0.6963	0.0568	0.6787	0.4291	1
南京	0.2252	0.1587	0.4711	0.0260	0.4891	0.2740	5
苏州	0.1562	0.1742	0.3367	0.0383	0.5363	0.2484	6
徐州	0.0642	0.0956	0.0796	0.0074	0.0831	0.0660	27
杭州	0.2315	0.1867	0.0882	0.0157	0.6787	0.2402	7
宁波	0.0959	0.1653	0.0675	0.0114	0.2512	0.1183	15
合肥	0.0991	0.1078	0.2380	0.0072	0.1713	0.1247	13
广州	0.2306	0.2102	0.3679	0.0356	0.6567	0.3002	3

续表

城市	生产者	消费者	分解者	创新环境	创新内聚性	创新综合生态位	排名
深圳	0.2580	0.2328	0.3230	0.0425	0.6127	0.2938	04
珠海	0.0401	0.1186	0.0890	0.0050	0.0918	0.0689	25
济南	0.1488	0.1326	0.0323	0.0092	0.0882	0.0822	21
青岛	0.1044	0.1504	0.2015	0.0117	0.1220	0.1180	16
福州	0.0688	0.2147	0.1055	0.0090	0.0869	0.0970	19
厦门	0.1091	0.3304	0.0883	0.0079	0.0777	0.1227	14
成都	0.2114	0.1378	0.0569	0.0109	0.3628	0.1560	10
重庆	0.1336	0.1509	0.1333	0.0195	0.3012	0.1477	11
西安	0.1483	0.1322	0.0805	0.0130	0.4246	0.1597	9
南宁	0.1358	0.1120	0.0473	0.0100	0.0331	0.0676	26
桂林	0.0260	0.0891	0.0899	0.0081	0.0074	0.0441	36
海口	0.0134	0.1092	0.0613	0.0178	0.0058	0.0415	38
太原	0.0278	0.0996	0.0697	0.0096	0.0019	0.0417	37
呼和浩特	0.0804	0.1321	0.0682	0.0067	0.0175	0.0610	32
贵阳	0.0615	0.0941	0.0533	0.0067	0.0542	0.0540	34
昆明	0.0326	0.1305	0.0541	0.0166	0.0760	0.0620	31
兰州	0.0371	0.0930	0.1190	0.0105	0.0914	0.0702	23
西宁	0.1467	0.0803	0.0416	0.0086	0.0128	0.0580	33
银川	0.0227	0.0889	0.1197	0.0047	0.0179	0.0508	35
郑州	0.0137	0.1261	0.1084	0.0120	0.0862	0.0693	24
乌鲁木齐	0.1202	0.1340	0.0547	0.0096	0.0049	0.0647	29
武汉	0.1571	0.1568	0.1248	0.0234	0.2401	0.1404	12
南昌	0.0522	0.1115	0.1272	0.0085	0.0564	0.0712	22
长沙	0.0814	0.1340	0.1019	0.0154	0.1657	0.0997	18
沈阳	0.1304	0.1288	0.1194	0.0143	0.1418	0.1069	17
哈尔滨	0.1256	0.1168	0.1092	0.0131	0.0986	0.0927	20
长春	0.0805	0.0895	0.0249	0.0138	0.1040	0.0625	30

表6-13　2016年区域中心城市创新生态圈创新综合生态位及排名

城市	生产者	消费者	分解者	创新环境	创新内聚性	创新综合生态位	排名
北京	0.7633	0.3008	0.6699	0.0393	0.5285	0.4604	1

续表

城市	生产者	消费者	分解者	创新环境	创新内聚性	创新综合生态位	排名
天津	0.2506	0.1558	0.1680	0.0133	0.2028	0.1581	8
石家庄	0.1167	0.1075	0.1448	0.0058	0.1083	0.0966	18
上海	0.4092	0.3941	0.5167	0.0361	0.5741	0.3860	2
南京	0.3882	0.1855	0.1470	0.0094	0.5899	0.2640	7
苏州	0.4576	0.1850	0.4615	0.0080	0.5716	0.3368	5
徐州	0.0402	0.1967	0.0596	0.0054	0.0434	0.0690	27
杭州	0.3211	0.2050	0.4389	0.0091	0.6306	0.3209	6
宁波	0.1288	0.2156	0.1093	0.0065	0.1158	0.1152	14
合肥	0.1439	0.1588	0.1892	0.0053	0.1062	0.1207	13
广州	0.3678	0.2533	0.4666	0.0090	0.6530	0.3499	4
深圳	0.4209	0.3735	0.3052	0.0075	0.6357	0.3486	3
珠海	0.0272	0.2214	0.1442	0.0104	0.0148	0.0836	22
济南	0.1549	0.1390	0.1823	0.0069	0.0605	0.1087	15
青岛	0.0952	0.1553	0.0807	0.0063	0.0717	0.0819	24
福州	0.0824	0.1292	0.1447	0.0063	0.0239	0.0773	26
厦门	0.0378	0.1621	0.0937	0.0050	0.0135	0.0624	30
成都	0.1577	0.1397	0.1335	0.0078	0.2138	0.1305	11
重庆	0.2169	0.1225	0.1535	0.0080	0.2541	0.1510	9
西安	0.2301	0.1186	0.0851	0.0067	0.1821	0.1245	12
南宁	0.0985	0.1058	0.0974	0.0048	0.0065	0.0626	29
桂林	0.0443	0.0786	0.0940	0.0040	0.0050	0.0452	33
海口	0.0214	0.1008	0.0416	0.0043	0.0029	0.0342	37
太原	0.1282	0.1017	0.1303	0.0045	0.0436	0.0817	25
呼和浩特	0.0693	0.1180	0.0572	0.0046	0.0200	0.0538	32
贵阳	0.0453	0.0902	0.0366	0.0050	0.0396	0.0433	34
昆明	0.0705	0.0961	0.1145	0.0058	0.0288	0.0631	28
兰州	0.0787	0.0763	0.1244	0.0049	0.0055	0.0580	31
西宁	0.0085	0.0637	0.0543	0.0041	0.0136	0.0288	38
银川	0.0333	0.0879	0.0739	0.0040	0.0060	0.0410	35
郑州	0.1076	0.1147	0.2055	0.0057	0.0101	0.0887	20
乌鲁木齐	0.0165	0.0983	0.0434	0.0045	0.0256	0.0376	36

续表

城市	生产者	消费者	分解者	创新环境	创新内聚性	创新综合生态位	排名
武汉	0.2206	0.1404	0.1307	0.0083	0.1699	0.1340	10
南昌	0.1354	0.1139	0.1548	0.0054	0.0193	0.0858	21
长沙	0.1549	0.1380	0.1869	0.0072	0.0174	0.1009	16
沈阳	0.1363	0.1212	0.1348	0.0085	0.0933	0.0988	17
哈尔滨	0.1379	0.1334	0.0819	0.0065	0.0917	0.0903	19
长春	0.1346	0.1095	0.0947	0.0061	0.0653	0.0821	23

表 6-14　2017 年区域中心城市创新生态圈创新综合生态位及排名

城市	生产者	消费者	分解者	创新环境	创新内聚性	创新综合生态位	排名
北京	0.6154	0.2726	0.6491	0.0377	0.6013	0.4352	1
天津	0.2321	0.1671	0.1318	0.0174	0.4210	0.1939	9
石家庄	0.0944	0.1177	0.1375	0.0061	0.0113	0.0734	25
上海	0.3588	0.3345	0.5039	0.0389	0.6844	0.3841	2
南京	0.1758	0.1680	0.3019	0.0096	0.7090	0.2728	6
苏州	0.1082	0.2162	0.4277	0.0084	0.6882	0.2897	5
徐州	0.0388	0.0988	0.0887	0.0056	0.0782	0.0620	30
杭州	0.2029	0.1918	0.3181	0.0086	0.5873	0.2617	7
宁波	0.1994	0.1595	0.1299	0.0066	0.2053	0.1401	10
合肥	0.0857	0.0972	0.0053	0.0057	0.4887	0.1365	13
广州	0.2113	0.3451	0.4512	0.0109	0.7205	0.3478	3
深圳	0.1472	0.3150	0.4750	0.0105	0.6850	0.3265	4
珠海	0.0256	0.1578	0.1217	0.0045	0.0265	0.0672	28
济南	0.1461	0.1421	0.0136	0.0074	0.0957	0.0810	20
青岛	0.0937	0.1679	0.0797	0.0070	0.0956	0.0888	18
福州	0.0738	0.1375	0.1209	0.0064	0.0499	0.0777	22
厦门	0.0444	0.1971	0.0736	0.0051	0.0353	0.0711	27
成都	0.1639	0.1380	0.1437	0.0084	0.2348	0.1378	11
重庆	0.2014	0.1275	0.1417	0.0089	0.2075	0.1374	12
西安	0.2328	0.0928	0.1108	0.0073	0.1303	0.1148	15
南宁	0.0906	0.1025	0.0977	0.0053	0.0173	0.0627	29

续表

城市	生产者	消费者	分解者	创新环境	创新内聚性	创新综合生态位	排名
桂林	0.0341	0.0832	0.1066	0.0048	0.0120	0.0481	33
海口	0.0274	0.1004	0.0696	0.0042	0.0048	0.0413	36
太原	0.0860	0.1050	0.1416	0.0051	0.0266	0.0729	26
呼和浩特	0.0500	0.1172	0.0702	0.0047	0.0157	0.0515	32
贵阳	0.0483	0.0901	0.0405	0.0051	0.0389	0.0446	34
昆明	0.0948	0.1149	0.1568	0.0060	0.0276	0.0800	21
兰州	0.0516	0.0796	0.1367	0.0053	0.0229	0.0592	31
西宁	0.0145	0.0689	0.0610	0.0042	0.0106	0.0318	38
银川	0.0306	0.0714	0.0851	0.0046	0.0107	0.0405	37
郑州	0.1036	0.1065	0.1174	0.0060	0.0388	0.0745	24
乌鲁木齐	0.0413	0.0828	0.0643	0.0046	0.0167	0.0419	35
武汉	0.2181	0.1387	0.1383	0.0086	0.5840	0.2175	8
南昌	0.1216	0.1089	0.1524	0.0057	0.0416	0.0860	19
长沙	0.1076	0.1396	0.1946	0.0074	0.0930	0.1085	17
沈阳	0.1263	0.1281	0.1271	0.0084	0.1833	0.1146	16
哈尔滨	0.1299	0.1258	0.1270	0.0067	0.2063	0.1191	14
长春	0.1104	0.1184	0.0944	0.0066	0.0569	0.0773	23

表6-15 2018年区域中心城市创新生态圈创新综合生态位及排名

城市	生产者	消费者	分解者	创新环境	创新内聚性	创新综合生态位	排名
北京	0.6277	0.3932	0.3563	0.0769	0.5715	0.4051	1
天津	0.3743	0.3749	0.1490	0.0343	0.2277	0.2320	10
石家庄	0.2716	0.3767	0.1056	0.0117	0.1023	0.1736	22
上海	0.6727	0.3886	0.3516	0.0587	0.5183	0.3980	2
南京	0.5207	0.3864	0.2370	0.0206	0.1722	0.2674	6
苏州	0.5149	0.3941	0.1544	0.0221	0.3157	0.2803	5
徐州	0.2457	0.3707	0.0720	0.0105	0.1298	0.1657	28
杭州	0.3349	0.3918	0.0787	0.0193	0.4992	0.2648	7
宁波	0.2542	0.3907	0.1820	0.0143	0.1464	0.1975	14
合肥	0.2826	0.3866	0.2267	0.0150	0.1189	0.2060	13

续表

城市	生产者	消费者	分解者	创新环境	创新内聚性	创新综合生态位	排名
广州	0.5659	0.3910	0.3672	0.0247	0.2650	0.3228	3
深圳	0.3812	0.3882	0.2572	0.0301	0.4524	0.3018	4
珠海	0.2390	0.3745	0.1776	0.0068	0.0370	0.1670	26
济南	0.3335	0.3790	0.0846	0.0141	0.0951	0.1813	17
青岛	0.3125	0.3825	0.0742	0.0164	0.0841	0.1739	20
福州	0.2640	0.3821	0.1154	0.0129	0.0640	0.1677	24
厦门	0.2713	0.3960	0.0987	0.0095	0.0554	0.1662	23
成都	0.4317	0.3785	0.1867	0.0251	0.2834	0.2611	8
重庆	0.3683	0.3746	0.1453	0.0287	0.1918	0.2217	11
西安	0.3928	0.3810	0.1918	0.0211	0.3058	0.2585	9
南宁	0.2305	0.3800	0.0712	0.0133	0.0149	0.1420	37
桂林	0.2463	0.3776	0.0968	0.0109	0.0076	0.1478	36
海口	0.2334	0.3932	0.0865	0.0065	0.0135	0.1466	32
太原	0.3318	0.3705	0.0836	0.0079	0.0001	0.1588	31
呼和浩特	0.2799	0.3721	0.0863	0.0072	0.0101	0.1511	35
贵阳	0.2949	0.3829	0.0892	0.0093	0.0097	0.1572	29
昆明	0.3303	0.3873	0.1249	0.0106	0.0216	0.1749	19
兰州	0.3379	0.3825	0.0904	0.0082	0.0432	0.1724	21
西宁	0.2239	0.3852	0.0575	0.0055	0.0078	0.1360	38
银川	0.2324	0.3944	0.0856	0.0065	0.0088	0.1456	34
郑州	0.3591	0.3765	0.1158	0.0138	0.0323	0.1795	18
乌鲁木齐	0.2798	0.3688	0.1077	0.0067	0.0044	0.1535	33
武汉	0.3306	0.3775	0.1681	0.0281	0.1416	0.2092	12
南昌	0.2814	0.3814	0.1402	0.0110	0.0165	0.1661	25
长沙	0.3466	0.3848	0.1452	0.0177	0.0589	0.1906	16
沈阳	0.2445	0.3746	0.1588	0.0219	0.1806	0.1961	15
哈尔滨	0.3172	0.3752	0.0730	0.0139	0.0440	0.1647	27
长春	0.3135	0.3730	0.0875	0.0116	0.0087	0.1589	30

表 6-16　2019 年区域中心城市创新生态圈创新综合生态位及排名

城市	生产者	消费者	分解者	创新环境	创新内聚性	创新综合生态位	排名
北京	0.3679	0.3440	0.6690	0.0461	0.6633	0.4181	1
天津	0.2046	0.2204	0.1050	0.0208	0.2929	0.1687	13
石家庄	0.0663	0.1065	0.0973	0.0074	0.0254	0.0606	29
上海	0.3753	0.3260	0.6119	0.0431	0.6150	0.3943	2
南京	0.4069	0.2658	0.4248	0.0143	0.5306	0.3285	7
苏州	0.3955	0.2463	0.4638	0.0394	0.6528	0.3595	5
徐州	0.0403	0.0634	0.0742	0.0105	0.3212	0.1019	17
杭州	0.3760	0.2710	0.4613	0.0143	0.5681	0.3381	6
宁波	0.2858	0.2262	0.1108	0.0124	0.4389	0.2148	11
合肥	0.2703	0.1595	0.3370	0.0075	0.3472	0.2243	10
广州	0.3051	0.2939	0.6182	0.0296	0.6628	0.3819	3
深圳	0.3360	0.2691	0.5351	0.0190	0.6434	0.3605	4
珠海	0.0675	0.0919	0.1156	0.0105	0.0026	0.0576	31
济南	0.1092	0.1477	0.1508	0.0099	0.0316	0.0898	19
青岛	0.0885	0.1672	0.0720	0.0098	0.0400	0.0755	26
福州	0.0823	0.1446	0.1417	0.0091	0.0212	0.0798	24
厦门	0.1051	0.1624	0.1108	0.0076	0.0017	0.0775	25
成都	0.3140	0.3090	0.4074	0.0112	0.4372	0.2958	9
重庆	0.2055	0.2317	0.1685	0.0106	0.1552	0.1543	14
西安	0.2607	0.1280	0.2489	0.0089	0.3179	0.1929	12
南宁	0.1209	0.0992	0.0455	0.0057	0.0118	0.0566	32
桂林	0.0523	0.1018	0.0864	0.0046	0.0026	0.0495	34
海口	0.0606	0.1163	0.0430	0.0043	0.0293	0.0507	33
太原	0.0623	0.1185	0.0720	0.0054	0.1676	0.0852	22
呼和浩特	0.0206	0.1352	0.0349	0.0052	0.0404	0.0473	37
贵阳	0.1242	0.1002	0.0616	0.0049	0.0426	0.0667	28
昆明	0.0049	0.2307	0.1008	0.0064	0.0196	0.0725	27

续表

城市	生产者	消费者	分解者	创新环境	创新内聚性	创新综合生态位	排名
兰州	0.0717	0.0901	0.1073	0.0059	0.0252	0.0600	30
西宁	0.0602	0.0867	0.0572	0.0044	0.0218	0.0461	38
银川	0.0089	0.0948	0.1156	0.0048	0.0215	0.0491	36
郑州	0.2698	0.1235	0.0275	0.0066	0.0245	0.0904	18
乌鲁木齐	0.0628	0.0975	0.0420	0.0056	0.0396	0.0495	35
武汉	0.3723	0.2643	0.4037	0.0114	0.4710	0.3045	8
南昌	0.0958	0.1189	0.1420	0.0067	0.0592	0.0845	23
长沙	0.2516	0.1246	0.0847	0.0088	0.0821	0.1104	15
沈阳	0.1500	0.1614	0.1041	0.0139	0.1170	0.1093	16
哈尔滨	0.1850	0.0993	0.0342	0.0076	0.1185	0.0889	20
长春	0.1482	0.1325	0.0551	0.0077	0.0865	0.0860	21

从表 6-2 至表 6-16 可以看出，不同区域中心城市创新生态圈的创新综合生态位存在较大的差距，并且在不断地变化，变化趋势也有所不同。最新一年的数据反映的是各区域中心城市创新生态圈集聚能力最新的进化状况，能够反映出其创新的最新现状。因此，对各区域中心城市创新生态圈 2019 年创新综合生态位进行系统聚类分析，使用的软件是 SPSS.26。聚类结果如图 6-1 所示。

按照 2019 年的创新综合生态位来分析，38 个样本区域中心城市创新生态圈可划分为 4 个梯队，第一梯队包括北京和上海 2 个区域中心城市创新生态圈；第二梯队包括广州、深圳、苏州、杭州、南京、成都和武汉 7 个区域中心城市创新生态圈；第三梯队包括合肥、宁波、西安、天津和重庆 5 个区域中心城市创新生态圈；第四梯队包括石家庄、徐州、珠海、济南、青岛、福州、厦门、南宁、桂林、海口、太原、呼和浩特、贵阳、昆明、兰州、西宁、银川、郑州、乌鲁木齐、南昌、长沙、沈阳、哈尔滨和长春 24 个区域中心城市创新生态圈，如表 6-17 所示。

使用平均连接（组间）的谱系图
重新标度的距离聚类组合

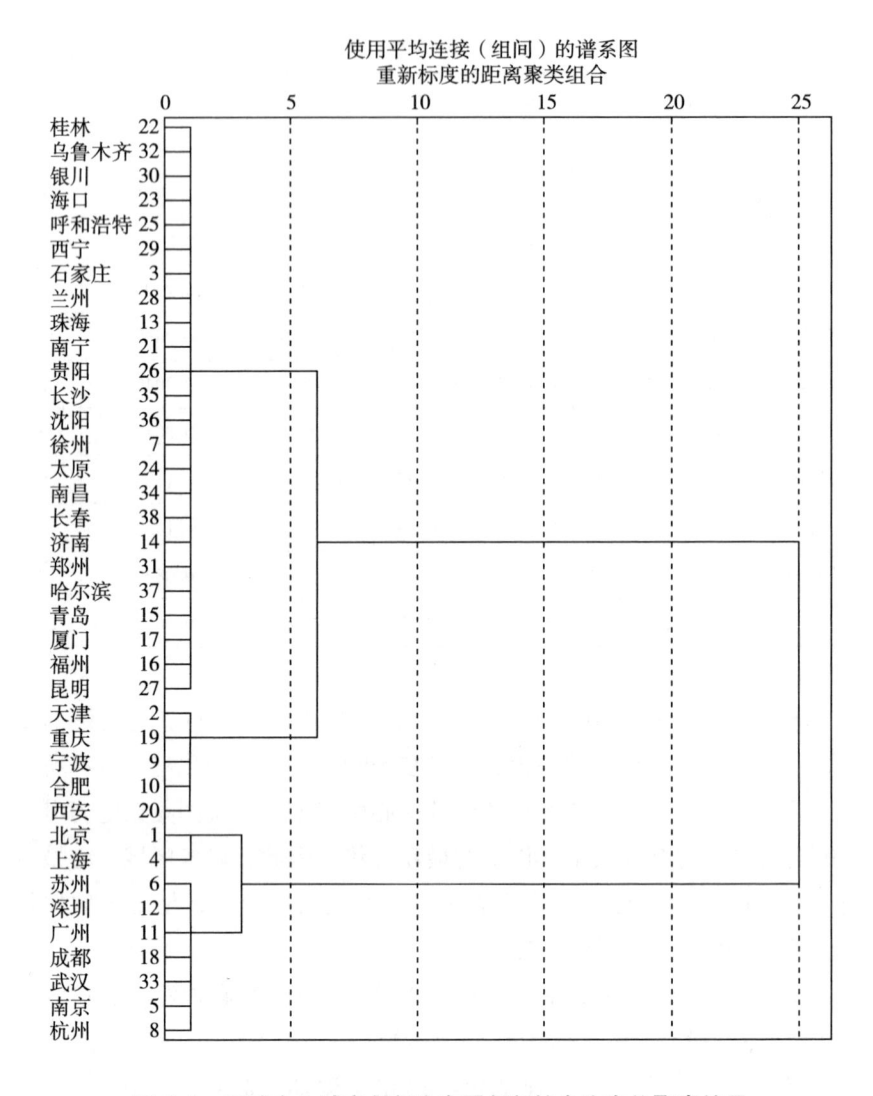

```
            0       5      10      15      20      25
桂林      22  ┐
乌鲁木齐  32  ┤
银川      30  ┤
海口      23  ┤
呼和浩特  25  ┤
西宁      29  ┤
石家庄     3  ┤
兰州      28  ┤
珠海      13  ┤
南宁      21  ┤
贵阳      26  ┤
长沙      35  ┤
沈阳      36  ┼─────────────────────────────┐
徐州       7  ┤                             │
太原      24  ┤                             │
南昌      34  ┤                             │
长春      38  ┤                             │
济南      14  ┤                             │
郑州      31  ┤                             │
哈尔滨    37  ┤                             │
青岛      15  ┤                             │
厦门      17  ┤                             │
福州      16  ┤                             │
昆明      27  ┤                             │
天津       2  ┤                             │
重庆      19  ┤                             │
宁波       9  ┤                             │
合肥      10  ┤                             │
西安      20  ┘                             │
北京       1  ┐                             │
上海       4  ┼─┐                           │
苏州       6  ┘ ├───────────────────────────┘
深圳      12  ┐ │
广州      11  ┤ │
成都      18  ┼─┘
武汉      33  ┤
南京       5  ┤
杭州       8  ┘
```

图 6-1　区域中心城市创新生态圈创新综合生态位聚类结果

表 6-17　2019 年各区域中心城市创新生态圈创新综合生态位聚类结果

梯队	区域中心城市创新生态圈
第一梯队	北京、上海
第二梯队	广州、深圳、苏州、杭州、南京、成都、武汉
第三梯队	合肥、宁波、西安、天津、重庆

梯队	区域中心城市创新生态圈
第四梯队	石家庄、徐州、珠海、济南、青岛、福州、厦门、南宁、桂林、海口、太原、呼和浩特、贵阳、昆明、兰州、西宁、银川、郑州、乌鲁木齐、南昌、长沙、沈阳、哈尔滨、长春

(一) 时序分析

1. 第一梯队分析

依据 2005—2019 年北京和上海各个维度创新生态位和创新综合生态位计算 2005—2019 年第一梯队在各个维度的平均创新生态位和平均创新综合生态位，并绘制图 6-2。

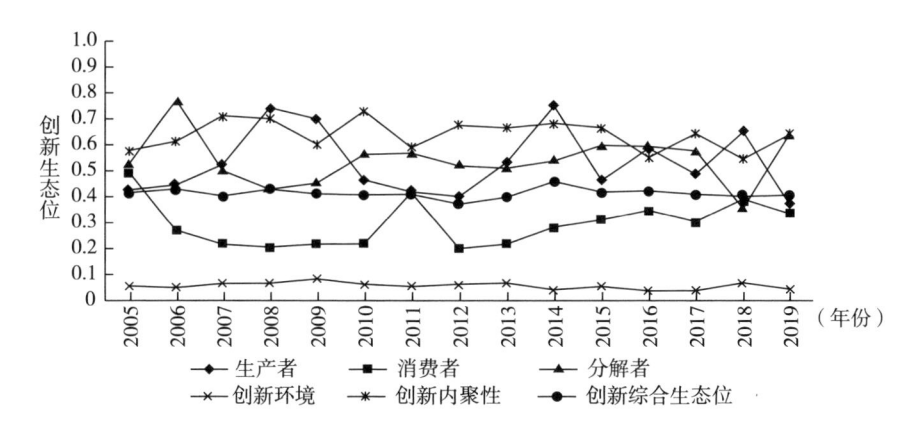

图 6-2 2005—2019 年第一梯队创新综合生态位及各一级指标创新生态位

第一梯队包括北京和上海这两个超级中心城市，无论是创新综合生态位还是各个维度的创新生态位，这两个区域中心城市创新生态圈都明显高于其他的区域中心城市创新生态圈。

从创新综合生态位来看，2005—2019 年第一梯队区域中心城市创新生态圈的创新综合生态位平均值保持在 0.4 左右，中间虽然有个别年份有起伏，但总体变化不大，相对比较平缓。最大的是 2014 年创新综合生态位的值为 0.4586，最小的是 2012 年创新综合生态位的值为 0.3714。第一梯队创新综合生态位最小值比最大值小 0.0872，比例为

19.01%，创新综合生态位最大值和最小值之间的时间间隔是 2 年。创新综合生态位平均值小于 0.4 的只有 2012 年 0.3714 和 2013 年 0.3985，其余年份全部大于 0.4。以上说明第一梯队北京和上海这两个区域中心城市创新生态圈为我国创新的两个增长极，领先地位一直没有动摇过，在稳定中发展，保持动态平衡的状态，处于较成熟的阶段。

从生产者的创新生态位来看，2005—2019 年第一梯队区域中心城市创新生态圈生产者的创新生态位平均值变化非常明显，起伏比较大。除 2019 年以外，第一梯队生产者的创新生态位一直大于创新综合生态位，北京和上海有较多的大型企业、高校以及科研机构，这些与其他城市相比有明显的优势，在促进创新活动，提高创新能力上发挥着决定性的作用。2005—2019 年，生产者的创新生态位最大的是 2008 年 0.7419，最小的是 2019 年 0.3716，二者相差 0.3703，比例为 49.91%，创新生态位最大值和最小值之间的时间间隔是 11 年。2005 年、2006 年、2010 年、2011 年、2012 年、2015 年、2017 年和 2019 年这 8 年生产者的创新生态位与创新综合生态位比较接近，生产者对区域中心城市创新生态圈进化的促进作用相对较弱；2007 年、2008 年、2009 年、2013 年、2014 年、2016 年和 2018 年这 7 年生产者的创新生态位明显大于创新综合生态位，生产者对区域中心城市创新生态圈进化的促进作用相对较强。

从消费者的创新生态位来看，2005—2019 年第一梯队区域中心城市创新生态圈生产者的创新生态位平均值变化比较缓慢，呈缓慢上升趋势。除 2005 年和 2011 年两个峰点外，第一梯队消费者的创新生态位一直小于创新综合生态位，但二者之间的差距在逐渐缩小，说明第一梯队北京和上海两个城市的创新氛围浓厚，创新走在全国的最前面，创新的模式最先发生变化，消费者逐渐参与到创新当中，并且发挥着越来越重要的作用。2005—2019 年，消费者的创新生态位最大的是 2005 年 0.4943，最小的是 2012 年 0.1998，最小值比最大值小 0.2945，比例为 59.58%，创新生态位最大值和最小值之间的时间间隔是 7 年。消费者创新生态位出现两个峰值，分别是 2005 年 0.4943 和 2011 年 0.4159。

从分解者的创新生态位来看，2005—2019 年第一梯队区域中心城市创新生态圈生产者的创新生态位平均值变化比较缓慢，整体处于缓慢上升的趋势。除 2018 年略低于创新综合生态位以外，第一梯队分解者的创新生态位一直大于创新综合生态位，并且二者之间的差距逐渐增加。从第五章创新驱动力来看，分解者的创新驱动力略小于消费者，从本章第一节来看，分解者的权重也略低于消费者，但创新生态位大于消费者。说明第一梯队区域中心城市创新生态圈的政府等分解者比较注重创新，率先重视创新，加大对创新的支持力度。在区域中心城市创新生态圈演化的过程中，政府等分解者首先进行变革，出台相应的政策，为创新营造良好的氛围和条件，而后消费者才逐渐参与到创新当中，发挥一定的作用。2005—2019 年，分解者的创新生态位最大的是 2006 年 0.7702，最小的是 2018 年 0.3540，最小值比最大值小 0.4162，比例为 54.04%，创新生态位最大值和最小值之间的时间间隔是 12 年。其余年份分解者的创新生态位保持在 0.5 左右。

从创新环境的创新生态位来看，2005—2019 年第一梯队区域中心城市创新生态圈生产者的创新生态位平均值变化不明显，几乎是一条直线。第一梯队创新环境的创新生态位一直处于比较低的水平，与创新综合生态位之间有一定的差距。从第五章创新驱动力来看，创新环境的创新驱动力略小于分解者，创新驱动力较大；从本章第一节来看，创新环境的权重也仅略低于生产者和创新内聚性，排在第三位。但第一梯队中创新环境的创新生态位却排在最后，远低于分解者和创新内聚性。说明第一梯队区域中心城市创新生态圈在进化的过程中还没有形成良好的创新生态环境，创新环境对创新的赋能效果比较差，对区域中心城市创新生态圈集聚的促进作用比较小。但这并不能说明创新环境对区域中心城市创新生态圈的进化不重要，而是目前区域中心城市创新生态圈还没有形成良好的创新生态环境，需要进一步合理配置各创新要素，提高创新效率。2005—2019 年，第一梯队创新环境的创新生态位均保持在 0—0.1 之间，最大的是 2009 年 0.0827，最小的是 2016 年 0.0377，二者相差 0.0453，比例为 54.41%，创新生态位最大值和最小值之间的时间间隔是 7 年。

从创新内聚性的创新生态位来看，2005—2019 年第一梯队区域中心城市创新生态圈创新内聚性的创新生态位平均值变化比较明显，起伏比较大，但没有生产者的创新生态位变化幅度大。第一梯队生产者的创新生态位一直大于创新综合生态位，并且二者之间的差距比较明显。这说明第一梯队区域中心城市创新生态圈在集聚的过程中，各要素之间的互动比较多，各要素之间呈现出非线性的耦合式有机关系，是动态变化的，而不是简单的机械式线性排列关系。2005—2019 年，创新内聚性的创新生态位最大的是 2010 年 0.7299，最小的是 2018 年 0.5449，最小值比最大值小 0.1850，比例为 25.35%，创新生态位最大值和最小值之间的时间间隔是 8 年。其余年份第一梯队区域中心城市创新生态圈的创新内聚性创新生态位保持在 0.65 左右，区域中心城市创新生态圈进化的促进作用相对较强。

2. 第二梯队分析

依据 2005—2019 年广州、深圳、苏州、杭州、南京、成都和武汉 7 个区域中心城市创新生态圈各个维度创新生态位和创新综合生态位计算 2005—2019 年第二梯队在各个维度的平均创新生态位和平均创新综合生态位，并绘制图 6-3。第二梯队包括广州等 7 个区域中心城市创新生态圈，这 7 个城市均属于一线或新一线城市，都处于我国经济最发达的城市行列。总的来看，无论是创新综合生态位还是各个维度的创新生态位，这 7 个区域中心城市创新生态圈与第一梯队的北京和上海都有一定的差距，主要是因为这些城市属于市级行政单位，而北京和上海属于省级行政单位，在创新的规模和体量上存在明显的差距。与第三梯队和第四梯队相比，这些城市有着明显的创新优势。

从创新综合生态位来看，2005—2019 年第二梯队区域中心城市创新生态圈的创新综合生态位平均值呈缓慢的上升趋势，2005—2013 年保持在 0.25 左右，2013—2018 年保持在 0.3 左右，2019 年达到最大值 0.3384。第二梯队创新综合生态位最小的是 2006 年创新综合生态位的值为 0.2015。第二梯队创新综合生态位最小值比最大值小 0.1369，比例为 40.46%，创新综合生态位最大值和最小值之间的时间间隔是 13 年。创新综合生态位平均值大于 0.3 的只有 2019 年为 0.3384，2005—2018 年均保持在 0.2—0.3 之间。第二梯队 7 个区域中心城市创新生态圈虽然不像北京和上海为全国范围的超级创新中心城市，但仍然为我国重要的创新增长极，对所在城市群或者更远范围乃至全国其他城市都有重要的创新辐射带动效应。

从生产者的创新生态位来看，2005—2019 年第二梯队区域中心城市创新生态圈生产者的创新生态位平均值变化比较明显，起伏比较大。但与第一梯队不同，第二梯队生产者的创新生态位虽然变化较大，但基本还是围绕在创新综合生态位周围，与创新综合生态位的差距不是很大。生产者中的二级指标比如科技型企业数量、高新技术企业数量等都是以量来计算的指标，城市的级别不同，自然指标的数量不在一个量级上，因此与第一梯队存在较大的差距。2005—2019 年，生产者的创新生态位最大的是 2018 年 0.4400，最小的是 2006 年 0.1977，最小值比最大值小 0.2423，比例为 55.07%，创新生态位最大值和最小值之间的时间间隔是 12 年。第二梯队区域中心城市创新生态圈生产者创新生态位大部分年份在 0.3 左右。2005 年、2007 年、2009 年、2010 年、2011 年、2012 年、2013 年、2014 年、2016 年、2018 年和 2019 年这 11 年生产者的创新生态位大于创新综合生态位，生产者对区域中心城市创新生态圈进化的促进作用相对较强；2006 年、2008 年、2015 年和 2017 年这 4 年生产者的创新生态位低于创新综合生态位，生产者对区域中心城市创新生态圈进化的促进作用相对较弱。

从消费者的创新生态位来看，2005—2019 年第二梯队区域中心城市创新生态圈消费者的创新生态位平均值变化比较缓慢，呈缓慢上升趋势。2018 年达到了峰值，除峰点外第二梯队消费者的创新生态位一直小于创新综合生态位，但二者之间的差距在逐渐缩小。这一趋势与第一梯队大致相同，第二梯队 7 个城市最近几年的发展比较明显，走在全国的前边，在新的创新模式下更加注重消费者的个性化需求和体验式消费，因此消费者发挥着越来越重要的作用。2005—2019 年，消费者的创新生态位最大的是 2018 年 0.3868，最小的是 2011 年 0.1687，最小值比最大值小 0.2181，比例为 56.39%，创新生态位最大值和最小值之间的时间间隔是 7 年。消费者创新生态位 2015 年以前一直处于 0.2 以下，2016—2019 年处于 0.2 以上，2018 年和 2019 年明显高于其他年份。

从分解者的创新生态位来看，2005—2019 年第二梯队区域中心城市创新生态圈生产者的创新生态位平均值变化比较缓慢，整体处于缓慢的阶段式上升的趋势。与其他一级指标相比，第二梯队区域中心城市创新生态圈分解者的创新生态位与创新综合生态位之间的差距最小，说明第二梯队创新能力和创新水平与分解者密切相关。如果说第一梯队北京和上海属于省级城市，有着国家政策的大力支持，那么第二梯队属于所在省的重要城市，除深圳和苏州外都属于省会城市，对所在省的创新发展有着重要的战略意义。因此，第二梯队区域中心城市创新生态圈会得到当地政府的大力支持和政策倾向，集聚周围地区大量的创新要素和创新资源，因此分解者对第二梯队来说至关重要。2005—2019 年，分解者的创新生态位最大的是 2019 年 0.4735，最小的是 2005 年 0.1667，最小值比最大值小 0.3068，比例为 64.79%，创新生态位最大值和最小值之间的时间间隔是 14 年。第二梯队分解者创新生态位 2007 年、2008 年、2009 年、2010 年、2011 年、2013 年、2014 年、2015 年、2016 年、2017 年和 2019 年这 11 年分解者的创新生态位大于创新综合生态位，分解者对区域中心城市创新生态圈进化的促进作用相对较强；2005 年、2006 年、2012 年和 2018 年这 4 年分解者的创新生态位低于创新综合生态位，分解者对区域中心城市创新生态圈进化的促进作用相对较弱。

从创新环境的创新生态位来看，2005—2019 年第二梯队区域中心城市创新生态圈生产者的创新生态位平均值变化不明显，几乎是一条直线。第二梯队创新环境的创新生态位一直处于比较低的水平，只有 2013 年明显高于其他年份，但在一级指标中仍处于最低位置，与创新综合生态位之间有一定的差距，具体原因与第一梯队区域中心城市创新生态圈的原因大致相同。2005—2019 年，第二梯队创新环境的创新生态位均保持在 0—0.1 之间，最大的是 2013 年 0.0782，最小的是 2006 年 0.0151，最小值比最大值小 0.0631，比例为 80.69%，创新生态位最大值和最小值之间的时间间隔是 7 年。

从创新内聚性的创新生态位来看，2005—2019 年第二梯队区域中心城市创新生态圈创新内聚性的创新生态位平均值变化比较明显，起伏比较大。创新内聚性的创新生态位均在创新综合生态位之上，除 2018 年与创新综合生态位的距离比较小以外，其余年份均与创新综合生态位的距离比较远，对区域中心城市创新生态圈进化的促进作用相对较强。2005—2019 年，创新内聚性的创新生态位最大的是 2017 年 0.6013，最小的是 2018 年 0.3042，最小值比最大值小 0.2971，比例为 49.41%，创新生态位最大值和最小值之间的时间间隔是 1 年。2005—2019 年，第二梯队区域中心城市创新生态圈的创新内聚性创新生态位保持在

0.5—0.6 左右，与其他一级指标相比，第二梯队创新内聚性创新生态位与第一梯队差距较小。

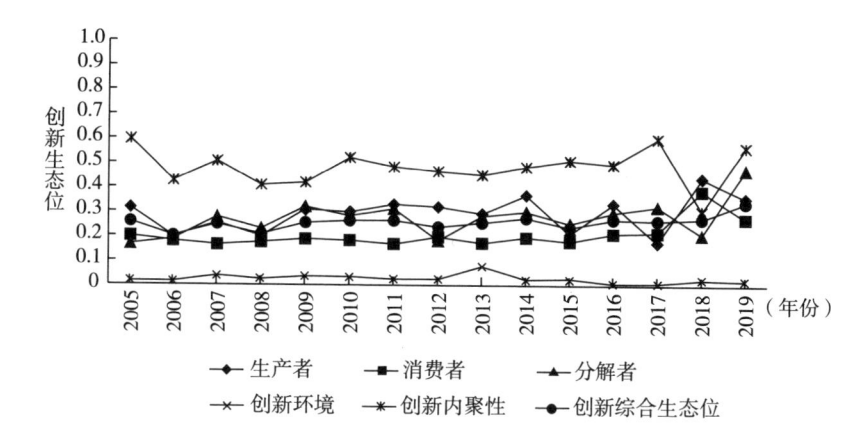

图 6-3　2005—2019 年第二梯队创新综合生态位及各一级指标创新生态位

3. 第三梯队分析

依据 2005—2019 年合肥、宁波、西安、天津和重庆 5 个区域中心城市创新生态圈各个维度创新生态位和创新综合生态位计算 2005—2019 年第三梯队在各个维度的平均创新生态位和平均创新综合生态位，并绘制图 6-4。

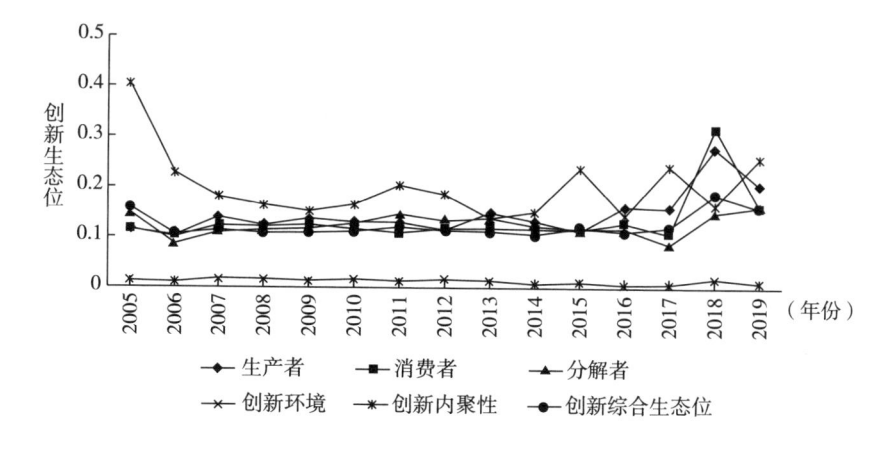

图 6-4　2005—2019 年第三梯队创新综合生态位及各一级指标创新生态位

第三梯队包括合肥等 5 个区域中心城市创新生态圈，这 5 个城市均属于省会城市、副省级城市或直辖市，都处于我国经济较发达的城市行列。总的来看，无论是创新综合生态位还是各个维度的创新生态位，这 5 个区域中心城市创新生态圈与第二梯队的 7 个城市虽然有差距，但差距不是很明显。创新在很大程度上和经济发展相关，这 5 个城市的经济发展与第二梯队 7 个城市相差也不是很明显。与第四梯队相比，第三梯队有着明显的创新优势。

从创新综合生态位来看，2005—2019 年第三梯队区域中心城市创新生态圈的创新综合生态位平均值变化不大，比较平稳。2005 年为 0.1593，处于较高的水平，2006 年有明显的下降，2006—2017 年这 12 年期间创新综合生态位一直保持稳定的状态，在 0.1 左右，2018 年有较大幅度的上升，2019 年有一定的下降，但仍处于较高的水平。第三梯队创新综合生态位最小的是 2006 年，创新综合生态位的值为 0.1056，最大的是 2018 年 0.1860，最小值比最大值小 0.0804，比例为 43.23%，创新综合生态位最大值和最小值之间的时间间隔是 12 年。第三梯队 5 个区域中心城市与第二梯队比较类似，是我国重要的创新增长极，对所在城市群或者更远范围其他城市都有重要的创新辐射带动效应。

从生产者的创新生态位来看，2005—2019 年第三梯队区域中心城市创新生态圈生产者的创新生态位平均值有一定的起伏，尤其是 2015 年以后有较明显的上升趋势。2015 年以前第三梯队区域中心城市创新生态圈生产者创新生态位比较稳定，保持在 0.13 左右，基本围绕在创新综合生态位周围，与创新综合生态位的差距不明显。但 2015 年之后，生产者的创新生态位与创新综合生态位之间有着明显的差距，但二者之间的变化趋势基本相同。2005—2019 年，生产者的创新生态位最大的是 2018 年 0.2787，最小的是 2006 年 0.1026，最小值比最大值小 0.1761，比例为 63.19%，创新生态位最大值和最小值之间的时间间隔是 12 年。2007 年、2008 年、2009 年、2010 年、2011 年、2012 年、2013 年、2014 年、2016 年、2017 年、2018 年和 2019 年这 12 年生产者的创新生态位大于创新综合生态位，生产者对区域中心城市创新生态圈进化的促进作用相对较强；2005 年、2006 年和 2015 年这 3 年生产者的创新生态位低于创新综合生态位，生产者对区域中心城市创新生态圈进化的促进作用相对较弱。

从消费者的创新生态位来看，2005—2019 年第三梯队区域中心城市创新生态圈消费者的创新生态位平均值变化比较缓慢，大致分两个阶段。第一阶段为 2005—2017 年，消费者的创新生态位几乎没有变化，保持在 0.12 左右，略低于生产者的创新生态位。第二阶段为 2017—2019 年，2018 年消费者的创新生态位陡然上升，在各一级指标中排名第一，2019 年又有明显的下降趋势，但仍高于第一阶段。可见，近年来随着数字经济的发展，创新的模式由传统的创新逐渐转变为数字创新模式，在新的创新模式下消费者的作用和角色发生了重大的变化，创新生态位变化较大，动荡幅度明显，扮演着越来越重要的角色。总的来说，第三梯队消费者的创新生态位与创新综合生态位的变化趋势一致。2005—2019 年，消费者的创新生态位最大的是 2018 年 0.3180，最小的是 2017 年 0.1074，最小值比最大值小 0.2106，比例为 66.23%，创新生态位最大值和最小值之间的时间间隔是 1 年。

从分解者的创新生态位来看，2005—2019 年第三梯队区域中心城市创新生态圈消费者的创新生态位平均值变化呈缓慢的上升趋势，大致分两个阶段。第一阶段为 2005—2017 年，与生产者、消费者相同，维持稳定的状态，创新生态位保持在 0.12 左右，并且与创新综合生态位、生产者和分解者创新生态位在同一水平上。第二阶段为 2017—2019 年，与生产者和消费者不同，分解者的创新生态位在第二阶段为连续上升的趋势。2005—2019 年，分解者的创新生态位最大的是 2019 年 0.1617，最小的是 2006 年 0.0861，最小值比最大值小 0.0756，比例为 46.75%，创新生态位最大和最小值之间的时间间隔是 13 年。

从创新环境的创新生态位来看，2005—2019 年第三梯队区域中心城市创新生态圈生产者的创新生态位与第一梯队和第二梯队的变化趋势大致相同，平均值变化不明显，几乎是一条直线，并且没有明显的峰点。与其他一级指标相比，第三梯队创新环境的创新生态位一直处于最低的水平，与创新综合生态位之间有一定的差距，具体原因与第一梯队、第二梯队区域中心城市创新生态圈的原因大致相同。2005—2019 年，第三梯队创新环境的创新生态位均保持在 0—0.05 之间，最大的是

2018年0.0189，最小的是2016年0.0066，最小值比最大值小0.0123，比例为65.08%，创新生态位最大值和最小值之间的时间间隔是2年。

从创新内聚性的创新生态位来看，与其他一级指标以及创新综合生态位相比，2005—2019年第三梯队区域中心城市创新生态圈创新内聚性的创新生态位平均值变化比较明显，起伏比较大。除2018年以外，其余年份创新内聚性的创新生态位均在创新综合生态位之上。2005年、2006年、2007年、2011年、2015年、2017年和2019年这7年创新内聚性的创新生态位大于创新综合生态位，第三梯队创新内聚性对区域中心城市创新生态圈进化的促进作用相对较强；2008年、2009年、2010年、2012年、2013年、2014年、2016年和2018年这8年创新内聚性的创新生态位大于创新综合生态位，第三梯队创新内聚性对区域中心城市创新生态圈进化的促进作用相对较弱。2005—2019年，创新内聚性的创新生态位最大的是2005年0.4045，最小的是2013年0.1388，最小值比最大值小0.2657，比例为65.69%，创新生态位最大值和最小值之间的时间间隔是8年。2005—2019年第三梯队区域中心城市创新生态圈的创新内聚性创新生态位大部分年份保持在0.2左右，与其他一级指标相比，第三梯队创新内聚性创新生态位与第一梯队和第二梯队的差距较小。

4. 第四梯队分析

依据2005—2019年石家庄、徐州、珠海、济南、青岛、福州、厦门、南宁、桂林、海口、太原、呼和浩特、贵阳、昆明、兰州、西宁、银川、郑州、乌鲁木齐、南昌、长沙、沈阳、哈尔滨、长春24个区域中心城市创新生态圈各个维度创新生态位和创新综合生态位计算2005—2019年第四梯队在各个维度的平均创新生态位和平均创新综合生态位，并绘制图6-5。

第四梯队包括石家庄等24个区域中心城市创新生态圈，这24个城市均属于所属区域经济较发达的城市。总的来看，无论是创新综合生态位还是各个维度的创新生态位，这24个区域中心城市创新生态圈与另外三个梯队相比都有比较明显的差距。

从创新综合生态位来看，2005—2019年第四梯队区域中心城市创

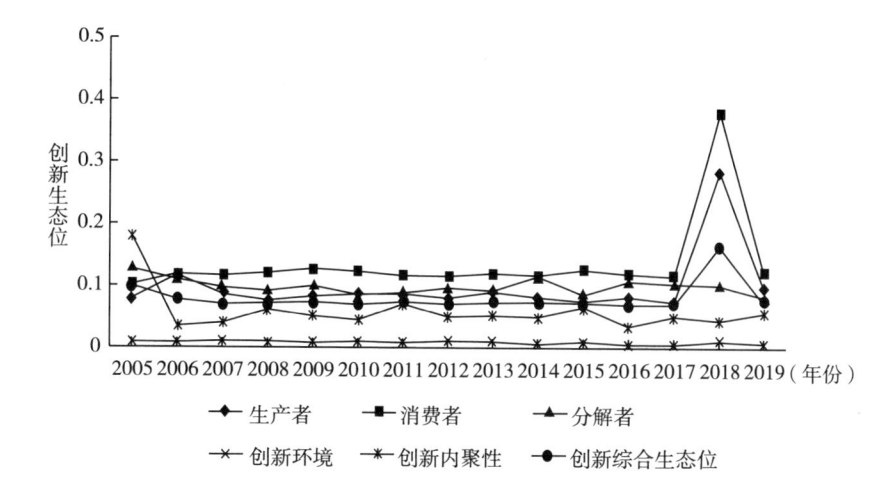

图 6-5　2005—2019 年第四梯队创新综合生态位及各一级指标创新生态位

新生态圈的创新综合生态位平均值变化不大，比较平稳。2005—2017年均处在 0.05—0.1 之间，2018 年有很大的上升幅度，创新生态位值上升到了 0.1640，然而 2019 年又回落到了 0.1 以下的区间。第四梯队创新综合生态位最小的是 2010 年创新综合生态位的值为 0.0700，最大的是 2018 年 0.1640，最小值比最大值小 0.094，比例为 57.32%，创新综合生态位最大值和最小值之间的时间间隔是 8 年。第四梯队 24 个区域中心城市与前三个梯队比虽然有一定的差距，但其都是所在区域重要的城市，是区域性创新增长极，对所在城市群其他城市都有重要的创新辐射带动效应。

从生产者的创新生态位来看，2005—2019 年，第四梯队区域中心城市创新生态圈生产者的创新生态位平均值与创新综合生态位的变化趋势几乎一致。2005—2017 年，第四梯队区域中心城市创新生态圈生产者创新生态位比较稳定，保持在 0.08 左右，基本围绕在创新综合生态位周围，与创新综合生态位的差距不明显。2018 年生产者的创新生态位有明显的提高，与创新综合生态位之间的距离也明显增加，说明这一年第四梯队区域中心城市创新生态圈在企业等生产者方面有了很大的进步，企业等生产者凭借国家的相关政策快速发展，取得了较好的效果。2019 年生产者的创新生态位有一定的回落，但明显高于 2018 年之前。

2005—2019 年生产者的创新生态位平均值最大的是 2018 年 0.2842，最小的是 2017 年 0.0744，最小值比最大值小 0.2098，比例为 73.82%，创新生态位最大值和最小值之间的时间间隔是 1 年。除 2005 年之外，其他年份生产者的创新生态位大于创新综合生态位，生产者对区域中心城市创新生态圈进化的促进作用相对较强。与前三个梯队相比，第四梯队的创新基础较差，在企业等生产者方面资源差距较大，集聚动力略显不足。

从消费者的创新生态位来看，第四梯队与前三个梯队有所不同。前三个梯队消费者的创新生态位都在创新综合生态位之下，而且明显小于生产者和创新内聚性的创新生态位。除 2005 年以外，第四梯队消费者的创新生态位在一级指标中一直处于最大位置。这说明第四梯队创新存在供给端不能满足需求端的问题，消费者通过和外界联系，与前三个梯队互动，对创新的需求和参与快速增长，但生产者的增长以及发展壮大是一个缓慢的过程，需要较长的时间。2005—2019 年，第四梯队区域中心城市创新生态圈消费者的创新生态位平均值变化大致分两个阶段，与第三梯队大致相同。第一阶段为 2005—2017 年，消费者的创新生态位几乎没有变化，保持在 0.11 左右，略高于其他一级指标的创新生态位。第二阶段为 2017—2019 年，2018 年消费者的创新生态位陡然上升，在各一级指标中排名第一，2019 年又有明显的下降趋势，回落到第一阶段的水平。2005—2019 年，消费者的创新生态位最大的是 2018 年 0.3801，最小的是 2005 年 0.1022，最小值比最大值小 0.2106，比例为 73.11%，创新生态位最大值和最小值之间的时间间隔是 13 年。

从分解者的创新生态位来看，2005—2019 年，第四梯队区域中心城市创新生态圈消费者的创新生态位平均值变化趋势不明显，中间有轻微的波动。2018 年分解者与其他一级指标不同，并没有出现明显的增长趋势，因此分解者的创新生态位在 2018 年小于创新综合生态位，并且差距较明显。其余年份分解者的创新生态位均大于创新综合生态位，并且差距较小。说明第四梯队创新的发展没有得到政府等分解者的大力支持，缺乏政策倾向和定向资源要素投放。2005—2019 年，分解者的创新生态位最大的是 2005 年 0.1269，最小的是 2019 年 0.0824，最小值比最大值小 0.0445，比例为 35.07%，创新生态位最大值和最小值之间的时间间隔是 14 年。

从创新环境的创新生态位来看，2005—2019 年，第四梯队区域中心城市创新生态圈生产者的创新生态位与前三个梯队的变化趋势大致相同，平均值变化不明显，几乎是一条直线，并且没有明显的峰点。与其他一级指标相比，第四梯队创新环境的创新生态位一直处于最低的水平，与其他一级指标的创新生态位之间有一定的差距，具体原因与前三个梯队区域中心城市创新生态圈的原因大致相同。2005—2019 年，第四梯队创新环境的创新生态位均保持在 0—0.02 之间，大多数年份都小于 0.01，最大的是 2018 年 0.0110，最小的是 2016 年 0.0057，最小值比最大值小 0.0053，比例为 48.18%，创新生态位最大和最小值之间的时间间隔是 2 年。

从创新内聚性的创新生态位来看，第四梯队与前三个梯队有明显的不同。前三个梯队创新内聚性的创新生态位几乎都高于创新综合生态位，并且在一级指标中排在第一或第二。而第四梯队区域中心城市创新生态圈创新内聚性创新生态位除 2005 年以外都低于创新综合生态位，并且在一级指标中大多数年份仅大于创新环境。创新内聚性创新生态位 2005 年较大，2005—2006 年有较大幅度的下降，2006—2019 年一直保持在较低的水平，均处于 0.1 以下。这说明第四梯队区域中心城市创新生态圈不仅在创新资源上与前三个梯队有一定的差距，更关键的是内部各个维度的资源结构需要进一步改进，效率有待进一步提高。2005—2019 年，创新内聚性的创新生态位最大的是 2005 年 0.1804，最小的是 2016 年 0.0346，最小值比最大值小 0.1458，比例为 80.82%，创新生态位最大值和最小值之间的时间间隔是 11 年。

（二）截面分析

为了更直观地对比第一梯队、第二梯队、第三梯队和第四梯队区域中心城市创新生态圈创新综合生态位与各个维度创新生态位之间的差距以及这种差距的变化，分别选取 2005 年、2010 年、2015 年以及 2019 年各个梯队创新生态位的计算结果绘制图 6-6、图 6-7、图 6-8 以及图 6-9。

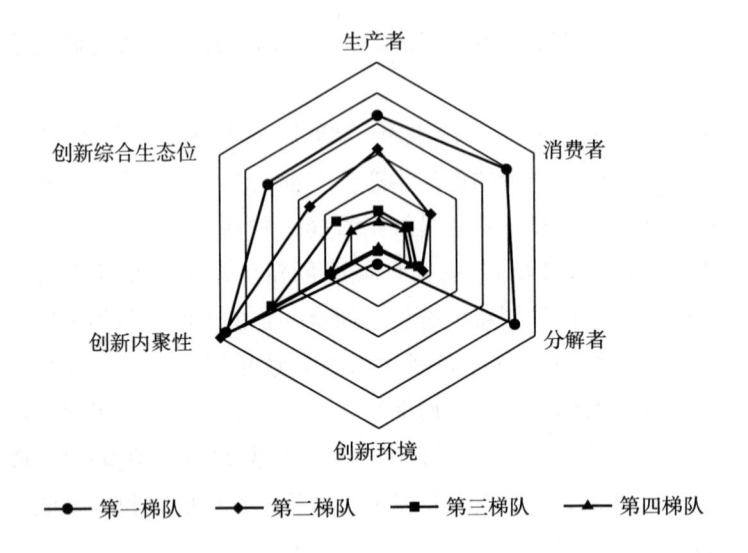

图 6-6　2005 年各梯队区域中心城市创新生态圈创新综合生态位及各维度创新生态位

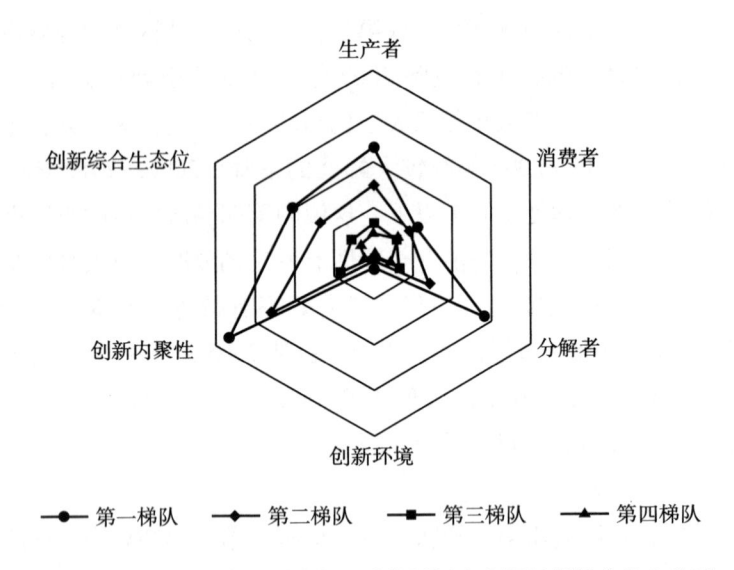

图 6-7　2010 年各梯队区域中心城市创新生态圈创新综合生态位及各维度创新生态位

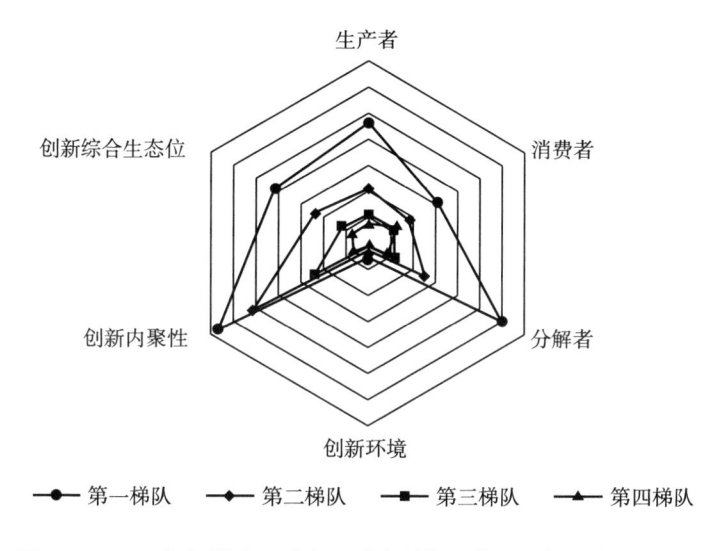

图 6-8 2015年各梯队区域中心城市创新生态圈创新综合生态位及各维度创新生态位

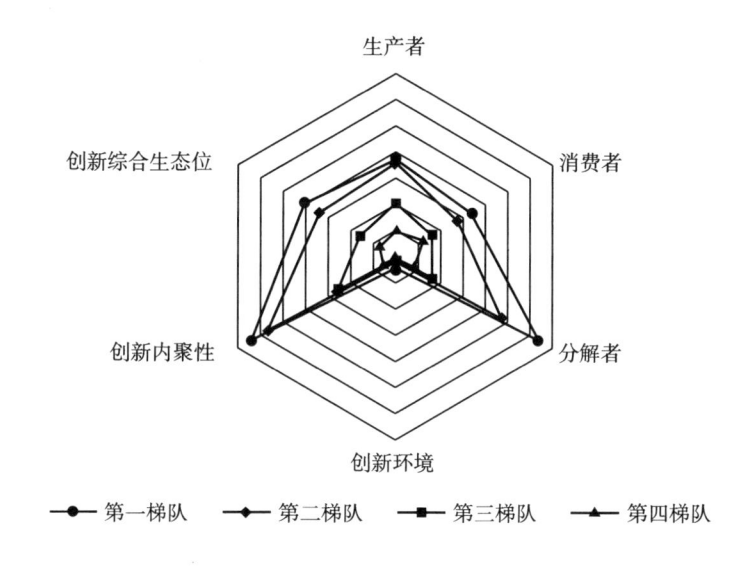

图 6-9 2019年各梯队区域中心城市创新生态圈创新综合生态位及各维度创新生态位

对比分析图 6-6、图 6-7、图 6-8 和图 6-9 可知，2005—2019 年各梯队区域中心城市创新生态圈创新综合生态位以及各维度创新生态位都发生了一定的变化。

从创新综合生态位来看，2005年各梯队区域中心城市创新生态圈彼此之间的差距比较明显，等级分明，第一梯队和第二梯队，第二梯队和第三梯队以及第三梯队和第四梯队之间的差距比较均匀。2010年和2015年第一梯队和另外三个梯队之间的差距逐渐拉开，创新综合生态位远高于第二梯队。而第四梯队和第三梯队之间的差距在逐渐缩小。2005—2015年，随着国家对创新越来越重视，各城市创新竞争力不断提高。作为我国经济最发达的北京和上海，拥有最多的资金、技术、人才等创新资源，具有创新天然的禀赋优势，因此在这10年期间创新竞争力提高非常快，集聚能力不断增强，演化速度越来越快。在这期间，区域一体化发展不断加强，随着国家对区域一体化发展的重视，每个区域都有自己的区域中心城市，周围城市大量的创新资源集聚在中心城市，促进了第四梯队区域中心城市创新生态圈的快速发展。2019年第一梯队和第二梯队创新综合生态位之间的差距缩小，第一梯队和第二梯队创新综合生态位明显高于第三梯队和第四梯队。我国城市的创新格局在逐渐发生变化，由原来的两个创新增长极逐渐演变为多个增长极，分布在全国各地。从纵向来看，南方和北方都有；从横向来看，东部、中部和西部都有。2015—2019年，第二梯队的广州、深圳、苏州、杭州、南京、成都和武汉7个区域中心城市创新生态圈抓住国家政策和地方政府的支持，大力发展新兴产业，加大创新的基础设施建设，构建国家创新型城市。

从生产者的创新生态位来看，2005年、2010年以及2015年第一梯队生产者的创新生态位明显高于第二梯队，第二梯队生产者的创新生态位明显高于第三梯队，第三梯队生产者的创新生态位和第四梯队差距不大。而2019年第二梯队生产者的创新生态位接近第一梯队。这说明在2015—2019年，第二梯队7个区域中心城市创新生态圈创新集聚能力的提高很大程度上得益于企业等生产者的发展壮大，在生产者上加大创新资源的投入，可以为创新竞争力的提高奠定良好的基础。这些城市大力发展数字经济，产业数字化转型快，数字产业化成效显著，拥有很多互联网企业、独角兽企业，在数字经济的浪潮中脱颖而出，加快了创新的步伐。在未来的发展中，良好的经济结构、产业基础、企业优势将会继续发力，提高其创新竞争力，为建设国家级创新型城市提供有力支持。

从消费者的创新生态位来看，2005年第一梯队区域中心城市创新生态圈消费者创新生态位远远大于另外三个梯队，而2010年、2015年和2019年第一梯队区域中心城市创新生态圈消费者创新生态位略大于另外三个梯队。这说明在创新的初始阶段，第一梯队区域中心城市创新生态圈消费者率先参与到创新中，而另外三个梯队由于创新水平较低，消费者的作用没有被充分挖掘。因为在创新的过程中，消费者的价值作用经常容易被忽略，往往作为创新成果的被动接受者。然而消费者才是创新成果的最终检验者，在创新生态圈进化的过程中，消费者逐渐参与到创新过程中。其他三个梯队区域中心城市创新生态圈的消费者通过与第一梯队互动，体验到了更好的创新成果和创新服务，并将这种需求带到原有的创新生态圈中，很快增加了对创新的需求。从分解者的创新生态位来看，2005年第一梯队区域中心城市创新生态圈分解者的创新生态位远大于另外三个梯队；2010年和2015年第一梯队区域中心城市创新生态圈分解者的创新生态位远大于第二梯队，第二梯队区域中心城市创新生态圈分解者的创新生态位远大于第三梯队和第四梯队；2019年第一梯队区域中心城市创新生态圈分解者的创新生态位和第二梯队相近，远大于第三梯队和第四梯队。第二梯队区域中心城市创新生态圈分解者的创新生态位在2005—2019年一直在提高，说明这些城市政府等分解者在国家创新驱动发展战略的号召下越来越重视创新，为生产者提供良好的创新条件，以创新驱动高质量发展，发挥了良好的催化作用。

从创新环境的创新生态位来看，2005年、2010年、2015年和2019年第一梯队、第二梯队、第三梯队以及第四梯队区域中心城市创新生态圈创新环境的创新生态位相差不大，并且都远远小于其他一级指标的创新生态位。在城市创新发展的过程中，虽然取得了一定的成就，但还没有完全形成良好的创新生态环境。创新环境的形成是一个缓慢的过程，需要各创新主体的协同演化。尤其是创新的软实力环境，只有各创新主体不断磨合，相互配合才能得到更好的发展。但良好的创新环境可以赋能区域中心城市创新生态圈的集聚水平，提供强大的动力。因此，无论是哪个梯队的区域中心城市创新生态圈，在未来的发展中都应该注重营造良好的创新环境。

从创新内聚性的创新生态位来看，2005年第二梯队区域中心城市创新生态圈创新内聚性的创新生态位略大于第一梯队，第一梯队区域中心城市创新生态圈创新内聚性的创新生态位远远大于第三梯队，第三梯队区域中心城市创新生态圈创新内聚性的创新生态位远远大于第四梯队。2010年、2015年和2019年第一梯队区域中心城市创新生态圈创新内聚性的创新生态位略大于第二梯队，第二梯队区域中心城市创新生态圈创新内聚性的创新生态位远远大于第三梯队，第三梯队区域中心城市创新生态圈创新内聚性的创新生态位远远大于第四梯队。创新内聚性体现了区域中心城市内部各要素以及各创新要素的协同作用，第一梯队、第二梯队区域中心城市创新生态圈内部各要素配置合理，相互促进，协同共生，共同驱动区域中心城市创新生态圈的集聚水平。而第三梯队区域中心城市创新生态圈内部各要素处于协同演化初期，需要进一步整合。第四梯队区域中心城市创新生态圈内部各要素在协同演化方面表现较差，未来应该有效配置创新资源。第一梯队区域中心城市创新生态圈在发展的过程中除创新环境外各一级指标创新生态位都比较大，发展比较好，集聚能力不断增强，逐渐向成熟阶段演化。第二梯队区域中心城市创新生态圈主要依靠生产者、分解者和创新内聚性驱动其增强集聚能力。第三梯队区域中心城市创新生态圈主要依靠生产者和创新内聚性驱动其增强集聚能力。第四梯队区域中心城市创新生态圈各方面处于发展阶段，集聚能力与前三个梯队相比缺乏突出的动力优势。

二 计算创新生态位宽度

以2004—2019年的面板数据为研究依据，根据前文公式计算区域中心城市创新生态圈创新生态位宽度，反映其对创新资源的利用程度。2004—2007年区域中心城市创新生态圈创新生态位宽度计算结果如表6-18所示，2008—2011年区域中心城市创新生态圈创新生态位宽度计算结果如表6-19所示，2012—2015年区域中心城市创新生态圈创新生态位宽度计算结果如表6-20所示，2016—2019年区域中心城市创新生态圈创新生态位宽度计算结果如表6-21所示。

表 6-18　2004—2007 年区域中心城市创新生态圈创新生态位宽度

城市	2004 年	排名	2005 年	排名	2006 年	排名	2007 年	排名
北京	0.6906	1	0.6030	2	0.6026	2	0.6455	1
天津	0.2921	3	0.3591	3	0.3661	3	0.3325	3
石家庄	0.0952	22	0.1128	19	0.0945	21	0.0910	24
上海	0.6029	2	0.6756	1	0.6757	1	0.6323	2
南京	0.1868	11	0.1874	12	0.1738	12	0.1976	9
苏州	0.2066	8	0.2017	7	0.1997	8	0.2394	6
徐州	0.0888	25	0.0802	27	0.0805	28	0.1010	21
杭州	0.2071	7	0.1900	11	0.2116	6	0.2191	7
宁波	0.1559	14	0.1524	14	0.1630	13	0.1622	14
合肥	0.0920	24	0.1010	21	0.0895	25	0.0974	23
广州	0.2015	9	0.2292	5	0.2168	5	0.2506	5
深圳	0.2132	5	0.2984	4	0.2912	4	0.3086	4
珠海	0.1413	15	0.0646	31	0.0636	31	0.0767	29
济南	0.1134	19	0.1190	17	0.1197	17	0.1301	17
青岛	0.1046	21	0.1109	20	0.1100	19	0.1403	15
福州	0.0935	23	0.0955	23	0.1019	20	0.1107	19
厦门	0.0730	30	0.0704	29	0.0781	29	0.0845	27
成都	0.1911	10	0.1930	10	0.2000	7	0.2085	8
重庆	0.1819	13	0.2004	8	0.1914	9	0.1879	11
西安	0.2155	4	0.1989	9	0.1825	11	0.1927	10
南宁	0.0630	31	0.0649	30	0.0658	30	0.0642	31
桂林	0.0426	35	0.0452	35	0.0465	35	0.0445	36
海口	0.0385	36	0.0354	37	0.0375	37	0.0375	38
太原	0.0865	26	0.0887	24	0.0852	26	0.0767	28
呼和浩特	0.0489	34	0.0504	33	0.0501	33	0.0501	34
贵阳	0.0629	32	0.0591	32	0.0562	32	0.0571	32
昆明	0.0859	28	0.0830	26	0.0924	23	0.0870	25
兰州	0.0862	27	0.0796	28	0.0813	27	0.0700	30
西宁	0.0310	38	0.0306	38	0.0358	38	0.0395	37
银川	0.0383	37	0.0387	36	0.0424	36	0.0493	35
郑州	0.1048	20	0.0997	22	0.0944	22	0.0995	22

续表

城市	2004年	排名	2005年	排名	2006年	排名	2007年	排名
乌鲁木齐	0.0506	33	0.0474	34	0.0484	34	0.0550	33
武汉	0.2101	6	0.2035	6	0.1871	10	0.1835	12
南昌	0.0849	29	0.0875	25	0.0907	24	0.0863	26
长沙	0.1312	16	0.1234	16	0.1270	16	0.1215	18
沈阳	0.1860	12	0.1545	13	0.1630	14	0.1794	13
哈尔滨	0.1279	17	0.1244	15	0.1449	15	0.1371	16
长春	0.1138	18	0.1168	18	0.1119	18	0.1048	20

表6-19　2008—2011年区域中心城市创新生态圈创新生态位宽度

城市	2008年	排名	2009年	排名	2010年	排名	2011年	排名
北京	0.7140	1	0.7099	1	0.7925	1	0.7986	1
天津	0.2827	3	0.2851	4	0.2822	4	0.3007	3
石家庄	0.0880	26	0.1333	18	0.0813	28	0.0673	30
上海	0.6638	2	0.6227	2	0.6333	2	0.7702	2
南京	0.1964	9	0.4201	3	0.1851	11	0.1771	11
苏州	0.2594	5	0.2094	7	0.2165	8	0.2057	7
徐州	0.0781	28	0.0866	27	0.0833	27	0.0764	28
杭州	0.1933	10	0.2123	6	0.2190	7	0.2936	4
宁波	0.1137	19	0.1640	13	0.1383	15	0.1198	15
合肥	0.1107	21	0.0813	28	0.1098	22	0.0930	22
广州	0.1826	12	0.1971	9	0.2464	6	0.1830	10
深圳	0.2778	4	0.2821	5	0.3741	3	0.2702	6
珠海	0.0476	37	0.0466	37	0.0616	31	0.0541	33
济南	0.0976	25	0.1094	22	0.1087	23	0.1128	17
青岛	0.1193	18	0.1399	16	0.1266	16	0.1168	16
福州	0.1097	22	0.1062	23	0.1053	24	0.0784	27
厦门	0.0864	27	0.0894	26	0.1163	18	0.0884	24
成都	0.1246	17	0.1269	20	0.1771	12	0.1987	8
重庆	0.2037	8	0.2032	8	0.2473	5	0.2840	5
西安	0.2270	6	0.1278	19	0.1868	10	0.1450	13

续表

城市	2008年	排名	2009年	排名	2010年	排名	2011年	排名
南宁	0.0747	30	0.0674	32	0.0799	29	0.0813	25
桂林	0.0513	35	0.0543	34	0.0542	34	0.0430	36
海口	0.0400	38	0.0689	31	0.0506	35	0.0396	37
太原	0.1110	20	0.1149	21	0.0776	30	0.0812	26
呼和浩特	0.0534	32	0.0486	36	0.0608	32	0.0581	31
贵阳	0.0530	33	0.0567	33	0.0599	33	0.0563	32
昆明	0.1006	24	0.1053	24	0.0990	25	0.0675	29
兰州	0.0767	29	0.0779	29	0.1111	21	0.0895	23
西宁	0.0525	34	0.0535	35	0.0344	38	0.0315	38
银川	0.0497	36	0.0441	38	0.0442	36	0.0486	34
郑州	0.1568	15	0.1446	14	0.1241	17	0.1091	19
乌鲁木齐	0.0564	31	0.0740	30	0.0419	37	0.0474	35
武汉	0.1915	11	0.1922	10	0.1981	9	0.1899	9
南昌	0.1063	23	0.0986	25	0.0966	26	0.1077	20
长沙	0.1675	14	0.1735	12	0.1650	13	0.1684	12
沈阳	0.2072	7	0.1789	11	0.1627	14	0.1333	14
哈尔滨	0.1781	13	0.1360	17	0.1138	19	0.1113	18
长春	0.1357	16	0.1401	15	0.1117	20	0.1015	21

表6-20 2012—2015年区域中心城市创新生态圈创新生态位宽度

城市	2012年	排名	2013年	排名	2014年	排名	2015年	排名
北京	0.6479	1	0.6551	1	0.6536	1	0.6099	1
天津	0.3046	3	0.3086	5	0.2749	4	0.3571	5
石家庄	0.0891	27	0.0816	29	0.0867	27	0.0965	26
上海	0.5633	2	0.5414	2	0.5559	2	0.5513	2
南京	0.2126	9	0.3270	4	0.2075	9	0.2188	11
苏州	0.2793	5	0.4169	3	0.2945	3	0.3039	6
徐州	0.1196	21	0.1098	21	0.1221	20	0.1138	22
杭州	0.2340	7	0.1873	10	0.1894	12	0.4139	3
宁波	0.1564	15	0.1625	13	0.1655	13	0.1840	13

续表

城市	2012年	排名	2013年	排名	2014年	排名	2015年	排名
合肥	0.1318	19	0.1339	19	0.1423	18	0.1592	16
广州	0.2233	8	0.2039	7	0.2196	6	0.2703	7
深圳	0.2909	4	0.2690	6	0.2711	5	0.3585	4
珠海	0.0678	32	0.0541	33	0.0603	34	0.0748	31
济南	0.1229	20	0.1132	20	0.1180	21	0.1271	19
青岛	0.1446	17	0.1364	18	0.1429	17	0.1531	18
福州	0.1510	16	0.1457	15	0.1525	15	0.1220	20
厦门	0.1124	22	0.1058	22	0.1082	23	0.1092	24
成都	0.2465	6	0.1854	11	0.2062	10	0.2401	9
重庆	0.1901	12	0.1814	12	0.1900	11	0.2111	12
西安	0.2010	11	0.2023	8	0.2145	8	0.2285	10
南宁	0.0960	25	0.0833	26	0.0914	25	0.0953	27
桂林	0.0870	29	0.0724	30	0.0786	30	0.0799	30
海口	0.0595	34	0.0540	34	0.0604	33	0.0630	34
太原	0.0891	28	0.0832	27	0.0813	29	0.0805	29
呼和浩特	0.0539	35	0.0530	35	0.0500	35	0.0537	35
贵阳	0.0614	33	0.0681	32	0.0706	32	0.0727	33
昆明	0.0960	26	0.0836	25	0.0858	28	0.0989	25
兰州	0.0777	31	0.0697	31	0.0712	31	0.0736	32
西宁	0.0412	38	0.0394	38	0.0397	38	0.0426	38
银川	0.0438	37	0.0451	37	0.0478	37	0.0499	37
郑州	0.1102	23	0.1048	23	0.1083	22	0.1189	21
乌鲁木齐	0.0473	36	0.0488	36	0.0492	36	0.0518	36
武汉	0.2017	10	0.2023	9	0.2196	7	0.2479	8
南昌	0.0821	30	0.0821	28	0.0888	26	0.0929	28
长沙	0.1712	13	0.1546	14	0.1525	16	0.1735	14
沈阳	0.1647	14	0.1456	16	0.1641	14	0.1711	15
哈尔滨	0.1338	18	0.1369	17	0.1340	19	0.1541	17
长春	0.0982	24	0.0929	24	0.1070	24	0.1098	23

表 6-21　2016—2019 年区域中心城市创新生态圈创新生态位宽度

城市	2016 年	排名	2017 年	排名	2018 年	排名	2019 年	排名
北京	0.6217	1	0.6029	1	0.6763	1	0.6721	1
天津	0.2784	5	0.2625	5	0.2262	7	0.2122	7
石家庄	0.1025	22	0.0895	25	0.0880	26	0.0911	26
上海	0.4947	2	0.4809	2	0.4892	2	0.5337	2
南京	0.1814	12	0.1689	12	0.1629	12	0.1771	12
苏州	0.2251	8	0.2395	8	0.2226	8	0.1853	11
徐州	0.0970	25	0.0823	27	0.0848	28	0.0645	32
杭州	0.1943	9	0.1969	10	0.1782	11	0.2027	9
宁波	0.1452	13	0.1494	15	0.1482	15	0.1505	14
合肥	0.1441	14	0.1592	13	0.1571	13	0.1551	13
广州	0.2905	4	0.2977	4	0.3169	4	0.3368	4
深圳	0.4018	3	0.3983	3	0.4873	3	0.4773	3
珠海	0.0733	31	0.0783	29	0.0871	27	0.0966	25
济南	0.1100	19	0.1106	23	0.1102	21	0.1174	19
青岛	0.1310	17	0.1284	19	0.1202	18	0.1269	17
福州	0.1090	21	0.1310	18	0.1166	20	0.1156	20
厦门	0.1006	23	0.1206	21	0.1071	22	0.1042	21
成都	0.2612	6	0.2412	7	0.2370	6	0.2443	5
重庆	0.1934	10	0.1998	9	0.2020	9	0.2086	8
西安	0.2321	7	0.2417	6	0.2409	5	0.2405	6
南宁	0.0782	29	0.1448	16	0.0678	32	0.0692	31
桂林	0.0608	33	0.0561	33	0.0537	34	0.0511	34
海口	0.0554	35	0.0549	35	0.0500	35	0.0528	33
太原	0.0737	30	0.0646	32	0.1375	16	0.0791	30
呼和浩特	0.0505	36	0.0459	37	0.0423	37	0.0441	37
贵阳	0.0725	32	0.0754	31	0.0800	30	0.0807	29
昆明	0.0976	24	0.0823	26	0.0949	24	0.1028	22
兰州	0.0912	27	0.0806	28	0.0766	31	0.0864	27

续表

城市	2016年	排名	2017年	排名	2018年	排名	2019年	排名
西宁	0.0405	38	0.0424	38	0.0419	38	0.0449	36
银川	0.0482	37	0.0554	34	0.0495	36	0.0493	35
郑州	0.1100	20	0.1173	22	0.1178	19	0.1311	16
乌鲁木齐	0.0590	34	0.0511	36	0.0582	33	0.0395	38
武汉	0.1930	11	0.1946	11	0.1970	10	0.1918	10
南昌	0.0786	28	0.0776	30	0.0817	29	0.0853	28
长沙	0.1385	16	0.1548	14	0.1486	14	0.1457	15
沈阳	0.1412	15	0.1312	17	0.1264	17	0.1203	18
哈尔滨	0.1153	18	0.1273	20	0.0973	23	0.0969	24
长春	0.0920	26	0.1071	24	0.0931	25	0.1007	23

从表6-18至表6-21可知，2004年创新生态位宽度排名前十的区域中心城市创新生态圈分别是北京、上海、天津、西安、深圳、武汉、杭州、苏州、广州和成都，排名最后的五个城市分别是呼和浩特、桂林、海口、银川和西宁；2005年创新生态位宽度排名前十的区域中心城市创新生态圈分别是上海、北京、天津、深圳、广州、武汉、苏州、重庆、西安和成都，排名最后的五个城市分别是乌鲁木齐、桂林、银川、海口和西宁；2006年创新生态位宽度排名前十的区域中心城市创新生态圈分别是上海、北京、天津、深圳、广州、杭州、成都、苏州、重庆和武汉，排名最后的五个城市分别是乌鲁木齐、桂林、银川、海口和西宁；2007年创新生态位宽度排名前十的区域中心城市创新生态圈分别是北京、上海、天津、深圳、广州、苏州、杭州、成都、南京和西安，排名最后的五个城市分别是呼和浩特、银川、桂林、西宁和海口；2008年创新生态位宽度排名前十的区域中心城市创新生态圈分别是北京、上海、天津、深圳、苏州、西安、沈阳、重庆、南京和杭州，排名最后的五个城市分别是西宁、桂林、银川、珠海和海口；2009年创新生态位宽度排名前十的区域中心城市创新生态圈分别是北京、上海、南京、天津、深圳、杭州、苏州、重庆、广州和武汉，排名最后的五个城市分别是桂林、西宁、呼和浩特、珠海和银川；2010年创新生态位宽

度排名前十的区域中心城市创新生态圈分别是北京、上海、深圳、天津、重庆、广州、杭州、苏州、武汉和西安，排名最后的五个城市分别是桂林、海口、银川、乌鲁木齐和西宁；2011年创新生态位宽度排名前十的区域中心城市创新生态圈分别是北京、上海、天津、杭州、重庆、深圳、苏州、成都、武汉和广州，排名最后的五个城市分别是银川、乌鲁木齐、桂林、海口和西宁；2012年创新生态位宽度排名前十的区域中心城市创新生态圈分别是北京、上海、天津、深圳、苏州、成都、杭州、广州、南京和武汉，排名最后的五个城市分别是海口、呼和浩特、乌鲁木齐、银川和西宁；2013年创新生态位宽度排名前十的区域中心城市创新生态圈分别是北京、上海、苏州、南京、天津、深圳、广州、西安、武汉、杭州，排名最后的五个城市分别是海口、呼和浩特、乌鲁木齐、银川和西宁；2014年创新生态位宽度排名前十的区域中心城市创新生态圈分别是北京、上海、苏州、天津、深圳、广州、武汉、西安、南京和成都，排名最后的五个城市分别是珠海、呼和浩特、乌鲁木齐、银川和西宁；2015年创新生态位宽度排名前十的区域中心城市创新生态圈分别是北京、上海、杭州、深圳、天津、苏州、广州、武汉、成都和西安，排名最后的五个城市分别是海口、呼和浩特、乌鲁木齐、银川和西宁；2016年创新生态位宽度排名前十的区域中心城市创新生态圈分别是北京、上海、深圳、广州、天津、成都、西安、苏州、杭州和重庆，排名最后的五个城市分别是乌鲁木齐、海口、呼和浩特、银川和西宁；2017年创新生态位宽度排名前十的区域中心城市创新生态圈分别是北京、上海、深圳、广州、天津、西安、成都、苏州、重庆和杭州，排名最后的五个城市分别是银川、海口、乌鲁木齐、呼和浩特和西宁；2018年创新生态位宽度排名前十的区域中心城市创新生态圈分别是北京、上海、深圳、广州、西安、成都、天津、苏州、重庆和武汉，排名最后的五个城市分别是桂林、海口、银川、呼和浩特和西宁；2019年创新生态位宽度排名前十的区域中心城市创新生态圈分别是北京、上海、深圳、广州、成都、西安、天津、重庆、杭州和武汉，排名最后的五个城市分别是桂林、银川、西宁、呼和浩特和乌鲁木齐。创新生态位宽度排名情况具体如表6-22所示。

表 6-22　区域中心城市创新生态圈创新生态位宽度的排名

年度	创新生态位宽度排名前 10 名的城市	创新生态位宽度排名最后 5 名的城市
2004	北京、上海、天津、西安、深圳、武汉、杭州、苏州、广州和成都	呼和浩特、桂林、海口、银川和西宁
2005	上海、北京、天津、深圳、广州、武汉、苏州、重庆、西安和成都	乌鲁木齐、桂林、银川、海口和西宁
2006	上海、北京、天津、深圳、广州、杭州、成都、苏州、重庆和武汉	乌鲁木齐、桂林、银川、海口和西宁
2007	北京、上海、天津、深圳、广州、苏州、杭州、成都、南京和西安	呼和浩特、银川、桂林、西宁和海口
2008	北京、上海、天津、深圳、苏州、西安、沈阳、重庆、南京和杭州	西宁、桂林、银川、珠海和海口
2009	北京、上海、南京、天津、深圳、杭州、苏州、重庆、广州和武汉	桂林、西宁、呼和浩特、珠海和银川
2010	北京、上海、深圳、天津、重庆、广州、杭州、苏州、武汉和西安	桂林、海口、银川、乌鲁木齐和西宁
2011	北京、上海、天津、杭州、重庆、深圳、苏州、成都、武汉和广州	银川、乌鲁木齐、桂林、海口和西宁
2012	北京、上海、天津、深圳、苏州、成都、杭州、广州、南京和武汉	海口、呼和浩特、乌鲁木齐、银川和西宁
2013	北京、上海、苏州、南京、天津、深圳、广州、西安、武汉、杭州	海口、呼和浩特、乌鲁木齐、银川和西宁
2014	北京、上海、苏州、天津、深圳、广州、武汉、西安、南京和成都	珠海、呼和浩特、乌鲁木齐、银川和西宁
2015	北京、上海、杭州、深圳、天津、苏州、广州、武汉、成都和西安	海口、呼和浩特、乌鲁木齐、银川和西宁
2016	北京、上海、深圳、广州、天津、成都、西安、苏州、杭州和重庆	乌鲁木齐、海口、呼和浩特、银川和西宁
2017	北京、上海、深圳、广州、天津、西安、成都、苏州、重庆和杭州	银川、海口、乌鲁木齐、呼和浩特和西宁
2018	北京、上海、深圳、广州、西安、成都、天津、苏州、重庆和武汉	桂林、海口、银川、呼和浩特和西宁
2019	北京、上海、深圳、广州、成都、西安、天津、重庆、杭州和武汉	桂林、银川、西宁、呼和浩特和乌鲁木齐

从区域中心城市创新生态圈创新生态位宽度的排名来看，2004—2019年一直排在前十名的城市包括北京、上海、天津和深圳，说明这四个城市可利用的创新资源丰富，创新要素在空间上布局合理，空间流动效率高，集聚了大量的创新元素，创新的集聚效应强。在时间维度上，2004—2019年，这四个城市的创新生态位宽度值一直很大，在发展的过程中不断向高级阶段演化，可利用的创新资源分布范围广，元素种类多，有很好的创新发展潜力。2004—2019年一直排在后五名的城市包括银川和西宁。创新生态位宽度排名一直处于最后的几个城市位于我国的中西部内陆边缘地区，受到自然环境、社会环境等因素的制约，创新能力较弱，可以用的创新资源受到约束，十分有限。因此，其创新的集聚效应以及辐射效应也较弱。这些城市应在西部大开发战略的支持下，尽快提高创新能力，与东部地区建立合作关系，实现创新的飞跃式发展。有一部分城市，比如东北的黑龙江、吉林、辽宁，中部的郑州、南昌等，这类城市创新生态位宽度较低，集聚能力相对较强，意味着可利用的创新资源较少，应在某些特定创新领域形成自己的特色，在一些专项技术上寻求突破。比如贵州近年来大力发展大数据技术，取得重大突破，带动了创新发展，但其他领域较弱。东北一些城市在重工业的支持下完成了很多国家定向的创新项目。另一类城市，比如西安、重庆、宁波、合肥等，创新生态位宽度虽然与排名前十的城市有一定的差距，但也处于较高的水平。创新起步晚，但创新资源相对丰富，大多以现代产业为主，有国家政策支持，以牺牲较窄范围攻坚创新来换取集聚能力提高，符合"大众创业、万众创新"时代背景，拥有较强创新潜力。

三　计算创新生态位扩充度

以2004—2019年的面板数据为研究依据，根据前文公式计算区域中心城市创新生态圈创新生态位扩充度，反映其创新的发展前景和发展潜力。2005—2008年区域中心城市创新生态圈创新生态位扩充度计算结果如表6-23所示，2009—2012年区域中心城市创新生态圈创新生态位扩充度计算结果如表6-24所示，2013—2016年区域中心城市创新生态圈创新生态位扩充度计算结果如表6-25所示，2017—2019年区域中心城市创新生态圈创新生态位扩充度计算结果如表6-26所示。

表 6-23 2005—2008 年区域中心城市创新生态圈创新生态位扩充度

城市	2005 年	排名	2006 年	排名	2007 年	排名	2008 年	排名
北京	15.6930	7	4.1556	37	6.0649	34	14.8675	25
天津	6.7053	35	4.2493	36	7.4497	25	19.7420	19
石家庄	7.2893	32	95.7946	1	5.4723	36	70.1755	1
上海	7.7738	29	5.2141	32	10.6092	13	13.5036	31
南京	8.7809	22	9.0562	11	6.8334	29	48.8954	3
苏州	8.6898	23	8.5081	13	7.7607	23	13.6551	29
徐州	11.2477	13	8.4306	15	7.4261	26	21.0290	16
杭州	19.4274	5	5.8004	28	4.8577	37	46.7539	6
宁波	7.1344	34	6.8543	25	18.3520	4	13.8838	28
合肥	9.5706	21	7.5792	18	10.0858	16	48.1507	5
广州	12.1976	9	3.7541	38	7.8784	22	27.1541	13
深圳	10.9714	15	5.2206	31	6.7608	31	10.2157	32
珠海	74.6254	1	5.2873	30	7.4879	24	48.4777	4
济南	8.4195	25	15.6556	4	10.0458	17	14.4625	26
青岛	8.1376	28	11.6621	6	8.7450	20	52.4514	2
福州	6.4759	36	4.8380	33	6.4931	33	34.1970	10
厦门	8.1429	27	6.1017	27	5.9682	35	13.6117	30
成都	5.3356	38	4.8333	34	15.4307	7	9.6734	33
重庆	7.1951	33	29.5586	2	10.6308	12	41.6325	7
西安	7.6164	31	14.7999	5	6.5905	32	19.3155	21
南宁	11.0218	14	6.7763	26	7.0809	28	33.8430	11
桂林	13.8570	8	6.9657	23	11.6969	9	8.9582	35
海口	10.5003	19	7.5567	19	10.0973	15	36.6831	8
太原	8.6081	24	7.7620	17	11.3158	10	15.5710	24
呼和浩特	8.3367	26	6.9093	24	6.7901	30	6.5811	38
贵阳	11.3882	12	9.4867	10	8.4927	21	14.3924	27
昆明	27.3479	3	8.4878	14	4.4979	38	7.2641	37
兰州	11.4015	11	7.4844	21	50.4244	2	19.9610	18
西宁	16.9563	6	10.7489	7	9.0757	19	9.5665	34
银川	10.8526	16	9.7616	9	18.1943	5	35.6161	9
郑州	10.6351	17	8.3534	16	10.2126	14	32.9383	12

续表

城市	2005年	排名	2006年	排名	2007年	排名	2008年	排名
乌鲁木齐	9.8631	20	8.6633	12	10.6812	11	22.7022	14
武汉	7.7214	30	7.5427	20	7.3319	27	18.0553	22
南昌	10.5528	18	5.5947	29	9.7233	18	20.0773	17
长沙	20.1724	4	10.1787	8	36.8344	3	22.6293	15
沈阳	33.4845	2	7.1869	22	16.0564	6	19.6744	20
哈尔滨	11.6338	10	24.6200	3	11.9585	8	8.0894	36
长春	5.9535	37	4.5441	35	61.9618	1	16.8009	23

表6-24 2009—2012年区域中心城市创新生态圈创新生态位扩充度

城市	2009年	排名	2010年	排名	2011年	排名	2012年	排名
北京	7.4004	38	6.0310	38	13.2820	20	14.6919	28
天津	8.2908	35	10.9952	26	13.7474	16	10.1130	37
石家庄	27.9726	5	8.8323	35	23.1099	4	33.1668	6
上海	19.2493	11	30.3735	8	16.2360	13	19.3884	16
南京	16.3919	13	46.7881	3	10.3155	28	16.4914	23
苏州	27.8348	6	14.0015	18	14.6475	14	23.3613	12
徐州	9.9696	28	24.5850	12	28.9941	2	16.4516	24
杭州	12.9630	19	9.7921	31	10.7040	25	34.1322	5
宁波	12.0993	22	25.6176	11	13.3102	19	10.7636	35
合肥	19.6359	10	11.2264	24	13.2340	21	24.4637	10
广州	11.8144	23	7.9851	37	16.7454	11	11.7456	33
深圳	10.1403	26	9.3420	34	9.1969	31	18.2148	20
珠海	16.4969	12	18.5373	14	7.5406	33	14.8798	26
济南	7.5102	37	57.6792	1	19.0611	6	19.1090	17
青岛	8.3870	34	28.6404	9	16.5719	12	8.9364	38
福州	16.1158	15	31.1152	7	28.2508	3	14.7757	27
厦门	10.0303	27	10.7524	29	5.3173	36	18.2074	21
成都	9.1972	31	13.0672	20	49.0623	1	13.8105	31
重庆	8.3880	33	10.9449	27	13.2194	23	37.9205	3
西安	8.4053	32	12.7922	21	18.9324	7	19.5894	15

续表

城市	2009 年	排名	2010 年	排名	2011 年	排名	2012 年	排名
南宁	13.6826	17	11.1162	25	19.8815	5	10.9687	34
桂林	38.1973	2	14.6972	17	9.5037	30	14.3855	30
海口	14.7382	16	41.2066	4	18.4037	9	10.6193	36
太原	9.6575	30	31.2912	6	5.1751	37	21.7523	14
呼和浩特	36.6229	3	10.7642	28	9.9342	29	14.6336	29
贵阳	12.1350	21	8.5568	36	10.6502	26	18.3724	19
昆明	12.8112	20	28.2717	10	17.2351	10	13.0641	32
兰州	16.3164	14	17.1719	16	6.5035	35	24.4166	11
西宁	25.2796	8	17.1813	15	10.4206	27	15.3513	25
银川	45.0117	1	10.2844	30	7.6534	32	36.7604	4
郑州	11.4765	24	47.6381	2	18.5162	8	22.6700	13
乌鲁木齐	27.4471	7	36.9202	5	5.0771	38	24.5416	9
武汉	28.1221	4	21.3958	13	13.4866	18	17.6216	22
南昌	22.3691	9	9.4332	33	13.2325	22	31.2649	7
长沙	13.0236	18	13.8790	19	6.9480	34	27.8161	8
沈阳	7.7967	36	9.5648	32	13.5943	17	87.2689	1
哈尔滨	10.8775	25	11.3786	23	13.8113	15	18.9331	18
长春	9.7675	29	11.9772	22	13.1759	24	40.4395	2

表 6-25 2013—2016 年区域中心城市创新生态圈创新生态位扩充度

城市	2013 年	排名	2014 年	排名	2015 年	排名	2016 年	排名
北京	3.6190	38	3.0320	38	5.2767	21	19.7137	30
天津	3.6642	37	31.8853	3	5.4801	20	20.5388	23
石家庄	12.3148	14	5.7865	17	5.5153	18	21.9689	14
上海	4.4851	36	5.1612	22	13.2355	7	19.4475	32
南京	8.5309	24	45.2380	2	5.4906	19	20.0896	27
苏州	8.7551	21	15.8359	4	6.5238	15	20.2509	25
徐州	21.8876	2	12.9570	7	5.2229	22	21.9963	13
杭州	18.1199	4	50.7547	1	7.0399	11	20.2447	26

续表

城市	2013年	排名	2014年	排名	2015年	排名	2016年	排名
宁波	8.5408	23	4.8932	26	3.5499	38	21.3730	17
合肥	8.6578	22	4.3059	31	15.5572	6	22.6623	10
广州	11.5040	17	5.4754	21	4.9307	27	19.5103	31
深圳	6.1253	33	5.6051	18	6.9850	12	20.0891	28
珠海	37.6395	1	4.9346	25	6.7132	14	36.3045	1
济南	8.9787	20	3.5419	37	4.1657	35	20.9730	20
青岛	7.0078	29	5.1484	23	6.1525	16	20.7313	22
福州	4.6962	35	3.8559	34	16.8335	5	21.5252	16
厦门	12.4331	12	3.8997	33	6.8446	13	30.3621	5
成都	19.8719	3	4.3355	29	4.4053	30	18.9318	34
重庆	12.5403	11	5.4917	20	5.1021	24	19.0332	33
西安	6.8790	31	5.0696	24	4.2030	33	21.2056	18
南宁	16.8670	5	4.5130	28	4.2569	32	24.4086	9
桂林	14.6209	7	4.1655	32	4.9936	26	2.2420	37
海口	13.3644	9	10.9977	9	45.0635	1	8.8146	36
太原	13.7225	8	9.4419	11	7.2205	10	26.6412	7
呼和浩特	14.7724	6	9.0718	12	5.7019	17	28.0002	6
贵阳	7.5989	27	15.3755	5	22.0584	3	31.0957	3
昆明	9.6245	19	3.8527	35	5.1791	23	21.5575	15
兰州	8.2871	25	7.9353	13	17.0381	4	30.7172	4
西宁	7.0355	28	6.1033	16	5.0918	25	0.0264	38
银川	12.1132	15	5.5486	19	4.6949	28	16.3578	35
郑州	12.4013	13	4.8875	27	4.5586	29	20.9276	21
乌鲁木齐	12.0852	16	12.2590	8	8.1135	8	31.8399	2
武汉	5.9934	34	3.6242	36	4.1797	34	20.0697	29
南昌	10.8808	18	6.3407	15	4.0380	36	24.6236	8
长沙	6.6280	32	4.3091	30	4.3834	31	20.5077	24
沈阳	7.9639	26	7.1500	14	24.4833	2	22.4343	12

续表

城市	2013 年	排名	2014 年	排名	2015 年	排名	2016 年	排名
哈尔滨	6.9335	30	14.5818	6	3.8424	37	21.0174	19
长春	12.6418	10	9.7634	10	7.4970	9	22.5445	11

表 6-26　2017—2019 年区域中心城市创新生态圈创新生态位扩充度

城市	2017 年	排名	2018 年	排名	2019 年	排名
北京	4.4703	38	13.6856	28	5.4289	31
天津	9.4970	24	13.3422	30	16.6675	7
石家庄	17.5294	7	32.2662	3	9.2117	14
上海	4.5999	37	14.0574	27	4.7101	36
南京	7.6659	30	33.3994	1	5.8374	28
苏州	9.9590	22	30.5838	4	23.6996	5
徐州	25.0464	2	27.3954	7	37.2295	2
杭州	5.8396	36	17.9610	18	5.9868	26
宁波	11.2829	19	20.5586	13	13.0417	9
合肥	11.6237	18	13.6784	29	5.5971	30
广州	7.6262	31	13.2866	31	5.0052	35
深圳	6.6214	35	7.0635	38	13.0086	10
珠海	11.8006	16	16.0965	20	7.1032	21
济南	8.6728	26	14.1072	26	6.1076	24
青岛	10.0500	21	17.1909	19	5.3469	32
福州	9.2262	25	10.1284	35	5.9370	27
厦门	7.3988	34	12.9115	33	5.8057	29
成都	8.4783	28	12.0535	34	6.0073	25
重庆	7.4334	33	13.1858	32	3.9685	38
西安	11.6780	17	14.5244	24	5.3154	34
南宁	23.1131	3	8.1379	36	5.3321	33
桂林	33.7108	1	15.3206	22	9.0838	16
海口	13.7559	12	7.9657	37	7.4518	20
太原	20.4469	4	20.9050	12	36.4766	3
呼和浩特	18.5907	6	32.4970	2	6.2723	23

续表

城市	2017年	排名	2018年	排名	2019年	排名
贵阳	12.9502	13	18.8907	14	11.2648	13
昆明	16.9979	8	28.1883	5	8.7046	18
兰州	12.1469	14	28.0661	6	7.0319	22
西宁	8.6322	27	15.1006	23	35.9474	4
银川	11.8953	15	21.5913	11	9.0789	17
郑州	7.5264	32	26.6269	8	7.5843	19
乌鲁木齐	15.7319	9	18.5556	15	39.0928	1
武汉	8.4310	29	23.7152	10	12.0280	12
南昌	14.0404	11	16.0859	21	9.1935	15
长沙	9.8908	23	14.2152	25	14.0911	8
沈阳	10.0726	20	18.3111	16	4.5658	37
哈尔滨	19.2654	5	26.1467	9	17.1011	6
长春	15.5255	10	18.1943	17	12.6427	11

从表 6-23 至表 6-26 可知，2005 年创新生态位扩充度排名前十的区域中心城市创新生态圈分别是珠海、沈阳、昆明、长沙、杭州、西宁、北京、桂林、广州和哈尔滨，排名最后的五个城市分别是宁波、天津、福州、长春和成都；2006 年创新生态位扩充度排名前十的区域中心城市创新生态圈分别是石家庄、重庆、哈尔滨、济南、西安、青岛、西宁、长沙、银川和贵阳，排名最后的五个城市分别是成都、长春、北京、天津和广州；2007 年创新生态位扩充度排名前十的区域中心城市创新生态圈分别是长春、兰州、长沙、宁波、银川、沈阳、成都、哈尔滨、桂林和太原，排名最后的五个城市分别是北京、厦门、石家庄、杭州和昆明；2008 年创新生态位扩充度排名前十的区域中心城市创新生态圈分别是石家庄、青岛、南京、珠海、合肥、杭州、重庆、海口、银川和福州，排名最后的五个城市分别是西宁、桂林、哈尔滨、昆明和呼和浩特；2009 年创新生态位扩充度排名前十的区域中心城市创新生态圈分别是银川、桂林、呼和浩特、武汉、石家庄、苏州、乌鲁木齐、西宁、南昌和合肥，排名最后的五个城市分别是青岛、天津、沈阳、济南和北京；2010 年创新生态位扩充度排名前十的区域中心城市创新生态

圈分别是济南、郑州、南京、海口、乌鲁木齐、太原、福州、上海、青岛和昆明，排名最后的五个城市分别是深圳、石家庄、贵阳、广州和北京；2011 年创新生态位扩充度排名前十的区域中心城市创新生态圈分别是成都、徐州、福州、石家庄、南宁、济南、西安、郑州、海口和昆明，排名最后的五个城市分别是长沙、兰州、厦门、太原和乌鲁木齐；2012 年创新生态位扩充度排名前十的区域中心城市创新生态圈分别是沈阳、长春、重庆、银川、杭州、石家庄、南昌、长沙、乌鲁木齐和合肥，排名最后的五个城市分别是南宁、宁波、海口、天津和青岛；2013 年创新生态位扩充度排名前十的区域中心城市创新生态圈分别是珠海、徐州、成都、杭州、南宁、呼和浩特、桂林、太原、海口和长春，排名最后的五个城市分别是武汉、福州、上海、天津和北京；2014 年创新生态位扩充度排名前十的区域中心城市创新生态圈分别是杭州、南京、天津、苏州、贵阳、哈尔滨、徐州、乌鲁木齐、海口和长春，排名最后的五个城市分别是福州、昆明、武汉、济南和北京；2015 年创新生态位扩充度排名前十的区域中心城市创新生态圈分别是海口、沈阳、贵阳、兰州、福州、合肥、上海、乌鲁木齐、长春和太原，排名最后的五个城市分别是武汉、济南、南昌、哈尔滨和宁波；2016 年创新生态位扩充度排名前十的区域中心城市创新生态圈分别是珠海、乌鲁木齐、贵阳、兰州、厦门、呼和浩特、太原、南昌、南宁和合肥，排名最后的五个城市分别是成都、银川、海口、桂林和西宁；2017 年创新生态位扩充度排名前十的区域中心城市创新生态圈分别是桂林、徐州、南宁、太原、哈尔滨、呼和浩特、石家庄、昆明、乌鲁木齐和长春，排名最后的五个城市分别是厦门、深圳、杭州、上海和北京；2018 年创新生态位扩充度排名前十的区域中心城市创新生态圈分别是南京、呼和浩特、石家庄、苏州、昆明、兰州、徐州、郑州、哈尔滨和武汉，排名最后的五个城市分别是成都、福州、南宁、海口和深圳；2019 年创新生态位扩充度排名前十的区域中心城市创新生态圈分别是乌鲁木齐、徐州、太原、西宁、苏州、哈尔滨、天津、长沙、宁波和深圳，排名最后的五个城市分别是西安、广州、上海、沈阳和重庆。

区域中心城市创新生态圈创新生态位扩充度反映其创新的发展前景和发展潜力，其值越大，表明区域中心城市创新生态圈在未来的发展前景越好，创新潜力越大，反之则发展比较缓慢，缺乏创新的动力。从区域中心城市创新生态圈创新生态位扩充度计算结果来看，2005—2019年排在前十名的城市和排在后五名的城市变化较大，说明各城市在不同的年份对创新的政策有所不同，创新的潜力以及发展速度变化不同。总体来看，创新综合生态位排名靠前的城市创新生态位扩充度排名较靠后；相反，创新综合生态位排名靠后的城市创新生态位扩充度排名较靠前。这表明我国各区域中心城市创新生态圈创新能力的发展呈收敛状态，各个城市群之间创新能力的差距在逐渐缩小。

第七章 区域中心城市创新生态圈辐射能力评价

第一节 区域中心城市创新生态圈辐射能力模型

一 断裂点模型

1949 年，康维斯提出断裂点理论，常被用来分析区域中心城市的辐射范围（城市腹地），该理论经过学者们的不断延伸，逐渐被扩展到城市群空间联系（张吉岗，2019）、创意产业辐射强度（赵琪，2016）、金融竞争力（黎伟，2019）、金融集聚经济增长效益（李秋敏，2020）等领域研究中。断裂点模型具体分析如下：

相邻两城市 i、j 间影响力的分界点（断裂点）x 满足公式（7-1）：

$$D_{ix} = \frac{D_{ij}}{1+\sqrt{S_j/S_i}} \tag{7-1}$$

式中，D_{ix} 表示 x 点距 i 城市的距离，S_i、S_j 为两城市的人口规模或经济总量，D_{ij} 为 i、j 间的直线距离。但该模型存在一定的局限性，由于人口规模和经济总量无法全面表示区域中心城市创新生态圈的辐射强度。因此，本书以区域中心城市创新生态圈的创新辐射力指标值来表示 S_i、S_j，计算出区域中心城市创新生态圈与周边城市间的断裂点。

二 威尔逊模型

1970 年，威尔逊根据万有引力定律提出"威尔逊模型"，是指区域间的相互作用与两区域或城市间的距离、资源的连通性和区域规模有关（戴志敏，2015），这无疑为区域中心城市创新生态圈的辐射效应研究提供了新视角和分析工具。威尔逊模型具体分析步骤如下：

根据万有引力定律公式：

$$F_{ab} = G \frac{m_a m_b}{r_{ab}^2} \tag{7-2}$$

式中，F_{ab} 表示两物体间的引力；G 表示万有引力常数；m_a、m_b 表示两物体的质量；r_{ab} 表示两物体间的距离。

以上两物体间的距离可以用运输成本 C_{ab} 来代替，用 O_a、O_b 表示两个区域的经济活动总量，因此，在经济地理学中，万有引力的表达式可以引申为：

$$F_{ab} = K \frac{O_a Q_b}{C_{ab}^2} \tag{7-3}$$

威尔逊假定：a、b 两个区域间存在资源的流动，若把 a、b 看成两个生态圈，a 假设为资源供应圈，b 看成资源需求圈，F_{ab} 表示两个生态圈间的资源流动总量，F_{ab} 定义为区域中心城市创新生态圈间的作用强度，则两个区域中心城市创新生态圈存在以下关系（胡晓辉，2015），见公式（7-4）和公式（7-5）：

$$\sum_{b=1}^{N} F_{ab} \leq O_a, \ a = 1, 2, \cdots, M \tag{7-4}$$

$$\sum_{a=1}^{M} F_{ab} \geq O_b, \ b = 1, 2, \cdots, N \tag{7-5}$$

其中，O_a、Q_b 表示供给资源量与需求资源量；M、N 表示供给、需求生态圈个数。

威尔逊模型强调两个区域内运输费用是有限制的，假设两区域内运输总费用为 C，单位物质运输费用为 C_{ab}，有以下关系，见公式（7-6）：

$$\sum_{a=1}^{M} \sum_{b=1}^{N} F_{ab} \times C_{ab} = C \tag{7-6}$$

用 P_{ab} 表示两区域资源流动的概率，$P_{ab} = F_{ab}/O_{ab}$。

a 流出的资源单位运输成本 $C_a = \sum_{b=1}^{N} C_{ab} P_{ab}$，$C_a$ 为常数。

假设 a 的资源所流向的所有区域看成一个子生态圈，由热力学定理可得，系统的熵 S_a 可表示为式（7-7）：

$$S_a = -\sum_{b=1}^{N} P_{ab} \log P_{ab} \tag{7-7}$$

当系统处于稳定状态时，子生态圈和总生态圈的熵都达到了最大值，构造拉格朗日函数，可知子生态圈熵 S_a 的极大值，见公式（7-8）：

$$L_a = -\sum_{b=1}^{N} P_{ab} log P_{ab} + \lambda_a (1 - \sum_{b=1}^{N} P_{ab}) + \beta_a (C_a - \sum_{b=1}^{N} C_{ab} P_{ab})$$
(7-8)

令 $\partial L_a / \partial P_{ab} = 0$，则有：

$$P_{ab} = \frac{1}{e^{\lambda_a + 1}} e^{-\beta_a C_{ab}}$$
(7-9)

令 $\frac{1}{e^{\lambda_a + 1}} = G_a$，且两边同时乘以 O_a，可得：

$$F_{ab} = G_a O_a e^{-\beta_a C_{ab}}$$
(7-10)

同理可得 b 的子生态圈熵 S_b 取极大值时有：

$$F_{ab} = G_b Q_b e^{-\beta_a C_{ab}}$$
(7-11)

其中，β_a、β_b 为衰减系数。

当总生态圈达到均衡状态时，a、b 的相互作用强度相同，说明衰减系数相同（颜姜慧，2011），因此可得到威尔逊模型，见公式（7-12）：

$$F_{ab} = K O_a Q_b e^{-\beta_a C_{ab}}$$
(7-12)

其中，F_{ab} 表示 a 吸引到源自 b 的资源数，O_a 是 a 的资源强度，Q_b 是 b 的资源强度，β 为衰减系数，决定区域影响力衰减速度快慢，K 是常数。

结合区域中心城市创新生态圈的实际情况，当两个城市间的距离为 0 时，即 b 吸引的资源就是区域中心城市创新生态圈 a 的资源总量，即：

$$F_{ab} = K O_a Q_b e^{-\beta_a C_{ab}} = K O_a Q_b e^{(-\beta 0)}$$
(7-13)

两边同时除以 O_a，得 $P_{ab} = K O_a = 1$，因此，F_{ab} 可表示为：

$$F_{ab} = Q_b e^{-\beta_a C_{ab}}$$
(7-14)

由此可知，区域中心城市创新生态圈的辐射作用强度随着距离的增大而减小，设 b 可获得的 a 的最大资源总量为 M_a，即区域中心城市创新生态圈资源总量的上限。当区域中心城市创新生态圈的辐射强度衰减到一个阈值 θ 时，即认为该城市没有辐射能力了。

$$\theta = M_a e^{(-\beta r)}$$
(7-15)

两边取对数，得到区域中心城市创新生态圈的辐射半径公式：

$$r=\frac{1}{\beta}\ln\left(\frac{M_a}{\theta}\right) \qquad (7-16)$$

其中，$\beta=\sqrt{\frac{2T}{t_{\max}D}}$；

T 是域元内传递因子的个数，本书为区域中心城市创新生态圈个数；

$t_{\max}$ 是具有扩散能力的传递因子的最大个数，本书指具有辐射强度的区域中心城市创新生态圈个数；

D 是域元尺度，本书用区域中心城市的平均面积表示；

θ 是一个阈值，本书用城市创新生态圈创新能力表示，衡量指标为城市发明专利授权量。

第二节 样本选择及数据来源

一 样本选择

根据第六章研究结论可知，全国范围38个区域中心城市创新生态圈可分为4个梯队，为了探究不同梯队区域中心城市创新生态圈的辐射特点，兼顾区域中心城市的空间分布特征，本章将从4个梯队中分别选取一个区域中心城市创新生态圈详细探究其辐射效应，最终选择的样本区域中心城市创新生态圈分别是上海创新生态圈、武汉创新生态圈、重庆创新生态圈和徐州创新生态圈。

（一）第一梯队——上海

长江三角洲城市群（以下简称长三角城市群）位于长江入海之前的冲积平原，根据国务院批准的《长江三角洲城市群发展规划》，长三角城市群包括：上海，江苏省的南京、无锡、常州、苏州、南通、盐城、扬州、镇江、泰州，浙江省的杭州、宁波、温州、嘉兴、湖州、绍兴、金华、舟山、台州，安徽省的合肥、芜湖、马鞍山、铜陵、安庆、滁州、池州、宣城。公开资料显示，长三角城市群面积仅占全国总面积2.3%，拥有2.25亿人口，贡献了全国1/4左右的GDP，全国约1/4的"双一流"高校，年研发经费支出和有效发明专利数均占全国1/3左右。

长三角城市群是"一带一路"与长江经济带的重要交汇地带，在中国国家现代化建设中具有举足轻重的战略地位，是中国参与国际竞争的重要平台、经济社会发展的重要引擎和长江经济带的引领者，是中国城镇化基础最好的地区之一。长三角城市群经济腹地广阔，拥有现代化江海港口群和机场群，高速公路网比较健全，公铁交通干线密度全国领先，立体综合交通网络基本形成。

因此，以长三角城市群中的区域中心城市上海市为例研究区域中心城市创新生态圈对周围城市的创新辐射带动效应。上海作为国际大都市，是我国的经济、金融、科技中心，在打造全球高水平创新型城市的同时必然对周围城市产生强大的创新辐射带动效应。由第六章的研究结果可知，上海属于区域中心城市创新生态圈的第一梯队，创新辐射能力强，辐射范围广，具有一定的代表性。

（二）第二梯队——武汉

武汉城市圈是指以中国中部最大城市武汉为中心，覆盖黄石、鄂州、黄冈、孝感、咸宁周边5个大中型城市所组成的城市群。武汉为中心城市，黄石为东翼中心城市。其他市均为三级节点城市，其中孝感、咸宁为西北部和南部区域性中心城市。武汉城市圈的建设，涉及工业、交通、教育、金融、旅游等诸多领域。面积不到湖北省1/3的武汉城市圈，集中了全省一半以上的人口和六成以上的GDP总量，是中国中部最大的城市群之一。武汉城市圈不仅是湖北经济发展的核心区域，也是中部崛起的重要战略支点，是武汉重返国家中心城市的重要举措。湖北省积极融入长江经济带发展，加快把武汉城市圈打造成长江中游城市群最重要的增长极，推动相邻城市联动发展。2016年12月14日，国家发改委正式复函要求武汉加快建成以全国经济中心、高水平科技创新中心、商贸物流中心和国际交往中心四大功能为支撑的国家中心城市。由第六章的研究结果可知，武汉属于区域中心城市创新生态圈的第二梯队，具有一定的代表性。

（三）第三梯队——重庆

成渝都市圈是中国西部经济文化最发达的区域，也是中国重要的城市群和经济区之一。成渝都市圈位于长江上游，地处四川盆地，面积20.6万平方公里，是我国重要的人口、城镇、产业集聚区。成渝都市圈包括重庆市和四川省的成都、德阳、绵阳、眉山、资阳、遂宁、乐山、雅安、自贡、泸州、内江、南充、宜宾、达州、广安 15 个市。由第六章的研究结果可知，成都与武汉同属于第二梯队区域中心城市创新生态圈，此处不做重点研究。重庆属于区域中心城市创新生态圈的第三梯队，在西部地区排名仅低于成都，具有一定的代表性。

（四）第四梯队——徐州

2017 年 6 月，国务院批复徐州市为"淮海经济区中心城市"。2018 年 11 月 7 日，国家发改委网站公布了《淮河生态经济带发展规划》全文，明确了空间开发重点和方向，构建"一带、三区、四轴、多点"的总体格局，其中"三区"包括了北部的淮海经济区，意味着淮海经济区正式上升为国家战略。规划指出了淮海经济区的确切范围，包括江苏的徐州、连云港、宿迁，安徽的宿州、淮北，河南的商丘，山东的枣庄、济宁、临沂、菏泽等市；规划还提出：着力提升徐州区域中心城市辐射带动能力，发挥连云港新亚欧大陆桥经济走廊东方起点和陆海交汇枢纽作用，推动淮海经济区协同发展。由第六章研究结论可知，徐州属于区域中心城市创新生态圈的第四梯队，与上海同处于东部地区，但二者的创新辐射能力有较大的差别，上海属于全国性区域中心城市，而徐州属于地区性区域中心城市。

二 数据来源

本章用到的数据来源于《中国城市统计年鉴》（2005—2020 年）、《上海统计年鉴》（2005—2020 年）、《江苏统计年鉴》（2005—2020 年）、《浙江统计年鉴》（2005—2020 年）、《安徽统计年鉴》（2005—2020 年）、《湖北统计年鉴》（2005—2020 年）、《重庆统计年鉴》（2005—2020 年）、《四川统计年鉴》（2005—2020 年）、《河南统计年鉴》（2005—2020 年）、《山东统计年鉴》（2005—2020 年）以及各地级市的统计公报。

第三节 区域中心城市创新生态圈辐射能力实证研究

一 上海创新生态圈辐射能力实证研究

（一）城市首位度测算

区域中心城市在一定的区域范围内具有较强的集聚效应，在长三角城市群中，上海和苏州的人口规模位居前两位，上海和苏州的经济规模位居前两位，根据马克·杰斐逊（M. Jefferson）提出的城市首位度，可计算出区域中心城市的首位度。上海 2004—2019 年城市首位度及变化情况如表 7-1 和图 7-1 所示。由此可知，按照 2 城市指数来看，2004—2019 年上海市的城市首位度有所下降，但下降得较缓慢。按照 4 城市指数来看，2005—2012 年上海市的城市首位度有所下降，2013—2019 年又有较大幅度的上升。

表 7-1 2004—2019 年上海创新生态圈的城市首位度及变化情况

年份	2 城市指数	4 城市指数
2004	2.26	2.16
2005	2.24	2.27
2006	2.22	2.15
2007	2.21	2.14
2008	2.21	2.04
2009	2.21	1.94
2010	2.21	1.86
2011	2.21	1.79
2012	2.20	1.68
2013	2.19	1.66
2014	2.18	1.71
2015	2.16	1.73
2016	2.14	1.82
2017	2.11	1.90
2018	2.08	1.76
2019	2.03	1.98

注：2 城市指数为人口排名第一城市的人口总量比人口排名第二城市的人口总量；
4 城市指数为经济排名第一城市经济总量比经济排名第二城市的经济总量。

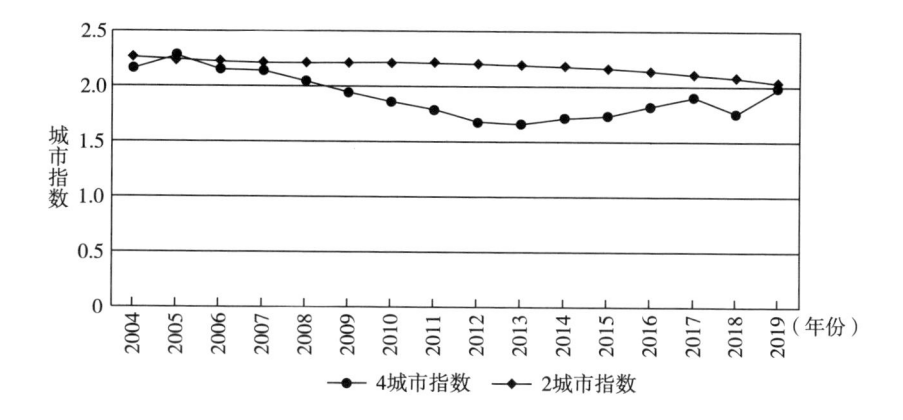

```
                              2.5
                              2.0
                     城
                     市    1.5
                     指
                     数    1.0
                              0.5
                                0
                                   2004 2005 2006 2007 2008 2009 2010 2011 2012 2013 2014 2015 2016 2017 2018 2019 (年份)
                                            ●— 4城市指数    ◆— 2城市指数
```

图 7-1 2004—2019 年上海创新生态圈的城市首位度及变化情况

注：2 城市指数为人口排名第一城市的人口总量比人口排名第二城市的人口总量；
4 城市指数为经济排名第一城市经济总量比经济排名第二城市的经济总量。

（二）辐射能力测算

利用熵权法计算出长三角城市群核心区城市创新生态圈的辐射能力得分，具体过程包括：第一，对数据进行归一化处理。一共有 m 个样本城市，n 个创新驱动因子。构建初始评价矩阵 A（mn），然后对原始数据进行归一化处理，得到归一化评价矩阵 X（mn）。第二，测量各创新驱动因子熵值。第三，计算各创新驱动因子权重，并构建相应的权重矩阵。第四，通过各创新驱动因子权重和标准化后的数据计算区域中心城市创新辐射能力得分。熵权法详细的计算过程见第五章。长三角城市群城市创新生态圈辐射能力得分如表 7-2 所示。可以看出，上海创新生态圈的创新辐射能力得分远大于长三角城市群其他城市，具有较突出的中心城市地位和较强的创新辐射能力。

表 7-2 长三角城市群城市创新生态圈辐射能力得分

城市创新生态圈	辐射能力得分	城市创新生态圈	辐射能力得分
上海创新生态圈	0.9095	湖州创新生态圈	0.0842
南京创新生态圈	0.3261	绍兴创新生态圈	0.1147
苏州创新生态圈	0.3350	金华创新生态圈	0.0968

续表

城市创新生态圈	辐射能力得分	城市创新生态圈	辐射能力得分
无锡创新生态圈	0.1537	舟山创新生态圈	0.0651
常州创新生态圈	0.1231	台州创新生态圈	0.0989
南通创新生态圈	0.1230	合肥创新生态圈	0.2490
盐城创新生态圈	0.1021	芜湖创新生态圈	0.0896
扬州创新生态圈	0.1023	马鞍山创新生态圈	0.0677
镇江创新生态圈	0.1062	铜陵创新生态圈	0.0577
泰州创新生态圈	0.0994	安庆创新生态圈	0.0615
杭州创新生态圈	0.3465	滁州创新生态圈	0.0657
宁波创新生态圈	0.2462	池州创新生态圈	0.0506
温州创新生态圈	0.1159	宣城创新生态圈	0.0712
嘉兴创新生态圈	0.1117	—	—

（三）断裂点距离测算

根据断裂点模型，可计算出 2019 年上海创新生态圈到周边城市断裂点距离，具体见表 7-3。对于断裂点模型计算的结果，一般的处理方法是：如果计算出的断裂点距离落在该区域中心城市创新生态圈的行政管辖范围内，则认为该城市不属于区域中心城市创新生态圈的腹地范围。按照这个方法，结合表 7-3 可以看出，区域中心城市创新生态圈与周边城市创新生态圈的断裂点距离均超出区域中心城市创新生态圈的管辖范围，区域中心城市创新生态圈的腹地范围包括南京、苏州和无锡等长三角其他 26 个城市，凸显了上海这一区域中心城市创新生态圈在长三角城市群的核心地位。

上海到苏州、嘉兴和无锡的断裂点距离最近，2019 年分别是 63.48 千米、72.57 千米和 92.85 千米，对这三个城市的创新辐射带动效应最强。无论是铁路、公路还是水路，交通都非常便利，这为上海输出创新要素提供了良好的基础保障，因此，上海对这 3 个城市的断裂点距离最小，创新辐射带动效应最强。《上海市城市总体规划（2016—2040）》提出上海与苏州、无锡、南通、宁波、嘉兴、舟山等地区协同发展，形成90分钟交通出行圈，突出同城效应。在交通通勤、产业分工、文化认同等方面与上海关系更加紧密的地区作为上海大都市圈的范围，积极推动上海大都市圈同城化发展。上海和苏州之间拥有"上海—苏州科技资源开放共享与协同发展行动计划"，两地共建的"上海—苏州科技资源开放共享与协同发展平台"同步启动，导入上海研发公共服务平台和苏州研发资源共享服务平台的全部资源共计有1700余家服务机构、2万余台套仪器设备。上海和苏州以此为契机，立足原有基础，更大力度地推动上海和苏州科技创新资源的互融互通。通过实施"上海—苏州科技资源开放共享与协同发展行动计划"，双方将努力实现平台协同、政策互通、资源扩充。双方共建"上海—苏州科技资源开放共享与协同发展平台"，导入更多优质资源，更好地服务苏沪两地企业。受地理位置等多种因素影响，上海到安庆断裂点距离最大，2019年为381.70千米，创新辐射带动效应最弱。

表7-3　2019年上海创新生态圈到周边城市断裂点距离测算结果

城市创新生态圈	断裂点距离（千米）	城市创新生态圈	断裂点距离（千米）
南京创新生态圈	187.02	湖州创新生态圈	113.48
苏州创新生态圈	63.48	绍兴创新生态圈	144.64
无锡创新生态圈	92.85	金华创新生态圈	247.31
常州创新生态圈	120.62	舟山创新生态圈	227.21
南通创新生态圈	94.96	台州创新生态圈	282.01
盐城创新生态圈	229.20	合肥创新生态圈	305.93
扬州创新生态圈	211.18	芜湖创新生态圈	265.62
镇江创新生态圈	187.08	马鞍山创新生态圈	256.89
泰州创新生态圈	173.61	铜陵创新生态圈	305.93
杭州创新生态圈	109.45	安庆创新生态圈	381.70
宁波创新生态圈	149.32	滁州创新生态圈	290.81
温州创新生态圈	336.05	池州创新生态圈	347.95
嘉兴创新生态圈	72.57	宣城创新生态圈	221.11

(四) 辐射半径测算

由断裂点模型计算出的辐射范围，同方向上不同城市间的断裂点存在包含关系，较近城市的断裂点被较远城市的断裂点覆盖，因此，仅从断裂点的连线判断区域中心城市创新生态圈的辐射范围存在一定的偏差，本书采取威尔逊模型对断裂点模型下的辐射范围进行修正。

根据评价模型构建中威尔逊模型，T是域元内传递因子的个数，本书为研究对象的个数；t_{max}是具有扩散能力的传递因子的最大个数，本书指具有辐射能力的区域中心城市创新生态圈个数；D是域元尺度，本研究用区域中心城市的平均面积表示；θ是一个阈值，本书创新能力的最小的数值表示；a的最大资源总量，M_a用创新能力的最大值表示。

经计算可得区域中心城市创新生态圈2004—2019年的辐射半径，如表7-4和图7-2所示。由此可知，2004—2010年上海市的辐射范围在不断缩小。2004年上海创新生态圈的平均辐射半径为390.06千米，到2010年缩小为327.64千米，缩小了62.42千米，缩小比例为16%。在区域中心城市创新生态圈形成的初期，不断集聚周围城市的科技、人才、资金等创新资源和创新要素，对周围城市的创新集聚效应小于辐射带动效应。2011年上海市的辐射范围扩大，2012年和2013年辐射范围有一定程度的缩小，2014—2017年呈连续扩大的趋势，2018年有一定程度的缩小，2019年又有所扩大，扩大到362.10千米，相比2010年扩大了34.46千米，扩大比例为10.52%。当区域中心城市创新生态圈发展到一定阶段开始出现饱和状态，创新成果开始外溢，此时区域中心城市创新生态圈对周围城市的创新集聚效应小于辐射带动效应。从不同年份区域中心城市创新生态圈的辐射半径来看，2005年391.32千米>2004年390.06千米>2007年373.85千米>2006年372.58千米>2008年365.11千米>2019年362.10千米>2009年356.38千米>2011年338.91千米>2017年335.10千米>2016年332.22千米>2012年330.17千米>2015年329.33千米>2010年327.64千米>2014年326.44千米>2013年323.55千米>2018年310.39千米。2016年后城市群战略进入正式实践期。区域规划层面，提升上海全球城市功能，按照打造世界级城市群核心城市的要求建设上海，提升上海核心竞争力和综合服务功能，发挥浦东新区引领作用，推动非核心功能疏解，推进与苏州、无锡、南通、宁波、嘉兴、舟山等周边城市协同发展的初期建设思路，上海作为中心城市的建设需求得以明确。

表 7-4　　　　　2004—2019 年上海创新生态圈辐射半径

年份	辐射半径（千米）	年份	辐射半径（千米）
2004	390.06	2012	330.17
2005	391.32	2013	323.55
2006	372.58	2014	326.44
2007	373.85	2015	329.33
2008	365.11	2016	332.22
2009	356.38	2017	335.10
2010	327.64	2018	310.39
2011	338.91	2019	362.10

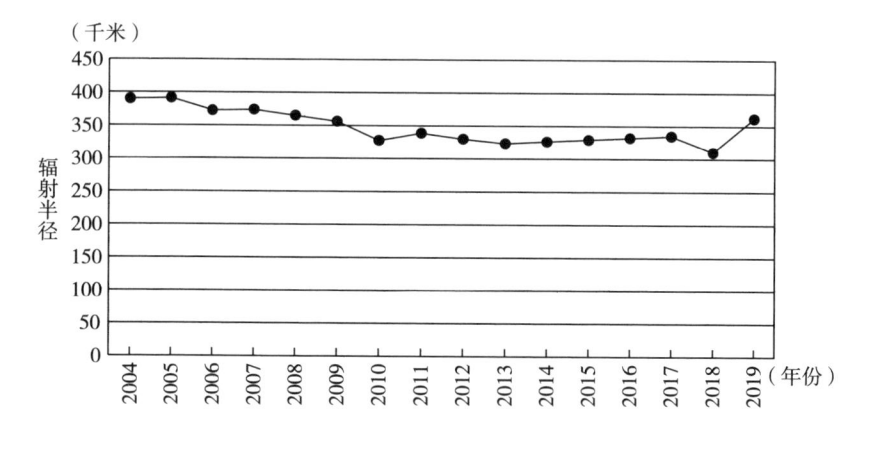

图 7-2　2004—2019 年上海创新生态圈辐射半径

（五）辐射能力提升举措

1. 加快经济发展

上海是我国经济最发达的地区，创新和经济发展息息相关，雄厚的经济基础与良好的政策支持为创新演进提供了有力保障，广阔的市场促进了创新成果转化，加速了创新商业化进程。促进创新主体与创新环境相适应，创新资源配置合理，彼此之间协同共生，共同演化，形成强劲的自主进化能力。加大研发经费内部支出额，为长三角城市群科技创新合作提供良好的资金支撑。

2. 加强知识产权保护

上海致力于建设亚太地区知识产权中心城市。政府制定创新成果产权保护政策，避免市场中出现恶性竞争状况，从而维持创新成果源源不断产生并有序流向市场。推进"一站式"知识产权政务服务平台、跨区域知识产权交易服务平台发展；完善国家知识产权运营公共服务平台国际运营（上海）平台、上海知识产权信息服务平台；培育商标品牌综合运营平台；打造知识产权大保护服务平台。秉承创新理念，成为科学新发现、技术新发明、产业新方向、发展新理念的重要策源地，带动长三角城市群科技创新的发展。

3. 注重基础设施建设

上海市作为长三角中心城市，重点项目投资以基建主导，增加科技产业及新基建投资。制定新基建建设任务，助推长三角产业转型升级。2020年，上海市出台《上海市推进新型基础设施建设行动方案（2020—2022）》，该方案明确对标一流水平，围绕新网络、新设施、新平台、新终端进行统筹布局，全力提升新型基础设施能级。加强科普基础设施建设，建立以上海科技馆为引领，一批专题性科技场馆为主干，众多基础性科普教育基地为辅助的多元化、多类别的科普基础设施网络。数据要素被确定为一种新的生产要素，对创新起着催化剂的作用。上海与周围城市之间搭建创新共享平台，大力发展共享经济、数字经济、互联网经济，实现数据资源共享，使数据要素发挥更大的价值。

二　武汉创新生态圈辐射能力实证研究

（一）城市首位度测算

武汉 2004—2019 年城市首位度及变化情况如表 7-5 和图 7-3 所示。武汉 2 城市指数和 4 城市指数相差较大。2 城市指数比较稳定，4 城市指数有所上升。

表 7-5　2004—2019 年武汉创新生态圈的城市首位度及变化情况

年份	2 城市指数	4 城市指数
2004	1.55	4.52
2005	1.58	6.42

续表

年份	2城市指数	4城市指数
2006	1.59	6.62
2007	1.60	6.63
2008	1.59	6.59
2009	1.58	6.33
2010	1.58	6.45
2011	1.56	6.47
2012	1.56	6.71
2013	1.56	6.79
2014	1.57	6.90
2015	1.58	6.86
2016	1.59	6.90
2017	1.65	6.63
2018	1.71	7.30
2019	1.76	6.98

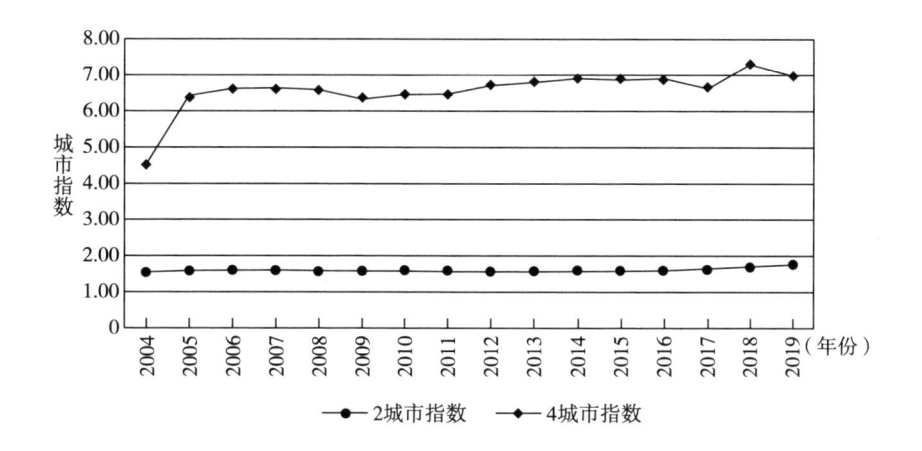

图7-3 2004—2019年武汉创新生态圈的城市首位度及变化情况

(二) 辐射能力测算

利用熵权法计算出武汉城市圈核心区城市创新生态圈的辐射能力得分,如表7-6所示。可以看出,武汉创新生态圈的创新辐射能力得分远大于武汉城市圈其他城市,具有较突出的中心城市地位和较强的创新辐射能力。

表 7-6　武汉城市圈城市创新生态圈辐射能力得分

城市创新生态圈	辐射能力得分
武汉创新生态圈	0.3315
黄石创新生态圈	0.0520
鄂州创新生态圈	0.0450
孝感创新生态圈	0.0600
黄冈创新生态圈	0.0562
咸宁创新生态圈	0.0514

（三）断裂点距离测算

2019 年武汉到周围城市的断裂点距离如表 7-7 所示。武汉到黄冈、孝感、鄂州的断裂点距离较小，而且差别不明显，分别是 52.42 千米、53.31 千米和 53.33 千米，对这三个城市的创新辐射带动效应最强。武汉到黄石和咸宁断裂点距离较大，2019 年分别为 68.76 千米和 67.44 千米，创新辐射带动效应较弱。

表 7-7　2019 年武汉创新生态圈到周边城市断裂点距离测算结果

城市创新生态圈	断裂点距离（千米）
黄石创新生态圈	68.76
鄂州创新生态圈	53.33
孝感创新生态圈	53.31
黄冈创新生态圈	52.42
咸宁创新生态圈	67.44

（四）辐射半径测算

经计算可得武汉创新生态圈 2004—2019 年的辐射半径，如表 7-8 和图 7-4 所示。从不同年份区域中心城市创新生态圈的辐射半径来看，2004 年 435.49 千米>2005 年 411.12 千米>2006 年 408.44 千米>2011 年 398.14 千米>2012 年 397.64 千米>2008 年 393.23 千米>2007 年 391.70 千米>2009 年 390.49 千米>2010 年 385.82 千米>2013 年 380.09 千米>2015 年 378.54 千米>2014 年 370.88 千米>2016 年 370.66 千米>2017 年

369.75 千米>2018 年 346.24 千米>2019 年 337.05 千米。

2019 年武汉创新生态圈的辐射半径为 337.05 千米，超出了自身行政管辖范围，其辐射范围包括了湖北全省，这与武汉市在中部地区的地位相符合，作为中部第一强市，对中部地区的辐射带动效应较明显。2004—2019 年武汉创新生态圈辐射半径在持续减小，辐射范围不断缩小，2019 年达到最小，主要是因为近年来武汉创新生态圈发展趋于饱和状态，辐射效应大于集聚效应，创新要素不断向周边城市外溢，周围城市发展速度较快，一定程度上减弱了武汉的首位度。

表 7-8　　　　　　2004—2019 年武汉创新生态圈辐射半径

年份	辐射半径（千米）	年份	辐射半径（千米）
2004	435.49	2012	397.64
2005	411.12	2013	380.09
2006	408.44	2014	370.88
2007	391.70	2015	378.54
2008	393.23	2016	370.66
2009	390.49	2017	369.75
2010	385.82	2018	346.24
2011	398.14	2019	337.05

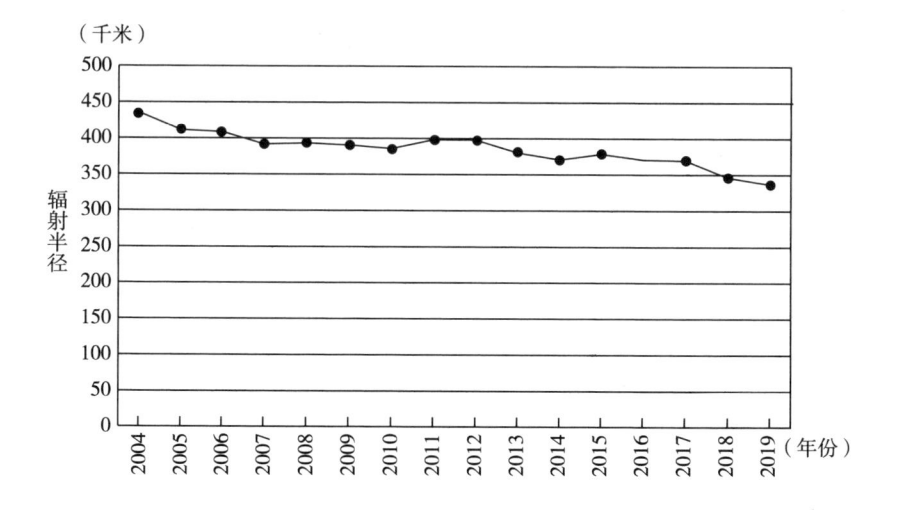

图 7-4　2004—2019 年武汉创新生态圈辐射半径

（五）辐射能力提升举措

1. 注入创新动力

武汉周围的城市发展迅速，武汉创新生态圈应加强与外界进行物质的交换，信息的交流，能量的流动，实现可持续高质量发展。促进城市创新生态圈开放，不断为创新注入新的动力。实现创新资源共享，高校、科研机构要落实人才联合培养，促进人才流动，加强跨区域合作创新。合理利用对周围城市的集聚效应和创新辐射效应，提高创新辐射能力。

2. 面向市场需求

武汉地处中部地区，有广阔的市场环境和便利的交通条件，利用自身的优势提高对周围城市的创新辐射能力。满足市场需求的创新成果才能体现创新的意义，而研发又是创新的基础，因此研发要面向市场才能提升其价值。研发仍要以生产者为主，高校、科研机构要建立以市场需求为导向、兼具理论和实用价值的科研成果认定机制，走出象牙塔，加强官、产、学、研、用合作，使自己研发的新产品、新技术满足社会发展的需要。

三 重庆创新生态圈辐射能力实证研究

（一）城市首位度测算

重庆 2004—2019 年城市首位度及变化情况如表 7-9 和图 7-5 所示。重庆 2004—2015 年 2 城市指数和 4 城市指数之间的差距较大，2016 年二者之间的差距开始缩小。2004—2019 年 2 城市指数逐渐缩小，4 城市指数逐渐增大。

表 7-9　2004—2019 年重庆创新生态圈的城市首位度及变化情况

年份	2 城市指数	4 城市指数
2004	2.97	1.22
2005	2.93	1.30
2006	2.90	1.27
2007	2.91	1.24
2008	2.90	1.31

续表

年份	2 城市指数	4 城市指数
2009	2.87	1.45
2010	2.87	1.43
2011	2.86	1.46
2012	2.85	1.40
2013	2.83	1.39
2014	2.79	1.42
2015	2.75	1.46
2016	2.42	1.46
2017	2.36	1.82
2018	2.31	1.33
2019	2.28	1.39

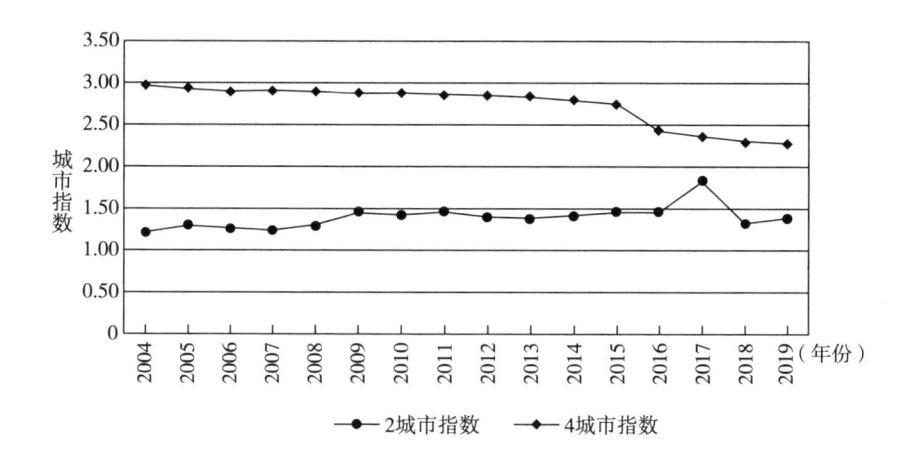

图 7-5　2004—2019 年重庆创新生态圈的城市首位度及变化情况

（二）辐射能力测算

利用熵权法计算出成渝都市圈核心区城市创新生态圈的辐射能力得分，如表 7-10 所示。可以看出，重庆和成都创新生态圈的创新辐射能力得分远大于成渝都市圈其他城市，重庆和成都具有较突出的中心城市地位和较强的创新辐射能力。

表 7-10　　成渝都市圈城市创新生态圈辐射能力得分

城市创新生态圈	辐射能力得分	城市创新生态圈	辐射能力得分
重庆创新生态圈	0.3354	乐山创新生态圈	0.0537
成都创新生态圈	0.3552	南充创新生态圈	0.0569
自贡创新生态圈	0.0531	眉山创新生态圈	0.0527
泸州创新生态圈	0.0572	宜宾创新生态圈	0.0584
德阳创新生态圈	0.0620	广安创新生态圈	0.0492
绵阳创新生态圈	0.0847	达州创新生态圈	0.0551
遂宁创新生态圈	0.0497	雅安创新生态圈	0.0501
内江创新生态圈	0.0495	资阳创新生态圈	0.0489

（三）断裂点距离测算

重庆到周围城市的断裂点距离如表 7-11 所示。重庆到广安、泸州和遂宁的断裂点距离最近，2019 年分别是 91.10 千米、120.31 千米和 120.57 千米，对这三个城市的创新辐射带动效应最强。重庆到眉山和雅安断裂点距离最大，2019 年分别为 232.77 千米和 300.01 千米，创新辐射带动效应最弱。重庆到德阳、绵阳、乐山、眉山和雅安的断裂点距离较大，均大于 200 千米，说明重庆对这些城市的辐射范围较小，辐射能力较弱。

表 7-11　　2019 年重庆创新生态圈到周边城市断裂点距离测算结果

城市创新生态圈	断裂点距离（千米）
成都创新生态圈	155.98
自贡创新生态圈	144.87
泸州创新生态圈	120.31
德阳创新生态圈	230.07
绵阳创新生态圈	213.64
遂宁创新生态圈	120.57
内江创新生态圈	126.43
乐山创新生态圈	219.96
南充创新生态圈	124.657

续表

城市创新生态圈	断裂点距离（千米）
眉山创新生态圈	232.77
宜宾创新生态圈	182.41
广安创新生态圈	91.10
达州创新生态圈	165.81
雅安创新生态圈	300.01
资阳创新生态圈	177.31

（四）创新辐射半径测算

经计算可得重庆创新生态圈2004—2019年的辐射半径，如表7-12和图7-6所示。从不同年份区域中心城市创新生态圈的辐射半径来看，2008年522.68千米>2011年506.15千米>2012年505.15千米>2009年492.22千米>2013年484.51千米>2010年484.12千米>2007年470.28千米>2004年469.96千米>2006年467.23千米>2016年467.18千米>2005年466.79千米>2015年466.35千米>2017年459.46千米>2019年455.24千米>2014年454.50千米>2018年403.50千米。

重庆创新生态圈2004—2019年辐射半径最大是506.15千米，最小是403.50千米，总体呈现高位稳定状态，辐射范围较广，远远超出了自身行政管辖范围，其辐射范围不仅覆盖成渝都市圈，而且辐射了云、贵、川西南大部分地区。重庆作为西部重要的城市，城市首位度十分明显，有效辐射带动了西南地区的创新发展，为周边城市创新生态圈不断输入人才、资金、技术等创新资源和要素。

（五）辐射能力提升举措

1. 促进多要素合作

重庆在西部大开发战略的支持下提高创新辐射能力，向周围落后地区输送人才、资金、技术，带动落后地区创新发展。与成渝都市圈周围城市在生产者、分解者、消费者以及创新环境等要素方面进一步实现深度融合，真正做到"生态化""有机化"协同创新，使它们之间的交互关系最大化发挥作用。

2. 利用区域创新优势

重庆应合理利用自己的地理位置特殊性、国家政策支持以及西部资源优势形成独树一帜的创新特色，有效提升自主进化能力和创新辐射能力。深入调研市场，结合成渝都市圈的经济、社会、文化背景支持创新活动，以需求引领创新，加速创新要素和生产要素的有机结合，培育一批特色企业，从而逐渐形成优势创新产业。借助区域特色创新产业从空间、时间、市场等多个维度形成创新的区域势差，有效促进创新要素的流动，聚集优势创新资源发挥规模效应，避免对创新要素的恶性争夺，构建全方位、差异化、多层次的立体创新辐射格局。

表 7-12　　　　2004—2019 年重庆创新生态圈辐射半径

年份	辐射半径（千米）	年份	辐射半径（千米）
2004	469.96	2012	505.15
2005	466.79	2013	484.51
2006	467.23	2014	454.50
2007	470.28	2015	466.35
2008	522.68	2016	467.18
2009	492.22	2017	459.46
2010	484.12	2018	403.50
2011	506.15	2019	455.24

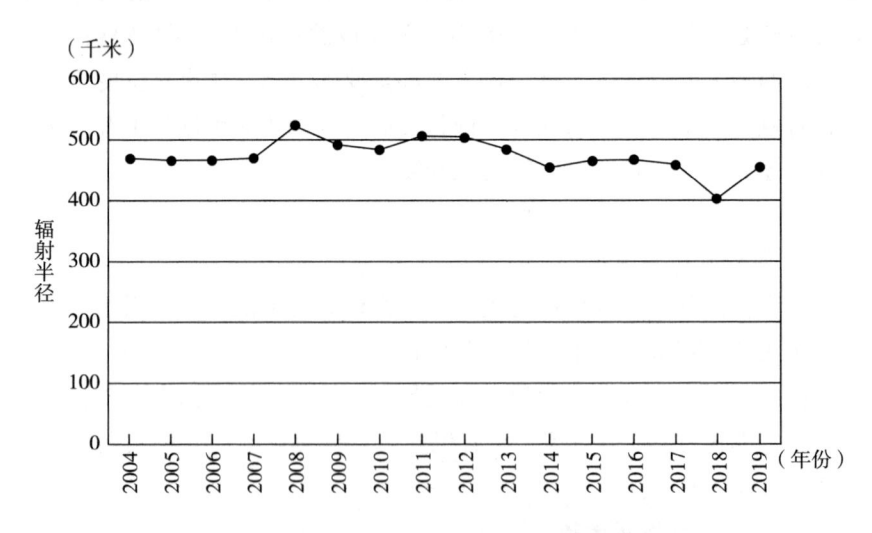

图 7-6　2004—2019 年重庆创新生态圈辐射半径

四 徐州创新生态圈辐射能力实证研究

（一）城市首位度测算

徐州2004—2019年城市首位度及变化情况如表7-13和图7-7所示。2004—2008年2城市指数和4城市指数几乎相同，从2009年二者之间的差距逐渐增加。2009—2019年2城市指数增加比较缓慢，而4城市指数增加较快。在一定的区域内，任何一个城市创新生态圈对其周边区域都有一定的影响力，但总有一个区域中心城市创新生态圈对整个区域的辐射效应最大，这个作为辐射源的区域中心城市创新生态圈对该区域的发展起主导作用。

表7-13　2004—2019年徐州创新生态圈的城市首位度及变化情况

年份	2城市指数	4城市指数
2004	1.04	1.08
2005	1.04	1.00
2006	1.03	1.02
2007	1.03	1.01
2008	1.03	1.03
2009	1.02	1.16
2010	1.01	1.23
2011	1.01	1.28
2012	1.03	1.33
2013	1.05	1.33
2014	1.03	1.39
2015	1.03	1.41
2016	1.03	1.44
2017	1.02	1.88
2018	1.02	1.43
2019	1.02	1.55

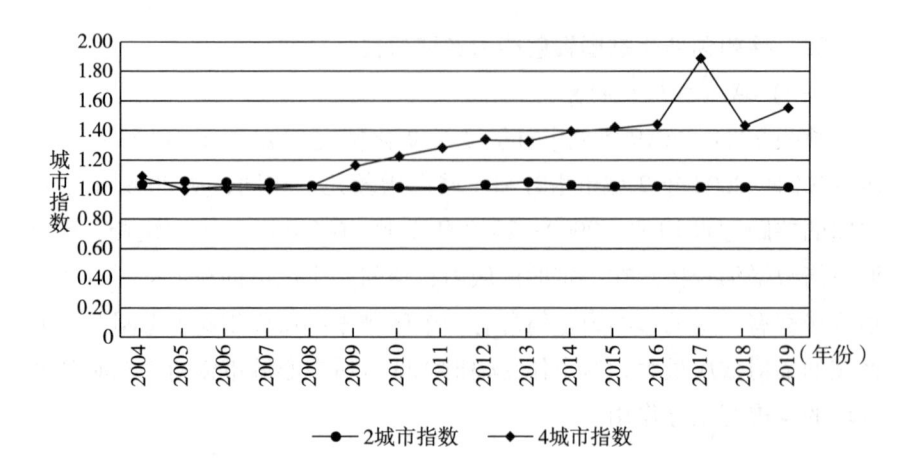

图 7-7 2004—2019 年徐州创新生态圈的城市首位度及变化情况

（二）辐射能力测算

利用熵权法计算出淮海经济区核心区城市创新生态圈的辐射能力得分，如表 7-14 所示。可以看出，徐州创新生态圈的创新辐射能力得分远大于淮海经济区其他城市，具有较突出的中心城市地位和较强的创新辐射能力。

表 7-14 淮海经济区城市创新生态圈辐射能力得分

城市创新生态圈	辐射能力得分
徐州创新生态圈	0.0874
连云港创新生态圈	0.0470
宿迁创新生态圈	0.0416
淮北创新生态圈	0.0226
宿州创新生态圈	0.0229
枣庄创新生态圈	0.0350
济宁创新生态圈	0.0546
临沂创新生态圈	0.0535
菏泽创新生态圈	0.0407
商丘创新生态圈	0.0451

(三) 断裂点距离测算

徐州到周围城市的断裂点距离如表 7-15 所示。徐州到淮北、枣庄和宿州的断裂点距离最近，2019 年分别是 42.43 千米、49.31 千米和 64.17 千米，对这三个城市的创新辐射带动效应最强。徐州到菏泽和连云港的断裂点距离最大，2019 年分别为 144.40 千米和 124.03 千米，另外到临沂的断裂点距离也大于 100 千米，创新辐射带动效应较弱。徐州到宿迁、淮北、宿州、枣庄、济宁和商丘的断裂点距离均小于 100 千米，说明徐州对这些城市的辐射范围较大，辐射能力较强。

表 7-15　2019 年徐州创新生态圈到周边城市断裂点距离测算结果

城市创新生态圈	断裂点距离（千米）
连云港创新生态圈	124.03
宿迁创新生态圈	77.51
淮北创新生态圈	42.43
宿州创新生态圈	64.17
枣庄创新生态圈	49.31
济宁创新生态圈	96.09
临沂创新生态圈	106.04
菏泽创新生态圈	144.40
商丘创新生态圈	98.35

(四) 创新辐射半径测算

经计算可得徐州创新生态圈 2004—2019 年的辐射半径，如表 7-16 和图 7-8 所示。从不同年份区域中心城市创新生态圈的辐射半径来看，2019 年 229.20 千米>2018 年 222.19 千米>2017 年 215.18 千米>2014 年 213.92 千米>2016 年 214.79 千米>2015 年 214.35 千米>2013 年 213.49 千米>2012 年 213.05 千米>2011 年 212.62 千米>2010 年 212.19 千米>2009 年 207.12 千米>2008 年 193.89 千米>2004 年 188.18 千米>2005 年 184.67 千米>2007 年 181.37 千米>2006 年 181.17 千米。

徐州创新生态圈 2004—2019 年辐射半径最大是 2019 年的 229.20 千米，最小是 2006 年的 181.17 千米，总体呈现逐年上升的态势，表明徐州创新生态圈的辐射能力越来越大，其辐射范围覆盖淮北、宿州、枣庄、宿迁四市创新生态圈,向东可达连云港创新生态圈,向西可达亳州创新生态圈和商丘创新生态圈,向南可达蚌埠创新生态圈,向北可达到济宁创新生态圈和临沂创新生态圈。根据断裂点模型测算出的区域中心城市创新生态圈间的断裂点与周边城市创新生态圈距离边界的差值发现,淮北、宿州、枣庄、宿迁受区域中心城市创新生态圈的影响较大,两种模型推算出的区域中心城市创新生态圈的辐射范围大体一致,其辐射范围集中于苏北、皖北、鲁南片区,徐州市这一区域中心城市创新生态圈的核心地位在淮海经济区核心区中确立,但从整个淮海经济区来看,徐州市这一区域中心城市创新生态圈的腹地范围还较小,下一步应继续致力于打造淮海经济区的中心城市创新生态圈。

表 7-16 　　　　2004—2019 年徐州创新生态圈辐射半径

年份	辐射半径（千米）	年份	辐射半径（千米）
2004	188.18	2012	213.05
2005	184.67	2013	213.49
2006	181.17	2014	213.92
2007	181.37	2015	214.35
2008	193.89	2016	214.79
2009	207.12	2017	215.18
2010	212.19	2018	222.19
2011	212.62	2019	229.20

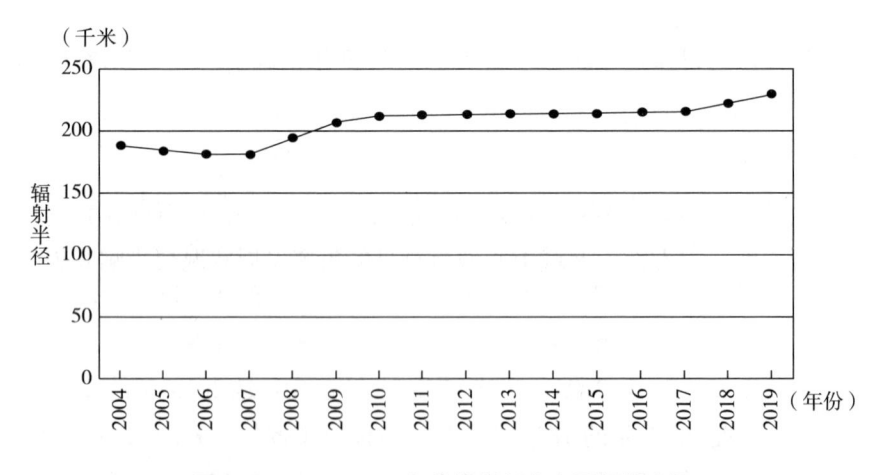

图 7-8　2004—2019 年徐州创新生态圈辐射半径

(五) 辐射能力提升举措

1. 充分发挥政府作用

徐州创新生态圈与周围城市创新生态圈存在一定的行政壁垒。因此，淮海经济区各个城市创新生态圈应加强彼此之间的合作。政府促进城市创新生态圈开放，构建创新共享网络，实现线上线下全渠道创新。实现不同地区的战略联盟，制定合理的科技政策，积极为创新活动消除交流壁垒，实现创新资源共享。加强与消费者的联系，深入调研市场，全面把握市场动态。加大研发的投入，引导金融机构融资，为创新活动提供有力的资金保障。通过政策优惠、法律条例、科研补贴等方式鼓励创新活动。通过打造创新共享平台，建设科技孵化器、扶持创客空间来激发创新的新动力。

2. 促进产业转型升级

徐州是我国典型的煤炭资源型城市，产业以传统工业为主。在未来的发展过程中促进产业结构的转型升级，大力发展数字经济，借助数字经济和数字创新提高创新辐射能力。制订数字经济发展的专项计划。例如，大数据发展、人工智能应用、工业互联网等一系列专项措施，从需求预测、场景消费、企业转型、产业集聚等方面制订具体计划方案保障数字技术的创新与应用，加快传统产业数字化转型的步伐，促进数字产业化的发展趋势。加大对新基建的投资力度。在全市范围内建成一批信息通信基础设施，促进数字经济和实体经济的全面融合，实现农业数字化、工业数字化、服务业数字化，调整产业结构，提升产业竞争力，提高创新效率。

五　四个区域中心城市创新生态圈辐射能力的对比分析

横向来看，综合比较上海创新生态圈、武汉创新生态圈、重庆创新生态圈和徐州创新生态圈的创新辐射能力，与集聚能力既有相同之处，又有所差别。一方面，区域中心城市自身的集聚发展状况会影响其创新辐射能力；另一方面，区域中心城市与周围城市之间的创新差距也会影响其创新辐射能力，创新辐射能力大小由区域中心城市和周围城市共同决定。

在城市首位度方面，无论是2城市指数还是4城市指数，上海和重庆的值比较大，而武汉和徐州的值都比较小。长三角城市群各个城市创新生态圈虽然发展都比较好，但上海作为全国性超大城市，经济发展上有明显的优势，中心城市地位突出。成渝都市圈地处我国西部地区，除成都和重庆两个中心城市以外，其他周围城市发展都比较缓慢，创新能力较弱。重庆虽然处于第三梯队区域中心城市创新生态圈，但与周围城市相比，在经济发展和创新能力上遥遥领先。因此，重庆创新能力虽然低于上海、武汉等第一、第二梯队区域中心城市创新生态圈，但有着很重要的战略布局意义，在西南地区中心地位突出。与重庆相反，武汉自身创新能力强，但周围城市发展比较好，所以城市首位度相对较小。徐州处于第四梯队区域中心城市创新生态圈，属于区域性中心城市，与前三梯队相比自身集聚能力较弱，在经济发展与周围城市虽然有差距，但差距较小，因此城市首位度较低。

从辐射范围和辐射半径来看，上海创新辐射半径最大，辐射范围最广，近年来保持相对稳定状态。长三角城市群各城市创新生态圈发展比较成熟，在长三角一体化的布局和上海的辐射下各个城市彼此之间加大了创新合作，协同演化，共同发展。武汉的创新辐射半径和创新辐射范围近年来有所下降。武汉城市圈各周围城市创新能力快速提高，城市腹地创新要素不断增加，自主创新能力增强，受到武汉创新生态圈的辐射效应有一定程度的下降。重庆创新生态圈的创新辐射半径和创新辐射范围均超过了武汉，而且波动比较大。随着西部大开发战略的深入实施，成渝都市圈各个城市在成都和重庆的辐射带动下大力发展新兴技术产业，创新能力迅速提高，处于快速发展的成长阶段。徐州创新辐射半径和创新辐射范围不断扩大，但仍明显小于其他三个梯队。徐州集聚能力处于第四梯队，创新资源、创新要素和创新环境相对较差，自身辐射能力较弱。另外，淮海经济区处于多省份交界处，包括江苏、山东、安徽以及河南等多个省份的城市，存在一定的行政壁垒，阻碍了创新要素的空间布局和自由流动，使徐州创新生态圈对周围城市的创新辐射作用减弱。

第八章 区域中心城市创新生态圈的战略框架和优化路径

第一节 区域中心城市创新生态圈优化的战略框架

一 区域中心城市创新生态圈优化的总体思路

从定量分析的结果来看,区域中心城市创新生态圈的集聚效应与辐射效应同区域中心城市的创新主体、创新环境都有着很强的正相关关系。单纯依靠单一的力量已无法适用当前激烈的竞争环境。区域中心城市创新生态圈各创新主体相互补充,与创新环境深度交融才能更好地提升创新能力。目前,创新主体数量不足,城市管理水平不高、环境保护力度不够、产业结构不合理、创新成果转化率不高是区域中心城市创新生态圈面临的窘境,完善区域中心城市创新生态圈应从创新主体、创新环境、创新产出三大方面着手,围绕创新物种圈部署创新种群圈,围绕创新种群圈部署创新生态圈,加快提升区域中心城市创新生态圈的集聚与辐射带动能力。

第一,围绕创新物种圈部署创新种群圈。目的是突破核心技术"瓶颈",达到创新资源共享,使整体创新水平远高于单个引擎企业,并提升创新成果产生的速度。各创新主体各司其职,承担相应创新任务,分担创新风险,提升科技与市场的匹配度,针对创新物种圈层的薄弱环节,积极组建创新大平台,吸引创新型顶尖企业的加入,打造一流创新种群圈层。

第二,围绕创新种群圈部署创新生态圈。针对区域中心城市创新生态圈的种群圈层,由生产者发挥主导作用,政府这一分解者牵头,用户积极参与,部署多层次中介服务体系和创新公共服务体系,建设覆盖全国的稳定、安全的互联网基础设施,为区域中心城市创新生态圈的发展提供软硬件支撑,并加快布局规划信息基础设施,提高创新积极性与科技创新成果的转化率。创新生态圈根本的目标是基于可持续发展的理念,以创新环境为承载平台,将创新思维、创新资源投入与创新管理行为有机结合,进而促进城市经济向高水平、高质量、高层次发展。

二 区域中心城市创新生态圈优化的支撑体系

宏观、中观、微观支撑体系相辅相成,共同构成区域中心城市创新生态圈优化的支撑体系。宏观支撑体系关系国家层面的顶层设计,主要包括制度、政策和法规。中观支撑体系关系区域层面核心创新主体的技术、知识、管理。微观支撑体系是区域中心城市创新生态圈优化的要素基础,主要包括人才、资金、数据等要素。

(一)宏观支撑体系

1. 制度。制度以其硬性约束特征推动区域中心城市创新生态圈发展,其主要包括宏观经济制度、税收制度、行政制度等。完善的制度供给是区域中心城市创新生态圈良好运行的保障,一方面,可以帮助区域中心城市创新生态圈不断调整不适应发展进化的部分,为创新生态圈的高质量发展扫清障碍。另一方面,完善的税收制度、规划引导、融资支持能够降低区域中心城市创新生态圈运行成本,集聚创新资源,激发创新主体活力,为区域中心城市创新生态圈的优化提供诸多便利。

2. 政策。政策对于区域中心城市创新生态圈发展具有重要引领作用,优化区域中心城市创新生态圈的路径依赖具体的政策。一方面,不同区域、不同发展阶段、不同类型的区域中心城市创新生态圈优化需依据其实际情况,以区域中心城市创新生态圈优化的思路和目标为实施依据,制定优化措施,引领区域中心城市创新生态圈可持续发展。另一方面,区域中心城市创新生态圈优化的具体措施在实践中需要动态调整,区域中心城市创新生态圈优化的措施广泛存在,关键在于如何整合完善,使其发挥宏观支撑作用。

3. 法规。法规包含立法机构颁布的法律条文和政府出台的政策性条例。法律条文更具权威性,但相对宏观。政策性条例实践性强,更加具体明确。一方面，法律法规从宏观层面调节区域中心城市创新生态圈的人才、资金、技术等要素供给，为区域中心城市创新生态圈发展划定红线。另一方面，政府作为政策性条例的制定者和实施者，在法律框架内，制定政策性条例来细化区域中心城市创新生态圈的优化措施，驱动区域中心城市创新生态圈的运行，防止区域中心城市创新生态圈盲目追求经济利益而忽略创新生态效益。因此，优化区域中心城市创新生态圈的发展必须首先完善相关法规，规范政府政策性条例，制约企业等创新主体越轨行为，促使区域中心城市创新生态圈运行轨道正常。

（二）中观支撑体系

1. 技术。区域中心城市创新生态圈优化除了配套的顶层设计作为保障外，更需要技术水平的提高和突破，技术水平直接决定着区域中心城市创新生态圈优化的质量和效益。技术水平的高低对区域中心城市创新生态圈优化的影响主要体现在三个方面：一是技术支持，技术能够解决区域中心城市创新生态圈开展创新活动过程中出现的技术性难题，从而加快区域中心城市创新生态圈的演化进程，节约人工成本，提高区域中心城市创新生态圈的综合效益。二是资金支持，科学技术是第一生产力，区域中心城市三大产业都离不开技术的支撑，技术水平越高，对GDP的贡献值越大，政府就会有更多的资金支持区域中心城市创新生态圈的发展。三是创新能力，区域中心城市创新生态圈是现代城市建设的新理念，能够激发科研人员的创新意识，培养创新观念，建设创新团队，并且区域中心城市创新生态圈的优化要突破传统的手法，每一座区域中心城市都要结合自身的发展条件不断创新。

2. 知识。知识具有基础性和先导性的特点，是创新活动的"原料"，高校和科研院所均为区域中心城市创新生态圈提供创新知识，但存在一定的职能差异。高校是知识的主要生产者与传播者，科研院所是从事研究工作的重要力量，是把创新知识转化为创新成果的重要实践者，两者都是知识创新的主力军，而知识创新体系又是区域中心城市创新生态圈开展一切创新活动的基础。一方面，知识是培养人才的动力源，可以帮助企业获取技术，破解创新活动的技术难题。另一方面，高校和科研院所的学术论文、图书专著、专利等知识是企业创新活动的支撑，既可以帮助大学生将创新思维成果化，也能为企业的管理创新、文化创新、制度创新等提供智力支持，深化自身内涵建设，加快企业创新升级，推动区域中心城市创新生态圈更快更好发展。

3. 管理。区域中心城市创新生态圈的优化是一项庞大的工程，其建设过程中企业、高校、科研院所等生产者；政府、金融机构、中介服务机构等分解者；用户等消费者，多个创新主体广泛参与，所涉及的创新主体越多，需要协调的资源数量就越大，管理起来就愈加困难，因此制定合理的规划管理策略对于区域中心城市创新生态圈的优化具有重大的指导意义。一方面，区域中心城市创新生态圈优化要编制总体管理方案，绘制区域中心城市创新生态圈优化蓝图，通过绘制优化蓝图可以在宏观层面整体规划区域中心城市创新生态圈发展，协调和理顺区域中心城市创新生态圈内创新主体之间的作用关系，相互配合，协同发挥预期作用，为区域中心城市创新生态圈优化指引方向，明确目标。另一方面，区域中心城市创新生态圈优化要确保后期运营良好，在运行管理阶段，必须制定一套完整的管理模式，明确责任主体，对管理人员进行统一培训，合格上岗，以便进行科学维护管理，保障区域中心城市创新生态圈的正常运行，从而达到综合效益最大化目标。

（三）微观支撑体系

1. 人才。人才作为智力支撑对区域中心城市创新生态圈的优化发挥非常关键的作用。首先，人才是创新活动的承担者，人才的思维方式、教育经历、知识储备等为创新主体的创新活动奠定基础。其次，人才集聚形成人力资源，成为核心创新主体乃至区域中心城市创新生态圈的无形财富。区域中心城市创新生态圈的发展困境既有产业结构不合理的不利因素，也有人才、资金等要素匮乏的基础缺陷。吸引人才落户将有效提升区域中心城市创新生态圈的发展潜力，提升城市竞争力。最后，人才集聚形成辐射效应，人才的消费需求促进企业创新发展，间接影响区域中心城市创新生态圈格局。因此，区域中心城市创新生态圈必须重视人才的基础支撑作用，吸引人才集聚。

2. 资金。资金是创新活动的血液，加速资金流动是区域中心城市创新生态圈优化的侧重点，首先，资金为创新活动提供保障。区域中心城市创新生态圈开展创新活动离不开资金支持，创新产品在上市前的等待期也需要资金支持，资金贯穿于创新活动的全过程。其次，区域中心城市创新生态圈优化要加大金融市场改革力度,利用金融支撑促进经济平稳增长,降低金融市场风险。最后,区域中心城市创新生态圈优化要减少无效资金供给,提升金融资金配置效率,提高资金供给满足区域中心城市创新生态圈的优化需求。

3. 数据。在大数据、区块链、人工智能等新一代信息技术的发展带动下,数据成为区域中心城市创新生态圈优化的动力源泉,是优化产业结构、转换增长动力的关键。一方面,区域中心城市创新生态圈各创新主体之间及创新主体与创新环境之间都存在数据传递,数据是判断是否进行创新活动的重要依据。创新生产关系的确定、四季产品销售的差异、研究成果的市场化都需要各方充分了解市场数据。另一方面,在当今数字经济时代,数据传递的畅通是至关重要的,这些数据可以通过互联网、合作伙伴及竞争对手等利益相关者进行传递,数据传递的渠道越多,数据流量越大,数据传递功能就越强,区域中心城市创新生态圈优化要注重培养及时获取数据能力,良好的数据获取能力将推动区域中心城市创新生态圈的高速运转与向前发展。

三 区域中心城市创新生态圈优化的参与机制

企业、高校与科研院所等生产者;政府、中介机构等分解者;用户等消费者是区域中心城市创新生态圈优化的参与主体。其中,企业是创新的主体,生产者是区域中心城市创新生态圈的核心力量;政府发挥宏观调控作用,分解者是区域中心城市创新生态圈的主导力量;区域中心城市创新生态圈优化离不开用户的支持,消费者是区域中心城市创新生态圈的关键力量。在明确参与主体的地位作用及耦合作用关系后,构建生产者、消费者、分解者等创新主体协同联动的优化路径。

(一) 参与主体及其地位

1. 企业

企业是创新产品和服务的提供主体,在区域中心城市创新生态圈演化过程中,发挥核心创新主体作用,坚持创新成果转化,担负着提高创新产品供给质量和供给效率的重任。企业依靠特有技术将原材料转化为创新产品,供应给用户等消费者使用。此时,企业的创新行为直接影响区域中心城市创新生态圈演化的进程、质量与效果。同时,企业在生产过程中,会通过整合政府、金融机构、中介服务机构、用户等创新主体提供的政策、资金、信息等要素，由此，进一步促进创新产品质量提升。因此，企业处于区域中心城市创新生态圈的核心圈层，是区域中心城市创新生态圈优化的核心参与主体。

2. 高校与科研院所

高校与科研院所是创新理念的发源地，是从事研究工作的重要力量，为企业提供创新活动"原料"，输送高端人才，突破技术"瓶颈"，在区域中心城市创新生态圈中担任着至关重要的角色，往往会与企业形成产学研联盟创新网络。高校不仅是创新理念的来源，还可以通过知识转移和创新创业实践活动，激励学生直接创设企业进行运营。强烈的创业精神加之科研院所雄厚的科研实力，能够及时适应外部市场环境，研发出适合市场需求的创新研究成果，在教学和研究中更加注重解决实际问题。知识的资本化是高校和科研院所参与创新的内在利益动力，确立自身知识产权的兴趣被充分调动，促进了高校和科研院所与企业更加紧密的联系。

3. 政府

政府是区域中心城市创新生态圈制度的制定者、实施者和管理者，是维护区域中心城市创新生态圈持续稳定、推动区域中心城市创新生态圈自组织演化的重要干预力量。创新的知识和技术具有公共产品的属性，易产生"搭便车"、滥用知识技术等市场失灵问题，这决定了创新必须在一定程度上依靠政府的干预调节。区域中心城市创新生态圈运行需要政府创新制度安排和创新投入引导，政府通过相应的制度协调和引导高校、科研院所等知识创新主体与技术创新主体（企业）之间的关系，以促成知识创新和技术创新的有效衔接和良性互动。政府这一创新主体介入创新活动不是代替创新要素的市场配置过程和企业的创新主体地位，挤出企业和私人的创新投入，其目的在于培育并增加创新要素的供给，为其他创新主体提供良好的发展空间。

4. 中介机构

中介机构主要包括金融机构、会计师事务所、律师事务所等机构，它们为创新主体提供资金周转、评估、咨询等业务服务，是区域中心城市创新生态圈中各创新主体联系的桥梁与纽带，是贯穿创新活动的"生命线"，解决区域中心城市创新生态圈内不同创新主体间的沟通障碍，有利于降低知识流动和技术转移过程中的信息、技术、融资的获取壁垒和交易成本，推动创新要素的流动、加速创新信息的传递、有效减少或化解创新活动风险，促成创新成果的产生。

5. 用户

用户群体是创新活动的落脚点，创新成果最终由用户检验，用户创新是区域中心城市创新生态圈演化的重要组成部分，其与消费市场直接相连，创新成果价值的大小由用户的接受程度所决定。用户群体通过购买创新产品帮助核心创新主体完成资金周转，此外，用户受自身利益需求的驱使，为了使创新产品更贴切地满足自身需求，从而积极主动发挥自身创新能力，他们可以向核心创新主体提供市场对某种产品的需求和反馈信息，从而辅助区域中心城市创新生态圈朝着有利于社会需求的方向更快更好地发展。

（二）参与主体的耦合作用关系

企业、高校与科研院所、政府、中介机构、用户是区域中心城市创新生态圈优化的参与主体，分别承担着增强核心动力源、知识创新、优化宏观导向与政策环境、优化金融环境、优化反馈调节路径的重任。

企业以盈利为目的进行创新活动，会面临巨大的人力成本和资金成本，这就导致企业在开展创新活动时存在劣势。其中高校、科研院所能够为企业输送高端创新人才，恰好高校和科研院所的高端人才只有接受实践的检验才能发挥更大的价值。当生产者面临资金供不应求时，可以向金融机构申请融资贷款，金融机构大范围筹集社会资金，拓宽民间资本进入金融领域，以提高创新成果转化效率。中介服务机构的信用担保体系还能够帮助创新活动分散风险，同时获得来自企业的业务收益。政府可以借助天然的公权力，利用相关的法律法规，通过制定优惠的税收政策、完善社会基础设施等方式为企业等创新主体提供更为低廉的投资成本和更稳定的发展空间。当企业的创新成果转化为更大的经济效益后，可以给政府提供更多的税收资源，增加政府财政收入，更多的财政资金使得政府能够更好地履行相应的职能。当企业通过市场机制与用户产生联系，通过用户了解市场的需求动向，获得创新动力，投入新产品研发。当创新产品流向市场后，获得来自消费者的购买资金，接收来自消费者的反馈信息，新产品销售收入和收集的反馈信息有助于下一轮创新活动更好开展。

因此，企业、高校和科研院所、政府、中介机构、用户相互配合，协同合作，共同构成了区域中心城市创新生态圈优化的参与机制，促进区域中心城市创新生态圈向更高层次发展。

四 区域中心城市创新生态圈优化的战略布局

区域中心城市创新生态圈优化的战略布局如表8-1所示。我们的优化目标是要建设一流的区域中心城市创新生态圈，提升区域中心城市创新生态圈的集聚与辐射效应，提高竞争力，然后从生产者、消费者、分解者等参与主体及其职能的角度提出具体的优化路径，明确各个创新主体的战略目标、工作标准及推动创新的动力源，为区域中心城市创新生态圈的优化提供合适的思路。

表8-1　区域中心城市创新生态圈的战略布局

战略愿景	建设一流的区域中心城市创新生态圈					
战略价值	提升区域中心城市创新生态圈集聚与辐射效应，提高竞争力				
	生产者		分解者		消费者
	企业	高校与科研院所	政府	中介机构	用户
参与主体及其职能	充分发挥核心创新主体作用，坚持创新成果转化	提供科技创新人才，重点突破科技创新难题	发挥宏观调控作用，为创新活动提供保障与支持	为产业可持续发展提供资本支撑	为创新活动提供反馈调节作用，营造良好的生活环境
战略目标	促进创新联盟与平台生成	优化创新人才质量，提升科技攻关能力	建设良好的创新生态基础设施	促进创新种群的耦合协调	对区域中心市创新生态圈不断完善
工作标准	完善的人才引进机制	优秀的人才培养标准	科学的管理体制	健全的投融资体系	自组织演进
创新动力源	创新政策与市场需求	创新文化	公共管理创新与服务	创新资源共享与利益激励	个人需求与社区服务

第二节 区域中心城市创新生态圈的优化路径

一 企业创新优化路径

企业是创新产品和服务的提供主体，在区域中心城市创新生态圈演化过程中，发挥核心创新主体作用，担负着提高创新产品供给质量和供给效率的重任。企业的创新行为直接影响区域中心城市创新生态圈演化的进程、质量与效果。

（一）培育新型创新独角兽企业，垒起创新高峰

"独角兽"是形容数量稀少、发展速度快的科技型企业。创业不到十年，估值超过十亿美元的企业才能达到"独角兽"企业的标准，其中，估值超过百亿美元的被称为"超级独角兽"（马邈，2018），一定程度上可以称"超级独角兽"是创新生态圈的保护神，它们位于创新生态圈的顶端，但并不超然于创新生态圈之外。促进区域中心城市创新生态圈的发展，恰恰需要培育独角兽企业。

企业在区域中心城市创新生态圈中是创新的基本单元，承担着创新决策与创新成果转化的主导作用（吴胜男，2018）。以深圳市创新生态圈为例，企业是深圳市创新生态圈的主导力量毋庸置疑。腾讯、华为等创新引擎企业进一步推动了产业创新生态圈中小企业的发展，逐步形成了具有本土特色的产业集群，并继续培育新的创新企业。阿里巴巴建立的电商生态圈正是通过相关部门，向下对接市场用户，向上建立配套科研单位，构建起企业创新生态圈。

我国的独角兽企业集中在北上广地区，2019年，我国拥有独角兽企业218家，主要地区分布如图8-1所示。由此可见，大多数区域中心城市创新生态圈缺乏独角兽基因，在未来的发展中，区域中心城市创新生态圈应培育新型创新独角兽企业，充分注重发挥区位优势，与周边城市创新生态圈相协调，加快与高校合作、高技术成果与产业对接，结合地方特色，扬长避短，按照高标准建立创新平台，重点培育创新引擎企业，通过这些企业的集聚效应，逐步形成创新企业梯队，从而打造出本土化创新品牌。

（二）壮大创新型企业群落，增加企业科技投入

在经济新常态的大背景下，面对市场环境的快速变化、技术环境的快速更新换代和营销环境的日益复杂，创新产品的生命周期在不断缩短，迭代速度加快，要求创新型企业必须能够和相关企业紧密协作，通过共享技术、知识、数据等创新要素，形成利益共同体，壮大创新型企业群落（黄振强，2018）。

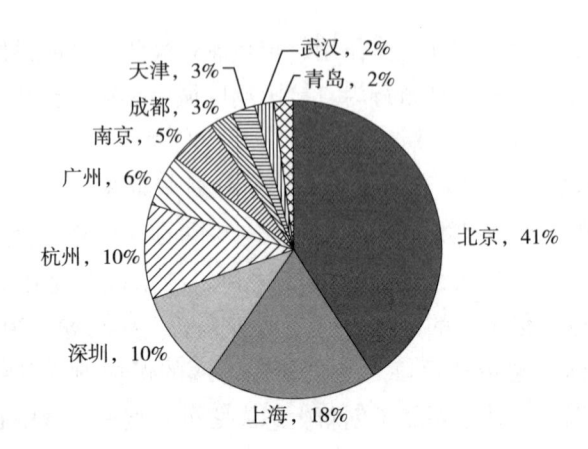

图 8-1 我国独角兽企业地区分布

创新是发展的第一动力，在区域中心城市创新生态圈生产者种群的"赛场"上，每一个创新主体都是"一名运动员"，企业也不例外，优胜劣汰是生存法则。想要胜出，迫切需要强化企业创新主体地位，推动创新型企业实施主辅业务剥离策略，聚焦核心业务，外包其他业务，带动中小创新企业发展，支持民营企业与中小企业开展创新活动，壮大创新企业群落，要坚持培育和引进"两翼"齐飞，加快形成高技术企业为中心的创新企业群落。

目前，企业对于科技创新的投入不足，参与科技创新动力不够，还需通过一定的政策激励，如税收减免、研发补贴等措施，拓展创新型企业融资渠道、解决资金难题，鼓励企业加大创新投入，激发创新动力。此外，可以推进孵化器建设，设立科技专项资金计划，建设国家重点实验室、技术中心、研究中心等，建立"创新企业苗圃—科技孵化器—创新加速器—创新产业园"发展链条，借鉴美国硅谷、中国中关村等创新生态圈的先进经验，完善创新产业园的辐射源作用，并借助政府这一桥梁纽带作用，促进创新资源整合，提高科技创新成果的转化率。

（三）推动经济结构优化升级，释放经济发展动能

促进经济结构优化升级，既能加快区域中心城市创新生态圈经济增长方式的步伐，也是区域中心城市创新生态圈发展的着力点。通过优化

升级区域中心城市创新生态圈的经济结构，不仅能实现生产要素由低效率产业或部门向高效率产业或部门的转移，也能优化生产要素供给结构，提高要素供给质量和效率，淘汰和减少区域中心城市创新生态圈的无效和低端供给，为区域中心城市创新生态圈优化奠定结构基础。经济结构优化升级既是区域中心城市创新生态圈优化的重头戏，也是区域中心城市创新生态圈发展的重点和基础性问题。在演化过程中，企业要将智能化、信息化和现代化作为结构优化的主攻方向，借助新一代信息技术，加快传统产业改造、优化和升级，不断培育新的经济增长点。推进互联网+与技术的融合发展，借助大数据等现代化技术，紧盯世界先进产业发展前沿和方向，优化区域中心城市创新生态圈资源配置，通过培育新产业、新业态不断将区域中心城市创新生态圈推向高端，发挥精细化服务对区域中心城市创新生态圈的支撑作用。

经济结构优化是区域中心城市创新生态圈优化的难点。推进区域中心城市创新生态圈经济结构优化升级，要努力发挥发达的区域中心城市创新生态圈的辐射带动作用，建立发达区域与区域中心城市创新生态圈"一对一"的辐射带动制度。借鉴已有成熟的城市群发展模式，积极培育发展区域中心城市创新生态圈的增长极作用。调整优化城市群产业布局，统筹兼顾城市群内产业发展现状，按照比较优势原则，提升区域中心城市创新生态圈的"磁吸效应"，加快推进生产要素区域内的流动，打造具有城市群特色的优势产业。

在区域中心城市创新生态圈发展过程中，同时伴随着城镇化，城镇化是加快推进区域中心城市创新生态圈经济增长方式转变的有效抓手。在城镇化建设过程中，要从政策、体制、机制等方面激发生产要素活力，打破要素流动壁垒，促进要素在区域中心城市创新生态圈自由流动，充分释放区域中心城市创新生态圈集聚效应，提高全要素生产效率。

（四）促进科技成果转移，培育专利密集型产业

区域中心城市创新生态圈更加关注创新主体的有效协同创新及创新技术成果的转移与应用。技术成果转移能够加速科技转化为产品，进而促进区域中心城市创新生态圈的高质量发展。加快科技成果转移，对于实施创新驱动发展战略，提高创新质量和效益具有重要意义。企业的科

技成果如若不能实现有效的商业化，将会导致科技成果与产业化发展之间出现断层，以专利密集型产业为核心形成的创新网络可以充分发挥各产业的优势，迅速抢占市场份额。成果产业化不足的鸿沟在我国表现较为明显，我国科技成果转化率仅为10%左右。促进科技成果的转化，破解"死亡之谷"，企业可以采取三点措施：一是壮大专业化人才队伍，发展专门的技术转移机构，构建不同区域中心城市创新生态圈之间的技术交易网络，与高校、科研院所等联合建设技术转移机构。二是完善科技成果转化体系，优化技术评价标准，采取多元化技术转移模式，构建供需对接平台，解决信息不对称问题，致力于打造功能完善、运行高效、精细化的科技成果转化体系。三是搭建产品小批量生产验证平台，实行科研成果定型校验平台建设，缩小技术与创新产品之间的距离，推动科技成果的转化实施。

专利密集型产业是产业集聚发展的催化剂，是经济发展不可或缺的重要组成部分，是驱动创新可持续发展的发动机和主力军。培育专利密集型产业，一方面要引导专利密集型产业向创新生态链高端攀升，并为专业密集型产业发展设立发展基金。另一方面要强化专利密集型产业的统筹规划，立足区域中心城市创新生态圈，围绕优势产业加强顶层设计，推动产业园区和产业集聚区建设，明确其发展定位，吸引人才、资金、服务等创新要素向企业集聚，向产业集聚。

（五）发展数字技术，提高创新生产率

近年来，研发活动生产率呈现下降趋势，企业开发新技术日益困难，在网络与数字时代，数字技术具有两大显著功能：一是规模经济显著，尤其针对文化类、信息类等可复制的服务来说，其边际成本较低。二是范围经济显著，对于用户来说，登录一个平台就能享有多种产品和服务，对于企业来说，投入初始成本，建立平台资产后，可以最大化地利用。因此，可借助数字技术，加强分工与合作，降低生产成本，提高创新生产效率。

数字技术提供了合作创新的新方式，数字技术的普及能够使得传统行业更容易实现组织间与区域间的协同发展，消除距离的限制。数字时代的到来，技术与产品迭代越来越快，创新生态圈对城市发展的意义重大，依托数字技术发展创新生态圈是一种新趋势，数字技术能够使复杂技术相对标准化，减少技术门槛，降低研发成本，易于发展实力较弱的区域中心城市创新生态圈学习借鉴，并通过数字网络将分散在区域中心城市的创新物种有效连接起来，通过数字平台，指导生产行为，大大提高生产率，实现共同提升。例如，制造一架飞机，通过数字技术，可以快速准确地掌握制造飞机所需的数万个零件背后的详细信息，从而降低零部件修复的时间与费用。总之，发展数字技术，可以降低企业对生产要素的跟踪成本、缩短距离、简化流程，帮助企业更好地融入创新生态圈的发展中。

（六）抓好平台建设，提高资源利用水平

区域中心城市创新生态圈优化要搭好平台，建好载体。重点抓好以下四大平台建设：一是强化园区平台建设。加快推进已有产业园区的配套设施建设，积极做好新的国家级产业园区、省级产业园区、区域产业园区立项申请，掌握好、利用好产业园区的政策，提升企业创新项目落地的承接能力，确保区域中心城市创新生态圈的创新项目进得来、落得下、经营好、作用强。二是增强科技研发平台建设。着重围绕产业链布局创新链，围绕创新链部署科技创新平台的建设，提升资源整合能力。针对重点产业集群的核心技术研究及主导行业重大创新产品的研发，联合建立重大技术研发机构、产业技术创新联盟、民营技术创新科研机构、企业博士后工作站等新型研发组织和创新载体，推动高校、科研院所与企业形成利益共同体，建立产学研协同创新机制，使科技研发平台在全社会创新活动中成为重要载体并发挥核心作用。三是提高科技公共服务平台共享率。鼓励高校、科研院所与企业以新建或共建法人实体的方式创立研发机构，并为其建立公共服务平台提供政策支持；以全面实施科技企业孵化器培育与提升计划为基础，加强对社会资金投入的引导，推进省级企业孵化器及专业孵化器的建设进程，达到加快全省区域核心产业发展速度的目的；努力做好专业的知识产权代理机构的引入和培育，争取早日建成知识产权共享平台。

提高资源利用水平，力争达到行业或地区领先水平，一方面，促进企业强强联合，加大创新力度，提升资源型产品附加值，整合上下游企业，降低资源要素流转成本；另一方面，提升资源利用效率，改变以往无节制发展模式，提升现代服务业水平。服务业代表了地区经济活跃程度，区域中心城市创新生态圈应该以创新产业为发展主轴，带动其他服务业快速发展，争取国际定价权，掌握发展主动权，提升区域经济活力。

（七）优化资本结构，支持新兴产业

区域中心城市创新生态圈的企业创新优化要抓住产业资本结构优化的重点，实现高质量发展。一是探索建立"资源+"模式，不断优化调整产业开发格局。以区域中心城市创新生态圈中具有比较优势的企业为主体和核心，通过横向整合推动区域中心城市创新生态圈产业链向纵深方向发展，加快区域中心城市创新生态圈产业上下游纵向一体化。二是坚持"科学技术是第一生产力"，绿色循环、综合利用多措并举，通过技术创新，不断提高企业的资本转化能力。三是紧跟国家政策，以供给侧结构性改革、"绿水青山就是金山银山"理念、生态文明建设等作为区域中心城市创新生态圈优化的指导思想，努力争取上级政策支持，重点瞄准中央对区域中心城市创新生态圈发展的转移支付和优惠政策，加快推进企业相关创新项目的落地实施。

大力发展新兴产业，丰富区域中心城市创新生态圈的资本门类。一是明确区域中心城市创新生态圈的城市定位，确定区域中心城市创新生态圈的比较优势，努力承接发达地区的产业转移，增强对发达地区的资本的吸引力，为新能源、新材料和高新技术等行业发展提供坚实的资本支撑。二是深挖区域中心城市创新生态圈以外的资源，丰富区域中心城市创新生态圈的资源结构，努力从"一枝独秀"转向"万紫千红"，将区域中心城市创新生态圈的资源优势转化为经济优势。三是创造性实施"互联网+"战略，抢抓"中国制造2025"机遇，努力构建"互联网+资源"模式，促进电子商务、众创空间等新业态、新模式发展，为区域中心城市创新生态圈内"大众创业、万众创新"提供新的支撑，不断打造区域中心城市创新生态圈经济增长的新支点。

二 知识创新优化路径

创新需要优秀的人才，高水平的人才是激励创新最重要的因素、是创新力场发力的根本和关键，高校和科研院所是创新知识的生产者、传播者、实践者，是培养人才的动力源，是技术获取的直接渠道，在区域中心城市创新生态圈中担任着开展人才培养、整合基础研究、优化科教资源等至关重要的角色。只有不断地优化知识创新，才能营造良好的人才"创新生态圈"，才能促进创新力场真正发力，才能解决创新的水之源、木之本的难题。

（一）培养高精尖人才，发挥人才引领作用

高校是知识的主要生产者与传播者，是知识创新的主力军，是创新的智力支撑。而知识创新体系又是区域中心城市创新生态圈开展一切创新活动的基础。因此，高校应做好高层次人才培养工作，发挥人才引领作用。从我国区域中心城市创新生态圈来看，高校在人才培养方面，还存在与经济社会脱节、与主导产业契合度不够、高端创新成果缺乏等问题，依然有很大的提升空间。部分区域中心城市创新生态圈高校数量较少，高端人才短缺，以区域中心城市郑州市为例，其作为整个河南省的区域中心城市创新生态圈，但仅有一所211院校，高等院校存在较大短板，因此其经济实力与创新成果较同级别的区域中心城市创新生态圈就略有逊色。深圳市的经验值得学习，高校数量也是深圳市区域中心城市创新生态圈的不足之处，但近年来，深圳市在这方面进行了积极探索，深圳市加强与清华大学、中科院等研究机构合作，引进清华、北大、哈工大深圳研究所，成立香港中文大学深圳校区。这些机构将成为区域中心城市创新生态圈的高端智力支撑。

高校做好人才培养工作就是在强化创新驱动力，人才优势是区域中心城市创新生态圈发展无法复制的独特优势。区域中心城市创新生态圈要依托高校，重视高层次人才的培养与引进，完善高校课程体系和专业设置，以学生创新能力作为教学效果的评价标准，采取工学结合、校企合作的方式开展评价，加强与海外组织的协作办学，培养科技带头人和高端管理人才，培养满足区域中心城市创新生态圈发展的人才，从而可以进入市场前线，着力解决人才梯度不合理、薪酬制度不完善、资金不足等问题。高校要进一步加强创新成果转化，客观定位高校人才培养与产业发展的关系，紧扣产业发展优化学科配置，围绕"新经济""新范式"，推动教学改革，为创新生态圈发展提供创新动力。

（二）整合基础研究，开展定向人才培养

高等教育具有基础性和先导性的特点，高校的科学研究主要集中在基础研究领域，其与创新型企业的开发研究构成互补关系，可以组成一个完整的创新生态子圈层。许多涉及基础研究的国家级、省级重点实验室均借助高校而建,高校可以有针对性地选择相应地域、相应行业的创新需求,根据相关企业创新活动的需要,适当调整基础研究的重点,为企业的管理创新、文化创新、制度创新等提供智力支持,中关村是高等学校集中的地区,这里有北大、清华、人大等国内著名大学39所,还有231家科学研究院所,仅中国科学院的研发机构就有40多个。他们不仅拥有学识渊博、资历深厚的专家学者,也拥有朝气蓬勃、奋发向上的莘莘学子。一所高等学校就是一个庞大的科学研究圈层,如此一来,既能使自身的基础研究接受实践检验,又能帮助企业破解创新能力不足的问题,从而更好地满足于区域中心城市创新生态圈整体实力的提升。

培养高素质人才是高校的重要使命,高校借助自身的师资力量能够更好满足人员素质提升的需求。高校可以在了解企业用人需求的前提下,与企业合作,开展定向人才培养,同时也可以根据企业的现实需求,进一步优化人才培养方案,缩短高校毕业生踏入社会的适应周期,从而助力企业更快地发挥创新主体作用。既能整合创新资源,加快企业创新升级,又能深化自身内涵建设,优化社会资源配置,必将推动区域中心城市创新生态圈更快更好发展。

(三)优化人力资本供给,提高人力资源水平

在区域中心城市创新生态圈的众多资源中,人力资源是最为重要的资源,其不仅是知识资源的载体,更是区域中心城市创新生态圈的智力源泉。因此,区域中心城市创新生态圈要重视专业化人才,优化人力资本的供给,不断提高人力资源水平,才能实现区域中心城市创新生态圈又快又好发展。

要抓好劳动技能这个"牛鼻子",努力提高基层劳动者素质,为区域中心城市创新生态圈的基础生产活动提供丰富的高素质劳动力资源。大力发展职业教育,提升社会对职业教育的认可度,注重提高职业教育水平,强化职业教育财力投入,提高职业教育人才培养质量,努力培育行业和产业领军人才,充分发挥"人才红利"的优势,注重培养适应新时代要求的现代产业技术工人。加大对职业教育的投资力度,努力办好具有地方特色的职业教育,满足区域内对特殊职业技术人员的需求,确保区域中心城市创新生态圈在持续推进过程中拥有充足的基础人力资

本供给。

重点培育高素质专业人才和研发人员，确保区域中心城市创新生态圈发展强劲有力。努力推进产教融合、产学研协同的创新体系，加快推进"双创"，培育区域中心城市创新生态圈的新支撑。充分利用前期发展所形成的良好基础条件，主动出击，主动作为，积极融入国家创新发展的大潮，根据相关认定标准，开展高新技术企业培育和支持行动。树立不拘一格创业的思想，实施行业领军式创新企业培育行动，助力中小企业特色式和内涵式发展。利用专业人才对创新型企业开展精准服务，加强对有上市意愿和能力的企业进行政策宣讲和专项辅导，帮助企业对接资本市场，为区域中心城市创新生态圈的企业实现快速发展争取更多的资本支持。

引进高级专门管理人才，对区域中心城市创新生态圈进行顶层设计。任何组织和地方，如果没有人，发展和竞争就无从谈起，更不要说高级专门人才。过去区域中心城市的竞争主要是 GDP 的竞争，进入新时代，城市的竞争转为人才的竞争，特别是高层次人才。引进高级专门管理人才，是促进区域中心城市创新生态圈创新能力提升的关键之举。原因在于高级管理者思想观念新颖，管理知识丰富，行为作风务实，能为区域中心城市创新生态圈提供科学指导。高校要想尽一切办法，做好高级专门管理人才引进，确保人才引得来、留得住、用得好。

（四）加大科技创新力度，提升核心技术水平

科技创新是区域中心城市创新生态圈优化的关键驱力，科研院所要努力引导社会力量自主开展研发活动，不断提升整个城市的科技创新能力，点燃整个区域中心城市创新生态圈的发展引擎，打通阻碍科技创新与产业产品创新有效衔接的关键环节，疏通科技创新与产业产品创新对接的经络，依靠科技创新促进产品更新升级，缓解区域中心城市创新生态圈发展不平衡和不充分的问题。

搭建更多科技创新平台，以平台战略促进技术共享和交流。减少技术保护壁垒，扩大新技术和新成果的宣传和推广，努力将科技创新成果扩大运用到更多的领域和行业，最大限度地挖掘科技创新成果的潜力，使科技创新成为区域中心城市创新生态圈的催化剂，提高区域中心城市创新生态圈的智慧化、信息化水平，通过技术共享，加快解决影响区域

中心城市创新生态圈发展的关键技术问题，推进比较优势转化为区域中心城市创新生态圈的生产力。

加快推进产教融合，探索产学研合作的新模式和新机制。一是要不断推进产教融合，引导高校与企业深度合作，优化和调整培养方案和模式，促进企业和高校间技术和人才的互动，加快区域中心城市创新生态圈的技术创新步伐。二是要设立并利用好技术改造和企业发展专项资金，鼓励符合区域中心城市创新生态圈发展规划的企业进行技术革新，为其在关键技术和关键领域的改造提供资金和技术支持，引导整个产业链的技术进步，实现"四两拨千斤"的效果。三是要梳理区域中心城市创新生态圈面临的共性和关键技术问题，由政府牵头，建立关键技术攻关小组和平台，力争在关键技术上实现新突破，解决单个企业解决问题的力量薄弱问题，实现区域中心城市创新生态圈整体的升级。

（五）构筑科研院所创新高地，打造科教创新源泉

南京市这一区域中心城市创新生态圈的发展走在了全国前列，在很大程度上得益于南京市高等院校数量众多，拥有中央、国防、央企及地方等多领域的科研院所。其他区域中心城市创新生态圈发展的过程中，也要充分发挥科研院所的作用，推动科研院所与市场融合发展。

发挥各类科研院所在区域中心城市创新生态圈中的策源地作用，打造创新技术高地。完善以市场需求为导向的立项机制，重点在基础研究上下功夫，展开热点问题的科研攻关与核心技术研发。发挥各类科研院所在区域中心城市创新生态圈中的磁力场作用，构筑创新政策高地。通过产学研合作，推动创新体系建设。发挥各类科研院所在区域中心城市创新生态圈中的助推器作用，进行科技成果管理改革，提高项目经费使用效率，让科研院所拥有更多自主权，释放创新潜力。打造创新产业高地，重点发挥产业技术研究院的引领带头作用，支持科研院所与企业联合建设重点实验室、技术研究院、产业创新战略联盟，提升科研成果的转化率。

发挥科教资源优势，促进产学研深度融合，是贯彻落实创新精神的重要举措，对促进更多创新成果的转化具有重要的现实意义，是建设区域中心城市创新生态圈的重要抓手。首先，要加大资源整合力度，调动创新积极性，推动地方产业与高校建立紧密的合作共赢关系。其次，要

大力扶持新兴产业，开展精准对接服务，围绕产业发展的实际需求，有效供给科技创新资源，促进更多创新成果转换与落地。最后，高校、科研院所和地方产业可签订战略合作协议，共同搭建创新科技平台，共同培育创新科技产业，不断提升合作水平与合作内涵，为区域中心城市创新生态圈的发展提供强大动力。

（六）优化科教资源配置，倾力数字经济发展

谈到硅谷的成功，必须要谈到斯坦福大学的贡献，这所大学不仅为硅谷企业提供受过良好教育的员工，并为现有员工提供再教育机会，而且还直接和间接地支持创办了很多高科技企业，被称为斯坦福创业企业。这批由斯坦福大学人员和技术开办的企业，其收入占硅谷经济收入的比重高达50%—60%。发达国家之所以能够在创新方面取得巨大成就，与他们从战略高度重视科教资源配置、重视中小科技型企业的发展是密不可分的。现有的科教资源配置存在严重不均衡现象，投入不足与过于集中矛盾并存。因此，要优化科教资源配置，倾力数字经济发展。

首先，在高校科教资源政策制定方面，应以具体的产业发展为导向，重视采纳实践领域专家意见，重视创新成果的评估工作，对于应用型科技成果，要建立明确的成果转化效率评价指标体系。其次，调整科技项目经费管理规定，一方面，借力数字技术，加强科研经费使用的过程管理，做好重大项目的审计工作。另一方面，对于物化科教资源，要提高相应的设备使用率，减少设施设备的闲置与浪费现象。最后，要重点完善科技奖励制度，采取奖励期权、股权等多元化的奖励模式，形成"政府为主导、企业为主体、社会为补充"的机制，突出科技奖励重点领域，引导创新活动向数字经济系统延伸。

2019年10月，第六届世界互联网大会上发布《国家数字经济创新发展试验区实施方案》，政府高度重视数字经济的发展。会议期间公布的《中国互联网发展报告2019》指出，2018年，中国数字经济规模达31.3万亿元，占GDP比重超过1/3，对GDP增长的贡献率超过2/3（沈蓉，2019）。高校要紧扣区域产业创新发展优化学科设置，使学科发展与产业发展相向而行、贴得更紧，防止出现"两张皮"现象。目前多数区域中心城市创新生态圈面临数字人才短缺局面，随着数字经济渗透和覆盖到城市发展的各领域、各环节中，数字人才日益成为创新发

展和企业转型的核心驱动力。高校不仅要注重国内教育事业的发展，加大教育投入，完善教育设施建设，加强国际合作，还需不断完善数字基础资源，完善数字人才引进条件，创新人才管理政策，把吸引和培育数字人才的工作作为重要战略任务实施，大力宣传和鼓励创新，吸引高素质、高能力数字人才加入区域中心城市创新生态圈，在保障数据安全的前提下，实现数据平台共享机制建设。

三 金融创新优化路径

金融市场发展能够通过资金、人力、技术等因素影响创新活动，创新活动整个过程都离不开资金支持，离不开金融机构为其提供服务，创新水平的提高又会反过来促进金融市场的高质量发展，金融创新在创新主体合作中起着桥梁与纽带作用。因此，要鼓励金融组织创新、服务创新和产品创新，增强金融业发展活力，为区域中心城市创新生态圈注入金融创新的"肥料"。

（一）推进科技与金融深度融合，统筹区域优势科技资源

"互联网+"背景下，科技创新已渗透到经济、社会、文化等各个领域，如果没有金融行业的有效支撑，创新型企业成长、创新活动开展、创新成果孵化与转化都不可能有序推进，创新驱动发展的引擎将会面临失能。如深圳市创新生态圈发展的遥遥领先，离不开科技金融的服务支撑。

大力发展金融科技，借助区块链、大数据、人工智能等现代技术促进金融创新。以资本市场为导向，统筹区域中心城市优势资源，释放资本市场活力，增强融资能力（陈红喜，2018），借助互联网加速区域优势资源的整合，建立创新金融生态圈。当然，提高科技与金融的深度融合，并不是一蹴而就的，需要统筹区域优势科技资源，既练"内功"，也重"外力"。如合肥市创新生态圈成立综合性国家科技中心，加强科技基础设施建设，探索创新发展路径。

统筹区域优势科技资源，需顺应区域集聚规律，形成具有本地特色的金融科技融合新格局。如贵阳市深入实施大数据战略，短短五年时间，打造出"贵州样板"；深圳市迸发"草根"创新热情，探索出中小微科技型企业驱动发展。在因地制宜探索差异化路径的基础上，依然有一定的规律可循：一是在技术创新过程中，充分吸收创新型企业和优质

民间资本，在创新金融发展阶段给予资金支持。二是立足高新技术发展前沿，把握发展趋势，通过制定优惠政策，科学进行补偿，促进区域中小城市创新生态圈科技与金融的融合。三是可以通过第三方金融机构、创新型企业、地方政府等多方联合共建金融服务平台的方式，分散风险。科技与金融融合不仅能实现收益获取，还能盘活整个区域的资本市场，使得资金实现良性循环和流动。

（二）健全风险资本市场，拓展融资来源渠道

很多人把美国经济的繁荣归因于其强大的金融系统，与美国等发达国家相比，我国的资本技术市场还不够完善，风险投资更是刚刚起步，而一些高科技上市公司的成功更多是依赖于国外的风险投资。我国当前中小企业融资已遇到"瓶颈"，深化金融链整合与创新，健全风险资本市场，围绕金融资源注入创新生态的肥料，是突破"瓶颈"的关键所在。要积极学习美国硅谷创新生态圈的成功经验，为风险资本的发展成长创造良好的条件。风险资本是指投资于高科技新兴产业未上市公司资本，其主要有三个特点：一是由专家管理；二是专注于新兴公司；三是拥有股权式金融工具。构建区域中心城市创新生态圈，需在集聚风险资本方面取得更多突破。

可以借助政府引导基金作用，集聚国内外股权基金、产业基金、创业投资基金等创新创业型基金，加快与国际市场的接轨，造就良好的风险投资条件。吸引境内外金融机构在区域中心城市组建小微企业融资服务中心、科技保险机构、小额信贷公司等中介服务机构，打造中小企业成长全周期的金融服务一条龙，为创新创业投资融资提供定制化的全流程服务，促进投贷联动，全方位支持各类创新模式发展。

在推动科技与金融深度融合的基础上，健全资本技术市场，通过多种渠道解决中小企业融资问题，加强信用担保体系建设，加大信贷支持，研究适合中小企业发展的信贷产品，并把这项业务作为未来发展新的经济增长点，积极开展知识产权质押贷款，引导和鼓励社会资本参与，当然还需不断完善风险防范与分散机制，建立风险评估指标体系，合理评估中小企业的抗风险能力。

（三）加强信用体系建设，提升金融创新绩效

金融是市场经济的核心，信用是金融市场的基础，完善的金融市场

环境离不开信用体系的支撑。目前，信贷市场依然存在一定的问题，要建立"一旦失信，寸步难行"的信用机制，培育社会"契约精神"，加强信用体系建设，可以从三个方面展开：一是加快健全规章制度，完善公开的工作流程，制定信息采集、共享、评价等领域的规范标准，完善黑、红名单制度。二是加强数据共享平台建设，数字经济的快速发展，使得原本的"信息孤岛"局面已无法适应金融领域的发展，必须建立跨区域、跨部门的数据共享平台才能适应金融生态圈发展趋势。三是大力推进信用信息公开，通过网络平台、短信平台等多种渠道公开信息，通过数据共享平台，建立数据推送机制。

在加强信用体系建设的基础上，提升金融创新绩效。首先，金融机构、证券、保险等中介机构的资本与服务投入应该向创新型企业的创新活动倾斜，还要努力提升创新成果的商业价值，提高资金、管理与服务的边际效益。其次，金融机构、证券、保险等中介机构有责任融入创新型企业的创新过程，将创新型企业物种中的人力、物力、财力等优势资源有效整合，致力于为创新型企业突破前沿技术、核心技术、关键技术等的研究、转化与扩散提供所需服务。最后，以金融机构、证券、保险等中介机构为主体，建立区域中心城市创新生态圈监管机制。金融环境的动荡往往会引发价格战，导致供给与需求不平衡，挤压企业利润，对创新活动造成干扰。这就要求金融机构要有充分的调节手段，保证资本配置的有效率，同时企业要时刻关注市场供需情况，做好技术创新，根据消费者的需求提升产品性能，从而保持区域中心城市创新生态圈创新绩效稳定性。

（四）优化融资结构，创新融资渠道

金融机构要积极融入"一带一路"倡议，扩大对外开放程度，吸引外资扩充区域中心城市创新生态圈的资本。修改后的《中华人民共和国立法法》赋予了地方政府立法权，所有设区的市都可以根据地方的实际，在不违背宪法、法律、行政法规的前提下，制定地方性法规。在区域中心城市创新生态圈优化过程中，金融机构要主动寻求地方政府的帮助，根据本地区的实际情况，制定有利于区域中心城市创新生态圈优化发展的地方性法规，助推创新产品更新升级，加速助力创新型企业转型升级，积极主动地给予企业专项奖励和扶持资金。鼓励和引导创新型企业进行全产业链整合，不断帮助提升区域中心城市创新生态圈的产业竞争力。主动融入"一带一路"倡议，积极与"一带一路"沿线国家开展合作和交流，通过沟通交往，力争实现在更大区域内释放区域中心城市创新生态圈的辐射带动能力。

创新融资渠道，提高区域中心城市创新生态圈投资主体的积极性。由于区域中心城市创新生态圈的发展刚刚起步，仅仅依靠政府投资进行优化，力量有限，进程缓慢，需要激发作为市场主体的企业积极投身到区域中心城市创新生态圈的伟大事业中来，增加参与创新的主体，夯实发展的基础，丰富投资的来源渠道。在区域中心城市创新生态圈发展过程中，金融机构与中介服务机构要研究制定适合本市创新型企业的激励机制，通过制度和优惠措施激发市场机制作用的发挥，营造良好的区域中心城市创新生态圈发展的金融环境。在法律框架允许的范围内，鼓励社会资本以多种形式投入区域中心城市创新生态圈的发展中，吸引境外机构入驻区域中心城市创新生态圈，境外资本投入区域中心城市创新生态圈，在区域中心城市创新生态圈发展进化中，促进投资主体多元化。

（五）完善创新金融服务体系，提升服务实体经济能力

"中国制造2025"重点领域应是金融业聚焦的重点，金融业要从自身实际出发，在严控资产负债比的前提下，不断进行业务创新，优化业务流程，发挥好金融业信贷资金对区域中心城市创新生态圈的引领作用，提升与区域中心城市创新生态圈的契合度和耦合度。要研究制定支持区域中心城市创新生态圈创新型企业的信贷政策，支持国有企业和非国有企业以入股贷款、并购贷款等方式筹集资金，用于参股、并购等，不断优化资源配置，提高区域中心城市创新生态圈产业集中度，增强核心竞争力。

完善和壮大小微企业金融服务体系，提升服务创新创业和中小微企业的能力。区域中心城市创新生态圈在发展过程中，"双创"的主力军小微企业是不容忽视的群体，它不仅可以提供就业岗位、维护社会稳定，更有利于区域中心城市创新生态圈产业结构和经济结构的优化调整。一是金融机构要建立完善的服务创新创业和小微企业的金融服务体系，充分发挥企业信用担保体系，通过实地调查，借助第三方对创新创业和小微企业的生产经营状况进行研判，准确对创新创业和小微企业的

贷款投放力度做出判断，保证创新创业和小微企业经营和发展的有效资金供给。二是金融机构要积极配合国家的战略方针，遵循信贷原则，在研判的基础上，适度扩大对创新创业和小微企业的贷款规模，优化贷款程序，特别是对前景较好的创新创业和小微企业。三是金融机构要不断创新金融产品，开发多种面向创新创业和小微企业的灵活的金融产品，积极推进技术融资、订单融资、保单融资等面世，尝试"私人定制"式贷款，实行"一事一议"制度，积极发放技术改造贷款，帮助企业进行技术改造升级，进而实现整体优化升级。

（六）防范化解风险与矛盾，确保金融服务到位

在金融机构为区域中心城市创新生态圈服务过程中，会冒出新的风险和矛盾，也是区域中心城市创新生态圈优化必须要面临和解决的问题。经济进入新常态，来到新时代，我国经济的发展已由高速增长向中高速转变，过去在高速增长背后隐藏的金融风险、杠杆率高、生态环境破坏等问题日益凸显。而经济增长速度的下降，增加了降低金融风险、杠杆率、解决生态环境破坏等问题的难度。在区域中心城市创新生态圈优化过程中，金融机构要处理好经济增长与风险防范之间的关系。通过优化对区域中心城市创新生态圈中政府和企业的贷款期限和贷款结构，调整政府债券的期限结构、债务利率等，降低区域中心城市创新生态圈中政府与企业短期偿债压力。引导有实力的企业兼并重组产业链条上下游企业，消除僵尸企业，降低区域中心城市创新生态圈因企业破产倒闭带来失业而引发社会不稳定的风险。支持区域中心城市创新生态圈中有实力的企业上市，借助社会资本加快其升级换代，降低去产能可能引发的金融风险。降低金融市场进入"门槛"，降低民营银行和金融机构成立的基本条件，树立五大发展理念，倡导新的业绩观，努力建成多层次的区域中心城市创新生态圈融资体系，为区域中心城市创新生态圈提供更为便利的金融服务，以增强区域中心城市创新生态圈市场主体的活力和抵御风险的能力。进一步加强区域中心城市创新生态圈市场风险检测与预警，强化与周边城市创新生态圈间市场风险的联防联控能力，以免出现"交叉感染"，进而引发系统性风险，为区域中心城市创新生态圈筑牢风险防控的高墙。

四 政府创新优化路径

区域中心城市创新生态圈的优化离不开政府的支持。一方面，政府政策对于区域中心城市创新生态圈的发展具有导向作用，具有倾斜性的政策能够凸显区域中心城市的人才、技术、资金等优势，加快达成优化目标。另一方面，体制机制障碍长期阻碍企业改革创新，企业财权、事权不一致的现象广泛存在，再加上区域中心城市创新生态圈内创新主体利益关系错综复杂，协调起来难度较大。

（一）深化行政体制改革，建立监管清单制度

面对创新思维的浪潮，政府深化行政体制改革对区域中心城市创新生态圈优化具有重要的指引作用，区域中心城市创新生态圈的规划管理、建设维护、资金保障等工作都离不开政府部门的支持和引导。

深化行政体制改革，建立监管清单制度，一是要深化"放管服"改革，建立权力清单、责任清单、中介服务清单、公共服务清单"四张清单"制度，实行网上运行、线上办理、在线监察，提升服务效能。推进"多规合一"改革。实现国民经济计划，城市、区域、生态等多项规划"多图变一图"。推动审批提速提效，变部门审批为政府审批，变串联审批为并联审批、变线下审批为线上审批。二是要完善监管机制，围绕监管缺失、不平衡、不到位等突出问题，探索建立部门监管清单制度，强化部门监管责任落实的约束，扎实开展监管试点建设，强化责任约束，对于重点项目建立一事一议制度，定期召开专题研讨会，及时解决发展过程中出现的问题，确保创新项目按时高质量落地。政府管理部门要实施内外监督相结合的管理方式，规范和监督管理人员的用权行为，防止贪污腐败、滥用职权，威胁区域中心城市创新生态圈进化。既要构建防范贪污腐败的体制机制，又要建立完善的信息联动反馈机制，及时发现和遏制管理人员的贪污腐败行为。三是要改进政绩考核机制，政府应当将区域中心城市创新生态圈建设纳入政绩考核指标之中，对政府官员的行为进行有效约束，促使其积极转变思维，以创新为主要导向。同时，要切实提高考核的频率，实施动态化考核，即按照月度、季度和年度这三个时间段对官员进行考核且对考核重点进行科学明确的规定。严格治理管理人员懒政、怠政、不作为的不良行为，提高管理部门办事效率。

（二）积极出台指导意见，促进更高水平双循环

我国已经进入建设社会主义现代化国家的新阶段，新发展阶段需要更高水平的双循环。以往多年，政府更加关注企业是否经营困难，并直接或间接地给予企业财政补贴，当遇到特殊情况时，此举措是十分必要的，但若长期实施，可能会导致低效率或无竞争力的企业本应通过竞争被市场淘汰，却一直被扶持，不利于资源配置效率的提升。在区域中心城市创新生态圈的进化过程中，政府必须全盘考虑，更应发挥竞争政策作用，积极出台指导意见，解决经济循环中的供需匹配问题。

政府应当协调相关部门研究制定推进各地区域中心城市创新生态圈建设的指导意见，发布具有可操作性和实用性的具体行动方案，引导各地市基于自身客观条件发布区域中心城市创新生态圈发展规划蓝图。指导性政策的发布要遵循以下三个原则：第一，因地制宜。各区域中心城市创新生态圈经济发展水平差别比较大，各地市要根据自身的实际情况因地制宜地论证区域中心城市创新生态圈发展规划方案，根据经济发展水平确定区域中心城市创新生态圈未来将要达到的集聚和辐射范围。第二，动态、平衡、可持续。区域中心城市创新生态圈发展要充分注重城市发展与城市生态保护的平衡，注重城市便利度与城市舒适度的平衡；可持续发展是新时期经济发展的主流，也是城市发展的客观要求，城市规划和建设要兼顾前瞻性和长远性，保证城市发展的可持续性。第三，保持适度弹性。指导意见是区域中心城市创新生态圈优化的宏观战略指导，具体实施不能不考虑客观情况的变化，意见表述及建设措施要留有适当的弹性，给具体区域中心城市及相关管理者留有创新的空间。

促进更高水平双循环，需要内外兼修。优化内需要制定鼓励性消费政策，通过短期刺激与长期政策相结合提高内需，促进创新型企业做大做强，实现创新生态圈高质量内循环。扩大外需要均衡要素配比，引进先进技术设备，出口劳动密集型产业，通过外循环，吸纳就业。同时政府要平衡"动力"和"约束"机制，推动创新要素在区域中心城市创新生态圈内外合理流动、优化配置，使内需、外需都能够有效控制风险（张忠寿，2019）。此外，政府还要不断加强创新基础设施建设、支持标准制定、加大政府采购力度等，形成良好的创新环境。当区域中心城市创新生态圈外循环地位由升到降时，能确保内循环也可带动可持续

发展。

（三）细化相关政策文件，支持企业技术转移

由于各创新主体会存在价值取向不一致，企业技术转移可能会面临自组织、自调节功能的"失灵"状态，这时政府这一创新主体需要进一步发挥好公共服务职能，充分利用政策这只"强有力的手"介入技术市场的运行，促进形成良好的技术转移市场经济秩序。

2014年，北京市政府对外发布《加快推进高等学校科技成果转化和科技协同创新若干意见》，这份被称为"京校十条"的文件，被首都高等教育界、科技界认为是中关村示范区最具"含金量"的政策之一，该政策对科技成果转化体制机制改革、成果处置自主权、奖励实施自主权等做了详细规定，旨在打破束缚、释放活力、注重实效。2016年，国务院专门出台《关于深化体制机制改革加快实施创新驱动发展战略的若干意见》。为促进区域中心城市创新生态圈的高质量发展，中央政府应当加快出台详细的企业技术转移相关规定，建设统一开放的技术市场，构建互联互通的全国技术交易网络。

配套的财政税收政策必不可少。一方面，政府要加大对区域中心城市创新生态圈财政投入力度。在财政预算中对于所涉及的创新项目可以进行优先安排，设立区域中心城市创新生态圈优化专项资金，专门用于创新活动。近年来，我国十分重视和支持区域中心城市的创新问题，财政部每年都会通过竞争性评选的方式选择部分优秀的创新项目进行专项奖励资金的补助。企业应加快构建创新生态圈，积极争取专项资金补助，以填补资金缺口。同时，根据实际需要制定科学合理的财政资金使用计划。对关键性项目进行优先安排，对非重点、非紧急项目暂时推迟，从而缓解政府财政压力，让区域中心城市创新生态圈进化按照计划有序进行。另一方面，对积极参与创新活动的企业给予一定的税收优惠。区域中心城市创新生态圈内的创新项目众多、工程量大，政府很有必要实施税收优惠政策，对相关企业进行税收减免，吸引更多企业进入区域中心城市创新生态圈中。

由于不同的区域中心城市创新生态圈进化的特点不同，发挥核心作用的主导产业不同，对于制造业、文化产业、高新技术企业等不同的进化特点，地方政府要因地制宜，有针对性地进一步落实和细化相关政策

文件，支持企业技术转移，探索适合自身发展的路径，不可盲目效仿其他区域中心城市创新生态圈的发展路径。

（四）树立创新导向氛围，营造良好的创新环境

创新则意味着变革，变革则意味着风险，而"求稳不求变"可以说是人们的传统思想。想要改变这一现状，需要树立以创新为导向的氛围，良好的创新环境具有广泛的渗透力（盛克勤，2018），可以对创新生态圈的发展起到激励与导向的作用，从而推动区域中心城市创新生态圈向更高层次发展。

在区域中心城市创新生态圈进化过程中，政府要构建既有利于创新物种成长，又有利于创新群落协调发展的创新机制。一方面，加强区域中心城市创新生态圈硬件基础设施建设，为创新活动打造良好的物态文化。另一方面，抓好区域中心城市创新生态圈创新软件环境建设，将创新精神融合于创新活动的各个环节，统筹协调，为区域中心城市创新生态圈提供良好的创新软基础。

以提高创新成果转化为目的制定法律法规、出台相关措施，明确创新生态圈中创新主体的活动界限，规范创新活动的开展，在创新产出整个过程中起到引领、协调、保障等重要作用，引导生产者、消费者、分解者等创新主体在动态变化的创新环境中有序推进创新活动。各级政府部门要发挥好政策制定者和执行者的双重角色，为企业等生产者、中介机构等分解者、公众等消费者营造公平的创新环境。对于个别区域中心城市创新生态圈创新条件较差、创新能力较弱的情况，应切实改变政府职能，打破各自为政的局面，发挥好引导和支撑作用，加大政策扶持力度，促进创新主体之间更加公平有序开展合作，为重大创新活动提供资金支持，保护创新成果。

（五）处理与周边区域关系，强化宏观调控作用

由于集聚效应的存在，才会吸引周边区域的生产者、消费者进入区域中心城市创新生态圈中，此时的企业、科研院所等往往会选择集聚效应高的核心区域进行布局，由此可以减少其开展创新活动的成本，但长此以往，会造成集聚效应的极端化，即中心区域拥有绝对的创新优势，相对而言，周边区域创新能力严重不足。国家强调协同联动的一体化发展。因此，为了避免单一大城市无序扩张和摊大饼式发展，政府作为宏

观调控主体，要处理好区域中心城市创新生态圈与周边区域的发展关系，把控区域中心城市创新生态圈整体发展的战略性方向。

处理区域中心城市创新生态圈与周边区域的发展关系，并不是为了实现创新主体在两地的均衡分布，而是要实现区域间创新功能互补，清除市场壁垒，促进要素自由流动，形成产业错位布局和特色化发展新格局，加强区域中心城市创新生态圈与周边区域的关联性。以北京市为例，为实现北京市这一全国性区域中心城市创新生态圈的高质量发展，促进京津冀创新能力提升，北京市部分企业、科研机构、政府机构陆续迁至雄安新区，这即是作为服务型政府，促进区域中心城市创新生态圈发展的一次重大调整，既有利于避免单一大城市无序扩张和摊大饼式发展，又有利于把区域中心城市创新生态圈做强，使之成为先导区和示范区。打造徐州市这一区域中心城市创新生态圈的高质量发展，可以补齐苏北地区在江苏省发展的短板，为江苏省建设现代化都市圈、率先形成新发展格局创造坚实的基础。

（六）实施多元创新驱动战略，扩大实体经济振兴空间

改革开放以来，中国的经济取得了长足的高速增长，事实已经表明这段时期的高速增长来源于要素驱动和投资驱动，是粗放的、不可持续的。但在新时代，这种依靠要素和投资驱动的高速增长即将寿终正寝。内生增长理论认为，一个地区或国家经济持续增长的不竭动力主要来源于包括科学技术在内的多元创新驱动。因此，在区域中心城市创新生态圈发展壮大的过程中，要大力实施多元创新驱动战略，依靠创新为区域中心城市创新生态圈的实体经济振兴发展扩大空间。

高素质的人才是实施多元创新驱动的关键，而我国正面临人口老龄化的现实，因此，需要政府继续放开计划生育政策，蓄积更多人口红利，同时，紧盯世界科学技术发展走向，集聚和培育紧跟世界科技主攻方向的人才，以项目和平台为纽带，激发人才、项目、资金等的活力，努力建立人才高地。

科技创新和产业创新是区域中心城市创新生态圈的动力支撑，也是区域中心城市创新生态圈实施多元创新驱动战略的核心。在引进、消化、吸收和创新技术的过程中，要突出实体经济的关键地位，兼顾好区域中心城市创新生态圈传统产业改造升级与新兴产业蓬勃发展之间的关

系。建立产业技术战略联盟，充分发挥实体经济、高校和科研机构的优势资源，加大科技创新力度。做大做强区域中心城市创新生态圈实体经济，将其打造为创新投入及成果转化的主体，加快创新成果向区域中心城市创新生态圈现实生产力的转化，促进区域中心城市创新生态圈实体经济高质量发展，提高实体经济的核心竞争力。

制度是区域中心城市创新生态圈演化的重要保障，制度创新对区域中心城市创新生态圈的影响更为重要。制度不仅直接影响区域中心城市创新生态圈实体经济吸引资本、技术等的能力，以及创造财富的效果，而且也影响科技创新对区域中心城市创新生态圈优化的驱动成效。对区域中心城市创新生态圈来讲，实施制度创新，就是要进一步加大"放管服"的力度和范围，建立健全相关法律制度。通过法律制度净化市场环境，充分挖掘区域中心城市创新生态圈实体经济的比较优势，努力打造属于区域中心城市创新生态圈的实体经济，且有自己竞争力的产品品牌。加强区域中心城市创新生态圈的顶层设计，强化政府与实体经济的信息共享，降低实体经济的成本负担，为区域中心城市创新生态圈实体经济振兴发展腾挪空间。

五 用户创新优化路径

用户是区域中心城市创新生态圈的重要驱动力，虽然用户群体本身并不是创新活动中技术转化的主体，但是它不仅可以通过购买创新产品帮助核心创新主体完成资金周转，还可以向核心创新主体提供市场对某种产品的需求和反馈信息，从而辅助区域中心城市创新生态圈朝着有利于社会需求的方向更快更好地发展。因此，用户创新决定着区域中心城市创新生态圈的进化方向与速度，需高度重视用户群体的创新优化。

（一）激发内在创新动力，提升自身创新能力

用户创新是区域中心城市创新生态圈演化的重要组成部分，这种创新模式与市场直接相连，主要受用户自身需求的驱使，为了使创新产品更贴切地满足自身需求，从而积极主动发挥自身创新能力。创新能力即用户创造力，是激励创新的内在动力。激发内在创新动力，提升自身创新能力，需要结合两方面因素，一是用户内在需求，二是用户个人特质（张睿，2017）。

用户内在需求是最为直接的动力因素，用户可以结合自身的现实需

求，通过自我创新参与到生产者的创新活动，开发出满足自身需求的创新产品或服务，同时可以选择无偿公开自己的创新成果，从而获得社会认可和成就感，实现更高层次的需求，更好地激发内在创新动力。个人特质是一种稳定的、持久的思想与情感特点，对用户个人创造力具有促进作用。用户可以凭借自身的兴趣爱好对某一事物产生强烈的新鲜感和好奇心，进而激发用户的创新能力，同时还可以利用自身的学习意识和乐观心态不断探索知识、获取信息并加以运用，通过乐观的心态能够承受创新的挫折和失败，并不断自我调整，坚持创新（张璇子，2020）。

（二）强化反馈调节作用，自觉维护市场秩序

创新产品在市场导入期时，由于消费者的感知风险，新产品往往无法被主流消费者所接受，市场依然由主流产品占有，导致创新产品开辟新市场或颠覆性技术占领低端市场面临重重困难，此时，消费者要加强自身的反馈调节作用，助力有益创新产品开辟市场新空间，自觉维护创新产品的应用市场，但并非所有的创新都是有益创新的，无益创新是指为了企业自身利益，对社会产生负外部影响，尤其是以牺牲环境为代价的创新，消费者要给予监督，及时向相关部门反馈，自觉抵制不利创新与无效创新，避免资源的浪费与不利影响的产生，将不符合可持续发展的创新尽早扼杀在摇篮之中。

消费者还要提高自身的创新能力和参与创新的意愿，主动参与到创新活动中，考虑生产者所生产的创新产品如何适应与满足自身的利益需求，通过创新型企业提供的官方信息沟通平台，消费者可以跨越时间和空间的限制参与到企业的创新活动中。此外，消费者也可以成立自己的消费者联盟组织，但要自觉遵守市场秩序，有组织有纪律有目标地参与创新活动，增加自身参与的便利性，降低参与成本，提高创新的适应能力，提升产品创新成功概率，由此创造出最适合消费者自身需求的新产品（顾海英，2019）。

（三）高扬企业家精神，助力打造创新环境

硅谷创新生态圈持续领先的主要原因之一是硅谷的企业家精神经久不衰，其主要体现在两个方面：一是崇尚近乎疯狂的"个人英雄主义"，他们始终愿意为了梦想而奋斗不歇，硅谷创新生态圈有句名言："预测未来的最好方法是去实现它。"二是挑战权威的叛逆精神，老师

们会鼓励学生敢于质疑，敢于提出自己独到的观点。今天的硅谷依然会时时反省自己是否抑制了公众的创新精神，这便是创新精神永葆青春的秘诀之一。我国区域中心城市创新生态圈，如深圳、温州等的快速发展，依赖的就是具有本地特色的创新文化，离不开的就是本地消费者的企业家精神。优秀的企业家要发挥引领作用，消费者要树立企业家精神，拥有专注品质、敢于担当、服务社会精神（徐君，2019）。打造良好的创新环境，需要每一位消费者共同努力，创新精神的培养需要从娃娃抓起。可以定期举办科技文化节，建设科技展览馆，吸引孩子们前来观摩。

我国区域中心城市创新生态圈，要致力于将"大众创业、万众创新"的活力竞相迸发。消费者要敢于尝试，勇于创新，容忍失败，树立"人人参与、人人尽力、人人享有、敢为人先"的意识，将最广泛、最持久的积极性、主动性、创造性激发出来，将创新精神深深植入心中，将奇思妙想、创新创意实实在在贡献于区域中心城市创新生态圈的发展与进化过程中。

（四）倡导生态消费，提高生态保护意识

区域中心城市创新生态圈的生态环境问题主要是由消费活动引起的。随着用户等消费者的收入水平和生活质量的提高，用户消费能源的支出所占生活支出的比例较低，导致用户对能源的消费呈现很大的随意性，对区域中心城市创新生态圈生态环境带来很大的压力和威胁。

生态环境问题是区域中心城市创新生态圈的一个群众性问题，不仅事关当前每个人的切身利益，也影响到子孙后代的生存和发展，需要一个比较长的过程。区域中心城市创新生态圈的生态环境治理除了需要政府和企业的努力外，更需要用户的参与，在区域中心城市创新生态圈积极营造生态环境治理的氛围中，加快生态环境治理的进程。

一是区域中心城市创新生态圈可根据本市的情况制定《区域中心城市创新生态圈环境治理行动纲要》，借助传统媒体和新媒体相结合的方式对行动纲要进行立体式、全方位宣传，使纲要的精神渗透到用户生活活动的每个环节，引导用户的生活方式向生态化转变。二是营造反对奢侈消费和劣质消费，倡导理性消费的消费氛围。奢侈消费会引起对包括区域中心城市创新生态圈创新资源的破坏，影响稀缺创新资源的恢复

和再生速度，对区域中心城市创新生态圈的生态环境破坏和影响更为严重。三是开展多层面的生态安全教育，促进区域中心城市创新生态圈用户生态安全行为的养成。区域中心城市创新生态圈在加快基础设施建设，方便用户出行的同时，要大力倡导绿色出行、低碳出行，推行共享共建的生态安全生活方式，减少不必要的消费，抵制奢侈和过度消费，减低区域中心城市创新生态圈人均生态足迹，形成符合新时代生态文明建设要求的新风尚。四是区域中心城市创新生态圈的主体责任要强化，全面落实生态环境损害终身追究制，将生态安全确定为政府指导市场活动的出发点和落脚点。补贴从事生产和消费生态产品的个人和组织，加快推进普及生态消费品，从法律层面制约粗放式的生产和生活行为，加快区域中心城市创新生态圈用户生态保护意识的形成。

（五）树立崇尚创新的价值导向，营造积极互动的创新文化

区域中心城市创新生态圈的优化发展需要立足创新价值引领，引领创新文化。比如，江苏正形成肥沃的创新创业土壤，厚植敢于冒险、宽容失败的创新创业文化，促进各类创新要素集聚耦合、裂变反应，让"大众创业、万众创新"的活力竞相迸发。苏州工业园区培育有益于创新的苏南创新文化，园区作为首个开放创新综合试验区，历史积淀的"勇于实践、开放创新"的文化理念是其创新生态圈的核心要素。国际纳米技术产业博览会、中国创博会、创业长廊年度盛典等一系列会议、论坛或长廊的常态化举办，增强了众创文化的渗透力，加速文化与科技的融合，推动园区在创业中创新，在创新中创业。中关村文化的精髓可以大致概括为"以创新为核心，鼓励冒险、容忍失败、崇尚成功、敢于标新立异"。常州科教城着力构建人人参与、人人尽力、人人享有，同时又让大家成为主体与客体协调发展的自觉践行者的众人参与的创新文化，通过调动和激发来自大众最广泛、最持久、最深沉的积极性主动性、创造性。汇众智，集众力，一起来解决园区高科技有没有、产业化能不能的问题。同时，科教城还创立"三杯茶"品牌活动，定期组织开展金融"天使下午茶"、营销"安琪下午茶"、服务"半月下午茶"，通过系列活动营造创新氛围，打造科教城的创新文化。

中关村人能容忍创业时的艰难困苦，有勇于冒险的精神以及标新立异的个性，创新精神已经深深植入了每一个中关村人的心中，这一点与

硅谷的"失败者不受责备，有时公司也给失败者授奖"的传统极为相似。中关村浓厚的创新创业氛围激发了众多优秀人才的创新创业热情，人才离开大公司投身创新创业活动成为一种潮流，连续创新创业成为一种工作方式。通过一系列动作积极营造人人参与、敢为人先、宽容失败的创新文化，树立崇尚创新、创业致富的价值导向，大力培育创客文化，将奇思妙想、创新创意转化为实实在在的创业活动。

（六）加强创新理念宣传，树立全民参与意识

区域中心城市创新生态圈的高质量发展与生活在区域中心城市中的每一个公民的自身利益都有着密切的联系，既需要充分发挥生产者、消费者的作用，更需要用户等消费者的广泛参与（吕鲲，2019）。为此，应在区域中心城市创新生态圈的范围内加大对创新理念的宣传力度，引导用户积极参与到区域中心城市创新生态圈的建设发展中。

首先，应定期举办形式多样、内容丰富以及趣味十足的宣传活动，用简单轻松的方式加强用户对于创新理念的认识和了解。例如，可以用漫画的形式编写宣传手册并在街道、公园以及广场等人群集聚的区域内进行发放，在各个居民小区内举办区域中心城市创新生态圈发展成果图片展，在大学校园内举行创新知识竞赛等，让创新理念在区域中心城市创新生态圈范围中进行推广。此外还可以利用报纸、杂志、广播、电视和互联网等媒体，对区域中心城市创新生态圈的发展理念进行全面系统的介绍和推广。例如，可以在官方政务平台上设立有关区域中心城市创新生态圈信息的板块，定期发布区域中心城市创新生态圈相关信息和最新进展，让用户及时了解和掌握区域中心城市创新生态圈发展的基本情况。

其次，应广泛征求用户的意见，将科学合理的建议纳入区域中心城市创新生态圈发展规划中来，如定期进行社区走访听取民情民意、开通官方微博和创建微信公众平台，定期查看用户评论与留言并及时进行回复与反馈等。

最后，应提高用户参与意识，区域中心城市创新发展与城市中的每个用户息息相关，建设区域中心城市创新生态圈要动员全社会积极参与，努力将创新理念和具体要求转化成一种思维习惯或行为模式，乃至形成一种城市文化。可以通过有奖知识竞答、演讲比赛、先进积极分子

评比等形式提高用户参与意识，倡导用户树立主人翁意识，积极配合其他创新主体对区域中心城市创新生态圈献计献策，自觉践行创新理念，对于不利于推进创新发展进程的行为及时制止。正确引导舆论导向，逐步提升对区域中心城市创新生态圈的理解、认同与支持。

参考文献

蔡德奇、王开明：《福建省自然生态圈的保护与建设》，《发展研究》2003年第5期。

蔡天抒、伍炜、肖鹏飞：《对省际区域中心城市发展困境与建设路径的思考——以河南省濮阳市为例》，《上海城市规划》2021年第6期。

蔡乌赶、李青青：《环境规制对企业生态技术创新的双重影响研究》，《科研管理》2019年第10期。

常爱华：《区域科技资源集聚能力研究》，博士学位论文，天津大学，2012年。

陈大鹏：《M企业IT项目管理分析与探讨》，硕士学位论文，宁夏大学，2015年。

陈红喜、姜春、罗利华：《改革开放40年产业科技创新动态演进的"深圳模式"》，《科技进步与对策》2018年第24期。

陈劲、张月遥、阳镇：《共同富裕战略下企业创新范式的转型与重构》，《科学学与科学技术管理》2022年第2期。

程红：《城市经济》，人民出版社1994年版。

程远、庄芹芹、郭明英：《融资约束对企业创新的影响——基于中国工业企业数据的经验证据》，《产业经济评论》2021年第3期。

程跃：《国家自创区创新生态系统评价研究》，《技术经济与管理研究》2021年第12期。

崔立志、刘思峰：《面板数据的灰色矩阵相似关联模型及其应用》，《中国管理科学》2015年第11期。

崔伟奇、程倩春：《论科技创新文化发展的价值基础》，《自然辩证法研究》2018 年第 12 期。

戴志敏、郑万腾：《增益水平激励视角下的长三角城市群金融空间集聚辐射效应研究》，《武汉金融》2015 年第 12 期。

邓聚龙：《社会经济灰色系统的理论与方法》，《中国社会科学》1984 年第 6 期。

邓玲、陈希勇、曾武佳：《区域中心城市融入成渝地区双城经济圈的路径研究》，《成都大学学报（社会科学版）》2021 年第 6 期。

丁荣余：《江苏创新生态系统的提升之道》，江苏人民出版社 2018 年版。

丁如曦、刘梅、李东坤：《多中心城市网络的区域经济协调发展驱动效应——以长江经济带为例》，《统计研究》2020 年第 11 期。

杜宝贵、张鹏举：《科技成果转化政策效果研究——基于人均输出地技术市场合同成交额的分析视角》，《辽宁大学学报（哲学社会科学版）》2020 年第 3 期。

方进平、彭婷、陆莲芯：《粤港澳大湾区城市职能演变特征与影响因素》，《热带地理》2019 年第 5 期。

方莹莹、刘戒骄、冯雪艳：《空间相关性、创新生态环境与高技术产业创新生态系统创新效率——基于中国内地 23 个省份的实证研究》，《科技进步与对策》2022 年第 3 期。

冯德显、贾晶、乔旭宁：《区域性中心城市辐射力及其评价——以郑州市为例》，《地理科学》2006 年第 3 期。

高晓辉、王小梅、闫璐璐：《青藏高原区域城市中心性发展状况分析——以青海省为例》，《内蒙古科技与经济》2016 年第 13 期。

高月姣、吴和成：《创新主体及其交互作用对区域创新能力的影响研究》，《科研管理》2015 年第 10 期。

高伟：《基于生态位理论的新疆高校学科建设竞争态势测度》，《管理评论》2020 年第 1 期。

顾朝林：《中国城市经济区划分的初步研究》，《地理学报》1991 年第 2 期。

顾朝林、李玢：《基于多源数据的国家中心城市评价研究》，《北京规划建设》2017 年第 1 期。

顾海英：《互联网时代中国会展业转型升级研究》，硕士学位论文，上海师范大学，2019年。

顾晓波、欧向军、朱杰：《徐州区域性中心城市建设的问题与对策》，《江苏师范大学学报（自然科学版）》2017年第1期。

郭宝华、李丽萍：《区域中心城市机理解析》，《重庆工商大学学报：西部论坛》2007年第2期。

郭航：《产业技术创新战略联盟协同创新激励机制研究》，硕士学位论文，哈尔滨理工大学，2019年。

郭菊娥、王梦迪、冷奥琳：《企业布局搭建创新联合体重塑创新生态的机理与路径研究》，《西安交通大学学报（社会科学版）》2022年第1期。

国家计委国土开发与地区经济研究所课题组：《对区域性中心城市内涵的基本界定》，《经济研究参考》2002年第52期。

韩松、王洺硕：《数字经济、研发创新与文化产业高质量发展》，《山东大学学报（哲学社会科学版）》2022年第3期。

韩玉刚、叶雷：《中国欠发达省际边缘区核心城市的选择与区域带动效应——以豫皖省际边缘区为例》，《地理研究》2016年第6期。

何龙斌：《省际边缘区接受中心城市经济辐射研究》，《经济纵横》2013年第6期。

洪银兴：《长三角：在创新一体化中建设创新型区域》，《江苏社会科学》2021年第3期。

胡登峰、冯楠、黄紫微：《新能源汽车产业创新生态系统演进及企业竞争优势构建——以江淮和比亚迪汽车为例》，《中国软科学》2021年第11期。

胡晓辉：《制度创新辐射范围的空间计量分析》，《浙江学刊》2015年第3期。

胡星、王志博、李中明：《郑州国家中心城市功能优化提升研究——基于中西部五个中心城市的比较》，《中国名城》2019年第9期。

黄文娣、李远：《融资约束视角下政府补贴与企业技术创新：机理分析与广东数据检验》，《科技管理研究》2022年第11期。

黄振强：《杭州区域创新生态系统构建的路径与对策研究》，硕士学位论文，中共浙江省委党校，2018年。

季成、叶军：《开放银行生态圈：模式、挑战和对策》，《新金融》2019年第8期。

贾天明、雷良海、王茂南：《众创空间生态系统：内涵、特点、结构及运行机制》，《科技管理研究》2017年第11期。

江民星、丰兴亮、何文剑：《经济政策不确定性与企业技术创新：经验证据与机制分析》，《西南大学学报（社会科学版）》2022年第4期。

江露薇、刘国新、王静：《我国装备制造业的地区差距与产业布局的空间关联性——基于生态位理论的分析》，《科研管理》2020年第9期。

蒋一苇：《发挥中心城市作用与经济体制改革》，《经济体制改革》1983年第1期。

柯玲：《产业创新与人才管理的耦合协调度研究——以湖北咸宁高新区为例》，《财会通讯》2022年第12期。

雷菁、郑林、陈晨：《利用城市流强度划分中心城市规模等级体系——以江西省为例》，《城市问题》2006年第1期。

黎伟：《粤港澳大湾区城市金融竞争力与辐射力研究》，《海派经济学》2019年第3期。

李玏、顾朝林：《基于等级——网络分析框架的泛长江三角洲中心城市评价研究》，《长江流域资源与环境》2018年第5期。

李秋敏：《金融集聚的经济增长效益及时空分异特征研究——基于省级面板数据的空间计量分析》，《工业技术经济》2020第8期。

李腾、张钟元、郑飞：《创新生态系统：知识集成能力与反向知识溢出效应——基于295家高新技术企业的调查》，《企业经济》2022年第7期。

李晓娣、张小燕：《区域创新生态系统共生对地区科技创新影响研究》，《科学学研究》2019年第5期。

李宇、刘乐乐：《创新生态系统的知识治理机制与知识共创研究》，《科学学研究》2022年第8期。

李媛媛、陈文静、王辉：《科技金融政策、资金网络与企业创新绩效——基于潜在狄利克雷分布模型》,《科技管理研究》2022 年第 6 期。

李占强:《构建科技金融创新生态体系研究》,《科技创新与生产力》2020 年第 9 期。

林凌:《关于中心城市改革的几个问题》,《财贸经济》1984 年第 1 期。

林细细、张海峰、张铭洪:《城市经济圈对区域经济增长的影响——基于中心—外围理论的研究》,《世界经济文汇》2018 年第 4 期。

刘继兵、张驰、田韦仑:《金融科技、资源错配与城市绿色创新》,《金融与经济》2022 年第 6 期。

刘思峰、张红阳、杨英杰:《"最大值准则"决策悖论及其求解模型》,《系统工程理论与实践》2018 年第 7 期。

刘书瀚、于化龙:《基于生产性服务业集聚的中心城市等级划分及其空间溢出效应研究》,《城市发展研究》2017 年第 11 期。

刘曦子、王彦博、陈进:《互联网金融生态圈发展评价研究——以蚂蚁金服和京东金融为例》,《经济与管理评论》2017 年第 3 期。

刘兴成:《典型化:中国政策创新扩散的逻辑与机制》,《学习与实践》2022 年第 6 期。

刘雪芹、张贵:《创新生态系统:创新驱动的本质探源与范式转换》,《科技进步与对策》2016 年第 20 期。

刘洋、李亮:《制造企业数字化转型:全球视角与中国故事》,《研究与发展管理》2022 年第 1 期。

刘银良、吴柯苇:《创新型国家导向的中国科技立法与政策:理念与体系》,《科技导报》2021 年第 21 期。

刘震、党耀国、谢玉梅:《基于空间向量的多元灰色关联模型及其应用》,《统计与决策》2019 年第 21 期。

柳卸林、王宁、吉晓慧:《中心城市的虹吸效应与区域协调发展》,《中国软科学》2022 年第 4 期。

柳卸林、吉晓慧、杨博旭:《城市创新生态系统评价体系构建及应用研究——基于"全创改"试点城市的分析》,《科学学与科学技术管理》2022 年第 5 期。

栾强、罗守贵、郭兵:《都市圈中心城市经济辐射力的分形测度及影响因素——基于北京、上海、广州的实证研究》,《地域研究与开发》2016 年第 4 期。

罗国锋、林笑宜:《创新生态系统的演化及其动力机制》,《学术交流》2015 年第 8 期。

罗志高:《区域性中心城市建设的多维取向:分析成渝城市群》,《改革》2018 年第 1 期。

吕鲲:《基于生态学视角的产业创新生态系统形成、运行与演化研究》,博士学位论文,吉林大学,2019 年。

吕鹏、石林:《基础设施、技术创新与产业结构升级》,《求是学刊》2021 年第 6 期。

马洪:《略论中心城市的重要地位和功能作用》,《城市问题》1986 年第 4 期。

马邈:《我国独角兽企业的培育和发展研究》,硕士学位论文,华中科技大学,2018 年。

满爱华:《异质性视角下再生性资源型城市要素集聚对产业结构转型的影响机制研究》,硕士学位论文,江苏师范大学,2019 年。

孟延春、乔小勇、关欣:《鲁苏豫皖交界区域城市中心性的社会网络研究》,《城市发展研究》2013 年第 2 期。

那慕晗、边博文:《基于创新生态系统理论的创新区规划路径研究——以杭州未来科技城为例》,《城市规划》2022 年第 4 期。

潘思静:《高技术产业创新生态系统的知识共享机制研究》,硕士学位论文,重庆工商大学,2020 年。

潘松挺、杨大鹏:《企业生态圈战略选择与生态优势构建》,《科技进步与对策》2017 年第 21 期。

庞璐:《创新生态系统视角下京津冀高新技术产业协同创新能力研究》,硕士学位论文,河北工业大学,2016 年。

庞敏:《企业社会责任视角下的技术创新与新产品开发绩效关系探讨》,《统计与决策》2015 年第 8 期。

庞燕:《跨境电商服务供应链与服务集成商能力的提升》,《中国流通经济》2019 年第 9 期。

彭影:《数字经济下创新要素综合配置与产业结构调整》,《当代经济管理》2022 年第 3 期。

卿陶：《知识产权保护、技术差距与企业创新》，《产经评论》2021 年第 3 期。

邱柳：《金融发展、知识产权保护与技术创新产业化》，《科技管理研究》2021 年第 21 期。

全少莉、王素娜、吴殿廷：《中原经济区城市中心性及其空间影响力分析》，《西北师范大学学报（自然科学版）》2016 年第 3 期。

饶悦、沈丽珍、汪侠：《基于大型科研基础设施共享的区域创新网络研究——以山东省为例》，《地理研究》2021 年第 6 期。

任保平、付雅梅、杨羽宸：《黄河流域九省区经济高质量发展的评价及路径选择》，《统计与信息论坛》2022 年第 1 期。

赛娜：《数字技术促进文化消费创新发展的机制与趋势分析》，《商业经济研究》2021 年第 6 期。

沈蓉：《加快数字经济发展，推动现代化经济体系建设》，《中国科技论坛》2019 年第 11 期。

盛克勤：《江苏区域创新体系发展战略研究》，博士学位论文，南京航空航天大学，2018 年。

苏屹、闫玥涵：《基于耗散结构理论的区域创新生态系统环境效应研究》，《研究与发展管理》2021 年第 5 期。

孙金云、李涛：《创业生态圈研究：基于共演理论和组织生态理论的视角》，《外国经济与管理》2016 年第 12 期。

孙久文、罗标强：《基于修正引力模型的京津冀城市经济联系研究》，《经济问题探索》2016 年第 8 期。

孙丽文、任相伟：《基于生态位理论的我国文化创意产业发展评价研究》，《北京交通大学学报（社会科学版）》2020 年第 1 期。

唐雯：《科技型中小企业创新生态系统构建机制研究》，《技术经济与管理研究》2021 年第 3 期。

唐晓灵、杜莉：《基于区域空间关系的西安国家中心城市发展战略研究》，《数学的实践与认识》2019 年第 24 期。

陶小龙、刘珊、陈劲：《企业转型升级与创新生态圈成长耦合机理——一个扎根理论多案例研究》，《科技进步与对策》2019 年第

24 期。

汪传雷、简慧玲、牛传琼：《长三角地区构建物流产业创新生态圈的影响因素研究》，《南京理工大学学报（社会科学版）》2021 年第 6 期。

汪前元：《中心城市在转型中的功能、地位、特点》，《湖北大学学报（哲学社会科学版）》1998 年第 3 期。

王洪波：《安徽加快建设创新生态圈的思考解析》，《时代经贸》2018 年第 18 期。

王佳宁、罗重谱、白静：《成渝城市群战略视野的区域中心城市辐射能力》，《改革》2016 年第 10 期。

王俊奇：《省际交汇区域中心城市构建的 SWOT 分析——以宿州市为例》，《宿州教育学院学报》2018 年第 2 期。

王丽：《攀枝花构建区域性中心城市研究》，硕士学位论文，西南交通大学，2013 年。

王茂林：《试论发挥太原市中心城市作用的问题》，《经济问题》1983 年第 2 期。

王明对、陈丹霞：《创新主体的知识转移与共享机制——基于创新生态系统的研究》，《资源开发与市场》2019 年第 7 期。

王鹏、刘殊奇：《市场导向机制下绿色技术创新演化博弈研究》，《经济问题》2022 年第 1 期。

王庆金、王焕良、周键：《区域一体化创新生态系统演化及治理机制研究》，《东岳论丛》2021 年第 9 期。

王宇：《创新生态视角下科技成果转化的机制设计》，《现代经济探讨》2021 年第 11 期。

王芋朴、陈宇学：《环境规制、金融发展与企业技术创新》，《科学决策》2022 年第 1 期。

王昀、林璐：《工业设计产学研协同创新生态圈的构建》，《包装工程》2017 年第 24 期。

吴绍波：《战略性新兴产业创新生态系统协同创新的知识投入激励研究》，《科学学与科学技术管理》2013 年第 9 期。

吴绍波：《战略性新兴产业创新生态系统协同创新的治理机制研

究》，《中国科技论坛》2013年第10期。

吴绍波、顾新：《战略性新兴产业创新生态系统协同创新的治理模式选择研究》，《研究与发展管理》2014年第1期。

吴绍波、顾新、吴光东：《新兴产业创新生态系统的技术学习》，《中国科技论坛》2016年第7期。

吴胜男：《苏州创新生态系统成熟度研究》，硕士学位论文，苏州大学，2018年。

吴顺发、程和侠：《区域性中心城市功能研究》，《技术经济》2007年第4期。

武翠、谭清美：《基于生态位适宜度的区域创新生态系统与产业协同集聚研究》，《科技管理研究》2021年第3期。

武玉青、李海波、陈娜：《我国多螺旋创新生态载体的内涵特征、理论框架与实践模式研究——基于山东省创新创业共同体实证研究》，《科学学与科学技术管理》2022年第3期。

向勇、喻文益：《区域文化产业研究》，海天出版社2007年版。

项国鹏、钭帅令：《核心企业主导型众创空间的构成、机制与策略——以腾讯众创空间为例》，《科技管理研究》2019年第17期。

解学梅、刘晓杰：《区域创新生态系统生态位适宜度评价与预测——基于2009—2018年中国30个省市数据实证研究》，《科学学研究》2021年第9期。

解学梅、余佳惠、唐海燕：《创新生态系统种群丰富度对创新生态效应影响机理研究》，《科研管理》2022年第6期。

谢懿、童立、冉戎：《行业异质性、社会责任与企业技术创新》，《重庆社会科学》2022年第6期。

辛冲、李明洋、吴怡雯：《企业知识基础与创新生态系统价值共创》，《研究与发展管理》2022年第2期。

邢馨、姜晓东：《复杂系统视角下高新区在区域中心城市复杂性演化中的管理——以徐州高新区为例》，《系统科学学报》2020年第4期。

熊萍萍、张悦、姚天祥：《基于区间灰数序列的多变量灰色预测模型》，《数学的实践与认识》2018年第9期。

修国义、韩佳璇、陈晓华：《区域创新驱动能力影响因素实证研究》,《金融与经济》2017 年第 5 期。

徐浩鸣:《区域中心城市非线性经济系统协同度测度——以广州与深圳双中心的比较为例》,《城市问题》2014 年第 2 期。

徐君:《供给侧结构性改革与中国资源型城市转型》,人民出版社 2019 年版。

徐君、任腾飞:《区域中心城市创新生态圈要素架构、生态特征与运行机制》,《科技进步与对策》2019 年第 18 期。

徐君、郭鑫:《基于创新力场强的区域中心城市创新生态圈辐射效应研究——以长三角城市群为例》,《科技进步与对策》2021 年第 12 期。

徐君、郭鑫、蒋雨晨:《区域创新生态圈自主进化能力评价及实证研究》,《软科学》2022 年第 1 期。

闫二旺、闫昱霖:《产业园区创新生态圈的构建与发展——以苏州工业园区为例》,《经济研究参考》2017 年第 69 期。

颜姜慧、朱舜:《武汉城市圈空间结构界定》,《商业时代》2011 年第 8 期。

阳国亮、程皓、欧阳慧:《国家中心城市建设能促进区域协同增长吗》,《财经科学》2018 年第 5 期。

杨剑钊、李晓娣:《高新技术产业创新生态系统运行机制》,《学术交流》2016 年第 8 期。

伊辉勇、曾芷墨:《高技术产业创新生态系统耗散演化研究——运用 Brusselator 模型对中国省级区域的经验分析》,《西部论坛》2021 年第 6 期。

于超、朱瑾:《企业主导逻辑下创新生态圈的演化跃迁及其机理研究——以东阿阿胶集团为例的探索性案例研究》,《管理评论》2018 年第 12 期。

袁磊、余本善、杨艳:《沙特达兰技术谷创新生态圈的建设与管理分析》,《石油科技论坛》2016 年第 2 期。

翟炜:《长春东北亚区域中心城市实施路径选择》,《城市与区域规划研究》2018 年第 2 期。

湛泳、唐世一:《自主创新生态圈要素构架及运行机制研究》,《科技进步与对策》2018年第2期。

张爱琴、薛碧薇、张海超：《中国省域创新生态系统耦合协调及空间分布分析》，《经济问题》2021年第6期。

张海玲：《技术距离、环境规制与企业创新》，《中南财经政法大学学报》2019年第2期。

张虹冕、赵今明：《区域性中心城市辐射带动效应研究——基于合芜蚌自主创新试验区的分析》，《管理现代化》2017年第3期。

张吉岗、杨红娟：《滇中城市群均衡发展与空间联系的动态演化趋势研究》，《生态经济》2019年第5期。

张劲松、李沐瑶：《企业社会责任、内部控制与财务绩效关系研究：基于技术创新视角》，《预测》2021年第4期。

张丽琼、杨珂：《基于产学研深度融合的创新生态圈设想》，《绥化学院学报》2020年第6期。

张妮、赵晓冬：《区域创新生态系统可持续运行建设路径研究》，《科技进步与对策》2022年第6期。

张宁：《西安建设国际科创中心城市的发展战略及路径——鉴于典型国际科创中心城市的经验启示》，《当代经济》2021年第10期。

张瑞瑞：《区域中心城市经济辐射效应研究——以江门市中心城区为例》，《中国市场》2017年第23期。

张睿：《用户参与移动互联网企业创新网络及其成果转化研究》，硕士学位论文，湖南大学，2017年。

张璇子：《粤港澳大湾区创新生态系统协同治理研究》，硕士学位论文，华南理工大学，2020年。

张玉臣、朱铭祺、廖凯诚：《粤港澳大湾区创新生态系统内部耦合时空演化及空间收敛分析》，《科技进步与对策》2021年第24期。

张忠寿、高鹏：《科技金融生态系统协同创新及利益分配机制研究》，《宏观经济研究》2019年第9期。

赵迪：《国家科技重大专项创新生态系统体系构建研究》，硕士学位论文，北京邮电大学，2015年。

赵琪、刘抚英：《基于修正产业辐射强度模型的辽宁省创意产业辐射动态研究》，《东北大学学报（自然科学版）》2019年第10期。

赵艳华、赵士雯：《基于灰色关联度的京津冀区域创新能力影响因素比较分析》，《大连理工大学学报（社会科学版）》2017年第1期。

赵志耘、杨朝峰：《创新范式的转变：从独立创新到共生创新》，《中国软科学》2015年第11期。

周加来、李相怡：《安徽省中心城市综合承载力评价研究》，《江淮论坛》2022年第1期。

周全：《生态位视角下企业创新生态圈形成机理研究》，《科学管理研究》2019年第3期。

朱国军、孙军：《智能制造核心企业的形成机理——创新生态圈与互联网融合视域下双案例研究》，《当代经济管理》2020年第11期。

邹波、郭峰、王晓红：《三螺旋协同创新的机制与路径》，《自然辩证法研究》2013年第7期。

邹游：《区域创新要素集聚对创新绩效的影响研究》，硕士学位论文，深圳大学，2017年。

Adner R, "Match Your Innovation Strategy To Your Innovation Ecosphere", *Harvard business review*, Vol. 84, No. 4, 2006.

Alessandro, Erminia, "Creative and Inclusive Centrality for the Metropolitan City", *Procedia-Social and Behavioral Sciences*, Vol. 223, 2016, p. 321-326.

Arora S, Gangopadhyay S, "Toward a Theoretical Model of Voluntary Overcompliance", *Journal of Economic Behavior & Organization*, Vol. 28, No. 3, 1995.

Bettencourt L M A, JoséLobo, Strumsky D, "Invention in the City: Increasing Returns to Patenting as a Scaling Function of Metropolitan Size", *Research Policy*, Vol. 36, No. 1, 2007.

Braid R M, "The Employment Effects of a Central City's Source-based Wage Tax or Hybrid Wage Tax", *Regional Science & Urban Economics*, Vol. 39, No. 4, 2009.

Castro M P, Scheede C R, Marcela Georgina Gómez Zermeo, "The Impact of Higher Education on Entrepreneurship and the Innovation Ecosystem: A Case Study in Mexico", *Sustainability*, Vol. 11, No. 20, 2019.

Chesbrough H, Kim S, Agogino A, "Chez Panisse: Building an Open Innovation Ecosphere", *California Management Review*, Vol. 56, No. 4, 2014.

Chen S, Feng Y, Lin C, et al, "Research on the Technology Innovation Efficiency of China's Listed New Energy Vehicle Enterprises", *Mathematical Problems in Engineering*, Vol. 2021, Article ID 6613602, 2021.

Corso, Mariano, Gastaldi, et al, "Academics as Orchestrators of Continuous Innovation Ecosystems: Towards a Fourth Generation of CI Initiatives", *International Journal of Technology Management: The Journal of the Technology Management of Technology, Engineering Management, Technology Policy and Strategy*, Vol. 68, No. (1-2), 2015.

Ding L, Ye R M, Wu J X, "Platform Strategies for Innovation Ecosystem: Double-case Study of Chinese Automobile Manufactures", *Journal of Cleaner Production*, Vol. 209, 2019, pp. 1564-1577.

Elizondo R L, Krugman P, "Trade Policy and the Third World Metropolis", *NBER Working Papers*, Vol. 49, No. 1, 1992.

Elton C, *Animal ecology*, Chicago: University of Chicago Press, 1927.

Etzkowitz H, Leydesdorff L, "The Triple Helix of University-industry-government Relations: A Laboratory for Knowledge Based Economic Development", *Easst review*, Vol. 14, No. 1, 1995.

FJ Sáez-Martínez, C Díaz-García, Gonzalez-Moreno A, "Firm Technological Trajectory as a Driver of Eco-innovation in Young Small and Medium-sized Enterprises", *Journal of Cleaner Production*, Vol. 138, 2016, p. 28-37.

Frosch R A, Gallopoulos N E, "Strategies for Manufacturing", *Science*, Vol. 261, No. 3, 1989.

Fukudaa K., Watanabe C, "Japanese and US Perspectives on the National Innovation Ecosphere", *Technology in Society*, Vol. 30, No. 1, 2008.

Gonzalez-Val, R, "The spatial distribution of US cities", *Cities*, Vol. 91, 2019, pp. 157-164.

Grinnell J, "The Niche-Relationships of the California Thrasher",

Auk, Vol. 34, No. 4, 1917.

Guk-Bin Y, Woo M, "A Study on the Effects of Interactions with Central City on Growth and Decline of Suburban Cities in the Five Largest Metropolitan Regions", *Journal of The Korean Regional Development*, Vol. 31, No. 1, 2019.

Henderson V, Becker R, "Political Economy of City Sizes and Formation", *Journal of Urban Economics*, Vol. 48, No. 3, 2000.

Huang J, Xie P, Zeng Y, et al, "The Effect of Corporate Social Responsibility on the Technology Innovation of High-Growth Business Organizations", *Sustainability*, Vol. 13, No. 13, 2021.

Jouni K, Ilkka S, Mikael O, "Applications of the Industrial Ecology Concept in a Research Project: Technology and Climate Change Research in Finland", *Journal of C leaner Production*, Vol. 12, No. 8, 2004.

Justman M, Thisse J F, Ypersele T V, "Fiscal Competition and Regional Differentiation", *Core Discussion Papers*, Vol. 35, No. 6, 2005.

Kaisa O, Antti H, "Transforming Regiongs into Innovation Ecocystems: A Model for Renewing Local Industrial Structures", *The Innovation Journal*. Vol. 19, No. 2, 2014.

Kitsios F, Kamariotou M, Grigoroudis E, "Digital Entrepreneurship Services Evolution: Analysis of Quadruple and Quintuple Helix Innovation Models for Open Data Ecosystems", *Sustainability*, Vol. 13, No. 21, 2021.

Konishi H, "Formation of Hub Cities: Transportation Cost Advantage and Population Agglomeration", *Journal of Urban Economics*, Vol. 48, No. 1, 1999.

Krugman P, "Innovation and Agglomeration: Two Parables Suggested by City-size Distributions", *Japan and the World Economy*, Vol. 7, No. 4, 1995.

Li D, Zhu J, "The Role of Environmental Regulation and Technological Innovation in the Employment of Manufacturing Enterprises: Evidence from China", *Sustainability*, Vol. 11, No. 10, 2019.

Li J, Wang Y, "Coupling Effect of Regional Industrial Cluster and Innovation Based on Complex System Metric and Fuzzy Mathematics", *Journal of Intelligent and Fuzzy Systems*, Vol. 37, No. 1, 2019.

Li J, Li N, Cheng X, "The Impact of Fintech on Corporate Technology Innovation Based on Driving Effects, Mechanism Identification, and Heterogeneity Analysis", *Discrete Dynamics in Nature and Society*, Vol. 2021, Article ID 7825120, 2021.

Li M, Hao Z, Luan M, et al, "The Impact of Innovation Investment Volatility on Technological Innovation of Enterprises in Different Life Cycles", *Mathematical Problems in Engineering*, No. 10, 2021, p. 2442071.

Meiling T, Siming L, Yuanyuan K, "Evaluation on the Functions of National Central Cities and Spatial-temporal Evolution of their Competitiveness", *City Planning Review*, Vol. 37, No. 11, 2013.

Moore J F, "Predators and Prey: A New Ecology of Competition", *Harvard business review*, Vol. 71, No. 3, 1993.

Mori T, "A Modeling of Megalopolis Formation: The Maturing of City Systems", *Journal of Urban Economics*, Vol. 42, No. 1, 1997.

Olson D L, "Comparison of weights in TOPSIS Models", *Mathematical & Computer Modelling*, Vol. 40, No. (7-8), 2004.

Page S E, "On the Emergence of Cities", *Research in Economics*, Vol. 45, No. 1, 1998.

Patrick G, *Cities in Evolution*, New York: Harper and Row Publishers, 1915.

Pushpananthan G, Elmquist M, "Joining Forces to Create Value: The Emergence of an Innovation Ecosystem", *Technovation*, Vol. 115, Article ID 102453, 2022.

Qing Y, Renyong H, Jian L, "Simulation Research on Innovation Ecosystem Performance of Urban Agglomeration in the Middle Reaches of the Yangtze River", *Journal of Testing and Evaluation*, Vol. 49, No. 4, 2021.

Radziwon A, Bogers M, Bilberg A, "Creating and Capturing Value in a Regional Innovation Ecosphere: a Study of how Manufacturing SMEs Develop Collaborative Solutions", *International Journal of Technology Manage-*

ment, Vol. 75, 2017, pp. 73-96.

Rernolds E B, Uygun Y, "Strengthening Advanced Manufacturing Innovation Ecospheres: the case of Massachusetts", *Technological Forecasting and Social Change*, Vol. 136, No. 11, 2018.

Rohrbeck R, Holzle K, Gemünden H G, "Opening up for Competitive Advantage-How Deutsche Telekom Creates an open Innovation Ecosphere", *R&D Management*, Vol. 39, No. 4, 2009.

Rong K, "Analysis of the Comprehensive Evaluation Model of Enterprise Technological Innovation Ability Based on Improved Genetic Algorithm", *Journal of Mathematics*, Vol. 2022, Article ID 2471413, 2022.

Russell G. Thompson, Lele Zhang, "Optimising Courier Routes in Central City Areas", *Transportation Research*, No. 93, 2018, pp. 1-12.

Sang B, "Innovation of Enterprise Technology Alliance Based on BP Neural Network", *Neural Computing and Applications*, Vol. 33, No. 3, 2021.

Schumpeter J A and Opie R, *The Theory of Economic Development: an Inquiry Into Profits, Capital, Credit, Interest, and the Business Cycle*, Boston: Harvard University Press, 1962.

Scott A J, "Global city Regions Trends Theory Policy", *Area*, Vol. 35, No. 3, 2003.

Shannon C E and Weaver W, *the Mathematical Theory of Communication*, Chicago: University of Illinois Press, 1963.

Sun Z, Wang X, Liang C, et al, "The Impact of Heterogeneous Environmental Regulation on Innovation of High-tech Enterprises in China: Mediating and Interaction Effect", *Environmental Science and Pollution Research*, Vol. 28, No. 1, 2021.

Tian Y, Wang L, "Mutualism of Intra-and Inter-prefecture Level Cities and its Effects on Regional Socio-economic Development: A Case Study of Hubei Province, Central China", *Sustainable Cities and Society*, Vol. 44, 2019, pp. 16-26.

Tripathi V, Chattopadhyaya S, Mukhopadhyay A K, et al, "An Innovative Agile Model of Smart Lean – Green Approach for Sustainability Enhancement in Industry 4.0", *Journal of Open Innovation: Technology, Market, and Complexity*, Vol. 7, No. 4, 2021.

Turok I, Seeliger L, Visagie J, "Restoring the Core? Central City Decline and Transformation in the South", *Progress in Planning*, Vol. 144, Article ID 100434, 2021.

Wang Z, Li Y, Cai H, et al, "Comparative Analysis of Regional Carbon Emissions Accounting Methods in China: Production-based versus consumption-based principles", *Journal of Cleaner Production*, Vol. 194, No. (SEP. 1), 2018.

Wei Zh., Hamid Reza Karimi, Qingpu Zh., et al, "Collaborative Development Planning Model of Supporting Product in Platform Innovation Ecosphere", *Mathematical Problems in Engineering*, Vol. 20, No. 14, 2014.

Wu S Q, "Models for Evaluating the Technological Innovation Capability of Small and Micro Enterprises With Hesitant Fuzzy Information", *Journal of Intelligent & Fuzzy Systems*, Vol. 32, No. 1, 2017.

Yan M R, Chien K M, Hong L Y, et al, "Evaluating the Collaborative Ecosystem for an Innovation-Driven Economy: A Systems Analysis and Case Study of Science Parks", *Sustainability*, Vol. 10, No. 3, 2018.

Yong L, Wu H, Ke Q Z, "Analysis on Dynamic Decision-Making Model of the Enterprise Technological Innovation Investment under Uncertain Environment", *Journal of Applied Mathematics*, No. 2, 2012, pp. 401–430.

Yu X, Qi Y, Yu L, et al, "Temporal and Spatial Evolution of Coupling Coordination Degree of Industrial Innovation Ecosystem—From the Perspective of Green Transformation", *Sustainability*, Vol. 14, No. 7, 2022.

Zahra S A, Nambisan S, "Entrepreneurship and Strategic Thinking in Business Ecospheres", *Business Horizons*, Vol. 55, No. 3, 2012.

Zhang P, Zhou E, Lei Y, et al, "Technological Innovation and Value Creation of Enterprise Innovation Ecosystem Based on System Dynamics Modeling", *Mathematical Problems in Engineering*, Vol. 2021, Article ID

5510346, 2021.

Zhu Y, Wang Z, Qiu S, et al, "Effects of Environmental Regulations on Technological Innovation Efficiency in China's Industrial Enterprises: A Spatial Analysis", *Sustainability*, Vol. 11, No. 7, 2019.

后 记

国家"十三五"规划建议指出,"要发展一批中心城市,强化区域服务功能"。2016 年,国家发改委印发《贯彻落实区域发展战略促进区域协调发展的指导意见的通知》中明确指出"为加快城市群建设发展,应依托省会城市、重要节点城市等区域性中心城市,加强区域协作对接,加快产业转型升级,实现集约发展、联动发展、互补发展,形成辐射带动区域整体发展的城市群"。党的十九大报告明确提出要实施区域协调发展战略,"要以城市群为主体构建大中小城市和小城镇协调发展的城镇格局"。国家"十四五"规划建议指出,"发挥中心城市和城市群带动作用,建设现代化都市圈",党的二十大报告明确指出"促进区域协调发展,深入实施区域协调发展战略、区域重大战略、主体功能区战略、新型城镇化战略,优化重大生产力布局,构建优势互补、高质量发展的区域经济布局和国土空间体系"。可见,区域中心城市的建设和发展始终是国家区域发展战略的基本需求。

本书紧紧围绕区域中心城市创新生态圈这一主线,立足于生态圈生产者、消费者、分解者、创新环境的基本判断,系统构建了区域中心城市创新生态圈的理论框架,丰富了区域中心城市及创新领域的研究成果,为分析和解决当前区域中心城市创新生态圈的发展提供新的思路。

本书是在国家社科基金项目"区域中心城市创新生态圈建构、演进及协同效应研究"研究成果基础上,修改、补充、完善而成。由于研究内容的系统性、交叉性、复杂性,部分成果的科学性、现实性、实践性和针对性尚需日臻完善。"山再高,往上攀,总能登顶;路再长,走下去,定能到达",吾将继续努力和不懈探索,为区域中心城市的高质量发展发展做出贡献。

本书得到了江苏高校优势学科建设工程资助项目（地理学）、国家社科基金一般项目（19BJY066）、全国统计科学研究重点项目（2021LZ26）的大力支持，在此表示感谢。

感谢北京、天津、石家庄、上海、南京、杭州、合肥、苏州、广州、深圳、成都、重庆、武汉、长沙、南昌、济南、福州、厦门、郑州、西安、南宁、海口、哈尔滨、长春、沈阳、太原、贵阳、昆明、呼和浩特、兰州、西宁、银川、乌鲁木齐、徐州、桂林、宁波、珠海和青岛等38个区域中心城市相关政府部门的大力支持，能够顺利地获取本书实证研究部分需要的大量数据。

感谢研究生郭鑫、蒋雨晨、姜莉、郭徐青、崔珂珂等研究生在资料收集方面所做出的贡献。

感谢中国社会科学出版社戴玉龙编辑为本书出版提供的大力支持和帮助。

本书参考了大量的参考文献，个别资料在文中没有一一注明，在此对所有文献的作者表示衷心的感谢！